SHIBAIKE YOSHIKAZU
芝池義一

行政法読本
第4版

有斐閣

■ は じ め に ■

　本書は，行政法の制度と原則について，主として初学者を想定し，コンパクトで平易かつ明快な説明（および多少の分析や解釈）を加えようとした教科書である。前半はいわゆる行政法総論に当たる部分であり，後半は行政救済法に当たる部分である。

　記述に当たってまず目標にしたことは，平易かつ明快に行政法上の制度や理論を描き出すことである。行政法と行政法理論について，いかにうまく，読者に関心を持っていただき，さらにその関心を維持しながら学習を進め，知見を深めていただくか。これははなはだ難しい課題であるが，本書ではこの課題のため，記述そのものが平易明快になるように努めたことはもちろん，さらに，身近な事例を素材とした設問を設けるなどしてできるだけ具体的で実益のある議論だけをするように心がけた。

　もっとも，本書では，個々の事項ないし問題点についての説明を単純に簡略化するということはしていない。説明をせず結論だけを述べるのでは，読者に本当に理解をしていただくことはできないだろう。むしろ，適切な説明は不可欠である。また，従来の教科書では行われていなかったような問題であっても，読者が疑問に思われるであろう点については説明を行った（例えば，行政処分の通知の方法，申請の審査のやり方についての説明）。

　また，前回の改訂以来のことであるが，説明においては図表を多用しているのが本書の1つの特徴である。もともと図表によって理解（時には自分自身の理解であることがある）を深めるのは私の好むところであり，また勤務校の授業でもよく図表を板書してきたが，そうした図表を本書の読者に広く「公開」することにした次第である。

　今回の改訂では，新たな立法や裁判例を取り入れ，また記述の改善を図ったことはもちろんであるが，従来の改訂に比べてもかなり大幅な加筆と，それに対応した記述の削除ないし整理を行った。例えば行政不服審査法の大改正をうけ，第19講の記述を大幅に書き換え，また，この改正に連動して行政手続法

i

はじめに

に追加された条文ついては，第12講および第17講において「行政指導の中止と実施の求め」および「行政処分を義務づけるための手続」の説明を追加した。

　以上の加筆は法律の改正に伴うものであるが，これに加え，比較的大きな加筆部分としては，第5講では「行政裁量の行使の適正化」および「行政裁量の行使についての法的拘束」の説明を追加し，また第8講では「公定力と訴訟」の説明を追加した。第5講の加筆部分は，新しい知見の披露というよりは，従前から学界において共有されている知見の整理を図るものである。

　他方において，以上の加筆によるボリューム増を避けるため，例えば第21講の「動植物の原告適格」に関する説明も削除し，さらにいくつかの付論やコラムも削除した。

　執筆においてもっとも頭を悩ませた1つの問題は，第27講で扱っている「公用制限と補償」の問題である。公用制限について補償を一概に否定することはできないが，どの時点でどのような補償をなすべきであるのかという問題について解答を提示し得なかったことは遺憾とするところである。

　なお，本書では，学説の文献提示は基本的には行わず（但し，ごくわずかの例外がある），また裁判例の引用も必要最小限度に抑えるという方針をとった。これらのことは，記述の客観性を保つ上では必要なものであるが，読者（とくに初学者）にとっては必ずしも必要なものではないと判断したためである。

　法律学の本は一般にワクワクしながら読めるという性格のものではないが，本書は，読者が少しでも楽しく学習していただけるような内容にすることに努めた。「読本」という名称にしたのも，そのためである。読者の皆さんが，本書により行政法および行政法理論について関心を深めていただければ，著者として誠にうれしいことである。

　本書の初版が刊行されたのは，2009年3月，私が京都大学を退職する時である。そのあと，関西大学法科大学院に職を得て教鞭をとってきたが，まもなく2度目の退職を迎える。あっという間の7年間であったが，この間，快適な研究環境を提供していただいた同法科大学院の教員および職員の方々には心からお礼を申し上げる。

　また今回の改訂においては，有斐閣京都支店の栁澤雅俊氏のお世話になった。本書が旧版に比べると結局10頁ほど増えるだけにとどまったが，この点については，制作において専門家としてのテクニックを発揮していただいた同氏の

手腕に負うところが大きい。厚くお礼を申し上げる。さらに本書出版の機会を提供していただいた酒井久雄氏，初版の制作に尽力していただいた植田朝美さん，そして第2版および第3版の制作を担当していただいた伊丹亜紀さんにも，改めて謝意を表す次第である。

2016年1月

芝 池 義 一

■ 略目次 ■

- 第1講　行政と行政法 … 1
- 第2講　行政活動の種別 … 16
- 第3講　行政活動の主体と組織 … 27
- 第4講　法治主義(法による行政)・信頼保護 … 45
- 第5講　行政裁量 … 63
- 第6講　行政規範の制定(行政立法) … 84
- 第7講　行政処分の概念と成立過程 … 97
- 第8講　行政処分の効力 … 108
- 第9講　行政処分の変更(職権取消しと撤回) … 118
- 第10講　行政による強制 … 134
- 第11講　行政上の制裁 … 151
- 第12講　行政指導 … 157
- 第13講　行政計画 … 172
- 第14講　行政契約 … 181
- 第15講　行政調査 … 190
- 補講　届出 … 200
- 第16講　行政統制の諸制度 … 205
- 第17講　行政手続 … 214
- 第18講　情報公開と個人情報保護 … 239
- 第19講　行政不服審査(行政不服申立て) … 262
- 第20講　行政救済と行政訴訟 … 279
- 第21講　取消訴訟の提起──行政の責任と訴訟要件 … 290
- 第22講　取消訴訟の審理と判決 … 328
- 第23講　その他の行政訴訟 … 348
- 第24講　行政事件における仮の救済 … 370
- 第25講　公権力の行使と国家賠償責任 … 382
- 第26講　営造物の設置・管理と国家賠償責任 … 411
- 第27講　損失補償 … 427

■ 詳細目次 ■

第1講　行政と行政法　1

Ⅰ 行政とは何か … 1
(1) 日常生活と行政　1
(2) 行政の形式的定義　2
(3) 行政の実質的定義　2

Ⅱ 行政と立法および司法との機能的関係 … 4
(1) 立法との関係　4
(2) 司法との関係　4

Ⅲ 行政法とは何か … 5

Ⅳ 行政法の存在形式(法源) … 7
(1) 行政法の法源　7
(2) 法源のリスト　7
　(a) 憲法　7　　(b) 条約　8　　(c) 法律　8　　(d) 命令(政省令)　8
　(e) 条例・規則　9　　(f) 慣習法・条理(法)　9

Ⅴ 行政法の分類 … 10
(1) 組織法　10
(2) 作用法　11
(3) 救済法　11

Ⅵ 行政法の重要性 … 11

Ⅶ 行政法の内容的特質 … 12

第2講　行政活動の種別　16

Ⅰ 公行政と私行政 … 16
　(a) 公行政と私行政の区別　16　　(b) 区別の意義　16　　(c) 区別の相

　　　　　対化　17
Ⅱ　対外的行為と内部的行為…………………………………………………17
　　　　(a) 対外的行為　17　　(b) 内部的行為　18　　(c) 対外的行為と内部的行為の区別の意義　18　　(d) 行政体間での行為　19
Ⅲ　権力的行為と非権力的行為………………………………………………21
Ⅳ　法行為と事実行為…………………………………………………………21
Ⅴ　行政立法，行政処分，行政契約，行政指導など………………………22
　　　　(a) 行政立法　22　　(b) 行政処分　22　　(c) 行政契約　22　　(d) 行政上の強制執行　22　　(e) 行政上の即時強制　23　　(f) 行政指導　23
　　　　(g) 行政計画　23　　(h) 行政調査　24
Ⅵ　授益行為と侵害行為………………………………………………………25
Ⅶ　規制行政と給付行政………………………………………………………26

第3講　行政活動の主体と組織　27

Ⅰ　行政活動の主体……………………………………………………………27
　　(1) 行政体の種別　27
　　　　(a) 国　27　　(b) 地方公共団体　27　　(c) 公社・公団・独立行政法人　28　　(d) 公共組合　29
　　(2) 行政体の特徴　29
　　　　(a) 独立の法人格　29　　(b) 他からの関与　29　　(c) 国と地方公共団体の特徴　29
Ⅱ　行政組織の構成……………………………………………………………30
　　(1) 行政組織　30
　　(2) 国と地方公共団体の行政組織　31
　　(3) 行政機関　31
　　(4) 行政機関の種別　31
　　　　(a) 行政庁　31　　(b) 補助機関　32　　(c) その他の機関　32
　　(5) 合議制行政機関　32
　　　　(a) 内閣　33　　(b) 行政委員会　34　　(c) 審議会　34
　　(6) 行政機関相互の関係　34
　　　　(a) 権限分配の原則と指揮監督権　34　　(b) 指揮監督権行使の形態　35

　　　　(c) 権限の委任・代理・専決　36　　(d) 行政機関相互間での協力　39
　(7) 行政機関としての省庁　40
Ⅲ 行政上の事務処理の方式——民間委託など……………………………40
　(1) 別の組織の創設　40
　(2) 外部の人・団体の行政組織への取込み　41
　(3) 事務の委託　41
　　　　(a) 私行政たる事務や内部管理事務の委託　41　　(b) 対外的な行政活動
　　　　のうちの非権力的なものの委託　41　　(c) 対外的な行政活動のうちの
　　　　権力的権限の行使の委託　42
　(4) 協　力　42
　　　　(a) 意見の提出　43　　(b) 協議会　43　　(c) 応援　44

第4講　法治主義（法による行政）・信頼保護　45

Ⅰ 行政活動の枠ないし限界としての権利と法…………………………45
Ⅱ 法治主義（法による行政）……………………………………………46
　(1) 法治主義（法による行政）の意味　46
　(2) 法治主義の役割　46
　(3) 行政を拘束する法　47
Ⅲ 法治主義の内容…………………………………………………………49
　(1) 法律の強行法規性と法律の優先　49
　(2) 法律の留保の原則　50
　(3) 法律の法規創造力の原則　51
Ⅳ 法律の留保の原則………………………………………………………51
　(1) 「法律の留保の原則」に関する学説　51
　　　　(a) 侵害留保説　51　　(b) 権力作用留保説　52　　(c) 公行政留保説（完
　　　　全全部留保説）　52
　(2) 留意点　53
　(3) 各説についてのコメント　54
　(4) 法律の授権の要否の具体的検討　54
　　　　(a) 補助金の交付　54　　(b) 行政指導　55　　(c) 自動車の一斉検問
　　　　56
　(5) 「法律の留保の原則」と憲法規範　57

目 次

Ⅴ 違法性 … 57
(1) 違法性判断の重要性 57
(2) 違法性の意味 58

Ⅵ 法治主義を保障する制度 … 59

Ⅶ 権利の尊重と信頼保護 … 59
(1) 権利の尊重 59
(2) 信頼保護 60

第5講 行政裁量 63

Ⅰ 行政裁量 … 63
(1) 行政裁量とは何だろうか 63
(2) 行政裁量を考えることの意味 65

Ⅱ 要件裁量・効果裁量と行政裁量が認められる理由 … 65
(1) 要件裁量・効果裁量 65
(2) 行政裁量が認められる理由 66

Ⅲ 行政裁量の行使の適正化 … 66
(1) 行政裁量の行使の適正化 66
(2) 裁量基準 67
　　(a) 裁量基準の定義と実例 67　(b) 裁量基準の役割 67　(c) 裁量基準の法的性格 68　(d) 裁量基準の制度化 68

Ⅳ 行政裁量と司法審査 … 68
(1) 法律との関係での裁量と司法審査との関係での裁量 68
(2) 効果裁量説と要件裁量説 69
(3) 戦後の裁判例 69
　　(a) 要件裁量の承認 70　(b) 侵害処分についての司法審査の制限 70　(c) 授益処分についての司法審査の承認 70　(d) 中間目的概念についての司法審査の制限 70　(e) 要件について法律に規定がない場合や公益概念が用いられている場合の司法審査 71

Ⅴ 行政裁量の司法審査の基準と方法 … 73
(1) 行政裁量の行使についての法的拘束 74
　　(a) 憲法原則 74　(b) 法律の趣旨ないし目的 74　(c) 法律上の指針 74　(d) 行政手続 74　(e) 条理法 75

viii

(2) 裁量の範囲逸脱・濫用　75
　(3) 裁量の範囲逸脱・濫用の具体的基準　75
　　　(a) 比例原則　75　　(b) 目的拘束の法理　76　　(c) 事実誤認　77
　　　(d) 最高裁判所が用いている基準　77
　(4) 司法審査の方法　78
　　　(a) 実体的審査　79　　(b) 手続的審査　79　　(c) 行政裁量行使の過程
　　　の審査　79　　(d) 裁量基準を手がかりとする審査　81

第6講　行政規範の制定（行政立法）　84

Ⅰ　行政規範とは何か　84
Ⅱ　行政規範の種類と形式　85
Ⅲ　行政規範についての法律の委任と法的拘束力　85
Ⅳ　行政規範についての法律の委任のあり方　86
　(1) 執行命令と委任命令の区別に基づく法律の委任のあり方　86
　(2) 法律の委任　86
　　　(a) 執行命令　87　　(b) 委任命令　87
Ⅴ　包括的委任の禁止　88
Ⅵ　政省令の制定の限界　89
Ⅶ　政省令の制定の手続　90
Ⅷ　法規に着目した議論　91
Ⅸ　条　例　91
　(1) 準法律としての条例　91
　(2) 法律と条例の関係の独自性　92
　(3) 条例の適法性判断の基準　92
　　　(a) 条例制定権の範囲　93　　(b) 法令の限界　93　　(c) 徳島市公安条例
　　　事件の最高裁判所大法廷判決　94
　(4) 条例で制定すべき事項（必要的条例制定事項）　94
　(5) 条例における罰則　95
Ⅹ　通　達（行政内部規範）　95
　(1) 通達の性質　95
　(2) 通達と行政措置の効力　96

目次

第7講　行政処分の概念と成立過程　97

Ⅰ 行政法制における行政処分概念の重要性 …………………… 97
Ⅱ 行政処分とはどのような行為か …………………………… 98
(1) 行政処分の指標　98
　　(a) 権力性　98　(b) 対外性　98　(c) 法行為性　98　(d) 具体性　99
(2) 行政処分の定義　99
(3) 行政処分の具体例　99
Ⅲ 行政処分の成立過程 ……………………………………… 101
(1) 職権による処分　101
(2) 申請に対する処分と行政手続法　101
　　(a) 申請に対する行政庁の審査および応答の義務　102　(b) 申請権の保障　103
(3) 申請の審査の結果　105
(4) 行政処分の付款　105
　　(a) 付款の種別　105　(b) 付款の許容性　106　(c) 違法の付款とその効果　106

第8講　行政処分の効力　108

Ⅰ 行政処分の成立と効力の発生 ……………………………… 108
Ⅱ 行政処分の効力 …………………………………………… 110
(1) 行政処分の拘束力　110
(2) 行政処分の公定力　110
　　(a) 公定力の意味　110　(b) 公定力の認められる理由　112　(c) 公定力と訴訟　112
(3) 行政処分のその他の効力　114
Ⅲ 行政処分の当然無効 ……………………………………… 114
(1) 当然無効とは何か　114
(2) 当然無効の認定方法　115
(3) 当然無効の基準　115

目　次

第9講　行政処分の変更（職権取消しと撤回）　118

Ⅰ　行政処分の変更可能性 …………………………………………… 118
Ⅱ　行政処分の取消し ……………………………………………… 119
(1) 行政処分の取消しの種別　119
(2) 職権取消しの許容性　120
　(a) 侵害処分の職権取消しと授益処分の職権取消し　120　(b) 授益処分の職権取消し　121　(c) 侵害処分の職権取消し　123
(3) 職権取消しの遡及効　124
Ⅲ　行政処分の撤回 …………………………………………………… 126
(1) 行政処分の撤回——職権取消しとの比較　126
　(a) 理由の違い　126　(b) 遡及効の有無の違い　127
(2) 撤回についての法律の授権の要否　127
　(a) 最高裁判所の立場　127　(b) 授益処分の撤回　128　(c) 侵害処分の撤回　131

第10講　行政による強制　134

Ⅰ　行政上の強制執行 ………………………………………………… 134
(1) 自力救済禁止の原則と司法的強制　134
(2) 行政の世界における自力救済　135
　(a) 行政上の強制執行　135　(b) 行政上の強制執行と法律の授権　135　(c) 行政上の強制執行が行われる範囲　135　(d) 行政上の強制執行が認められる理由　136　(e) 行政上の強制執行の種類　137
(3) 行政上の代執行　138
　(a) 代執行の要件　138　(b) 代執行の難しさ　141　(c) 代執行の義務　142
(4) 地方公共団体と行政上の強制執行　145
　(a) 行政上の強制執行の手段を創設できるか　145　(b) 代執行の対象になる義務を創設できるか　145
(5) 行政上の強制執行が使えない場合の義務履行の確保の手段　146
　(a) 刑罰　146　(b) 行政的措置　147　(c) 司法的強制　147　(d) 違

xi

　　　　法の行政処分の強制執行　148
　Ⅱ　行政上の即時強制 …………………………………………… 148
　　(1) 行政上の即時強制の例・特質・種別　149
　　(2) 即時強制の法的取扱い　150

第11講　行政上の制裁　151

　Ⅰ　行政上の制裁 ………………………………………………… 151
　Ⅱ　行政上の制裁の種別 ………………………………………… 151
　　(a) 刑罰　151　　(b) 交通反則金制度　152　　(c) 免許の停止・撤回　153　　(d) 懲戒　153　　(e) その他の不利益措置　153
　Ⅲ　行政サービスの提供の拒否 ………………………………… 154
　Ⅳ　公　表 ………………………………………………………… 155

第12講　行政指導　157

　Ⅰ　行政指導とはどのようなものか …………………………… 157
　Ⅱ　行政指導が行われる理由 …………………………………… 158
　　(1) 行政サイドの理由　158
　　(2) 国民サイドの理由　159
　　(3) 「権限なき行政」の手段としての行政指導　159
　Ⅲ　行政指導の法的取扱い ……………………………………… 160
　　(1) 行政指導の強弱　160
　　(2) 行政指導の分類　161
　　　(a) 助成的・授益的行政指導　162　　(b) 規制的行政指導　162　　(c) 調整的行政指導　162
　　(3) 行政指導に対する法律の授権の要否　162
　　　(a) 学説　162　　(b) 裁判例・行政実務　163
　　(4) 行政指導に対する実体的規制　164
　　　(a) 行政指導の一般原則　164　　(b) 不利益取扱いの禁止　165　　(c) 申請に関連する行政指導の限界　166　　(d) 許認可等の権限に関連する

　　　　行政指導の禁止　167
　(5) 行政指導の形式的規制　168
　　　　(a) 行政指導の方式　168　　(b) 行政指導指針　168
Ⅳ　行政指導の中止と実施の求め ……………………………………… 169
　(1) 行政指導の中止等の求め　169
　(2) 行政指導の求め　170

第13講　行政計画　172

　(1) 行政計画とは　172
　(2) 行政計画の種別　173
　　　　(a) 法定計画と事実上の計画　173　　(b) 拘束的計画と非拘束的計画　174
　(3) 行政計画の策定と法律の授権　174
　(4) 行政計画に対する法的規制　175
　　　　(a) 要件的規制　175　　(b) 計画内容の規制　175
　(5) 行政計画の変更　177
　(6) 行政計画の策定手続　178
　(7) 行政計画に対する救済方法　179
　(8) 行政計画の提案制度　179

第14講　行政契約　181

　(1) 行政契約とは　181
　(2) 公法上の契約と私法上の契約　181
　(3) 行政契約の種類　182
　(4) 行政契約の特殊性と役割　183
　(5) 行政契約の許容性　183
　(6) 行政契約の一般的な法的取扱い　184
　　　　(a) 公正さの確保　184　　(b) 契約内容の適正さの確保　184　　(c) 委託契約の限界　185　　(d) 契約による義務の賦課・権限の取得の許容性　185

目　次

　　(7) 行政契約の手続　186
　　　　(a) 入札手続　186　　(b) 議会の議決　187
　(8) 行政契約と訴訟　187
　(9) 契約の不履行と義務の履行強制　188

第15講　行政調査　190

　(1) 行政調査とはどのようなものか　190
　(2) 問題となる情報　190
　(3) 行政調査の形態　191
　(4) 行政調査と法律の授権　193
　(5) 行政調査の規制　194
　　　　(a) 実体的規制　194　　(b) 手続的規制　195
　(6) 行政調査の違法と行政処分の取消し　196
　(7) 行政調査により取得された情報の目的外利用　197
　　　　(a) 個人情報保護制度における取扱い　197　　(b) 犯則取締情報と課税処分の関係　198　　(c) 課税情報と犯則取締りの関係　199

補講　届　出　200

　(1) 届出の種別　200
　(2) 命令・勧告を留保した届出制　201
　(3) 届出の法的取扱い　202
　　　　(a) 届出に関する行政手続法の規定　202　　(b) 形式上の要件についての審査　203　　(c) 実体上の要件についての審査　204　　(d) 効力発生時期　204

第16講　行政統制の諸制度　205

　　　　(a) 職務上の監督　206　　(b) 行政組織内部での評価・監査　206　　(c) 政策評価・独立行政法人評価　206　　(d) 議会(国会を含む)による統制・監視　209　　(e) 苦情処理・オンブズマン　209　　(f) 行政不服審

　　　　査・行政訴訟　211　　(g) 行政手続　211　　(h) 情報公開・個人情報保
　　　　護　212

第17講　行政手続　214

Ⅰ 行政手続の概念・種別・有用性 …………………………………… 214
(1) 行政手続とは何か　214
(2) 行政手続の種別　214
　　(a) 後続の意思決定の種類による種別　214　　(b) 内容による種別　215
　　(c) 目的による種別　215
(3) 行政手続の有用性　216
　　(a) 事実の確認・情報の収集としての行政手続　216　　(b) 民主的正当
　　性の獲得手段としての行政手続　216　　(c) 早期の権利保護手段として
　　の行政手続　216

Ⅱ 行政手続法の目的規定と適用除外 ………………………………… 217
(1) 目的規定　218
　　(a) 「国民の権利利益の保護」　218　　(b) 公正の確保　218　　(c) 透明
　　性の向上　219
(2) 行政手続法の適用除外　219
　　(a) 処分および行政指導についての適用除外　219　　(b) 地方公共団体
　　の行政についての適用除外　220

Ⅲ 行政手続法上の具体的仕組み ……………………………………… 221
(1) 申請に対する処分についての仕組み　221
　　(a) 審査基準　221　　(b) 理由の提示　224　　(c) 公聴会の開催　226
(2) 不利益処分についての仕組み　226
　　(a) 処分基準　227　　(b) 理由の提示　228　　(c) 意見陳述手続　228
(3) 行政処分を義務づけるための手続　232

Ⅳ その他の行政手続 …………………………………………………… 233
(1) 公聴会の開催　234
(2) 審議会への諮問　234

Ⅴ 手続の違法と行政処分の取消し …………………………………… 235
(1) 広義の聴聞の違法　236
(2) 理由提示の違法　237

目　次

　　　　　(a) 理由の追完の許否　237　　(b) 理由の差替えの許否　237

第18講　情報公開と個人情報保護　239

Ⅰ　民主主義の制度としての情報公開制度 …………………………… 240
Ⅱ　情報公開制度の基本理念 ……………………………………………… 241
Ⅲ　開示請求の対象になる行政文書 ……………………………………… 242
Ⅳ　行政機関の長の開示義務 ……………………………………………… 245
Ⅴ　不開示情報 ……………………………………………………………… 246
　(1) 不開示情報の概要　246
　(2) 生命・健康等の利益のための開示　247
Ⅵ　開示の過程 ……………………………………………………………… 247
　(1) 開示請求　247
　(2) 開示等の決定　248
　(3) 部分開示　248
　(4) 行政不服申立てと訴訟　248
　　　(a) 行政不服審査における情報公開・個人情報保護審査会への諮問　249
　　　(b) 情報公開・個人情報保護審査会におけるインカメラ審理　250　　(c) 行政不服審査の任意性　251　　(d) 取消訴訟・義務付け訴訟　251
Ⅶ　情報公開と情報提供 …………………………………………………… 252
　(1) 情報提供　252
　(2) 情報公開と情報提供の関係　253
Ⅷ　個人情報保護 …………………………………………………………… 254
　(1) 個人情報の定義　254
　(2) 個人情報保護の仕組み　255
　　　(a) 個人情報保護の原則　255　　(b) 個人の請求権　257
　(3) 争い方　259

第19講　行政不服審査（行政不服申立て）　262

Ⅰ　行政不服審査の基本的特質 …………………………………………… 263
　(1) 行政不服審査制度の適用対象　263

(2) 事後性　264
　(3) 行政不服審査制度の目的・役割　264
　　　　(a) 国民の権利救済と行政運営の適正化　264　(b) 取消訴訟の前置手続　264　(c) 簡易迅速かつ公正な手続　264

Ⅱ 行政不服申立ての種別と審査機関 …………………………… 265
　(1) 行政不服申立ての種別　265
　　　　(a) 審査請求　265　(b) 再調査の請求　265　(c) 再審査請求　266
　(2) 審査機関　266

Ⅲ 行政不服申立ての要件 …………………………………………… 267
　(1) 不服申立ての対象（処分）　267
　(2) 不服申立資格　268
　(3) 不服申立期間　268
　(4) 不服申立ての形式　268
　(5) 自由選択主義と不服申立前置義務　269
　(6) 不服申立てをすべき行政庁　269
　(7) 教示制度　269
　　　　(a) 教示の義務　269　(b) 教示をしなかった場合の不服申立て（法83条1項）　270

Ⅳ 行政不服審査の手続・裁決 ……………………………………… 270
　(1) 手　続　270
　　　　(a) 審査の中身　270　(b) 審査の方式　270　(c) 審理員による審理　271　(d) 審査請求人の権利　271　(e) 審理手続の計画的進行　272　(f) 標準審理機関　272　(g) 執行停止　272　(h) 審理員意見書　273
　(2) 行政不服審査会への諮問と審査手続　273
　　　　(a) 行政不服審査会への諮問　273　(b) 諮問の省略　273　(c) 審査請求人の権利　274　(d) 審査会の答申　274
　(3) 裁　決　275
　　　　(a) 裁決の義務　275　(b) 裁決の種類　275　(c) 認容裁決の形態　275　(d) 事情裁決　276　(e) 不利益変更の禁止　277　(f) 裁決の方式　277　(g) 裁決の効力　277

Ⅴ 取消訴訟との関係──原処分主義 …………………………… 277

目　次

第20講　行政救済と行政訴訟　279

Ⅰ　行 政 救 済 　279
(1) 行政救済とは何か　279
(2) 行政救済制度の 4 つの柱　279
(3) 行政統制と行政救済　280

Ⅱ　行政訴訟の諸形式　281
(1) 行政訴訟の概観　281
(2) 取消訴訟　282
(3) 無効確認訴訟　283
(4) 不作為の違法確認訴訟　284
(5) 義務付け訴訟　284
(6) 差止訴訟　285
(7) 当事者訴訟　285
　　(a) 実質的当事者訴訟　285　　(b) 形式的当事者訴訟　286
(8) 民衆訴訟　286
(9) 機関訴訟　287

Ⅲ　各行政訴訟の相互関係　288
　　(a) 抗告訴訟　288　　(b) 各抗告訴訟の関係　288　　(c) 抗告訴訟と当事者訴訟の関係　289　　(d) 主観訴訟と客観訴訟　289

第21講　取消訴訟の提起──行政の責任と訴訟要件　290

Ⅰ　行政の義務と責務　290
(1) 教示制度　290
(2) 釈明処分による資料等の提出　292

Ⅱ　訴 訟 要 件　293
(1) 訴訟要件と本案勝訴要件　293
(2) 取消訴訟の訴訟要件　293

Ⅲ　裁判所の地域管轄　294

Ⅳ　行政処分(処分性)　295

(1) 行政処分の意味　295
　(2) 実体的行政処分　296
　(3) 公権力的事実行為と「法定の形式的行政処分」　297
　(4) 処分性の拡張　298
　(5) 処分性についての個別的検討　299
　　　(a) 政省令・条例などの制定行為（行政立法）　299　(b) 行政計画　300
　　　(c) 事実行為　304
Ⅴ 原告適格 ……………………………………………………………………… 306
　(1) 原告適格とは何か　306
　(2) 原告適格の有無の判断基準　307
　(3) 「法律上の利益」の解釈　308
　(4) 公益と個別的利益の区別　309
　(5) 2004年の行政事件訴訟法改正による新規定　310
　(6) 「法令」の趣旨・目的の考慮　312
　(7) 「利益」の内容・性質等の考慮　313
　(8) その他の判断方法　316
　(9) 行政の適法性保障のための訴訟　317
　　　(a) 団体訴訟　317　(b) 代表者出訴資格　318
　(10) 最近の判決　319
Ⅵ 訴えの客観的利益 ……………………………………………………………… 321
　　　(a) 「訴えの客観的利益」の意味　321　(b) 訴えの利益の消滅　322
　　　(c) 事業の完了による訴えの利益の消滅(1)　323　(d) 事業の完了による訴えの利益の消滅(2)　325　(e) 訴えの利益の延長　326

第22講　取消訴訟の審理と判決　328

Ⅰ 審理の対象と手続 ……………………………………………………………… 328
　(1) 行政処分の違法性　328
　(2) 自己の「法律上の利益」に関係のない違法性　328
　(3) 先行行為の違法性　330
　(4) 違法性の承継　331
　(5) 違法判断の基準時　332
Ⅱ 審理の原則と手続 ……………………………………………………………… 332

目　次

　　(1) 弁論主義　333
　　(2) 証明責任　333
　　　　(a) 侵害処分を相手方が争う場合（取消訴訟の第1パターン）　333
　　　　(b) 授益処分の拒否処分を相手方が争う場合（取消訴訟の第2パターン）　334　　(c) 授益処分を第三者が争う場合（取消訴訟の第3パターン）　334
　　(3) 職権証拠調べ　335
Ⅲ　判決の種類 ………………………………………………………………… 335
　　　　(a) 却下判決　336　　(b) 請求認容判決　336　　(c) 請求棄却判決　336
Ⅳ　判決の効力 ………………………………………………………………… 336
　　(1) 既判力　336
　　　　(a) 既判力の概念　336　　(b) 訴訟の繰り返しの禁止　337　　(c) 先行処分の取消訴訟の判決の既判力　337　　(d) 取消訴訟の判決の既判力と国家賠償請求訴訟　337
　　(2) 形成力　338
　　(3) 第三者効　338
　　　　(a) 第三者効の概念　338　　(b) 第三者効の役割　339　　(c) 第三者効の意味　339　　(d) 利益相反第三者　340
　　(4) 拘束力　341
　　　　(a) 拘束力の概念　341　　(b) 拘束力の意味　341
Ⅴ　事　情　判　決 ……………………………………………………………… 345
　　(1) 事情判決とは　345
　　(2) 事情判決の役割　346
　　(3) 訴えの利益の否認と事情判決　347

第23講　その他の行政訴訟　348

Ⅰ　無効確認訴訟 ………………………………………………………………… 348
　　(1) 無効の行政処分と取消訴訟の排他性　348
　　(2) 無効の行政処分の争い方　349
　　(3) 無効確認訴訟か民事訴訟・当事者訴訟か　350
Ⅱ　不作為の違法確認訴訟 ……………………………………………………… 351
　　(1) 訴訟要件　351
　　(2) 本案勝訴要件　351

(3) 不作為違法確認訴訟と義務付け訴訟　351
Ⅲ　義務付け訴訟……………………………………………………………352
　　(1) 定　義　352
　　(2) 類　型　352
　　(3) 訴訟要件　353
　　(4) 本案勝訴要件　355
　　(5) 判　決　356
Ⅳ　差　止　訴　訟…………………………………………………………357
　　(1) 定　義　357
　　(2) 訴訟要件　357
　　(3) 取消訴訟との関係　360
　　(4) 本案勝訴要件　360
　　(5) 判　決　360
Ⅴ　当事者訴訟……………………………………………………………360
　　(1) 当事者訴訟とはどのような訴訟か　360
　　(2) 当事者訴訟に対する注目度の変化　361
Ⅵ　確　認　訴　訟…………………………………………………………362
　　(1) 確認訴訟とは何か　362
　　(2) 確認訴訟の活用方法　362
Ⅶ　民　事　訴　訟…………………………………………………………364
　　(1) 私法事件における民事訴訟の利用　364
　　(2) 大阪空港訴訟・最高裁判決における民事訴訟の否認　365
　　(3) 行政処分をうけて行われる事業と民事訴訟　366
Ⅷ　客観訴訟とくに住民訴訟………………………………………………367
　　　　(a) 出訴の資格　367　(b) 目的　367　(c) 対象　368　(d) 請求の類
　　　　型　368　(e) 審査の範囲　369

第24講　行政事件における仮の救済　370

Ⅰ　「仮の救済」とは何か…………………………………………………370
Ⅱ　行政事件における仮の救済の制度……………………………………370
Ⅲ　取消訴訟における仮の救済──執行停止……………………………371

目　次

　　(1) 執行不停止原則　371
　　(2) 執行停止制度　372
　　　　(a) 執行停止の要件　372　　(b) 「重大な損害」要件と利益衡量　374
　　　　(c) 執行停止制度の問題点　375
　　(3) 内閣総理大臣の異議　377
Ⅳ 義務付け訴訟および差止訴訟における仮の救済
　　　　──仮の義務付けと仮の差止め …………………………………… 378
Ⅴ 行政事件における仮処分の制限 …………………………………… 379
　　(1) 仮処分の制限が問題になる訴訟　379
　　(2) 無効の行政処分と仮処分の制限　379
　　(3) 事業差止めと仮処分　380

第25講　公権力の行使と国家賠償責任　382

Ⅰ 公権力無責任原則と国家賠償法 …………………………………… 382
Ⅱ 公権力行使責任の性質──代位責任説と自己責任説 …………… 384
Ⅲ 国家賠償法1条1項の適用範囲──「公権力の行使」 ………… 384
Ⅳ 公権力行使責任の要件 ……………………………………………… 387
　　(1) 公務員・公務　387
　　(2) 外形主義　388
　　(3) 違法性　389
　　　　(a) 行為違法説とくに法規違反説　389　　(b) 結果違法説　390　　(c) 行政内部規範の違反と違法性判断　391　　(d) 義務違反的構成と職務行為基準説　392　　(e) 国賠違法と取消違法　393
　　(4) 故意・過失　395
　　　　(a) 故意・過失の意味　395　　(b) 過失責任主義　395　　(c) 過失の客観化　396　　(d) 過失の有無の判断基準　396　　(e) 誰について過失が認定されるか　397　　(f) 組織過失　397　　(g) 大臣の過失　398　　(h) 加害公務員の特定の要否　398
　　(5) 過失と違法性との関係　399
Ⅴ 規制権限の不行使による国家賠償責任 …………………………… 400
　　(1) 問題となる規制権限の不行使　400

(2) 違法性　401
　　　(a) 規制権限行使の裁量性　401　　(b) 最高裁判所の判例　402　　(c) 下級審の裁判例における違法性判断基準　402
　(3) 反射的利益　403
Ⅵ 公務員個人の賠償責任 ··· 405
　(1) 内部的責任（求償権）　405
　(2) 被害者に対する直接の賠償責任　405
　　　(a) 否定説と肯定説　405　　(b) 公務員個人の賠償責任の要件　406
　　　(c) 個人責任否定説と公務員の個人責任　406
Ⅶ 公権力行使責任の主体 ··· 407
　(1) 国家賠償法3条1項　407
　(2) 市町村立小・中学校における事件　408
　(3) 私人に移譲された権限の違法行使　409

第26講　営造物の設置・管理と国家賠償責任　411

Ⅰ 営造物管理責任 ··· 411
Ⅱ 営造物管理責任の性質——無過失責任 ······································ 411
Ⅲ 国家賠償法2条1項の適用範囲——「公の営造物」 ····················· 413
Ⅳ 「設置・管理の瑕疵」 ·· 414
　(1) 「設置・管理の瑕疵」の意味　414
　　　(a) 行為瑕疵説と営造物瑕疵説　414　　(b) 機能的瑕疵（社会的営造物瑕疵，供用関連瑕疵）　415　　(c) 「設置又は管理」と公権力の行使　416
　(2) 「設置・管理の瑕疵」の判断枠組み　416
　　　(a) 危険　417　　(b) 予見可能性と回避可能性　418　　(c) 「本来の用法」論　420
Ⅴ 水害と国家賠償責任 ·· 420
　(1) 水害について国・公共団体は賠償責任を負うか　420
　(2) 予見可能性と回避可能性を基準とする瑕疵判断　421
　(3) 裁判例の転換＝大東水害訴訟・最高裁判決　421
　(4) 河川管理の瑕疵の判断基準　423
　　　(a) 大東水害訴訟・最高裁判決の問題点　423　　(b) 溢水型水害における予見可能性　423　　(c) 破堤型水害における予見可能性　423　　(d)

目　次

　　　　　回避可能性と河川管理上の諸制約　424
　Ⅵ　営造物管理責任の主体 …………………………………………………… 425

第27講　損失補償　427

Ⅰ　損失補償とは何か ……………………………………………………… 427
　⑴　国家賠償との比較　427
　⑵　損失補償の概念　428
　　　⒜　損失補償の概念を限定する必要性　428　⒝　権力的行為　428
　　　⒞　財産上の損失　429
Ⅱ　損失補償の法的根拠 ……………………………………………………… 431
　⑴　一般法の不存在　431
　⑵　個別法律と憲法29条3項　431
　⑶　憲法29条3項の意味　431
　⑷　予防接種被害に対する損失補償請求権の法的根拠　432
Ⅲ　損失補償が認められるための要件 …………………………………… 433
　⑴　「公共のために用ひる」ことと「特別の犠牲」　433
　⑵　「特別の犠牲」の有無の判断基準　434
　⑶　裁判例における具体的判断　434
　　　⒜　警察目的のための財産権制限　434　⒝　積極目的のための財産権制限　436
Ⅳ　損失補償の額 …………………………………………………………… 438
　⑴　「正当な補償」　438
　⑵　相当補償説　438
　⑶　完全補償説　439
　⑷　土地収用における損失補償　439
　　　⒜　被収用地の補償　439　⒝　公用制限をうけている土地の収用と補償　441　⒞　付随的損失の補償　441　⒞　営業上の損失および精神的苦痛に対する損失補償　441
　⑸　財産権制限に対する損失補償　442
Ⅴ　損失補償の義務者と補償額に関する訴訟の方法 ……………………… 443

事項索引　445　　判例索引　458

■ コラム・付論　目次 ■

★＝コラム，❶～㉓＝付論

第1講
★ 一般的法律と個別的法律　6
❶ 告　示　9
❷ 公法と私法の区別　13

第2講
★ 機関訴訟の禁止の法理　18
❸ 公務員に対する行為の性質　20
❹ 「行政の行為形式」とその他の行政活動　24
❺ 行政の流れ（行政過程）　25

第3講
❻ 内閣総理大臣の役割　33
★ 官と公　33

第4講
★ 「法の一般原則」と「行政の一般的法原則」　47
❼ 通　達　48
★ 行政の「遊び」　50
★ 重要事項留保説　53
★ 任務と所掌事務　55

第5講
★ 分限と懲戒　64
❽ 行政裁量と法の解釈　72
★ 権限なき行政　77
★ 実体と手続　78
❾ 原子炉の規制に関する法律規定の改正　82

第7講
❿ 行政処分の分類　99
★ 「要件」と「効果」　103
★ 申請書の記載事項と添付書類　104

第8講
★ 許認可などの申請の審査の多様性　108

★ 行政手続オンライン化法　109
⓫ 違法の行政処分の取扱い　117

第9講
⓬ 第三者の利益の考慮　124
★ 行政財産とその目的外使用許可　129
⓭ 職権取消しと撤回における手続と損害補塡　132

第10講
★ 義務の分類　139
⓮ 滞納処分（行政上の強制徴収）　144

第12講
★ 警　告　161

第13講
⓯ 行政計画の中身　173

第14講
★ 公契約条例　187
★ 行政法上意味のある私人間での契約　189

第16講
★ 行政相談委員　210
★ オンブズマン　211
⓰ 「紛争調停者」としての行政　212

第17講
★ 努力義務　227

第18講
★ 文書と情報　241
★ 個人情報についての本人開示請求　246
⓱ マイナンバー法における特定個人情報の目的外利用と提供　256
⓲ 情報公開制度と個人情報保護制度の関係　259
⓳ 公文書の管理　260

xxv

目　次

●第20講
⑳ 取消訴訟の3つのパターン　282
★ 取消しと無効確認　283

●第21講
★ 行政不服審査法の教示と行政事件訴訟法の教示がまとめて行われている例　291
★ 原告適格・被告適格と当事者適格　307
★ 「法律上の利益」概念の読みかえ　308
★ 法律と法令　312
㉑ 許認可の取消訴訟と訴えの利益　324

㉒ 名誉・信用の侵害と取消訴訟　327

●第24講
★ 積極要件と消極要件　373

●第25講
★ 国家賠償制度の機能　390
★ 名勝指定によるみやげ物屋の利益と反射的利益　404

●第26講
★ 大東水害訴訟　421
㉓ 自然現象と予算・財政の制約　424

■ 本書を読むに当たって ■

1　本書の構成

　「はしがき」で述べたことと重なるところがあるが，本書は，行政法総論の読み物として，行政法秩序およびそれに関する学説や裁判例を通観し，そのことによって，「行政法」というものがどのようなものであるのか，あるいは行政法秩序はどうなっているのか，といったことについて読者に一通りの知見を提供することを目指すものである。

　説明は，組織法，作用法，救済法の3分類（第1講10頁Ⅴで説明する）に従って行う。組織法の部分では，内閣法や国家行政組織法といった行政の分野を問わず適用される法律（一般法）を主な素材として，行政組織について一般的な説明を行う。国と地方公共団体のそれぞれの具体的な行政組織については説明を省略する＊。

　作用法の部分では，千数百の法律が存在しているから（第1講6頁の コラム を参照），やはり一般的な説明を行う。

　救済法については，行政不服審査法，行政事件訴訟法，国家賠償法の一般的法律が存在しているので，これらの法律に基づく制度およびそれらに関する学説・判例を説明する。

　以上のほか，行政法総論の説明には，通例，基礎理論・基本原理等と呼ばれる部分がある。本書でもこれについて説明を行う。

　読者の皆さんには，次の点にも留意をお願いしたい。

　① 章や節は，理論的な組立てをするときに用いるものというニュアンスがあるので，本書では，学習上の便宜という意味合いで，講という形で説明を分けることにした。

　② 説明においては，地方公共団体の条例などをも参照しているが，全国の地方公共団

＊　地方公共団体については，地方自治法という浩瀚な法律があり，この法律を中核に地方自治法制度が存在している。これについては社会的な関心も強いが，その個々の問題について説明を加えるとそれだけで1冊の本になってしまう。本書では，その性格に照らし，その具体的内容について説明をすることは控えたい。地方自治法制について関心がおありの方は，「行政組織法」あるいは「地方自治法」と銘打った教科書をご覧いただきたい。ただ，本書では，条例，住民訴訟など総論の見地からも重要な事項については，多少の説明を加えている。

xxvii

体のそれぞれの問題に関する条例などを網羅的に見た上で最善の素材を選択したわけではない。この点については多少の努力をしたにとどまる。

③ 行政手続等における情報通信の技術の利用に関する法律（平成14年法律第151号。略称，行政手続オンライン化法）により，国民が行う申請・届出や行政庁の行う行政処分の通知などは，各主務省令の定めるところにより，電子情報処理組織を用いて行うことが認められている。本書においては，この点は一々断らないが，この点についても注意をしていただきたい（第8講109頁の コラム で同法について簡単な説明を行っている）。

2 用　語

本書で用いられる基礎的な用語についても少し説明しておきたい。

①「行政」　「行政」という語は，国・地方公共団体などによって行われる行政活動を指すことがあるが，国・地方公共団体などの行政活動の主体を指すこともある。

②「地方公共団体」　①で地方公共団体の語が出てきたが，本書では，「地方公共団体」の語は，都道府県および市町村を指す意味で用いることとする。

③「行政主体」と「国民」　①で国・地方公共団体などを「行政活動の主体」と呼んだが，通常は「行政主体」という表現が用いられる。

しかし，国民こそが行政の主役であることを重視すると，行政主体という表現は好ましくないということになる。このため，「行政体」という表現が使われることもある。本書ではこの語を用いている。

④「国民」　行政活動の相手方である我々をどう表現するかは案外難しい問題だが，本書では，「国民」の語を主に用い，文脈により「私人」の語も使うことにしたい。国籍の如何を問わず，また法人をも含むという意味では，私人という用語が理論的には正しいだろう。ただ，私人の語は，専門用語の意味合いが強い。取っつきやすさという点で，主に「国民」の語を用いる。そこには，わが国の行政権に服する外国人と法人も含まれる。

⑤「法令」と「法規」　まず「法令」とは，法律，政令，省令など成文の法規範を指す。用語法としては，地方公共団体の条例や規則をもこれに含ませる場合（行手法2条1号を参照）と国のレベルでの法律・政令・省令などだけを指す場合（地方自治法14条1項を参照）とがある。

これに対し，「法規」の語は，憲法や法律で用いられていることがあるが（憲法98条，行訴法5条，自衛隊法84条・88条2項など），定義規定はないようである。おそらくは，法規範つまり法的拘束力を有する規範を意味する語として用いられているのだろう。法令との違いは，法規には不文の法規範，つまり慣習法や条理（法）（第1講9頁(f)で説明する）

が含まれることである。

　また，戦前来の学説上の用語法では，法規は，国民の権利義務に関する規範または一般的抽象的規範を意味する。この意味での法規の観念は，議会の立法権限の範囲を指すもので，法治主義の原則および行政立法との関係で意味を持っている（第 4 講 51 頁(**3**)で説明する）。

3　法律の略称

本文中で使用した法律の略称は，以下のとおりである。

感染症予防法：感染症の予防及び感染症の患者に対する医療に関する法律（平成 10 年法律第 114 号）

行手法：行政手続法（平成 5 年法律第 88 号）

行審法：行政不服審査法（昭和 37 年法律第 160 号）

行政保有個人情報保護法：行政機関の保有する個人情報の保護に関する法律（平成 15 年法律第 58 号）

行訴法：行政事件訴訟法（昭和 37 年法律第 139 号）

原子炉規制法：核原料物質，核燃料物質及び原子炉の規制に関する法律（昭和 32 年法律第 166 号）

憲法：日本国憲法（昭和 21 年）

公文書管理法：公文書等の管理に関する法律（平成 21 年法律第 66 号）

国賠法：国家賠償法（昭和 22 年法律第 125 号）

出入国管理法：出入国管理及び難民認定法（昭和 26 年政令第 319 号）

情報公開法：行政機関の保有する情報の公開に関する法律（平成 11 年法律第 42 号）

地方教育行政法：地方教育行政の組織及び運営に関する法律（昭和 31 年法律第 162 号）

独占禁止法：私的独占の禁止及び公正取引の確保に関する法律（昭和 22 年法律第 54 号）

廃棄物処理法：廃棄物の処理及び清掃に関する法律（昭和 45 年法律第 137 号）

風俗営業規制法：風俗営業等の規制及び業務の適正化等に関する法律（昭和 23 年法律第 122 号）

麻薬取締法：麻薬及び向精神薬取締法（昭和 28 年法律第 14 号）

4　判例の引用方法

本文中では，次のような形で判例を引用する。

　例：最高裁判所大法廷 2005（平成 17）年 9 月 14 日判決＝在外日本人選挙権事件

　なお，掲載判例集は，巻末の判例索引の中で示している。

本書のコピー，スキャン，デジタル化等の無断複製は著作権法上での例外を除き禁じられています。本書を代行業者等の第三者に依頼してスキャンやデジタル化することは，たとえ個人や家庭内での利用でも著作権法違反です。

第1講

行政と行政法

I 行政とは何か

　行政法とは行政に関する法であるから（厳密に言うと，行政に固有の法である。この点については，5頁Ⅲでもう少し詳しく説明する），まず「行政とは何か」という問題について少し考えておこう（なお，本講では行政の定義について説明し，行政の種別については次講で説明する）。

(1) 日常生活と行政

　ここではまず，行政の定義の説明をする前に，我々の日常生活と行政の関わりの深さを述べることにしたい。

　人は政治と行政のいずれに心を動かされるであろうか。多分，政治である。政治は表舞台の動きであり，選挙においても議会（国会と地方議会）においても，スポットライトが当たり，何かと華々しい。だが，この政治の陰には，人々の日常生活がある。そして，この人々の日常生活を支え，政治を支えているのが行政である。飲料水，医療，学校教育といったものの提供，道路などの社会基盤の整備といったことが国や地方公共団体の手によって行われるとき，それが行政である（国によっては，こうしたことを公の手によって行うことができず，民間団体によって行われることもある。また，民営化の現象が見られる国もある）。

　この行政活動は，人々の生活にとって不可欠のものであり，政治の舞台で何が起ころうとも絶えることなく行われる（べき）ものである。そして，そこに行政の重要性を見出すことができるのである[1]。

(2) 行政の形式的定義

「行政法」という場合の「行政」とはどのようなものだろうか。

行政とは，国や地方公共団体などの公共団体（国会・地方議会および裁判所の組織を除く。公共団体については27頁①を参照）によって行われる活動であると言える。これは，活動の主体に着眼するもので，形式的意味での行政と言われる。行政法とは，この形式的意味での行政に固有の法である。

従って，行政法という場合の行政の説明としては，これだけで足りるのであるが，権力分立の中でつまり立法や司法との関係において行政を実質的に定義づけるという試みが行われてきている。

(3) 行政の実質的定義

行政法の教科書類では，行政の定義が行われることが多い。行政の定義には，上記の形式的定義と下記の実質的定義があり，難しいのは後者の実質的定義である。(2)でも述べたように，行政法という場合の行政とは形式的意味での行政であるから，行政の実質的定義についてあれこれ議論をすることは，行政法の学習にとって直接に大きな意味を持つものではない。しかし，行政の実質的特徴を捉え，立法や司法との違いを実質的定義として示すことは，権力分立を論じる上で意味のあることであるし，また，「行政に関する法」を対象とする行政法理論にとっても，実益はともかく，魅力的なことである。行政を実質的に定義することは，行政法学上の1つの根本問題であった。そこで以下では，この実質的定義について少し考えてみることにしたい。

権力分立制では，立法は一般的抽象的な規範の定立，司法は紛争解決と定義づけることができるが，それでは行政はどう定義づけることができるだろうか。

まず，行政も，立法，司法もいずれも公共的目的を実現するものであるが（民事訴訟は原告となる者の私的な権利利益の保護を目的としているが，民事訴訟の制度全体としては紛争の解決による法秩序の維持という公共的目的を持っている），訴えの提起をうけて行われる司法と比較すると，行政は，積極的に公共的目的を実現する作用である。この点は立法も同じである。しかし，立法は一般的抽象的

---

1) もちろん政治と行政は密接な関係があり，両者の区別は必ずしも明確にできるものではない。政治と行政の「協働行為」と位置づけられるものもある（例，政省令の制定）。しかし，両者の間に違いがあることも否定できない。

な規範を定立するにとどまる。これに対して，行政は，法律をうけて，具体的に公共的目的を実現する作用である。また，行政は，立法や司法とは異なり，日々絶えず途切れることなく，その意味で継続的ないし不断に行われている。さらに，立法は議会（国の場合は国会）での審議・議決，司法は訴訟の審理・判決という定型的な形で行われるのに対し，行政は，定型を持たずその意味で多様な形で行われる。

　これらの点をまとめれば，「行政とは，法律のもとで，積極的，具体的かつ継続的に，多様な手段と形式で公共的目的を実現する作用」と実質的に定義することができる[2]。しかし，この種の定義は，現象面を捉えただけではないかという疑問がある。また，立法＝一般的抽象的な規範の定立，司法＝紛争解決のように「行政が何をするものであるか」を一言で簡潔に表現するものではない[3]。

　このため，行政の特徴を積極的に示すことをあきらめ，行政を「国や地方公共団体などの公共団体の活動のうち，実質的意味での立法や司法を除いたもの」と定義づける説も主張されている。これは，控除説と呼ぶことができるが，前述の形式的意味での行政の定義に近い[4][5]。

---

[2] この定義は，田中二郎『新版行政法（上巻）』（全訂第2版，1974）5頁の定義と共通する点が多い。手段と形式の多様性は，杉村敏正『全訂行政法講義総論（上巻）』（1969）8頁～9頁が「各種の手段」という表現で指摘していたところである。

[3] これまでの行政の定義は，他の二権である立法および司法との関係で行政というものをどう表現するかという点に関心をおいていた。しかし今日では，行政と民間企業の活動とをどう区別するかということも考える必要がある。この点では，税金を用いて，公務員によって，公共目的のために行われるという点が立法，司法，行政に共通している。また，これらの点で三権の活動は民間企業の活動と異なっている。

[4] 形式的意味での行政の定義によると，立法府や司法府の行為はすべて行政ではないが，控除説による行政の定義は，立法府・司法府の行為で実質的に行政に当たるもの（例，人事管理，財務）を含み，他方，形式的意味での行政のうち，実質的意味での立法および司法を含まない。

[5] そもそも行政を実質的に捉えることができるかどうかが疑問である。教育や医療は，行政としても行われるが，古くから私立の学校や病院によっても行われている。環境の保全も，行政として行われるほか，民間の団体や個人（これらを総称して私人と呼ばれる）によっても行われている。社会保障も，民間による福祉事業として行われることもある。

Ⅱ　行政と立法および司法との機能的関係

Ⅰにおいて述べた行政の定義の問題とは別に，行政が他の二権すなわち立法および司法に対してどのような地位を持っているのか，という問題がある。やや難しい表現をすると，三権の機能的関係がどのようなものかという問題である。

(1)　立法との関係

行政は，国会において制定される法律に従わなければならない（法律の優先。これについては，49頁(1)で説明する）。従って，行政は，立法の下にあると言える。これは，国会が国権の最高機関であること（憲法41条）からも導かれることである。

もっとも，法律の制定の局面では，法律案の作成に当たって行政の組織において蓄積されている情報ないし知見が活用されることが少なくないだろう。この場合，「立法権と行政権の協働」が行われていると言える。

また，行政は，法律が存在する場合にはこれを執行する義務があるが（憲法73条1号を参照），法律が存在しない場合には何もできないのか，それとも独自の判断で行動することが許されることもあるのではないか，という問題がある。これは，行政法理論では「法律の留保」の問題として論じられるところである（51頁Ⅳで説明する）。

なお，司法も立法の下にあるが，違憲審査の局面では，司法は立法（通常の法律制定作用）に優先する。

(2)　司法との関係

一般に，司法は，立法ほど自由に物事をなし得る機関ではない。司法は，法の解釈適用によって権利義務に関する争いについて審判することを任務とする機関であり，それがなし得ることは「法律上の争訟」（裁判所法3条1項）の概念によって画されている。行政との関係では，これに加えて法律により民衆訴訟や機関訴訟が認められており（客観訴訟と言われる。これらについては，286〜287頁(8)(9)・289頁(d)で説明する），その分だけ司法の活動余地は広げられている。

この「法律上の争訟」と法定の客観訴訟の範囲内では，行政は，判決に従わなければならない。この意味で，行政は司法の下にある。

しかし，行政がその事務の遂行のために巨大な組織を有しているのに比べると，裁判所の法廷は少数の裁判官によって構成されるものであり，両者の間には，情報収集能力1つをとっても大きな違いがある。従って，行政との関係において司法がなし得ることには自ずと限界があると言わなければならない。行政裁量の行使の審査において裁判所の審査権が制限されるのはその一例である（この問題については，68頁Ⅳで説明する）。

行政は司法の判断に服することを前提にして，両者の役割の分担という視点も必要であろう。行政上の強制執行（134頁①を参照）は，司法に与えられている強制執行権限と同質の権限が行政に与えられている1つの例である。

Ⅲ 行政法とは何か

憲法を勉強するときには「憲法」（正式には日本国憲法）を参照する必要がある。民法を勉強するときには「民法」という名前の法典を参照しなければならない。刑法や商法を勉強するときも「刑法」あるいは「商法」という法典を参照すべきである。

ところが，行政法を勉強しようとして，法令集（六法）を探しても，「行政法」という名前の法律は見当たらない。せいぜい，行政手続法，行政事件訴訟法などの「行政」という形容語のついた法律が存在するだけである。「行政法」とは一体どのような法律なのだろうか。結論的に言うと，行政法とは，今触れた行政手続法，行政事件訴訟法の他，道路交通法，建築基準法，都市計画法などの法律全体を指すものである，と言うことができる。

ここで1つの疑問が出てくる。つまり今，様々な法律を挙げたが，先に触れた民法，刑法，商法は，行政に適用されることがあるにもかかわらず，行政法に含められず，道路交通法などがなぜ行政法に含められるのかという問題である。

確かに，国が庁舎を建てるために建築会社と請負契約を結び，そして国と建築会社との間で法的な紛争が生じた場合には，民法が適用される。しかし，民法は，本来は私人間での法関係ないし紛争を想定して作られた法律である。こ

うした法律は行政の分野においても適用されるが，これを行政法として位置づけ，考察をする必要はない。行政法として捉え，行政法として考察する必要があるのは，特に行政の分野のために定められた法である。

　こうして，行政法は，「行政に固有の法」あるいは「行政に特有の法」と言われる。このような行政法の観念からすると，先ほど挙げた行政手続法，行政事件訴訟法，道路交通法，建築基準法，都市計画法といった法律は，行政法に入る。他方，民法は，もともと私人相互間の関係を規律する法であるから，行政法には入らない。

　以上のように，行政法とは，行政に固有または特有の法であるが（ここでいう行政とは形式的意味の行政である），上述のように，行政法という名前のついた一般的・包括的な法律は存在していない。行政法というのは，国会によって制定される法律に限定しても，二千本弱の法律の全体である。

> **コラム**　**一般的法律と個別的法律**　わが国には，現在約1900本の法律がある。総務省の「法令データ提供システム」の「お知らせ」欄のデータ（http://law.e-gov.go.jp/announce.html）によると，平成27年7月1日現在の法律の数は1950本である（ちなみに，政令・勅令および府令・省令等の数は，それぞれ2168本，4020本である）。その大半は，行政法の性格の法律（行政法律）であろうから，行政法律の数は二千本弱ということになる。その中には，行政手続法，情報公開法，行政事件訴訟法，国家賠償法といった一般的な性格の法律もあるが，その数は少ない。二千本弱の行政法律の大半は，個別的法律（個々の行政領域において適用される法律）である。個別的法律が行政法律の大半を占める理由は，内閣によって国会に提出される法律案が実際には各省庁において作られることが多いという現状に関係がある。

　このように言うと，行政法を勉強するということは，この千数百本の法律を一つ一つ勉強することなのかと驚かれるかもしれない。しかし，そうではない。むろん，行政の実務に携わる人は，自分の仕事に関係する個々の法律について知っている必要がある。例えば建築行政に携わる人は，建築基準法について知っている必要がある。しかし，一般の国民という立場から考えると，この千数百本の法律，さらには無数ともいえる地方公共団体の条例をいちいち知っている必要はない。むしろ，それらを理解するための基礎的な知識が必要である。行政法の理論とは，そのような多くの行政法の性格を持った法律や条例などを

理解するための理論の体系ないし枠組みであるということができる。

また、行政法の性格を持った法律の中には、前述の行政手続法や行政事件訴訟法、さらには国家賠償法、情報公開法のように、行政の分野を問わず適用されるという意味で一般的な性格の法律がある。行政法の学習上、これらの法律については、その具体的中身を理解していることが望ましいと言える。スペースの制約もあるが、本書においても、これらの法律の中身について説明をすることにしたい。

Ⅳ　行政法の存在形式（法源）

(1)　行政法の法源

これまでの説明では、主に行政法の性格を持った法律を挙げてきた。では、行政法は、法律だけを指すのだろうか。

実際には、法律だけが行政法ではない。行政法は、以下で説明するように、様々な形で存在している。この「行政法が存在する形」を「行政法の法源（または存在形式）」と言う。

法源として認められる形（法律、政令など）をとる規範には、当然に法的拘束力が認められる。つまり法源の形をとる規範は当然に法規範になる。これが法源を論じることの意味である（他方、例えば通達は法源ではないので、通達の形式をとる規範は法規範ではない。通達については、95 頁 Ⅹ で説明する）。

「何が行政法の法源か」という問題に対する解答つまり法源として挙げられるもの（「法源のリスト」（遠藤博也『実定行政法』(1989) 361 頁））は、他の民法などの法分野と同じである。「法源のリスト」は、他の法分野との比較においても、また歴史的に見ても、ほとんど変化がない（もっとも、行政法の分野では、政省令などの命令が沢山作られているし、条例も大きな役割を果たしているという独自性がある。また、法治主義との関係で、慣習法が認められる余地は狭いのではないかという独自の問題がある）。

(2)　法源のリスト

(a)　憲　　法

憲法の中には、行政権に関する規定、財政に関する規定、地方自治に関する

規定があるが，これらは，憲法規定であると同時に，「行政に固有の規範」であるから，行政法としての性格を併せ持つものである。また，基本的人権に関する規定も，行政法にとって重要な意味を持っている。行政法は，憲法の中にも存在しているのである。

(b) 条　約

条約に国内的効力を付与する方式には，条約を一般的に国内法として受容する方式と議会の立法措置によりこれを国内法に変形する方式があるが（前者の例として，アメリカ合衆国憲法第6条2項），わが国の憲法は前者を採るものと解されている（憲法7条1号・98条2項）。もっとも，個々の条約ないし条約規定には，その内容により，直接に国内の行政機関や裁判所で適用されるもの（自動執行的な条約）とそうでないものがある。また，条約と憲法のいずれが優位するかについては議論がある。

(c) 法　律

法律とは，国会において制定される規範である。前述のように，行政法は憲法の中にも存在しているが，憲法の規定はかなり抽象的である。実際に行政を動かし，行政と国民の関係を具体的に規律している規範のうちで最も重要なのは，この法律である。前述のように，行政法の性格を持つ法律は，二千本弱ある（6頁の コラム を参照）。

(d) 命　令（政省令）

政令や省令など，行政機関によって作られる法規範はまとめて「命令」と呼ばれる。行政手続法は，この語を用いている（行手法2条8号・38条以下）。

命令のうちで最も重要なのは，政令である。政令は，内閣が定める（憲法73条6号，内閣法11条）。この他，内閣総理大臣が定める内閣府令（内閣府設置法7条3項），各省の大臣が定める省令（国家行政組織法12条1項），各委員会・各庁の長官が定める規則など（同13条1項）がある。

通例，行政法の分野で法律が制定されると，それに付属する形で政令と省令が制定される。政令は「施行令」，省令は「施行規則」と呼ばれることもある[6]。

---

[6] 命令の語は，政省令などを指すほか，行政処分である命令（営業停止命令など）を指すこともあり，誤解を生む可能性があるので，使いにくい。本書では，一般の用語法に従い，「政省令」の語を用いることにしたい。厳密には「政省令等」というべきであるが，煩瑣

(e) 条例・規則

　行政法の分野では，地方公共団体で定められる規範も重要である。地方議会が定める条例（但し，条例の制定には地方公共団体の長も関与する），地方公共団体の長つまり都道府県知事や市町村長が定める規則および教育委員会などの委員会が定める規則がある（憲法94条，地方自治法14条1項・15条1項・138条の4第2項）。このうち特に重要なのは，地方議会で制定される条例である。条例については，91頁IXで説明する。

(f) 慣習法・条理（法）

　以上は，成文，つまり文章の形になっている規範であるが，この他，行政法に属する規範には，文章の形にはなっていない，つまり不文の法である慣習法や条理（法）がある。慣習法とは，慣習が法として認められたものである。例としては，法令の公布の方法（官報に登載して行う）や閣議決定の方法がある。条理とは，「社会通念（または社会観念）」とも呼ばれる。法令に規定がない問題については，健全なる社会常識に従って判断しなければならない。これが条理，社会通念である。例えば，裁量の行使は，社会通念に照らし著しく不合理であれば違法であるといわれることがある（この点については，77頁(d)で説明する）。

> **付論❶：告　示**
> 　国や地方公共団体（もう少し仔細に見るとその機関）がその意思決定や事実を公式に国民・住民に知らせる場合，告示の形がとられることがある。
> 　告示は，前述の「法源のリスト」には入っていないので，当然に法的拘束力を持つものではない。しかし，告示は，国の場合は官報，地方公共団体の場合は公報に掲載されるので，この点では告示は，法律や政省令と同じであるから，法的拘束力があるとも言えそうである。
> 　他方，特定の者を対象にする行政処分について，当該行政処分が行われたことを社会に知らせるために告示が行われることもある（例，土地収用法26条1項の事業認定の告示，国籍法10条1項の帰化の許可の告示）。この種の告示は，その事実を社会に知らせるという役割を持つだけで，法的拘束力を持っていない（もっとも，法律が，行政処分の効力の発生をこの告示の時としたり，この告示に他の法的な効果を結びつけることは可能である）。この点を考慮すると，告示の法的拘束力については，個別的に判断をする必要がある。

　なので「等」の文字は付けないことにする。近年は「府省令」という表現が多用されるようになっている。

第1講　行政と行政法

　　設問　政府が定めている環境基準（環境基本法16条）は，告示されている。そうすると，環境基準は法的拘束力を持つのではないか。

　環境基準は，法律上環境行政上の目標値としての役割を与えられている。従って，「違反すれば違法になる」という意味での法的拘束力はないと考えられている。

　これに対し，小学校・中学校・高等学校などの教育について定められている学習指導要領は，文部科学大臣によって定められ（学校教育法33条・48条・52条など），告示されているが，最高裁判所1990（平成2）年1月18日判決＝伝習館高校事件は，高等学校の学習指導要領につき，「教育の内容及び方法についての必要かつ合理的な大綱的基準を定めたものと認められ，法的拘束力を有するものということができる」と判示した控訴審の福岡高等裁判所1983（昭和58）年12月24日判決を是認し，一定の範囲で告示に法的拘束力を認めている[7][8]。

Ⅴ　行政法の分類

　次に，行政法を内容的に分類しておくことにしよう。行政法は，組織法・作用法・救済法に分類することができる。

(1) 組織法

　組織法とは，行政を担当する団体である国や地方公共団体の組織に関する法である。国の組織を定めた法律としては，内閣法，内閣府設置法，国家行政組織法などがある。地方公共団体の組織についての基本は，地方自治法で定められている。

　法律が行政組織を設けるとき，同時にその組織がどのような仕事を行うかを定める必要がある（そうでないと，その組織が何をするためのものか分からない）。

---

[7] 学習指導要領は文部科学省のウェブサイトで見ることができるが，そこでは，学習指導要領は学校教育法施行規則（文部科学省令）52条・74条・84条などに基づくものと説明されている。

[8] 告示以外にも，法律で一定の事項を「公告」あるいは「公示」すべきことが定められていることがあるが，これらについては官報や公報に掲載されることもあればそうでないこともある（都市計画法上の公告・公示につき，同法施行令42条1項，同法施行規則3条を参照）。また，行政計画に当たるものなどについて「インターネットの利用その他適切な方法」による公表を義務づける法律がある（宇宙基本法24条4項，がん対策基本法9条5項，知的財産基本法23条4項など）。

従って，組織法とは，組織の設置を定めるだけではなく，その組織の任務を明確化し，その組織に事務（ないし権限）を割り当てるという役割を持っている。各省設置法には，「任務と所掌事務」が挙げられているが，これがこの割当ての規定である（任務と所掌事務については，55頁の コラム を参照）。

(2) 作 用 法

作用法とは，行政の作用，特に国民に対して行われる対外的な作用に関する法である。前述の道路交通法，建築基準法，都市計画法はこの作用法に当たる。

(3) 救 済 法

救済法とは，行政の活動により国民が権利や利益を侵害された場合の救済に関する法である。法律としては，前述の行政事件訴訟法や国家賠償法がある。救済の方法としては，例えば課税処分の取消しのように権利を侵害する行政の行為を是正してもらう方法と，金銭により損害を償ってもらう方法があるが，行政事件訴訟法は前者に関する法であり，国家賠償法は後者に関する法である。

Ⅵ 行政法の重要性

憲法・民法などの諸法と比較すると，法秩序全体の中で行政法はどう位置づけられるのだろうか。

まず，憲法は，国の基本法であり，法秩序の中では最高の法である。重要であることは言うまでもない。

物事をタテ・ヨコに分けて考えるという思考法をとると，国民相互の関係つまりヨコの関係を規律するものは，民法および商法である。これに対し，国・地方公共団体などと国民の関係つまりタテの関係を規律しているのが行政法である[9]。

---

[9] 刑法もタテの関係に関するものであり，我々の社会生活上根幹的な意味を持っているが，犯罪を犯すことがなければ適用を受けない。これに対し，行政法は，日常的な生活条件の整備や提供たる行政に関するものである。なお，訴訟法（民事訴訟法，刑事訴訟法，行政事件訴訟法）も裁判所と国民というタテの関係に関するものであるが（行政事件訴訟法では，行政も当事者として登場する），それは，民商法・刑法・行政法（実体行政法・手続行政法）の裁判所による適用の際に用いられるものであり，その点では補充的である。

第1講　行政と行政法

タテ・ヨコの思考法をとると，行政法が大変重要なものであることが分かる。事実，我々の一生は，出生に始まり，死亡に終わるのであるが，その間の生活は，出生届から死亡届に至るまで行政と密接に関係しているのである。

行政法を生業(なりわい)としている者としてはこのように考えるが，読者の皆さんはどうだろうか。

Ⅶ　行政法の内容的特質

これまでの説明では，行政法の形式的な特徴ないし性質について述べてきた。では，行政法は，内容においてどのような特質を持っているのであろうか。

通例，行政法の特質は，公益性と公権力性に求められる。これらは行政活動の特質であるといってもよいだろう。行政法は，行政活動を規律するものであるから，その特質が行政法にも反映するのである。

行政活動は，国民の信託を受け，国民が拠出した税金を用いて行われるものであるから，特定の者の利益を図るものではなく，国民全体（地方公共団体の場合はその住民全体）の利益を追求するものである。この意味で，行政の目的は公益の実現であり，またこの目的への配慮が行政法の第1の内容的特質である。

また，行政は，その活動において，国民に対して一方的に義務を課したり，国民の身体や財産に対して実力を行使することがある。つまり，行政は公権力を行使することがある。これも行政活動の特質であるが，この公権力の行使を認めていることが行政法の第2の内容的特質である。公権力の行使が認められる理由は，行政が公益の実現を図ることを目的としていることに関係しているのだろう。

行政法の内容的特質を公益性と公権力性に求めることは，多分間違いではないだろう。しかし，次のような疑問もある。

1つは，公益性とか公権力性が何を意味するのか，という問題である。公益を定義づけることは簡単ではない。公益とは，個々人の利益ではなく，国民・住民の全体あるいは多数者の利益であるという説明，公益は，個々人の利益の集積ではなく，それらとは次元を異にするものであるという説明，行政が追求する利益が公益であるという説明などが考えられる。また，公益を実質的に把握することをあきらめ，しかるべき手続を経て行政活動の目標とされた利益が

公益であるという考え方もある[10]。

　公権力性についても明快な解答があるわけではない。本書では，それは，相手方である国民の意思如何を問わず，その権利義務を一方的に変動させ，あるいはその身体や財産に一方的に強制を加えることを指すと理解しておくことにしたい。

　もう1つの問題は，行政法の内容的特質は公益性と公権力性だけなのか，ということである。法律の規定がなくても行政が守りあるいは実現すべき価値としては，基本的人権の尊重，情報の公開，人間の生存と環境への配慮などが考えられる。これらの価値は，行政だけではなく，民間事業者もまた守り実現してほしいものであるが，やはり国民の信託をうけて行われる行政に対してとりわけ強く遵守実現が要求されるものであろう。その意味で，これらの価値は（あるべき）行政法の内容的特質と言えないこともない。

付論 ❷：公法と私法の区別

(1) 公法と私法の区別の意味

　法学入門の書物や講義では，「法には公法と私法の区別がある」と説明される。これに加え，行政法の教科書でも，「公法と私法の区別」が論じられる。行政法上この問題を論じることには次の3つの意味がある。

　(a) 法の分類上の意味
　(b) 適用法規を決める上での意味
　(c) 提起すべき訴訟を決める上での意味

(a) 法の分類上の意味

　法学入門では，法の分類として公法と私法の区別が行われる。公法はタテの関係（国と国民の関係）を規律するものであり，私法はヨコの関係（国民相互の関係）を規律するものである（Ⅵを参照）。この分類によると，行政法は公法である[11]。

(b) 適用法規を決める上での意味

　行政法は行政上の法関係を規律するものであるが，実際に制定されている行政上

---

10) もっとも，社会保障行政は，個々人の福祉の向上を目指すものであるから，私益の実現を目的としているとも言える。しかし，そのことが公益になっているのだ，という説明も可能である。また，社会福祉団体・環境保護団体・消費者団体などの活動は公益の実現を目指すものであるということも可能である。そうであるとすると，公益は，行政の独占物ではなく，民間団体や個人によっても追求されているということになる。

11) 憲法や刑法なども公法に当たる。そこで，行政法はこれらとは区別されるものであるということを明らかにするため，行政法は，「行政に固有の公法」と定義される。公法のうちでも行政に固有のものが行政法である（Ⅲをも参照）。

の法令[12]の規律は完全なものではない[13]）。

　そこで，行政上の法関係についてそれを規律する法令がない場合にどうするかという問題が生じる。これが適用法規の問題である。出発点になるのは，行政上の法関係のうちの公法関係には公法法規（以下，公法）が適用され，私法関係には私法法規（以下，私法）が適用されるというものであるが，戦後は，この基本的枠組みが次のように修正されている（②〜④が適用法規に関する原則である）。

① 　行政上の法関係を公法関係と私法関係に分ける点は従来と同じであるが，さらに，公法関係を本来的公法関係と伝来的公法関係に分ける。

② 　本来的公法関係とは，国・公共団体が公権力の主体として国民に対する関係である。支配関係あるいは権力関係とも呼ばれる。この本来的公法関係には，公法のみが適用され，私法は適用されない。

　　但し，民法におかれている規定のうち，法の一般原則に関する規定（信義誠実の原則など）および法の技術的約束に関する規定（期間の計算方法の規定など）は，本来的公法関係にも適用される。

③ 　伝来的公法関係とは，国・公共団体が道路の管理など公の事業などの主体として国民に対する関係である。管理関係とも呼ばれる。この関係には原則として私法が適用される。

④ 　行政上の法関係のうちの私法関係には私法が適用される（従来と同じ）。

このように，行政上の法関係に適用すべき法規を決める上で公法と私法の区別には意味がある。

以上のことを図示すると，**図表1-1**（次頁）のようになる。

(c) 提起すべき訴訟を決める上での意味

　行政事件訴訟法は，行政事件訴訟（行政訴訟）の1つとして当事者訴訟を挙げ，その1つとして「公法上の法律関係に関する訴訟」を挙げている（2条・4条。当事者訴訟については，285頁(7)で説明する）。つまり，公法上の法関係に関する争いは，行政訴訟である当事者訴訟によることが必要である。他方，当然のことであるが，私法上の法関係に関する争いは民事訴訟による。

　そうすると，当事者訴訟と民事訴訟の利用範囲を決めるためには，公法上の法関係と私法上の法関係の区別，つまりは公法と私法の区別をすることが必要である。

(2) 公法・私法の区別の否定説

　以上の3つの意味のうち，(a)の意味は認められるものだろう。法の分類上，行政法が公法であることは確かである。

---

12) 法規と法令の違いについては「本書を読むに当たって」xxviii頁2⑤を参照。
13) 厳密には，行政法は行政活動とそれによって発生・変化・消滅する法関係を規律するものというべきであろうが，公法と私法の問題との関係では，法関係に即して議論が行われてきた。ここでもそれに従う。

Ⅶ 行政法の内容的特質

図表 1-1 公法と私法の区別論に基づく法の適用関係

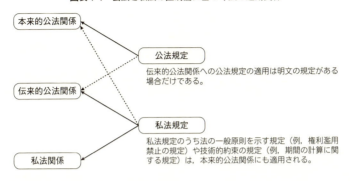

これに対し、(b)および(c)の意味については、これを否定する説が有力である[14]。

適用法規に関する(b)の②〜④の諸原則のうち、公法・私法の区別論の核心を成すのは、②の本来的公法関係である権力関係には公法のみが適用され、私法は適用されないという原則である。ところが、最高裁判所は、農地買収については民法 177 条（不動産物権変動の対抗要件を定める規定）の適用を認めず、他方、税金の滞納処分について同条の適用を認めている（最高裁判所大法廷 1953（昭和 28）年 2 月 18 日判決、最高裁判所 1956（昭和 31）年 4 月 24 日判決）。こうした裁判例の動向をも踏まえ、行政上の法関係への私法の適用については、各法関係を個別的に見て私法の適用可能性を判断すべきであり、②の原則を維持すべきではない、というのが否定説の主張である。

(c)の意味については、否定説は、つまり当事者訴訟に適用される行政事件訴訟法の規定がわずかであり、当事者訴訟の独自性が弱いこと、および訴訟法上の公法・私法の区別の必要性から実体法上の公法・私法の区別の必要性を根拠づけることはできないことを主張してきた。

(3) 現状と今後の展望

2004 年の行政事件訴訟法の改正のための議論の中で確認訴訟の活用が提言され、また、改正された行政事件訴訟法の 4 条では、確認訴訟が、実質的当事者訴訟の定義において例示されるという形で明示された。この結果、確認訴訟とともに当事者訴訟が注目を浴び始めている（360 頁Ⅴでもう少し詳しく説明する）。

独自性は小さいとしても当事者訴訟が存在することは事実であるから、その活用論は成り立たないわけではない。そして、当事者訴訟を利用するために、(c)の公法・私法の区別に意味を与えることが考えられる。これは、訴訟法の次元での公法と私法の区別の問題である。

---

[14] 否定説の定着に大きく貢献したのは、今村成和『行政法入門』（初版：1966 年、第 9 版（畠山武道補訂）：2012 年）である。

第2講

行政活動の種別

　本講では，行政活動の分類について説明する。行政活動の分類の仕方は，1つだけではない。人間については，人種，国籍，性，年齢，職業などにより種々の分類が可能であるが，行政についてもこれと同様に，様々な分類が可能である。

I　公行政と私行政

(a)　公行政と私行政の区別

　行政活動の最も大きな分類は，公行政と私行政の区別である。

　前者の公行政は，警察行政，社会福祉行政，教育行政，環境行政など，直接に国民の福祉の維持向上という公益の実現を目的とする行政である。

　後者の私行政は，「私経済行政」とか「国庫行政」などと呼ばれたりもする。国や地方公共団体が，私人と同様の立場で行う行政である。国・地方公共団体による土地の賃借，文房具などの物品の購入，庁舎の建築などがその例である。

(b)　区別の意義

　私行政は，私人の行為と同じ性質のものであるから，私法（民法や商法）の規律するところとされ，行政法理論の考察の対象になるのは，公行政である。私行政と公行政の区別の意義は，私法と行政法理のそれぞれの守備範囲を画するという点にある。

　例えば，戦前の話になるが，当時は国・地方公共団体に対する損害賠償請求を認める明文の規定はなかった。そこで，はたして民法の損害賠償に関する規定を適用することができるかどうかということが問題になった。この点，官営（国営）の鉄道事業は私行政と考えられ，明治時代にも，民法を適用して損害

賠償が認められていた。他方で，国公立の学校での教育活動のような公行政の分野で国・地方公共団体の損害賠償責任が認められるようになるのは，大正時代に入ってからである（382頁①で説明する）。戦前には，このように限られた局面においてではあったが，私行政の観念は権利救済上の意味を持っていた。

他方，私行政は，私人の行為と同じ性質のものだというように考えると，例えば，国や地方公共団体が物品を購入する場合，気に入った業者と言い値で契約を結んでもかまわないということになる。これは，私行政という観念のデメリットと言わざるをえない。私行政といっても，国民の税金を使って行われる行政である以上，特別な法的拘束，つまり行政法的拘束を及ぼす必要があるのではないかという問題がある。実際にも，入札手続のような拘束が設けられている（入札については，186頁(7)を参照）。

(c) **区別の相対化**

今日では，まず公行政のうちの非権力的なもの，つまり非権力的公行政は，原則として私法の適用を受けることが認められている。従って，私行政と非権力的公行政の違いはそう大きいものではなく，相対的であるということができる。

また，私行政でも，物品の購入のためには，上記のように，原則として入札手続をとる必要がある。私行政の分野でも，行政法的拘束を定める法律や条例が存在しているので，この点においても，私行政と公行政の区別は相対化していると言える。

もっとも，この区別をまったく否定することができるかどうかという点については，なお検討すべき問題が残っている（例えば，法律の授権の要否。この点については，50頁(2)を参照）。

Ⅱ 対外的行為と内部的行為

行政活動の第2の分類は，対外的な行為と内部的な行為の区別である。

(a) **対外的行為**

対外的な行為とは，国民に向かって行われるものである。先ほど挙げた**警察行政，社会福祉行政，教育行政，環境行政**は，おおむねこの国民に向かって行われる対外的な行政活動である。

(b) 内部的行為

　内部的な行為とは，国や地方公共団体などの行政体の内部における行為である。国や地方公共団体などの行政体は，法人格を有し，独自の行政組織を持っているが，この行政組織を構成するのが行政機関である。国で言うと，大臣・次官・局長などは，1つの行政機関であるが，今年新しく公務員になったばかりの人も1つの行政機関である。膨大な数の行政機関が国の巨大な行政組織を作っているということになる。内部的な行為とは，この行政組織の中において行政機関の相互間で行われるものである。

　行政機関相互の間で行われる行為には様々なものがあるが，法的に見て重要なのは，上級の機関が下級の機関に対して発する命令である。これを「指揮命令」と言ったり「指揮監督権の行使」と言ったりするが，個々の行為は，「通達」とか「訓令」とか名づけられている（通達については，48頁の付論 ❼ および95頁 Ⓧ で説明する)[1]。

(c) 対外的行為と内部的行為の区別の意義

　行政機関は法人格を持っていないし，また行政組織の内部では法は存在しないと考えられていたので，内部的行為については訴訟も認められず，対外的行為だけが行政法の考察の対象とされた。今日では，内部的行為についても法律が存在し，行政法の考察も行われるようになっている。しかし，今日でも，行政機関が法人格を持っていない点に変わりはなく，行政機関相互間での内部的行為についての訴訟は，法律で認められる場合を除き認められていない。

> コラム　**機関訴訟の禁止の法理**　内部的行為については，訴訟が認められないという原則がある。つまり，行政機関は，同一行政体の組織内部の他の行政機関が行った行為については，訴訟を起こして争うことができない。行政機関相互の間での訴訟を「機関訴訟」というが，この訴訟は，とくに法律で認められていない限り許されない（行訴法42条を参照）。この法理をより広く適用し，地方公共団体などは，国の行為を争うことができないと言われることもある。なお，国民も，内部的行為を取消訴訟で争うことはできないが，これは，内部的行為が取消訴訟の対象である行政処分に含まれないからであり（295頁 Ⅳ を参照），機関訴訟禁止の法理とは別である。

---

[1] (a)で警察行政などは「おおむね……対外的な行政活動である」と述べた。「おおむね」の語を付したのは，国民に対する対外的行為が行われる前後で行政組織内部での諸々の内部的行為が行われているからである。内部的行為は，対外的行為の基盤であると言える。

II 対外的行為と内部的行為

(d) 行政体間での行為

行政体間での行為，例えば国（国の行政機関）がその設置した団体や地方公共団体に対して行う行為は対外的行為だろうか，それとも内部的行為だろうか。

国が設置した公団に対して国が行った行為の性質が問題になった事件として，成田新幹線訴訟を紹介しておこう。成田新幹線は，東京と成田空港を結ぶために計画された新幹線で，1972年に日本鉄道建設公団が工事実施計画を作り，当時の運輸大臣がこれを認可したところ，新幹線通過予定地の住民等がこの認可に対して取消訴訟を提起した。争点になったのは，この認可が内部的な行為かどうかということであった。訴訟法の問題にわたるが，取消訴訟が認められるのは行政処分であり，それは対外的な行為に限られるからである（98頁(1)(b)・295頁Ⅳを参照）。この事件で，最高裁判所は次のように判示している。

> **最高裁判所1978（昭和53）年12月8日判決＝成田新幹線訴訟**
> 「本件認可は，いわば上級行政機関としての運輸大臣が下級行政機関としての日本鉄道建設公団に対しその作成した本件工事実施計画の整備計画〔運輸大臣が定める新幹線の整備計画〕との整合性等を審査してなす監督手段としての承認の性質を有するもので，行政機関相互の行為と同視すべきものであり，行政行為として外部に対する効力を有するものではな」い。

日本鉄道建設公団は，国からは独立した，つまり独立の法人格を持つ法主体であり，それに対する運輸大臣の行為は，対外的なものと言うこともできるが，最高裁判所は，日本鉄道建設公団を国の付属機関のようなものだと見て，それに対する運輸大臣の行為を内部的な行為と判断しているのである。

国が地方公共団体に対して行う行為（以下では単に国の行為という）については，このような判例は見当たらないが，次のことを考慮すると，この行為は，対外的行為と内部的行為の中間的なものではないかと考えられる。

(ア) 地方公共団体は，国からは独立した法人であり，しかも上記の公団よりも独立性が強いと言えるから，その点では，国の行為を対外的なものと見るべきである。

(イ) また，国が地方公共団体の活動を統制するために行う行為は「関与」と呼ばれているが（地方自治法245条にその意義についての規定がある），この関与については法定主義がとられ，その制限が図られている（同法245条の2）。

(ウ) すなわち，この関与は「法律又はこれに基づく政令」があれば認められる。

(エ) 関与の一種として国が法定受託事務について代執行を行う際の裁判（地方自治法245条の8第3項）は，機関訴訟と解する説が多い（法定受託事務については，93頁の注9）で説明する）。

(オ) 地方公共団体が国の行為を訴訟で争うことは，当然に許されるものではなく，法律で認められてはじめて許容されると考える説がある。この説は，機関訴訟禁止の法理を国と地方公共団体との間にも適用している。この説によると，上記の国の関与に対する地方公共団体の訴訟を定めている地方自治法251条の5は，この可能性を創設する規定である。

これらのことを併せて判断すると，地方公共団体に対する国の行為は，対外的行為と内部的行為の中間的なものといえるのではないだろうか。もっとも，(ア)の点を重視して，国の行為は対外的なものだと解し，国と地方公共団体との間での訴訟は機関訴訟ではないという説もある。私自身もこの説をとってきた。ただ，現在の法律の仕組みや諸説を総合した判断としては，「中間的なもの」という位置づけになりそうである。

> **付論 ❸：公務員に対する行為の性質**
>
> 公務員に対して上司が発する残業の命令や配置転換の命令は内部的行為だろうか，それとも対外的行為だろうか。
>
> 残業の命令や配置転換の命令は，行政組織の内部で発されるものであるから，その点では内部的な行為であると言えそうである。そうだとすると，先ほどの機関訴訟の禁止の法理の適用があり，命令を受けた公務員は，これらの命令を裁判で争えないということになる。しかし，これらの命令により，公務員がいわば市民としての権利を侵害されることがある。こうした場合，裁判を起こせないというのは不合理である。そこで，公務員に対する命令であっても，人間としての権利や自由を侵害するものは，対外的な行為だと考えるのが適切であろう。
>
> このような考え方に対応して，行政機関またはそれを担当する公務員に対する命令を「訓令」（または「通達」）と「職務命令」とに分ける考え方がある。前者は，行政機関相互のものであり，これについて裁判を起こすことはできないが，後者は権利主体としての公務員に対するものであり，これについては裁判が認められるのである。

Ⅲ 権力的行為と非権力的行為

　行政活動の第3の分類は，権力的行為と非権力的行為の区別である。
　権力的行為とは，相手方である国民の同意を得ずに，一方的に，義務を課したり，権利を制限したり，あるいは身体や財産に強制を加える行為である。税務行政上の課税処分や滞納処分がその例である。
　他方，非権力的行為とは，権力性を持たない行為である。行政の分野でも見られる契約の締結がその例である。
　なお，先ほどの公行政と私行政の区別と関連させると，権力的行為は公行政の分野でのみ見られるものである。公権力の行使は，公益の実現のために認められるものであり，従って行政の分野としては，公行政の分野に限られるのである。
　これに対し，非権力的行為は，公行政の分野でも私行政の分野でも見られる。非権力的行為の代表である契約は，いずれの分野にも存在する。例えば，環境行政の分野で見られる公害防止協定は，公行政の分野での契約の例であり，国や地方公共団体が庁舎を建設するために建設会社と結ぶ請負契約は，私行政の分野での契約である。

Ⅳ 法行為と事実行為

　行政活動の第4の分類は，法行為と事実上の行為（事実行為）との区別である。
　法行為とは，相手方である国民の権利や義務の変動を内容とする行為である。契約はその例であるが，この他，課税処分，営業停止命令といった義務を課する行為や社会保障の給付決定のように権利を設定する行為などがある。
　これに対し，事実行為とは，相手方の権利義務に変動をもたらすことを内容としない行為である。例えば，国や地方公共団体が行う道路建設工事がその例である。また，行政上の代執行（次頁(d)・138頁(3)で説明する）もそうである。これは，例えば公道や都市公園に放置された物件について除却命令が出され，相手方が自発的に除却の義務を履行しない場合に，行政が実力を行使して除却

するものである。この代執行は，新たに何らかの義務を課するものではなく，除却命令によって相手方に課された義務を実現するだけのものであり，事実行為である。

V 行政立法，行政処分，行政契約，行政指導など

　行政活動の第5の分類は，行政立法，行政処分，行政契約，行政指導などの区別である。先に述べた第3と第4の分類の組合せによるものである。この行政立法，行政処分などを「行政の行為形式」と言うことがある。この区別は対外的行為についてのものである。
　この「行政の行為形式」は，行政法を勉強する上での基礎となるものであるので，よく頭に入れておいていただきたい。

(a) 行政立法
　行政立法とは，政令や省令の制定のような行政機関による規範の制定行為を指す。権力的に行われる法行為である。次に述べる行政処分との違いは，一般的抽象的な規範の制定にとどまり，国民の権利義務に具体的な変動をもたらさないことである。なお，本書では「政省令」の語も用いている。

(b) 行政処分
　行政処分とは，権力的な行為であり，かつ相手方である国民の権利義務を具体的に変動させる法行為である。例えば課税処分は相手方である国民に納税の義務を課するものであるから，この行政処分に当たる。また，自動車の運転免許は，相手方である国民について運転の自由を認めるものであるから，やはり行政処分に当たる。

(c) 行政契約
　行政契約は，行政の分野において締結される契約である。契約は，両当事者の合意によって成立するものであるから，非権力的な行為であり，また両当事者の権利義務に変動を加えるものであるから，法行為である。

(d) 行政上の強制執行
　行政上の強制執行とは，行政上の義務（通例は，行政処分によって課される）を義務者である国民が自発的に履行しない場合に，この義務の強制的実現を図る行為である。権力的な事実行為の1つである。社会的に最もよく知られている

のは，税金の滞納処分だろう。これは，一般的には，「行政上の強制徴収」といわれる。

また，現行法上広く認められているものとしては，「行政上の代執行」がある。これは，義務者である国民が義務を自発的に履行しない場合に，行政が代わって義務を履行するものである。例えば，違法建築物に対して是正命令が出されたが，相手方である建築主が自ら是正を行わない場合に，行政が是正を行うというものである[2]。

(e) **行政上の即時強制**

行政上の即時強制とは，国民の財産や身体に強制を加える行為である。行政上の強制執行もこの点は同じであるが，そこでは課税処分のような義務を賦課する行為が先行している。これに対して，即時強制は，「即時に」つまり義務賦課行為なしに加えられる強制である。例えば，冬の路上で倒れている泥酔者を警察官が保護する行為は，義務を賦課する行為なしに泥酔者の身体に強制を加えるものであるから，即時強制に当たる。

(f) **行 政 指 導**

行政指導は，法律上は，助言・指導・勧告などといわれ，行政が，行政目的を達成するため，国民に対して，任意的な協力を求めるものである。非権力的な事実行為の1つである。違法な建築物があった場合に，行政が是正命令を出さず，建築主に対して是正をするよう指導することがあるが，これは行政指導に当たる。

(g) **行 政 計 画**

行政計画とは，行政において作成・決定される計画をいう。代表的な例は都市計画である。行政計画には，法律の根拠がなく，事実上行政の内部において作成されるものもあれば，都市計画のように法律に基づいて作成・決定され，国民に対して土地利用の制限など法的拘束力を有するものもある。行政計画の最大の問題は，その作成・決定に当たり，行政に大きな裁量が認められる点にある。このため，地域住民などの参加の手続が重視されている。

---

2) 本講では，行政上の強制執行を権力的な事実行為と説明しているが，その際念頭においているのは，動産の滞納処分と代執行である。他方，執行罰は法行為として行われる。また，滞納処分には法行為として行われるものがある。執行罰および滞納処分（行政上の強制徴収）については，137頁(e)で触れる。

第2講　行政活動の種別

図表 2-1　行政活動の分類（本文で説明したもののみ）

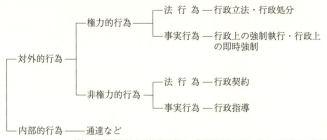

注）行政計画および行政調査は，権力的に行われることもあれば，非権力的に行われることもあるし，法行為に当たるものもあれば，事実行為に当たるものもあるので，図には入れていない。

(h)　行政調査

　行政調査とは，行政による調査活動，言い換えると行政による情報の収集活動を指す。行政調査もまた行政計画と同様，法律の根拠がなく，事実上行政によって行われるものもあれば，法律に基づき，相手方である国民に対し義務を課する形で行われるものもある。

> **付論 ④：「行政の行為形式」とその他の行政活動**
>
> 　以上が「行政の行為形式」として通常挙げられるものであるが，それでは，道路・河川の設置・管理や国・公共団体での情報の管理は「行政の行為形式」のどれに当たるのだろうか。
> 　実は，これらは「行政の行為形式」のいずれにも当たらない。道路のうちの都市計画街路の建設についていえば，そのために行われる都市計画の決定や都市計画事業の認可は，行政計画や行政処分に当たる。しかし，道路の建設工事そのものや道路を一般の利用に供すること（供用行為と呼ばれる）は，「行政の行為形式」のいずれでもない。情報の管理についても，情報の開示・不開示の決定だけが「行政の行為形式」の1つである行政処分として論じられる。行政法理論は，行政の諸活動の中から重要だと考えられるものを「行政の行為形式」として取り出し論じているにとどまるのである[3]。

---

[3]　道路の建設のような行為がこれまで全く顧みられなかったというわけではなく，「公共工事」という観念が存在している。しかし，それについてはあまり論じられていない。道路の利用関係については，公物管理（法）という議論の枠組みがある。本書では扱うことはできないが，塩野宏『行政法Ⅲ』（第4版，2012）346頁以下および宇賀克也『行政法概説Ⅲ』（第3版，2012）466頁以下がそれに関する近年の重要文献である。

VI 授益行為と侵害行為

付論 ⑤：行政の流れ（行政過程）

種々の行政活動の流れ（行政過程）のうち行政処分が行われる行政過程を図示すると，**図表 2-2**のようになる。分かり易くするため，「法律（の制定）」を入れた。図はあくまで頭の整理のためのものであり，実際の行政過程では，例えば行政調査は行政立法や行政計画の策定の段階で行われるなど，順序は必ずしも図の通りではない。また，一応の区別としては，「通達など」までが相手方が不特定多数の一般的行政過程であり，「行政調査」よりあとが相手方を特定した個別的行政過程である。「行政計画」は中間的な段階の行為である。

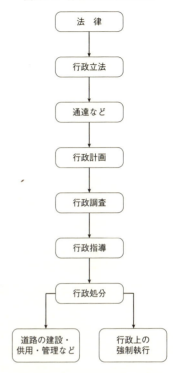

図表 2-2　行政の流れ（行政過程）

―――――――――――――――
*用語については，例えば「法律」は厳密には「法律の制定」というべきであるが，簡略化している。
**図には入れていないが，行政処分があると，これをうけて国民が営業活動や自動車の運転などを行うこともある。他方，行政処分に従わない者に対しては，行政上の制裁が行われることがある（この点は 151 頁Ⅲで説明する）。
―――――――――――――――

VI 授益行為と侵害行為

行政処分や行政指導については，相手方に利益を与えるかどうかにより，この区別が行われることがある（行政処分の場合は，職権取消しや撤回の問題を考える上でこの区別が行われ，行政指導については，法律の授権の要否との関係でこの区別が行われる）。

相手方に利益を与えるかどうかによる区別であるから，この区別は難しいものではないが，行政処分の職権取消しや撤回に関する議論はこの区別に強く依存しているので，この区別の利用価値は高い。

注意を要するのは，ある行為がいずれに当たるのかが相手方の受取り方などにより異なることである。例えば，公務員の配置転換命令は，その内容，すな

わちどの部署に，あるいはどの地域に配置転換されるかにより，利益を与えるものと受け取られることもあれば，不利益を与えるものと受け取られることもある。また，教育上の懲戒処分も，例えば居残り学習の命令を考えると，意に反するものである点では侵害行為であるが，結局はその児童生徒の役に立つことを重視すれば授益行為である。相手方の受取り方などによりいずれであるかが異なる。前述の警察官による泥酔者の保護も，国民の身体への強制力の行使という点では侵害行為であるが，その者の身体・生命を保護するという点では授益行為である。

なお，相手方には利益（または不利益）を与えるが，他の第三者には不利益（または利益）を与える行政処分を二重効果的行政処分とか複効的行政処分と捉える学説もある（124頁の**付論 ⓬** (c)で説明する）。

Ⅶ 規制行政と給付行政

行政活動の大きな分類として，「規制行政」と「給付行政」という分類がある。

規制行政とは，国民の権利や自由を制限する行政で，警察行政や税務行政がこれに当たる。これに対し，給付行政とは，社会保障行政や補助金給付行政，文化・スポーツ施設や運輸事業などによる国民へのサービスの提供などを指す。

この規制行政と給付行政の区別は，目的の点から行政を区別するものであり，また，社会保障行政などの比重が高まりつつある現代の行政の特徴をきわだたせようとするものと言える。ただ，網羅的な分類ではなく，この他に税などを調達するという意味での調達行政や，行政組織の管理に関する組織行政を挙げる学説もある。また，経済行政においては，許認可や営業（業務）停止命令などによる経済活動の規制が行われるとともに，補助金の交付や道路・港湾などの産業基盤の整備などにより経済活動の助成ないし振興が図られる。このように，規制行政と給付行政の両方の側面を持った行政があることにも注意をする必要がある。

第3講

行政活動の主体と組織

　行政活動は国や地方公共団体など公共団体によって行われる。つまり，行政活動の主体は国・公共団体である。

I　行政活動の主体

　行政活動の主体は，「行政主体」とか「行政体」とか呼ばれている。行政体を列挙すると，国，地方公共団体，公社・公団・独立行政法人，それに公共組合がある。
　行政体は，法律上，「国又は公共団体」と総称される（憲法17条，行訴法5条・6条・11条・21条・35条，国賠法1条〜5条など。「国及び公共団体」という文言を用いている法律規定として，自然公園法10条3項・6項・12条1項・16条3項など）。公共団体とは上記の行政体の国以外のものを指すから，この語は，住民代表団体である地方公共団体をも独立行政法人などと同列に扱うという意味合いを持っている。

(1)　行政体の種別
(a)　国
　国は，立法権や司法権とともに，行政権をも行使している。行政活動の主体としての国とは，この行政権を行使する面での国を指している。組織としては，内閣を頂点とする省庁の組織がこの行政を担当している。
(b)　地方公共団体
　地方公共団体として重要なのは，都道府県と市町村である。地方自治法では，都道府県と市町村は普通地方公共団体と呼ばれている。この意味での地方公共

団体は，1999年には全国で3200くらいあったが，その後の市町村合併により2014年4月5日現在で，1718に減っている[1]。

東京都の特別区（文京区・新宿区・世田谷区・品川区など）をどう位置づけるかという問題があるが，地方自治法では，特別区は「特別地方公共団体」とされ「普通地方公共団体」である都道府県や市町村と区別されている。このため，本書では，地方公共団体の語は都道府県と市町村を指すものとして用いることとするが，特別区が実際に果たしている役割は市町村とあまり異ならないことにも注意していただきたい[2][3]。

(c) 公社・公団・独立行政法人

国や地方公共団体は，自ら行政活動を行うだけでなく，独立の法人格を有する団体を設置して一定の行政活動を行わせている。このような団体としては，かつては公社・公団という名称を持つものが多かったが，近年は，独立行政法人と呼ばれる新たな形態を持つものも作られ，また，民営化され株式会社の形態をとっているものもある。

独立行政法人とは，1999年に，独立行政法人通則法により制度化されたもので，従来は国自らが行っていた事務・事業や公社・公団が行っていた事務・事業を行わせるために設けられる法人である。

例えば，かつての国立病院は国自らが設けた国の施設であったが，今では独立行政法人になっている（例えば，国立京都病院は独立行政法人国立病院機構京都医療センターになった）。国立大学も，かつては国の施設であったが，独立行政法人通則法とは別に制定された国立大学法人法により国立大学法人となっている。

公社・公団も今では独立行政法人になっているものがある（例えば，日本住宅公団は，宅地開発公団と統合され，住宅・都市整備公団，都市基盤整備公団を経て，「独立行政法人都市再生機構」になっている。その他，独立行政法人化されたものとし

---

1) 総務省のホームページ（http://www.soumu.go.jp/kouiki/kouiki.html）を参照。
2) 特別区は，固定資産税の賦課徴収の権限を持たないなど，市町村に比べると，その権限において劣る。他方，新聞などで「市区町村」という語を目にすることがあるが，ここにいう「区」は，東京都の特別区を指している。特別区は，市町村と同列のものと受け取られているのであろう。
3) 現在「特別区」は東京都にのみ存在しているが，2012年8月，「大都市地域における特別区の設置に関する法律」（平成24年法律第80号）が制定され，人口200万以上の地域には特別区を設けることができることとなった。

て，例えば，国際協力事業団（現在は国際協力機構），宇宙開発事業団（現在は宇宙航空研究開発機構），水資源開発公団（現在は水資源機構）といったものがある）。

株式会社化されたものとしては，新東京国際空港公団や日本道路公団がある（現在は，前者は成田国際空港株式会社となり，後者は，東日本高速道路株式会社，西日本高速道路株式会社などに分社化されている）[4]。

(d) 公共組合

公共組合とは，土地区画整理組合や健康保険組合のように，組合員によって構成され，一定の行政を行うことを目的とする団体である。

(2) 行政体の特徴

(a) 独立の法人格

第1に，以上の行政体は，それぞれ独立の法人格を持っている（例えば，地方自治法2条1項，独立行政法人通則法6条を参照）。

(b) 他からの関与

第2に，独立の法人格を持っているからといって，すべての行政体が独立であり，他から関与を受けないということではない。国は，他からの関与を受けないが（但し，国の行政に地方公共団体や国民の意見を反映させる仕組みは存在する），地方公共団体は，国の関与を受ける。独立行政法人や公共組合も，設置者である国や地方公共団体の関与ないし監督を受ける。

(c) 国と地方公共団体の特徴

第3に，これらの行政体のうちでは，国と地方公共団体は，次のような3つの特徴を持っている。

(ア) 1つは，国も地方公共団体も，誇張になるかもしれないが，いわば永遠に存在するものだということである。このことは，国については特に説明するまでもない。地方公共団体の場合，確かに個々の地方公共団体が合併などにより消滅することがある。しかし，わが国全体で見ると，地方公共団体は常に存在している。憲法を改正して，地方自治に関する規定を削除し，地方自治制度を廃止すれば，地方公共団体はなくなるが，そうした事態はまず考えられない。

---

[4] 独立行政法人はまさに行政を行うことを自認しているのであるが，公社・公団が株式会社になった場合，その事業がなおも行政の性質を持つものであるかどうかという問題がある（例えば，JR各社の業務）。

(イ)　国と地方公共団体のもう1つの特徴は，その権限が限定されていないということである。独立行政法人や公共組合が，特定の事務・事業だけを遂行するものであるのに対し，国や地方公共団体の仕事は，特定のものに限定されておらず，多岐に及んでいる。ただ，国・地方公共団体のいずれについても，公共性のある仕事に限定されるといえるし，地方公共団体については，地域的団体であるという性格からくる制限がある。地方公共団体の地域的性格からは，例えば物資の輸出や輸入を規制するというようなことはできないと言わざるを得ない。国や地方公共団体の仕事の限界がどこにあるのかというのは興味ある問題であるが，他の行政体との関係では，むしろ権限に限定がないという特色に注目したい（このため，国と地方公共団体の間では，仕事つまり事務の配分のあり方がくり返し問題になってきた）。

(ウ)　国と地方公共団体は，統治団体の性格を有している。憲法94条は，地方公共団体が「行政を執行する権能」を有すると定めており，また地方自治法2条2項（1999年の改正前のもの）は，地方公共団体が行政事務を処理するものであることを定めていたが，これらの規定は，地方公共団体が法律の規定を待たず，自己の意思で権力的な事務を処理できることを定めるもので，これによって，地方公共団体は統治団体になったといわれる。むろん，国もまたこの意味での統治団体である[5]。

Ⅱ　行政組織の構成

(1)　行政組織

国・地方公共団体などの行政体は，それぞれ自己の行政組織を有している。民間の団体もそうであるが，行政体も，自己の組織を持つことによって自主的な運営を確保することができる。例えば，財政に窮乏する地方公共団体の首長が職員全員をやめさせ，行政上の事務の処理を近隣の地方公共団体に任せてし

---

[5]　本文で触れた地方自治法2条2項は，地方分権改革のための1999年の地方自治法の大幅改正において改正された。現行の地方自治法では，行政事務の観念は用いられておらず，地方公共団体が権力的な事務を自己の意思により処理できることを前提とする自治事務の観念が用いられている。なお，国と地方公共団体との間での事務の配分の問題は，上記の地方分権改革の際の大きな問題であったが，この点の説明は，地方自治法の教科書に譲る。

まうとすると，住民の意思を反映した自主的な運営はおぼつかないだろう。

(2) 国と地方公共団体の行政組織

一般に，組織を考えるとき，我々はピラミッド型のものをイメージする。

国の場合，省庁体制とか1府12省庁とか言われるが，各省が1つのピラミッド型の行政組織を持ち，その頂点に立つのが各省の大臣である。そして，それが集まって全体としての国の行政組織が形成されている。この国の行政組織を束ねているのが内閣であり，内閣総理大臣である（内閣および内閣総理大臣については，(5)(a)をも参照）。

これに対し，各地方公共団体はそれぞれ1つのピラミッド型の行政組織を持っており，その頂点に立つのが都道府県知事および市町村長（地方公共団体の長と総称される）である[6]。

(3) 行 政 機 関

行政組織は，これを分解すると，○○大臣，○○次官，○○局長，○○課長といった行政機関によって構成されている。行政機関は，行政組織を構成する基礎単位である。行政機関は，通例1人の人（自然人）つまり公務員によって構成されるが（独任制行政機関），教育委員会のような行政委員会は，複数の人によって構成される（(5)の合議制行政機関の説明を参照）。

(4) 行政機関の種別

(a) 行 政 庁

読者の皆さんが持っておられる自動車の運転免許証の右下には，赤い字で「△△県公安委員会」と書かれていることだろう。これは，運転免許証を交付した行政機関が「△△県公安委員会」であることを示している。

このように，行政処分などの行為を自己の名において対外的に行う権限を持っている行政機関を行政庁という。例えば，税務行政の分野では，税務署長に更正処分（納税の申告に誤りがある場合にこの申告を訂正する行政処分）などの課

---

[6] 国においては，国会が内閣総理大臣を指名し（議院内閣制），地方公共団体においては，地方公共団体の長（都道府県知事および市町村長）は住民の公選によって選ばれる（首長制）。これは憲法67条1項および93条2項で定められている。

税処分の権限が与えられ，税務署長の名においてこれらの処分が行われるから，税務署長が行政庁としての地位を持っている。

　行政機関にはいくつかの種類があるが，法的には，この行政庁が最も重要なものである。行政庁の語は，法律においても，行政法の書物や論文においてもよく用いられている。

　では，いかなる行政機関が行政庁になるのだろうか。いかなる行政機関が行政庁であるかは，行政処分などの行為ごとに，その行政処分などの行為について定めている法律の定めによって決まる。

　通例は，組織のトップに位置する国の各省大臣，都道府県知事，市町村長にこの行政庁としての地位が与えられている。税務署長は行政組織（財務省の行政組織）の中ではトップに位置していないが，所得税法や法人税法などの法律が税務署長に課税処分を行う権限つまり行政庁としての役割を与えている。

　なお，法律上は大臣に権限が与えられていても，その権限が下級の機関に委任（(6)(c)で説明する）されると，その下級の機関が行政庁としての地位を持つことになる。

(b) 補助機関

　では，今年〇〇省に入省したばかりの「1年生職員」は，どのような行政機関に当たるのだろうか。

　当然のことであるが，行政は行政庁だけで動かされているのではない。税務署長が課税処分をするためには，多数の補助スタッフが必要である。このような補助スタッフを補助機関という。大臣が行政庁になる場合，事務次官以下の職員は補助機関である。上記の「1年生職員」もむろんこの補助機関である。数から言うと，この補助機関が行政組織の大部分を占めている。

(c) その他の機関

　以上の「行政庁と補助機関」という枠組みが行政組織を法的に見た場合の基本であるが，この他，諮問機関（審議会と呼ばれることが多い。(5)(c)で説明する）や監査機関（会計検査院など）などがある。

(5) 合議制行政機関

　行政機関の多くは，一人の自然人によって構成されるが（独任制行政機関），複数の自然人の合議によって運営される行政機関（合議制行政機関）も存在する。

Ⅱ 行政組織の構成

(a) 内　　閣

　内閣は，内閣総理大臣および国務大臣により構成される合議制行政機関であり（憲法66条1項，内閣法2条1項），国の最上級の行政機関である。内閣は，予算の作成・国会への提出，政令の制定などの権限を有する（憲法73条）。内閣が果たすべき重要な機能は，各省庁間での総合調整である。

> **付論 ❻：内閣総理大臣の役割**
>
> 　ここで内閣総理大臣について触れておくと，内閣総理大臣は，内閣の首長として，国務大臣の任命・罷免の権限を持ち，閣議を主宰し，議案を国会に提出し，さらに閣議にかけて決定した方針に基づいて行政各部（各省庁）を指揮監督し，行政各部の処分や命令を中止せしめるなどの権限を有する（憲法66条1項・68条・72条，内閣法2条1項・4条2項・5条・6条・8条）。
>
> 　もっとも，内閣総理大臣は，防災行政や金融行政など内閣府に割り当てられている行政事務については，その「主任の大臣」であり（内閣府設置法6条2項），個別行政措置についての権限を与えられている。内閣総理大臣は，例えば大規模地震対策特別措置法によると，地震防災対策強化地域を指定する権限や地震災害に関する警戒宣言を発する権限などを持っているし（3条1項・9条1項），銀行法によると，銀行業の免許などを行う権限を持っている（4条1項。この権限の金融庁長官への委任につき，59条1項）。
>
> 　特別に重要な権限が内閣総理大臣に与えられることもある。自衛隊の出動命令や災害緊急事態の布告，原子力緊急事態宣言の権限はその例である（自衛隊法76条1項・78条1項，災害対策基本法105条，原子力災害対策特別措置法15条2項以下）。また，行政事件訴訟法27条1項は，裁判所による行政処分の執行停止決定に対して異議を申し述べる権限を内閣総理大臣に与えているが，この権限は，裁判所の判断を覆すという異例のものであるため，「行政権を代表する立場」にある内閣総理大臣に限って認められているのだろう。

> **コラム**　**官 と 公**　「官公庁」という語がある。また，かつては「官吏」と「公吏」の区別があった。「官」と「公」は似ているが，使い分ける場合は，「官」は国，「公」は地方公共団体を指す。「官」の語は，官吏，官営鉄道，官有地など古くから使われてきたが，今は，「国」の語を当てるのが通例である（国家公務員，国有鉄道（日本国有鉄道は1987年3月廃止），国有地など）。もっとも，このような使い分けが行われないことも多い。公権力とか公益は国においても問題になる。そして，内閣総理大臣が執務するところは官邸と呼ばれ，これとの対比で居住するところは，国の施設であるが，公邸と呼ばれている。

(b) 行政委員会

行政委員会とは、国の公正取引委員会・中央労働委員会・原子力規制委員会、地方公共団体の教育委員会・人事委員会・労働委員会などの委員会を指す（国の行政委員会は、国家行政組織法の別表第1および内閣府設置法64条において、地方公共団体の行政委員会は地方自治法180条の5において、それぞれ列挙されている）。

行政委員会の特徴をいくつか挙げると、①複数の委員で構成される合議制行政機関であること、②後述の審議会とは異なり、対外的行為権限を行使することを予定されていること、すなわち行政庁として行為する権限を与えられていること、③大臣や地方公共団体の長との関係で、職権行使の独立性が認められていることである（例、独占禁止法28条）。

なお、(2)では、行政組織をピラミッド型のものとして説明したが、行政委員会は、大臣や地方公共団体の長との関係では独立性を認められているので、ピラミッドの外に位置するということになる。

(c) 審議会

審議会とは、大臣や地方公共団体の長などが意思決定を行うに当たって意見を求める（諮問する）合議制の機関である。合議制行政機関であるが、諮問に対して答申をするにとどまり、独自の対外的行為権限を持っていない。また、この答申は法的拘束力を持たないのが通例である。つまり、審議会のほとんどは諮問機関にとどまる（答申に法的拘束力を持つ合議制機関を参与機関というが、その例は少ない）。

国の場合、審議会の設置は法律または政令によることになっているが（国家行政組織法8条）、こうした正規の手続によらない諮問機関（検討会など様々な名称がある。委員会と名づけられているものもある）も数多く設置されている。

(6) 行政機関相互の関係

行政活動は行政組織によって担われるが、行政活動が支障なく行われるためには、行政組織が的確に動かなければならない。そしてそのためには、行政組織を構成する行政機関が相互に関連を保持し有機的に動く必要がある。

(a) 権限分配の原則と指揮監督権

道路交通法を例にとると、警察官に交通整理などの交通の規制を行う権限を与え（6条・44条・67条など）、違法駐車に対する措置の権限を警察署長に与え

(51条5項~18項・51条の4など),都道府県公安委員会には自動車の運転免許を行う権限やこれを取り消す権限を与えている(84条1項・103条)。このように,法律は,行政活動を行う各権限を然るべき行政機関に割り当てている。行政機関は,これをうけ自己に割り当てられた権限を自ら行使しなければならない。上級行政機関その他の機関は,その権限を奪ってはならない(当該行政機関が権限を委任したり,代理をさせることはできる。委任・代理については後述する)。これが権限分配の原則と言われるもので,法律による権限分配の遵守を要求するものであるから,法治主義の見地から認められるものと言える。

だが,この権限分配の原則だけでは行政組織は的確に動かない。例えば道路交通法51条の2第2項によると,警察署長は車輪止め装置取付け区間における違法駐車車両に車輪止め装置を取り付ける権限を与えられているが,実際に違法駐車車両を見つけ,車輪止め装置を取り付けるのはその部下である警察官である。この部下である警察官がいないと,そもそも警察署長はほとんど何もできず,行政組織は動かないのであるが,警察官がいることを前提にすると,警察署長は,的確に違法駐車の規制を行うためには,部下である警察官を統率することができなければならない。

また,交通規制の権限は警察官に与えられているが,交通規制が適切に行われるためには,警察署長(さらにはその上級機関)がこれを統率することが必要である。

こうした統率のための権限は指揮監督権と呼ばれる。行政組織が有機的に動くために,この上級行政機関の指揮監督権は,当然につまり法律の授権がなくても認められる。行政組織においては,権限分配の原則とともに,指揮監督の原則が支配しているのである[7]。

(b) **指揮監督権行使の形態**

指揮監督権の行使の形態としては,監視,認可,訓令・通達,下級機関がとった措置の取消し・停止の命令,下級機関の措置の取消し・停止,代執行,権限争議の決定が通例挙げられるものである。

---

[7] 各省庁の大臣・長官や地方公共団体の長が部下である職員に対して指揮監督権を有することについては,国家行政組織法10条および地方自治法154条に規定がある。また,建築主事や児童相談所(長)の設置と指揮監督関係については建築基準法4条1項・2項や児童福祉法12条・12条の2に規定がある。

第3講　行政活動の主体と組織

　認可は，下級機関の行為の事前承認である。成田新幹線訴訟で問題となったように（19頁(d)を参照），認可には，指揮監督権行使としての認可の他，行政処分としての（つまり対外的行為としての）認可もあるので，注意が必要である。
　訓令・通達は，指揮監督権行使の代表例であるが，これについてはすでに触れたし，また次講などでも説明する（18頁(b)，48頁の**付論 7**，95頁Xを参照）。
　下級機関が指揮監督に従わなかったり，権限を違法に行使または行使しない場合に，上級機関がどのような措置をとることができるかという問題については，見解が分かれている。下級機関がとった措置について，下級機関がそれを取り消すことや停止することを命令することができることは認められている。これに対し，それ以上に，上級機関が下級機関の措置を自ら取り消すことや停止することができるかどうかについては見解は一致していない。上級機関が下級機関に代わって措置を行うこと（代執行）も同様である。
　権限争議の決定とは，行政機関相互間で権限の存否について争いがある場合に，両方の行政機関の上級の機関がその争いを裁定することを言う。国において省の間で権限争議があれば，結局は大臣の間での権限争議になり，両者の協議が調わなければ，内閣総理大臣が閣議にかけて裁定する（内閣法7条）。行政機関がこの争いについて訴訟を起こして裁判所に解決を求めることは，法律で認められない限りできない（18頁(c)を参照）。
　指揮監督権と裏腹の関係にあるのは懲戒の権限である。下級機関が上級行政機関の指揮監督権の行使に従わなければ，上級機関は下級機関の地位にある公務員に対して懲戒をすることができる。不祥事を起こした公務員に対して厳しい懲戒が行われることも少なくないが，懲戒には法律上事前の手続はないことに注意をする必要がある（行手法3条1項9号を参照。実際には事情聴取の手続は行われているようである）。

　(c)　**権限の委任・代理・専決**
　権限分配の原則により，権限は法律で割り当てられた行政機関によって行使されるのが原則である。しかし，この原則を貫くことが適切ではなく，あるいは実際上できないことがある。
　(ア)　**権限の委任**　　各省大臣や地方公共団体の長は，法律などにより与えられている権限をすべて自ら行使しているわけではない。法律で大臣に権限が与えられると同時に，同じ法律でその権限を地方の局長などに委任することが認

められていることも多い（国家公務員法55条1項・2項，出入国管理法69条の2，都市計画法85条の2，生活保護法84条の6，電気事業法114条。国土交通大臣から防衛大臣への権限の委任の規定例として，航空法137条3項）。また，金融商品取引法は内閣総理大臣に各種の権限を与えているが，同法194条の7第1項は「内閣総理大臣は，この法律による権限（政令で定めるものを除く。）を金融庁長官に委任する。」と定めている。情報公開法17条や行政保有個人情報保護法46条は，各省大臣などの「行政機関の長」が，政令（各施行令の15条と22条）の定めるところにより，権限または事務を当該行政機関の職員に委任することができる旨を定めている[8]。

　この権限の委任とは，行政機関がその権限の一部を他の行政機関に委譲し，これをその行政機関の権限として行わせることをいう。つまり委任は，法律上定められた権限の所在の変更ないし移転を意味する。受任機関は，権限を自己の権限として，自己の名と責任において行使する。

　もっとも，権限の委任は下級機関に対して行われることが多いから（国家公務員法55条2項＝「部内の上級の国家公務員」，地方自治法153条1項＝「補助機関である職員」，生活保護法19条4項・20条＝「その管理に属する行政庁」），その場合，委任をした行政機関は指揮監督権を保持している。

　権限の委任は，法律により権限を与えられた行政機関による権限の行使の困難さや不適切さを取り除こうとするものである。例えばある省の大臣が当該省のすべての職員の任免を行うことは不可能に近く，また適切でもない。また，委任は，権限行使に現場ないし地方の実情を反映させる可能性を生み出す点でも意味があるだろう。

　権限の委任は，権限分配の原則を修正するものではないかという疑問があるが，この疑問は，委任には法律の授権が必要であるという原則によって解決されている。

　(イ)　**権限の代理**　　大臣が病気になったときや外国に出張しているときには，

---

[8] この規定は，「行政機関の職員」への委任を定める点で，例えば大臣の権限を地方局長に委任する規定に比べて包括性の度合いが高く，委任には法律の授権が必要であるという本来の原則を修正しているとの批判の余地がある。しかし同時に，この規定は，法律と政令の2段階で委任を認めるという委任の根拠規定の1つのタイプであることにも注意したい。

別の大臣がその職務を行うことがある。このように，行政機関の担当者に何らかの事情が発生した場合に，他の者がその権限を代わって行うことを代理という。委任は，権限の所在の変更ないし移転を伴うものであるが，代理は，委任ほどドラスティックなものではなく，代理機関は，代理者であることを外部に対して表示して権限を行使する。また，それによって被代理機関の行為としての法効果を生じる。

　代理は，行政機関担当者に何らかの事情が発生した場合に行われるものであるから，その事情が消滅すれば，代理は終わるべきものである。また，そのようなものであるから，代理行使できる権限は必要やむを得ないものにとどまるべきであろう。代理を行うために法律の授権が必要かどうかについては見解は一致していない。

　法律を見ると，内閣法9条および10条は，内閣総理大臣や各省大臣（「主任の国務大臣」）に事故があるときなどについて内閣総理大臣またはその（あらかじめ）指定する国務大臣が臨時に職務を行うこととしている。また，地方自治法152条は，地方公共団体の長に事故があるときなどにおいて副知事・副市町村長が職務を代理することを定めるとともに，副知事・副市町村長にも事故があるときなどについて職務を代理する者の決め方を定めている。これらの規定は，代理についての授権規定ではなく，代理者またはその決め方についての規定だろう。

　(ｳ)　**専決・代決**　(ｱ)で述べたように，各省大臣や地方公共団体の長は，法律などにより与えられている権限をすべて自ら行使しているわけではない。権限の委任が権限行使を他機関に委ねる1つの方法であるが，これは権限の所在の変更であるため，実際には，専決という方法が日常的に用いられている。

　専決とは，ある地方公共団体の規則によると，「事案について，常時市長に代わって決裁すること」であり，決裁とは，「市長権限に属する事務について，最終的に意思決定すること」である。本来は「事務は，すべて市長の決裁を得なければ執行することができない」のであるが，「副市長及び第3条に定める者〔局長，部長，課長など〕は，……事務の一部を専決することができる」のであり，「この規則に基づいてなされた専決および代決は，市長の決裁と同一の効力を有する」とされている。また，代決とは，市長または専決者が不在の場合に行われる専決と同様の措置である。

Ⅱ 行政組織の構成

　例えば公文書公開や個人情報保護に関する可否の決定は，そもそも市長の決裁事項ではなく，「特に重要なもの」は副市長が，「重要なもの」は部長等が，「軽易なもの」は課長等が専決することになっている[9]。

　各省大臣や地方公共団体の長が処理すべき事務の量は膨大である。しかし，権限の委任は，法律の授権が必要である。そこで，法律の授権が不要で対外的には本来の行政機関が権限行使をしたのと同様に扱われるこの専決の方式が多用されるのである。

(d) 行政機関相互間での協力

　これまで述べてきたこと特に指揮監督権は，国の省庁や地方公共団体におけるタテの関係に関するものである。ことの善し悪しは別にして，わが国の行政はタテ割り行政であるから，指揮監督権が基本的な意味を持っている。しかし，ヨコの関係として，行政機関の間での協力ないし協働も大切なものであることはいうまでもない。協力の形態としては，情報や意見の交換と実際の作業の共同が考えられるが，国のレベルでは，前者について次の規定がおかれている。

> **国家行政組織法 15 条（行政機関の長の権限）**
> 　各省大臣，各委員会及び各庁の長官は，その機関の任務（……）を遂行するため政策について行政機関相互の調整を図る必要があると認めるときは，その必要性を明らかにした上で，関係行政機関の長に対し，必要な資料の提出及び説明を求め，並びに当該関係行政機関の政策に関し意見を述べることができる。

　この規定は，中央省庁改革の一環として行われた 1999 年の国家行政組織法の改正により設けられたもので，省庁間調整システムの 1 つとしての意味を持っている（内閣総理大臣の同種の権限につき，内閣府設置法 7 条 7 項も参照）[10]。

　また，個別の法律により，他機関との協議（例，国土形成計画法 6 条 5 項，河川法 35 条），他機関に対する権限行使の勧告ないし要請（例，環境省設置法 5 条 2 項，国土形成計画法 14 条），内閣総理大臣に対する意見の具申（例，総務省設置法

---

[9] 以上の専決については，西宮市処務規則 12 条・13 条および別表第 2 により説明した。決裁の定義については，243 頁の注 4)をも参照。なお，地方公共団体において議会の議決事項につき地方公共団体の長が行う専決処分（地方自治法 179 条・180 条）は，別物である。

[10] 地方公共団体については，国家行政組織法 15 条のような規定はない。これは，地方公共団体では，国とは異なり，その長が地方公共団体全体を統轄しているので（地方自治法 147 条を参照），その種の規定の必要性が小さいためであろう。

6条7項）などが定められている。

実際の作業の共同については，計画や政策の作成における大臣間での共同に関して，若干の法律に規定がある（国土利用計画法5条7項，環境教育等による環境保全の取組の促進に関する法律7条5項）。

(7) 行政機関としての省庁

以上において説明した行政機関とは，行政組織の最も基礎的な構成単位であるが，もっと大きく，省庁を行政機関と呼ぶ用語法も法律において行われている。すなわち，国家行政組織法3条2項は，「行政組織のため置かれる国の行政機関は，省，委員会及び庁とし，……」と定めている。この「大きな行政機関」概念は，近年の法律でよく用いられている。

この「大きな行政機関」概念を用いると各省の大臣などをどう呼ぶか，という問題があるが，法律では，「行政機関の長」と呼ばれている（以上につき，行手法2条5号，情報公開法2条1項・3条など，行政保有個人情報保護法2条1項・5条など，公文書管理法2条1項・5条など。なお，行政手続法では，行政処分に関しては「行政庁」の語が用いられ，「行政機関の長」の語は用いられていない）。

Ⅲ 行政上の事務処理の方式——民間委託など

国・公共団体の行政組織は，法律や条例をうけて，行政活動を行うためのものである。行政活動は，言い換えると行政上の事務の処理ということができる。公務員は，国・公共団体の行政組織の中においてこの事務の処理を行うことを仕事とする人々である。

だが，行政上の事務処理は，この行政組織のみによって，またそこで働く公務員のみによって行われているのではない。行政上の事務処理は，様々な形によって行われている。

(1) 別の組織の創設

上記のように，本来の行政体である国・地方公共団体のほかに，各種の組織が設けられている。その中には，独自の法人格が与えられ，公共団体と呼ばれるものがある（27頁①を参照）。また，第三セクターのように，国・地方公共

団体と民間企業の共同出資により設けられているものもある（鉄道だけでもその例は多い）。こうした組織の存在は，本来の行政体の組織だけでは行政上の事務処理を行うことができない（または不適切である）ことの表れである。

(2) 外部の人・団体の行政組織への取込み

行政委員会や審議会の委員には，大学教員・一般の国民などがなることが多い。国・公共団体が訴訟の当事者になれば，弁護士がその訴訟代理人になることがある。また，土地価格の算定のためには不動産鑑定士に依頼が行われる。そして，弁護士や不動産鑑定士との間では委託契約が結ばれる。委託については，次に述べる[11]。

(3) 事務の委託

行政上の事務の処理が他の公共団体や民間団体に委託（委任または請負）されることが少なくない。アウトソーシングと呼ばれることもある。

(a) 私行政たる事務や内部管理事務の委託

これは，庁舎などの清掃・警備，情報システムの管理（データの打込み，コンピュータの保守・管理など）といった事務の委託である。設計，調査，試験の採点の委託もこれに当たる。例えば2007年度から文部科学省が行っている小・中学生の全国学力テストの採点は民間企業に委託されている（2014年9月4日付朝日新聞朝刊）。政策上の当否は別として，これらの委託は，法律の授権がなくとも許容されるであろう（環境アセスメントの委託につき，環境影響評価法14条1項8号を参照）。

(b) 対外的な行政活動のうちの非権力的なものの委託

この分野で委託がとくに問題になるのは，公共施設の設置・管理や公共的事業の実施（例，職業訓練）の委託であるが，前者については，PFI方式や指定管理者制度が設けられている。

PFI方式は，「民間資金等の活用による公共施設等の整備等の促進に関する法律」（1999年制定）により導入されたもので，公共施設などの整備や運営を民間企業に行わせるものである。事業者の選定は，公募の方法等により行われる。

---

[11] 国・公共団体の組織の中においても，本来の公務員のほかに，沢山の非正規の職員の人たちが働いている。これも，外部の人材を行政組織に取り込むものである。

指定管理者制度は、2003年の地方自治法の改正により導入されたもので（地方自治法244条の2第3項以下）、「公の施設」の管理を「法人その他の団体」（民間事業者を含む）に行わせる制度である。地方公共団体の「指定」により行われるが、ここでも公募手続がとられることが多いようである。

さらに、「競争の導入による公共サービスの改革に関する法律」（平成18年法律第51号）は、公共サービスの実施を契約により民間事業者に委託することを許容するとともに、この公共サービスの中に、「研修の業務」、「調査又は研究の業務」などに加えて「施設の設置、運営又は管理の業務」をも含ませている。

この他、例えば廃棄物処理法は、一般廃棄物の収集・運搬・処分を市町村の責任とするが、それらが委託されることも予定している（6条の2第1項〜第3項）。また、児童福祉法は、同法が定めている療育の給付、相談・助言、指導などについて委託を許容し、また委託を受ける児童福祉施設の長などに対し受託義務を課している（20条4項・21条の11第3項・26条1項2号・27条2項など。受託義務につき、34条の7・46条の2）。

この分野では、法律の授権がなくても委託ができるとは言いにくいので（公共施設の利用は行政処分である許可により行われることもあるが、行政処分を行うには法律の授権が必要である）、委託を許容する規定が設けられているのであろう。

(c) **対外的な行政活動のうちの権力的権限の行使の委託**

これには法律の授権が必要であろう。権力的権限は法律によって創設されるが、同時にその権限を行使する機関が指定される。この権限行使の委託は、この法律の指定に変更を加えるものであるから、法律による承認が必要というべきである。

その一例は、駐車違反の取締りに見られる。道路交通法51条の8第1項によると、警察署長は、違法駐車の放置車両の確認および標章の取付け（51条の4第1項）に関する事務を、公安委員会の登録を受けた法人に委託することができる（152頁の注4）および185頁の注5)をも参照)[12]。

(4) 協　力

前述のように、行政機関相互間における協力を定める法律の規定があるが、

---

12) なお、地方自治法は、地方公共団体の協力（252条の2以下）の方式の1つとして委託を予定している（252条の14以下）。

Ⅲ 行政上の事務処理の方式——民間委託など

国と地方公共団体との間での協力や国・地方公共団体と私人との間での協力も必要なものである。この協力は，国や地方公共団体がその任務を達成するために必ずしも十分の能力（財政力や技術力など）を持っていないために必要になる（さらに，法律論ではないが，個人間の協力が人間関係の円滑さをもたらすように，行政レベルでの協力も各行政体間の良好な関係の形成に寄与するかもしれない）。協力には次のような形態がある。

(a) **意見の提出**

国と地方公共団体の間では，都道府県知事・市町村長などの全国的連合組織（例えば全国知事会）が「地方自治に影響を及ぼす法律又は政令その他の事項に関し，総務大臣を経由して内閣に対し意見を申し出，又は国会に意見書を提出することができる。」という規定が設けられている（地方自治法263条の3第2項）。

また，個別の法律で，国の機関の意思の決定に当たり，地方公共団体の長の意見の聴取が定められることは少なくない（例，河川法36条，国土利用計画法5条3項）。

(b) **協　議　会**

協議をより恒常的に行う場として，最近の法律では，協議会という組織の設置が定められることがある。例えば，自然再生推進法は次のような規定をおいている。

> **自然再生推進法8条（自然再生協議会）**
> ① 実施者〔自然再生事業を実施しようとする者〕は，次項に規定する事務を行うため，当該実施者のほか，地域住民，特定非営利活動法人，自然環境に関し専門的知識を有する者，土地の所有者等その他の当該実施者が実施しようとする自然再生事業又はこれに関連する自然再生に関する活動に参加しようとする者並びに関係地方公共団体及び関係行政機関からなる自然再生協議会（……）を組織するものとする。

「実施者」は，行政体に限られていないが，国の機関や地方公共団体が実施者になる時には，協議会は行政の協力の仕組みとしての意味を持つことになる（この他，景観法15条，中心市街地の活性化に関する法律15条，児童福祉法25条の2，道路交通法108条の30）。また，その協議会に地域住民や私的団体も参加するとき，協議会は公私協働の場としての意味を持つだろう。

(c) 応　援

例えば，消防組織法 39 条は次のような規定をおいている。

> **消防組織法 39 条（市町村の消防の相互の応援）**
> ① 市町村は，必要に応じ，消防に関し相互に応援するように努めなければならない。
> ② 市町村長は，消防の相互の応援に関して協定することができる。

消防に関してその設置者である市町村が協力すべきことは容易に理解できる。応援をするために別に協定は必要ではないが，協定を結んでおけば火災時の応援ないし協力が円滑に進むだろう。

この消防の際の応援・協力をもっと大規模にしたものが地震などの災害時の地方公共団体間の応援・協力である。災害時の応援については，災害対策基本法で定められているが，東日本大震災の経験を踏まえ，2012 年に同法の改正が行われ，災害時の応援のあり方に関する規定の充実が図られた（災害対策基本法 49 条の 2・72 条・74 条以下など）[13][14]。

---

[13] 本文では触れなかったが，国・公共団体内部において，個々の職員間や各掛，各課（近年は，チームなどと呼ばれることがある）などにおいても，協力が行われているはずである。

[14] 地方自治法は，地方公共団体同士の協力の方式として，連携協約，協議会，機関の共同設置，事務の委託，事務の代替執行，職員の派遣を定めている（252 条の 2 以下）。

第4講

法治主義（法による行政）・信頼保護

I　行政活動の枠ないし限界としての権利と法

　行政は，国民の権利や自由（以下，単に権利と言う）を尊重しなければならず，みだりにこれを侵してはならない。この権利尊重原則はむろん堅持されるべきであるが，しかし，この原則だけでは国民の法的地位は安泰ではなく，また，質の高い行政は期待できない。その理由としては以下のことが考えられる。
　まず，権利尊重原則の裏返しとして，国民の権利を侵害しなければ行政は何をやってもよいということになると，例えば人里から遠く離れた国有地での高速道路の建設のようなことは，行政の随意に任せられてしまう。
　また，権利尊重原則だけでは，行政の安定を確保できず，国民としては，どのような行政が行われるのかをあらかじめ予測することができない。
　第3に，権利というものはなかなか認められにくいものであるから，権利に頼るだけでは国民の法的地位の安泰を図るためには十分ではない。
　第4に，納税の制度がそうであるが，行政の遂行のためには，国民の権利の制限が必要なことがある（その他，土地の収用，街づくり行政のための土地利用の制限など）。主には財産権について当てはまることであるが，国民の権利は不可侵ではない。
　そこで，立憲国家においては，議会において憲法および法律が定められ，これらに従って行政が行われるという仕組みが出来上がっている。また，法律の委任により行政が政令や省令を定めるが，むろん，行政はこれにも従わなければならない。さらに，これらの法令の射程外の事柄については不文の法（条理，社会通念，慣習法）の規律が及ぶと考えられている。こうして，今日の行政は，

「法による行政」となっているのであり，この「法による行政」を要請する原理を法治主義という。

この法治主義原則の下では，冒頭で挙げた権利尊重原則は修正され，国民の権利は，法律が許容する場合には制限される（但し，憲法による制約は働く）。しかし同時に，権利尊重原則も法治主義の一内容になり，法と権利の両方が行政をしばっていると考えられる。

II 法治主義（法による行政）

(1) 法治主義（法による行政）の意味

よく「日本は法治国家である，従って我々国民は法を守らなければならない」と言われる。国民が法を守らなければならないということはむろん誤りではないが，しかし，法治国家とは法治主義が認められる国家であり，そこでは国・公共団体も法に従わなければならないということが重要である。専制国家というと，国民は法に従うことを強制される反面，君主は法に従わないという国家を想像するが，法治国家はそうではないのである。

この法治主義がいかに大切なものであるかということは，課税処分や警察官による道路交通の取締りが法によらずに行われるという事態を想像すれば分かる。もし実際にそんなことが起これば，国民としてはたまったものではない。

法治主義とは，行政の根本理念と言ってよいであろう[1]。

(2) 法治主義の役割

法による行政が実現すると，①行政担当者の恣意が抑制されるし，その法が国民に明らかにされることによって，②国民は，どのような場合にどのような行政が行われるかについて予測可能性を与えられる。さらにこれらのことによって，③行政と国民の関係が安定するであろう。

さらに，立憲主義の下では，法による行政，法治主義という場合の法として

---

1) 法治主義とは，行政が法に従って行われることを要請する原理であるが，「法に従う」という表現は，行政が法に違反しないことを指すだけではなく，一定の行政活動については法律に基づいて行われることを意味している。「法による」という表現も同様である。一定の行政活動が法律に基づくべきことは，50頁(2)で説明する。

最も重要なものは憲法と法律であるが、この憲法と法律は、国民代表機関である議会によって制定されるものであり、国民の意思の表現である。つまり、④法治主義は、憲法と法律に表現される国民の意思を行政に反映させるという意味をも持っている[2]。

なお、法治主義は、法によらない、つまり違法な行政によって権利利益を侵害された国民が、法の守護者たる裁判所により救済を得ることができることを要請する。それ故、裁判所による救済は、法治主義の実現を保障する上で不可欠のものであり、法治主義の一要素である。

(3) 行政を拘束する法

法による行政、法治主義という場合、そこにいう法とは、「行政法の存在形式（法源）」（7頁Ⅳ）で挙げた憲法、条約、法律、政省令、条例などの成文の法および条理などの不文の法である。

ここで不文の法について補足をしておくと、不文の法の多くは、行政の分野を問わず一般的に適用されるものである。「法の一般原則」に当たるものもあれば、「行政の一般的法原則」などと呼ばれるものもある。

法治主義は「行政の一般的法原則」の最も重要なものであり、信義誠実の原則は「法の一般原則」の一例である。本講では、法治主義について説明するとともに、信義誠実の原則を少し具体化した信頼保護原則を 60 頁(2)で取り上げる[3]。

> コラム 「法の一般原則」と「行政の一般的法原則」　この2つはよく似ており、また、信義誠実の原則や権利濫用の禁止の原則はいずれにも当たると見てよいだろう。しかし、次のような違いがある。「法の一般原則」は、私法の分野において認められている信義誠実の原則や権利濫用禁止の

---

[2] ナチス時代のドイツでは、それまでの「法律による行政」という語に代えて「法による行政」という語が用いられるようになった。法律の持つ意味と役割を減退させるためである。本書では、「行政は法律だけではなく、広く法に服する」ということを表現するため「法による行政」という語を用いるが、法律の持つ意味と役割を忘れてはいけない。

[3] 特定の行政分野にのみ適用がある不文の法もあって然るべきである。その古典的な例は、警察法における警察権の限界（論）である（杉村敏正編『行政法概説各論』（第3版、1988）85頁以下（高田敏執筆）など、行政法各論について説明した教科書を参照）。また、兼子仁『教育法』（新版、1978）は、教育法の分野に「教育条理法」ないし条理解釈を持ち込んだものである（さしあたり、同書40頁以下を参照）。

第4講　法治主義（法による行政）・信頼保護

> 原則などを公法である行政法の分野に持ち込むときに，「これらの原則は私法・公法の分野を問わず適用されるべき法の一般原則である」と説明されたのである。これに対し，「行政の一般的法原則」は近年使われるようになった用語であるが，行政の分野を問わず適用されるべき原則という意味のものである。法治主義の原則がその代表的なものである。「行政法の一般原則」とも言える。

　この他，行政裁量の司法審査の基準である比例原則なども，行政法の一般原則であるが，裁量の司法審査において形成されてきたものであるから，行政裁量のところで取り上げる[4]。

付論 7：通　達

　法治主義は，行政を法に従わせようとする原則であるが，法は，公務員の一挙手一投足まで指示するものではない。このため，実際の行政は，法の性格を持たない要綱，内規，先例，上司・上級庁の命令，便覧（マニュアル），慣行といったものに従って行われることも多い。内閣府設置法7条6項や国家行政組織法14条2項は，内閣総理大臣や各省大臣などが訓令や通達を発することができると定めているが，これらのうちの通達が規範の形をとるものと解されている（これに対し，訓令は個別的な命令を意味する）。この通達も，現実の行政を支配する規範の1つである。

　通達は，実際の行政の中では大量に発されており，現実の行政において大きな役割を果している。この点で，通達は重要なものであるが，法源のリスト（7頁Ⅳを参照）に入っておらず，法ではなく，行政内部規範にとどまる。このため，通達に違反していることを理由に行政の行為の取消しを求めて訴訟を起こしても，法に則って裁判をすべき裁判所としては，この行為を違法とすることはできないのが本則である（逆に，裁判の場において行政が通達に合致しているから行政の行為は適法だという主張をしても，裁判では意味がない）[5]。

---

[4]　行政について，行政が追求すべき様々な原則ないし価値（民主性，公正性，効率性，合理性，相当性，透明性）が唱えられることもある。これらの原則ないし価値は，行政が目指すべき方向を示すものであるが，違法判断の基準にはなっていない（もっとも，今日でも，全くこれらの原則・価値が無視されたというような場合は違法の問題を生じることがあるであろう）。

[5]　本文では通達の本来の性質を述べたが，実際の訴訟の場では，行政の行為の適法・違法の判断において通達に何らかの意味が与えられる余地もないわけではない（この点については，95頁Ⅹおよびそこで挙げられている箇所を参照）。

III 法治主義の内容

　法治主義という場合の法には不文の法も含まれるが，従来の法治主義に関する学説は，ドイツ流の「法律による行政の原理」の影響の下で，成文の法とくに法律に着目し，行政と法律の関係を論じてきた。以下でも，法治主義における法律の役割，行政と法律の関係について説明する（不文の法である信頼保護原則については，60頁(2)で述べる）。

(1) 法律の強行法規性と法律の優先

　まず，行政は，法律に従って行われなければならず，これに違反することができない。これを法律の優先という。この原則は，一見，我々国民の活動の場合と同じようであるが，厳密に言うとそうではない。我々国民の相互の関係つまり私法上の関係においては，契約自由の原則（もっと一般的には，私的自治の原則）が認められており，他人との間での合意によって法的な関係を取り結んでいくことができる。ここでは法律に規定があっても，それは通例は補充的なものである。

　これに対し，行政法の世界では，法律は必ず守られなければならない（もっとも，努力義務のような例外はある。努力義務については，227頁の コラム を参照）。例えば，課税処分にしろ，社会保障の給付決定にしろ，法律に従って行われなければならない。行政庁が相手方である国民との話合い，つまり契約によって納税額や社会保障の給付額を決めたりすることはできない。道路交通の取締りは，道路交通法を適用して行わなければならないのであって，法律とは異なる警察官の独自の判断によって行うことはできない。

　このように，行政法の世界では法律は強行性を持っている。つまり行政上の法律は強行法規である。そして，この意味で，行政は法律に反することができない。これを「法律の優先の原則」[6]という。

---

6) 法律の優先とは，もともと議会の意思である法律と君主の意思である命令（8頁(d)を参照）とが競合した場合に，法律を優先させるという原則であった。今日では，「法の優先」と言うべきであろう。

第4講 法治主義（法による行政）・信頼保護

> **コラム** 　**行政の「遊び」**　行政上の法律は強行法規であるが，だからといって実際の行政が法律にガチガチにしばられているわけではない。自動車のハンドルと同じように，行政にも「遊び」が備わっている。まず法律による規律には行政の内容によって濃淡がある。権力行政については規律は割合厳格であるが，非権力行政については規律は比較的緩い。また，権力行政についても，「できる」規定（「～することができる」という定め方の規定）などによって裁量が認められることも多い。さらに，権限行使の義務づけが得策でない場合には，努力義務規定（227頁の **コラム** を参照）がおかれることもある。こうした「遊び」がときには不合理のもとにもなってきたのであるが，行政の創意工夫の余地を与えるものであるということもできよう。

(2) 法律の留保の原則

　前述の法律の優先の原則や法律の強行法規性は，法律が行政活動のあり方を規律する上での原則ないし特徴であるが，行政の行為のうち一定の範囲のものについては，行為の着手自体が行政の自由ではなく，その着手については法律の承認が必要であると考えられている。この一定の行政の行為について法律の承認（つまり授権）が必要である，という原則を「法律の留保の原則」と呼ぶ。

　では，いかなる行為について法律の授権が必要なのであろうか。

　憲法が明示しているのは，課税である。すなわち，憲法30条は，「国民は，法律の定めるところにより，納税の義務を負ふ。」と定め，さらに，同84条は，「あらたに租税を課し，又は現行の租税を変更するには，法律又は法律の定める条件によることを必要とする。」と規定している。これらの規定によると，課税は法律に留保されており，課税を行うには法律の授権が必要である。この原則は，「租税法律主義」と呼ばれている。

　また，憲法29条2項は，「財産権の内容は，公共の福祉に適合するやうに，法律でこれを定める。」と規定している。この規定は，財産権の具体的あり方の規定を法律に委ねたものであるが，行政が財産権の制限（例えば，都市計画や自然環境保護のための土地利用の制限）を行う場合には法律の授権が必要であるということをも意味していると解される。

　これら以外の場合において，どの範囲の行政の行為について法律の授権が必要であるかについてはⅣで説明する。

(3) 法律の法規創造力の原則

法治主義の第3の原則は，法律のみが「法規」を定めることができるという原則である。これを「法律の法規創造力の原則」と言う。「法規」とは，一般的抽象的規範とか，国民の権利義務に関する規範とか言われるものである。従って，この原則は，行政が規範を定める場面で意味を持ち，行政が法規の性質を持つ規範を制定することを禁止するものである。

法律の法規創造力の原則は，今日では，憲法41条が明示的に認めている。すなわち，同条は，「国会は，……国の唯一の立法機関である。」と定めているが，そこでいう「立法」とは，「法規」を定めることを意味すると解されており，従って，同条は，国会つまり法律のみが「法規」を定めることができることを宣言していることになる（もっとも，法律の授権（委任）があれば，行政機関も法規を制定できる。この点については，86頁Ⅳで説明する）。

以上の法治主義の3つの原則のうち，「法律の優先の原則」は，今日では，異論なく認められるものである（前述のように，「法の優先の原則」というべきである）。また，「法律の法規創造力の原則」も，上記のように憲法で明示的に認められているところである。これに対し，「法律の留保の原則」については，現在も多くの議論がある。以下では，この原則についてやや詳細に検討することにしたい。

Ⅳ 法律の留保の原則

(1) 「法律の留保の原則」に関する学説

行政の行為のうちいかなるものが法律の留保の原則に服し，それを行うについて法律の授権が必要なのだろうか。この問題については，学説が分かれている。

(a) 侵害留保説

これは，国民の権利や自由を権力的に侵害する行政についてのみ法律の授権を必要とするという説である。この説によると，税金を課したり，営業停止命令を発するためには，法律の授権が必要であるが，これに対して，授益的な行為，つまり国民に補助金を交付したり，スポーツ施設を設けて国民の利用のた

第4講　法治主義（法による行政）・信頼保護

図表4-1　「法律の留保」に関する諸説の比較
◎…法律の授権が必要　×…法律の授権は不要

		侵害留保説	権力作用留保説	公行政留保説
権力的行政	侵害的行為	◎	◎	◎
権力的行政	授益的行為	×	◎	◎
非権力的公行政	侵害的行為	×	×	◎
非権力的公行政	授益的行為	×	×	◎

めに提供するというようなことについては，法律の授権を必要としない[7]。

(b)　**権力作用留保説**

　これは，行政活動のうちの権力的なものについて，法律の授権を要するという説である。逆に言うと，非権力的な行政活動については，法律の授権は必要ではないということになる。

　侵害留保説に比べると，この権力作用留保説では，課税処分や営業停止命令のような侵害的かつ権力的な行為についてのみならず，授益的かつ権力的な行為についても法律の授権が必要である。他方，非権力的な行為については法律の授権は必要ではない。従って，行政が私人と契約を結んで補助金を交付したり，行政指導を行うことについては，法律の授権は必要ではないということになる。

(c)　**公行政留保説**（完全全部留保説）

　これは，権力的行政のみならず，非権力的公行政についても法律の授権を要するとする説である。この説によると，契約による補助金の交付や行政指導についても，それらは公行政であるから，法律の授権が必要だということになる。

---

[7]　なお，自動車の運転免許などの許可を与えることは，授益的な行為であるから，この侵害留保説によると，法律の授権は必要ではないということになりそうである。しかし，もともとは国民が自由に行うことができる行為について許可制度を設けること自体が侵害的なものであるので，許可制度の採用については法律の授権が必要である。

(2) 留意点

「法律の留保の原則」について，以下のことに注意をしていただきたい。

第1に，「法律の留保の原則」において意味のある法規範，つまり行政活動に必要な授権を与えることができる法規範（授権規範）は，国のレベルでは，「法律」だけである。政令や省令のような命令は，行政活動を授権することができない。従って，「法律」は，政令や省令とは異なる特別の存在だということになる[8]。

第2に，「授権規範は，国のレベルでは，法律だけだ」と述べたが，地方公共団体が行う行政活動については，地方議会の定める条例も，授権規範となることができる。条例は，法律に準じるもの（準法律）と位置づけられているのである。

第3に，「法律の留保の原則」は，あくまで公行政に関する原則だということである。完全全部留保説という表現があるが，「法律の留保の原則」の適用があるのは，権力的行政と非権力的公行政である。その反面として，私行政はこの原則の適用を受けず，法律の授権がなくても私行政を行うことができる。前述の公行政と私行政の区別の意味の1つは，この「法律の留保の原則」との関係で存在するということになる（公行政と私行政の区別については，16頁①を参照）。

> **コラム　重要事項留保説**　ドイツの裁判例において生み出された Wesentlichkeitstheorie に倣った説で，直訳して本質性理論などとも呼ばれる。行政の作用の性質を問わず，重要事項については法律で定めることを要請する説である。この説は，どの範囲の行政活動について法律の授権を要求するかという問題と，それぞれの行政活動のどこまでについて議会（法律）自身による規律を要求するのかという問題の両方に関わっているようである。そして，前者の問題について侵害留保説は侵害行為が重要であると見てそれに法律の授権を要求したのであるが，重要事項留保説は，広く公行政を視野に入れている。この点は，公行政留保説と同じである。また，後者の問題について，この説は重要事項について法律自身による規律を要求するが，公行政留保説も，細目まで法律で定めることを要請するものではあるまい。

---

[8] もっとも，審議会の設置や地方公共団体に対する国の関与は，法律によるほか，政令に基づいてもできる（国家行政組織法8条，地方自治法245条の2。但し，後者の規定では，「これ〔法律〕に基づく政令」となっている）。

(3) 各説についてのコメント

侵害留保説の「国民の権利や自由の侵害に法律の授権が必要である」という主張は，何人によっても認められるべきものであろう。そこで，この何人によっても承認されるべき原理は「侵害留保原理」と呼ばれる。問題は，侵害行政以外の行政の行為について法律の授権がどこまで必要かということである。

権力作用留保説は，この問題に対する 1 つの解答であり，「侵害」に代えて「権力」という基準を提示している。もっとも，権力的に行われる権利自由の侵害について法律の授権が必要だということはすでに「侵害留保原理」に含まれている。この説の新しさは授益的性格を持った権力作用についても法律の授権が必要だとする点であろう（しかし，この種の行為としては，例えば警察官による酔っぱらいなどの保護が考えられるが，例はそう多くない。なお，この保護の二面性については，25 頁 Ⅵ を参照）。他方，非権力的行為である行政指導については，法律の授権は不要だということになる。

公行政留保説は，広く公行政について法律の授権を要求するものである。侵害留保説は国民の権利自由の防御を意図するものであるが，この公行政留保説は，これとは異なり，行政の民主的統制，行政の民主性の確保を意図するものであろう（これに対し，権力作用留保説では，権力行使は法律で認められてはじめて可能になるという「理論」が出発点にあるようである）[9]。

(4) 法律の授権の要否の具体的検討

以上，「法律の留保の原則」についての考え方を説明したが，この原則の適用に関してよく議論の対象になるのは，補助金の交付と行政指導である。これらに加えて，自動車の一斉検問についても触れる。

(a) 補助金の交付

補助金の交付については，法律や条例を制定しないのが今日の国や地方公共団体の行政の大勢である。多くの場合，国や地方公共団体は，要綱を作り，それに従って補助金を交付している。この点で，公行政全体について法律の授権を必要とする公行政留保説は，実務上認められていないといえる。ただ，いわ

---

[9] 侵害留保説では，法律の授権なしに行われた侵害行為は違法だと判断されるが，公行政留保説は，法律の授権なしに行われた侵害行為以外の行為をすべて違法と見るものではないと思われる。

ゆる補助金行政の実態は，多かれ少なかれずさんなところがあるのではないかというのが私の抱いてきた印象である。補助金の交付についても，法律や条例を制定して，そこで基本的な事項を定めれば，補助金行政の透明度が高まり，事態はずっとよくなるのではないだろうか。

(b) 行政指導

行政指導については，法律で規定がおかれることがある。この点では，公行政留保説が妥当しているようであるが，そうともいえない。問題は，法律に規定がない場合の行政指導が許容されるかどうかである。

この点に関する興味ある判例は，最高裁判所大法廷の 1995（平成 7）年 2 月 22 日の判決である。この判決は，有名なロッキード事件に関するものである。これは，アメリカ・ロッキード社が，ジェット機をわが国の民間航空会社に売り込むために，わが国の商社とともに，当時の内閣総理大臣田中角栄に対し，運輸大臣に働きかけて行政指導をさせることおよび直接民間航空会社に働きかけることなどの協力を依頼し，後に同人に成功報酬として賄賂を供与したとされる事件である。判決は，運輸大臣が行政指導を行う権限につき，次のように述べている。

> **最高裁判所大法廷 1995（平成 7）年 2 月 22 日判決＝ロッキード事件丸紅ルート判決**
> 「民間航空会社が運航する航空路線に就航させるべき航空機の機種の選定は，本来民間会社がその責任と判断において行うべき事柄であり，運輸大臣が民間航空会社に対し特定機種の選定購入を勧奨することができるとする明文の根拠規定は存在しない。しかし，一般に，行政機関は，その任務ないし所掌事務の範囲内において，一定の行政目的を実現するため，特定の者に一定の作為又は不作為を求める指導，勧告，助言等をすることができ，このような行政指導は公務員の職務権限に基づく職務行為であるというべきである。」

このように，最高裁判所は，行政機関は，その任務ないし所掌事務の範囲内においては，法律による授権がなくても，行政指導ができると言っているのである（下記 コラム を参照）。

> コラム　**任務と所掌事務**　国の行政機関の任務と所掌事務は，各省の設置法などで規定されている。環境省設置法は，「環境省は，地球環境保全，公害の防止，自然環境の保護及び整備その他の環境の保全（……）並びに原子力の研究，開発及び利用における安全の確保を図ることを任務とす

る。」と環境省の任務を一般的に定め (3条), その具体的内容を「所掌事務」として25項目にわたり列挙している (4条)。例えば,「公害の防止のための規制に関すること」がその1つである。最多の所掌事務を誇るのは国土交通省であり(128項目。国土交通省設置法4条), 次いで厚生労働省である (115項目。厚生労働省設置法4条)。

(c) 自動車の一斉検問

最後に, 我々の日常生活と関係が深い行政活動で「法律の留保の原則」との関係で問題となっているものを挙げておこう。それは, 警察による自動車の一斉検問である。一斉検問とは, 犯罪が起こり, 犯人を検挙するために行われる検問や, 犯罪との関係が疑われる自動車について行われる検問とは違い, 無差別に行われる検問である。この検問は, 自動車の走行を停止させるもので, 運転者の自由を制限するものだと言えないこともない。ところが, 警察がこの一斉検問を行うことを正面から認めた法律の規定はない。そこで一斉検問は,「法律の留保の原則」に違反して, 違法ではないかという問題がある。この問題について, 最高裁判所は次のように判示している。

> **最高裁判所1980 (昭和55) 年9月22日決定**
> 「警察法2条1項が『交通の取締』を警察の責務として定めていることに照らすと, 交通の安全及び交通秩序の維持などに必要な警察の諸活動は, 強制力を伴わない任意手段による限り, 一般的に許容されるべきものであるが, それが国民の権利, 自由の干渉にわたるおそれのある事項にかかわる場合には, 任意手段によるからといって無制限に許されるべきものでないことも同条2項及び警察官職務執行法1条などの趣旨にかんがみ明らかである。」

最高裁判所は, 自動車の一斉検問の法的根拠を, 警察の任務に関する一般的規定である警察法2条1項に求めることによって, この一斉検問を違法ではないとしているようである。この規定は, 次のようなものである。

> **警察法2条 (警察の責務)**
> ① 警察は, 個人の生命, 身体及び財産の保護に任じ, 犯罪の予防, 鎮圧及び捜査, 被疑者の逮捕, 交通の取締その他公共の安全と秩序の維持に当ることをもってその責務とする。

この規定は, 警察の責務を一般的に定め, その責務の1つとして「交通の取

締」を挙げている。最高裁判所は，この文言に着目し，自動車の一斉検問はこの規定により授権されていると解釈しているのである。

　しかし，「交通の取締」が警察の責務であるからといって，そのことから，自動車の一斉検問を行う権限を根拠づけることにはかなり無理がある。一方における自動車の一斉検問を行う必要性と，他方におけるこの一斉検問そのものについての法律の授権の不存在という状況の中で，最高裁判所は，苦肉の策として警察法2条1項を持ち出したのであろう。その苦労は分からないわけではないが，「法律の留保の原則」の見地からは，一斉検問を正面から授権する規定を法律（道路交通法になろう）の中に設けることがあるべき解決策と言える。

(5) 「法律の留保の原則」と憲法規範

　「法律の留保の原則」は，「法律」に強い意味を与える原則である。では，授権規範になれるのは法律だけだろうか。むろん，政令や省令などの命令は，この「法律」の中には入らず，授権規範にはなれない。

　これに対し，憲法は法律よりも上位にある格の高いものであるから，憲法の規範が授権規範になる可能性はいちがいには否定できない。ただ，実際に個別の行政の行為についての授権規範と見ることのできる憲法の規定はないようである。

　もっとも，執行命令の性格を持つ政令の制定は，憲法73条6号の「この憲法及び法律の規定を実施するために，政令を制定すること。」という規定に基づいて行われている（86頁(2)で説明する）。

V　違　法　性

(1) 違法性判断の重要性

　これまで法治主義の原則について説明してきたが，法治主義の原則とは，一言で言えば，行政活動が法に則って行われることを要請する原則である。つまり，行政活動は，適法なものでなければならず，違法なものであってはならない。従って，行政活動が適法であるか，それとも違法であるかということが，法律論としては，最も重要な判断基準，関心事ということができるのである。この点をもう少し説明しよう。

第4講　法治主義（法による行政）・信頼保護

　行政活動については，様々な評価が可能である。街づくり行政について言うと，そこでは，都市計画決定というものがなされる。この都市計画決定については，適法か違法かという法的な判断基準のほか，良い街を作ることができるかどうかという街づくりの立場からの評価がある。適法な都市計画決定であれば良い街ができるというわけでは必ずしもない。もし，適法な都市計画決定によって良い街ができるのであれば，わが国の都市景観は今よりはましなものになっていたはずである。また，実際には考えにくいことであるが，理論上は違法であっても，都市計画の専門家の目からは良い街づくりに役立つ都市計画決定というものが存在しうる。社会保障行政についても，適法か違法かという法的な判断とは別に，社会保障の専門家から見た別の判断がありうるだろう[10]。

　このように，行政活動については，複数の立場からの評価があり，そしてその評価が異なることがありうるわけである。ただ，法律学，法理論の立場からは，適法であるか違法であるかという判断基準が決定的に重要なものである。訴訟において，裁判所が行うのも，この適法・違法の判断である。

　なお，以下では，適法・違法の判断とは言わず，違法性の判断という表現をすることにする。行政活動について，法的な紛争が生じた場合には，違法性があるかどうかが問題になるからである。違法性がなければ適法なものとして取り扱われる。

(2)　違法性の意味

　では，行政活動は，どのような場合に違法になるのだろうか。

　違法とは法に反することであるから，法つまり法規範に違反する行政活動は違法だということになる。法規範については，第1講の「行政と行政法」の特にⅣ「行政法の存在形式（法源）」で説明したことを思い出そう。憲法，法律，政省令，地方公共団体の条例や規則などが法規範である。さらに，不文の法である慣習法や条理（法）も法規範である。これらの法規範のいずれかに違反している行政活動は違法である。

　ここで違法にはどのようなものがあるかを整理しておこう。それは大別すると，実体の違法と手続の違法とがある。実体の違法とは，行政機関の判断の結

10）　立ち入ることは避けるが，そもそも良い街とはどのような街かという問題がある。自然環境，交通の便，教育環境などいずれを重視するかによって街の評価は異なるだろう。

論（例えば課税処分や都市計画の内容）が法に違反していることである。これには，事実認定の誤り（事実誤認），法の解釈の誤り，裁量の濫用がある。

手続の違法とは，行政庁が判断に至る手続が法に反していることである。近年は，行政裁量の行使について判断過程の審理が行われることがあるが，判断過程の誤りは広い意味の手続の違法に分類できる。行政機関は判断過程においてあれこれ利益衡量を行うから，判断過程の誤りは「衡量の瑕疵」とも呼ばれる。

VI 法治主義を保障する制度

法治主義の実現のためには，当然のことであるが，まずは行政担当者が法に則って行政を進めていくことが必要である。このために行政の内部での職務運営体制の整備，マニュアルの作成，公務員研修といったことも必要であるが，法的には，違法な行政を防止し，またそれが行われた場合には，違法状態を是正ないし除去して救済を図ることが重要である。この目的のために，行政自身による監視ないし統制の制度が設けられ，さらに訴訟や損害賠償などの制度が設けられている（これらの制度については，第16講以下で説明する）。

VII 権利の尊重と信頼保護

(1) 権利の尊重

これまでに述べたように，行政活動は，法に従って行われなければならない。では，法の枠内では，国民の権利を随意に侵害できるかというとそうではない。法に違反しなくても，国民の権利はできるだけ尊重されなければならない。行政には，法とくに法律により国民の権利を制限すること（例，都市計画法に基づく用途地域指定による土地利用の制限）あるいは国民の権利の制限ないし侵害を伴う行政活動を行うこと（例，沿道住民に騒音・振動・排気ガスの被害を及ぼすような道路の設置管理）が認められていることも多いのであるが，しかし，みだりに国民の権利を制限することは許されないのである。

本講では，今日では行政活動の限界を画するものとして法が重要であることを述べてきたが，同時に，Ⅰで述べたように権利ないし権利尊重原則も引き

続き行政活動の限界をなすのである。

> **設問** 静かな住宅地に片側2車線の道路が建設され，沿道の住民は通過する自動車の騒音・振動・排気ガスに悩まされることになった。このような道路の建設は許されるのか。

どのような地域にどの程度の規模の道路を造るかについては法律に規定は存在しない。従って，静かな住宅地に自動車用の道路を造ることも法令によって禁止されていない（もっとも，環境影響評価法により環境影響評価を行い，環境被害について配慮をする必要がある）。

しかし，沿道の住民はこのような道路建設に異議を申し立てることができないわけではない。住民は，生命・身体・健康についての権利を持っており，被害の程度が受忍すべき限度を超える場合には，権利の侵害として救済を求めることができる。用いることのできる手段は，道路の建設や供用行為（道路などを国民の利用に供する行為）を差し止めることを求めること，あるいは損害賠償を請求することである（前者の差止請求については，従来は，民事訴訟が用いられている。最高裁判所1995（平成7）年7月7日判決＝国道43号線訴訟が，請求を棄却しているが，その例である）。

このように，行政活動が法令に違反しない場合であっても，権利尊重原則が働き，それによって行政活動が制約を受け，修正を迫られることもある（上記の国道43号線訴訟の最高裁判決では，住民の損害賠償請求が認められただけであったが，この判決をうけ，国土交通省は，同国道について車線数削減などの対策を講じている）[11]。

(2) 信頼保護

上記のように，権利は尊重されなければならないが，どのような場合に権利の尊重の原則が破られていると言えるのかは必ずしも明らかではない。前記設問では，沿道住民の不利益が受忍限度を超えるものであるかどうかという

---

[11] もっとも，家の前の道路が一方通行の指定をされ，生活上の不利益が生じるという場合，権利が侵害されているとは見られない。なぜかというと，道路利用の利益は，法の保護を受けることができない利益（反射的利益と呼ばれる）と考えられているからである（ただ，住民の受ける利益が深刻なものであれば，救済が認められる余地がある）。一般的に言うと，権利の侵害だという主張に対しては，受忍の限度内であるという反論のほか，反射的利益の侵害に過ぎないという反論がある。反射的利益については，403頁(3)を参照。

基準を適用することが考えられる。また問題によっては，信頼保護の原則が用いられることもある。これは，行政の言動を信頼したところ，それが反故にされて不利益を被ったという場合に，救済を認めようという原則である。

むろん，行政が国民との間で契約を結んでいた場合は，行政がそれを破れば信頼保護の原則を持ち出すまでもなく，相手方は救済を受けることができる。また，行政処分の形で国民に対して給付を認めていた場合も，行政処分は行政の正式の意思決定であるから，同様である。信頼保護が問題になるのは，主に契約や行政処分が存在しない場合である。

信頼保護がこれまで認められたのは，固定資産について課税しない旨の税務行政庁の通知があったとき（後述），村長が製紙工場の建設についての協力を言明していたが，選挙で村長が交代し，この言明が守られなかったとき（最高裁判所1981（昭和56）年1月27日判決）などである。

信頼保護の原則そのものは認められるべきものであろうが，検討を要するのは，いかなる場合に信頼が保護されるのか（要件の問題），およびどのような保護が与えられるのか（効果の問題）ということである。

要件については，いちがいには言えないが，単に，「当市に工場を建設してくれると補助金を交付され，税を減免されることがあります」といったことを広報やウェブサイトで表明しているだけでは保護すべき信頼が生まれているとは言えないだろう。逆に，行政が個別具体的に，つまり特定の者に，具体的な内容の働きかけをしている場合であれば，信頼保護が認められる余地が生まれるだろう（前記の1981年の最高裁判決が参考になる）。

設問 ある財団法人が，設立時に，事業に供する土地・建物につき固定資産税が課されるかどうかを課税権を持っている市に問い合わせたところ，非課税とする旨の通知があった。しかし，3年後に，市長により，過去3年分の固定資産税の賦課処分があった。この場合，どのような救済が認められるか。

ここでは，非課税の通知が実際にあり，それについての信頼保護が認められることを前提にしよう[12]。問題になるのは，その効果である。この場合，信

---

[12] 実際の「文化学院非課税通知事件」では，第1審判決は信頼保護を認め，差押処分を取り消したが，控訴審判決は，非課税通知が法的効果を持つものではなく，事実上の措置であることなどを理由に請求を棄却した（東京地方裁判所1965（昭和40）年5月26日判決，東京高等裁判所1966（昭和41）年6月6日判決）。

頼保護原則の効果として，次の3つのことが救済措置として考えられる。
① 過去および将来の課税は認め，非課税通知によって財団法人が損害を被っていた場合にはそれについての賠償を認める。
② 過年度分についての課税を認めない。将来についてだけ課税を認める。
③ 将来についても課税を認めない。

このうち，③の解決策は認められないだろう。将来税を課されないという信頼はそもそも成り立たないからである。税の制度は絶えず変わるものである。

従って，①と②のいずれかになる。課税の筋を通すという点では①が正しいと言うべきであろうが，別途の損害賠償請求のわずらわしさを考慮すると，②の解決策もあり得るのではないかと考えられる。

一般に，信頼保護のための措置は，金銭による救済と行政活動の変更による救済とがある。上記のケースでは，①の損害賠償が前者であり，②③の課税そのものを制限したり禁止したりすることが後者である。

第5講

行政裁量

I 行政裁量

(1) 行政裁量とは何だろうか

本講では，行政に認められる裁量つまり行政裁量について説明する。では，そもそも行政裁量とは何だろうか。この問題を，国家公務員法の分限処分（非行を理由とする懲戒処分とは異なり，能力の不足などを理由とする処分である）に関する規定を手がかりに説明しよう。同法78条は，次のような規定をおいている。

> **国家公務員法 78条（本人の意に反する降任及び免職の場合）**
> 　職員が，次の各号に掲げる場合のいずれかに該当するときは，人事院規則の定めるところにより，その意に反して，これを降任し，又は免職することができる。
> 　1　人事評価又は勤務の状況を示す事実に照らして，勤務実績がよくない場合
> 　2　心身の故障のため，職務の遂行に支障があり，又はこれに堪えない場合
> 　3　その他その官職に必要な適格性を欠く場合
> 　4　官制若しくは定員の改廃又は予算の減少により廃職又は過員を生じた場合

　この規定の1号から4号では，分限処分の要件が定められているが，このうち4号の規定は，実務上かなり明確に判断できるものであろう。これに対し，1号から3号の「勤務実績がよくない」，「心身の故障」，「職務の遂行に支障」，「その官職に必要な適格性を欠く」といった点については，客観的一義的に判断できるものではない（このような文言は不確定〔法〕概念と呼ばれる）。勤務実績に非の打ち所がないと胸を張れるのはごく一握りの人であろうし，多くの人は大なり小なり「心身の故障」を抱えているだろう。「勤務実績がよくない」と

いう要件について言えば、どのような事態がそれに当たり（例えば、原因がやる気の欠如なのか、職務上必要な知識・技術の欠如にあるのか）、どのような程度であれば分限処分に踏み切るかについて法律は明確な基準を示していない。このため、行政庁は、（法律の拘束をうけつつも）自分の判断で「勤務実績がよくない」公務員について、分限処分を行うかどうかを決めることになる。

　また、「降任し、又は免職することができる」という文言との関係では、1つには、上記の要件がある場合に行政庁が降任と免職のいずれの処分をするかについて国家公務員法は基準を与えていない。さらに、降任または免職を「できる」という規定になっている（「できる」規定と呼ばれる）。従って、これら2つの点についても、行政庁はやはり（法律の拘束をうけつつも）自分の判断で決定することになる。

　以上のように、国家公務員法78条によると、行政庁は、①どのような場合に分限処分を行うか、②どのような分限処分を行うか、そして③その分限処分を行うかどうかを（むろん法律の規定がある限りではそれに拘束されているのであるが）自己の判断で決めることができるし、また決めざるを得ない。このように、行政庁が自己の判断で行為を行うことができる余地を「行政裁量」と呼んでいる。

　この行政裁量が認められるのは、上記の①～③に対応させると、不確定概念を用いた要件の規定、複数の処分の間での選択を許容する規定および「できる」規定がおかれている場合である（以下では、これらの規定をまとめて「多義的規定」と言うことにする）。つまり、行政裁量とは、法律が多義的規定（今述べたように3つの意味がある）をおくことによって行政に認められることになる判断の余地である。従って、この行政裁量は、法律との関係での裁量（対法律裁量）である。広義の裁量とも呼ばれる。また後述のように、この中には「法の解釈」の性質を持つものも含まれている。

> コラム　**分限と懲戒**　公務員に対する身分上の措置としては「分限」と「懲戒」とがある（国家公務員法75条以下・82条以下、地方公務員法27条・28条・29条）。懲戒（処分）は、法令違反、職務上の義務違反などの非行を行った者に対する懲らしめである。これに対し、分限とは元々は公務員の身分ないし地位を指し、現行法上分限処分とはこの分限に関する不利益な処分を意味する（懲戒は別に定められているので、これに含まれな

い)。紹介した国家公務員法78条が示すように，分限処分には，本人に原因があるものもあれば，行政側の都合により行われるものもある。懲戒と異なるのは，責任追及を目的とするものではないことである。このため，同じ免職でも，分限の場合は退職金をもらえるが，懲戒の場合にはその支給が制限される（国家公務員退職手当法12条1項，各地方公共団体の退職手当条例）。

(2) 行政裁量を考えることの意味

以上の意味での広義の行政裁量という観念（対法律裁量）は，後述のように司法審査との関係においても意味があるが，行政の執行の過程においても意味を持っている。

行政庁が裁量を行使する場合には裁量基準（本講Ⅲで説明する）をあらかじめ設けることが推奨され，また必要であると考えられているが，ここで考えられている裁量とは広義の行政裁量だろう。広義の行政裁量が与えられている場合に，裁量基準を設けてその行使を適正化することが求められているのである。行政手続法上の審査基準や処分基準（行手法5条・12条）は裁量基準の性質を持つものが多いが，その制定が必要になるのも，広義の行政裁量が認められている場合である。

この他，行政処分に付される付款（105頁(4)で説明する）は裁量のある行為について認められると言われるが，この場合の裁量も広義の行政裁量だろう。また，行政処分の撤回も裁量がある場合に許されると考えることができるが，この場合の裁量も同様である。

このように，広義の行政裁量は，まずは行政活動がいかに行われるべきかを考える場合に意味を持っている。

Ⅱ 要件裁量・効果裁量と行政裁量が認められる理由

(1) 要件裁量・効果裁量

行政裁量の行使に対する司法審査のあり方については後述することとし，その前に，行政裁量の問題を論じる上で重要な要件裁量と効果裁量という用語について説明しておこう。

先ほど，国家公務員法78条による公務員の分限処分について，行政庁は，

①どのような場合に分限処分を行うか，②どのような分限処分を行うか，そして③その分限処分を行うかどうかの3点について行政裁量があると述べた。つまり，行政裁量は3つの局面で認められているのであるが，このうち「①どのような場合に分限処分を行うか」という問題は分限処分を行うための要件に関わるものであるから，この点に関する裁量を「要件裁量」という。

これに対し，「②どのような分限処分を行うか」および「③その分限処分を行うか」という問題は行政庁の行為内容に関するものであるから，この点に関する裁量を「効果裁量」（法効果に関する裁量の意）または「行為裁量」と呼んでいる（②に関する裁量は選択裁量，③に関する裁量は決定裁量と呼ばれることもある）。

行政裁量には，この他，いつ行政活動を行うかという「時機の裁量（時の裁量）」（「タイミングの裁量」と言えば分かり易いだろうか）などがある。例えば，産業廃棄物処理場の設置に対して周辺の住民が反対している場合，行政庁が許可をするとして，どの時機に許可をするかという問題があるが，これが「時機の裁量」の問題である。しかし，訴訟においては，要件裁量と効果裁量（行為裁量）の区別が重要である[1]。

(2) 行政裁量が認められる理由

根本的な問題としては，行政裁量がなぜ認められるか，という問題がある。行政の専門的知識・能力を尊重するためだという説明もあるが，それとともに，行政運営の弾力性を残すためでもあると考えられる（50頁の コラム を参照）。

Ⅲ 行政裁量の行使の適正化

(1) 行政裁量の行使の適正化

広義の行政裁量の観念は，司法審査との関係でも意味を持っているが，前述

---

[1] 行政裁量としては，本文で述べたもののほか，手続の裁量（例，どのような手続で街づくりを行うか），組織の裁量（例，どのような組織を作って事務を処理するか，審議会を設けるか），事実認定の方法についての裁量（例，道路の騒音をどのような方法で測定するか，自動車の運転免許の学科試験で，どのような問題を作り，どのように採点するか）といったものが考えられる。

のように，行政の執行の過程でも意味を持っている。司法審査との関係で行政裁量の問題を考えることにはもちろん大きな意味があるが（それ故に，Ⅳおよび Ⅴ で詳しく説明する），国民が訴訟を起こし遂行することはその国民にとって物心両面で大きな負担となる。従って，訴訟になる前の行政活動の段階で行政裁量の行使の適正化を図る仕組みがあれば，それに越したことはない。

行政手続は，行政活動の段階で行政裁量の適正化を図る仕組みとして重要なものである。その詳細は第17講で説明することとし，ここでは，裁量基準について触れておくことにしたい。

(2) 裁量基準
(a) 裁量基準の定義と実例

裁量基準とは，行政裁量の行使について行政機関が定める基準である。その1つの例は，自動車の運転免許の技能の試験の採点基準である。自動車の運転免許を取得するためには，運転の技能の試験（他に適性および知識についても試験がある）を受けなければならないが（道路交通法89条1項・97条1項），その採点基準については法律に定めはない。従って，法律上試験について権限を持つ都道府県の公安委員会に裁量が認められており，実際にはこの裁量は採点を行う個々の試験官によって行使される。この仕組みにおいては，採点の客観性や公平性を確保するためには，裁量基準である採点基準を設けることが要請される。そして，実際にも採点基準が設けられているようである[2]。

(b) 裁量基準の役割

上記の自動車の運転免許の技能の試験に限らず，国や地方公共団体が行う各種の試験でも，採点基準が設けられているだろう。採点基準が設けられるのは，採点の客観性や公平性を確保するためでもあるが，迅速性を確保するためでもある。採点基準があると，採点を迅速に行うことができる。一般に事務処理の迅速性がとくに強く要求されるのは，同種案件が沢山ある場合である。

---

[2] 自動車の運転免許の技能試験の採点基準については，平成26年4月10日付で警察庁交通局運転免許課長より各道府県警察本部長等宛に出された「運転免許技能試験に係る採点基準の運用の標準について」が警察庁のウェブサイトで公表されており，そこに「減点適用基準」が記載されている。

(c) 裁量基準の法的性格

裁量基準は，行政裁量の行使の適正化の見地から，たとえ「裁量基準を設けるべし」という法律の規定がなくても，理論上定めることを要請されるものである。従ってそれは，性質上法律の授権に基づいて定められるものではなく，その意味で行政内部において定められる規範，つまり通達ないし行政内部規範(95頁Ⅹで説明する)である。このためそれは，法律や政省令のような法的拘束力を持たない。

(d) 裁量基準の制度化

行政手続法上の審査基準および処分基準は，裁量基準を一般的に制度化したものであり，重要な意味を持っている(審査基準・処分基準については，221頁(a)および227頁(a)で説明する)。

Ⅳ 行政裁量と司法審査

(1) 法律との関係での裁量と司法審査との関係での裁量

63頁(1)・65頁(2)で述べたように，行政裁量は，第一次的には法律との関係で捉えられるものであり(対法律裁量)，訴訟が提起されなくても，行政執行の段階で法的取扱いが問題になるものであるが，訴訟の局面では，行政裁量については裁判所の審査(司法審査)のやり方や程度に制限があるのではないかという問題がある。事実，従来行政裁量に関して多くの議論と裁判例があったのも，司法審査のあり方の問題である。

すなわち，裁判所が行政裁量の行使について審査をしようとする場合，裁判所は法の解釈適用機関であるから，適用すべき法律の規定が不完全である場合にはその審査は多かれ少なかれ制限をうける。そしてその反面として，行政庁の方には，司法審査をうけないという意味での裁量が与えられているということになる。この司法審査との関係での裁量を「対司法裁量」と呼ぶことができる。

では，対法律裁量のうちどの部分が対司法裁量となり，どの部分について司法審査が認められるのだろうか。以下では，まず(2)においてこの問題に関する戦前の学説を紹介し(行政裁量に関する戦前の学説は今日においても参考になる)，次に(3)においてこの問題に関する戦後の裁判例を見ることにしたい(この(2)お

および(3)の部分は，歴史的経緯の説明であるから，飛ばしていただいても構わない)。

(2) 効果裁量説と要件裁量説

司法審査との関係での裁量の理解について，戦前には効果裁量説（実質説あるいは性質説とも呼ばれる）と要件裁量説（形式説あるいは文言説とも呼ばれる）という2つの考え方があった。

まず，効果裁量説（美濃部達吉らによって主張）は，次のようなものであった。
① 要件については，法律が不確定概念によって規定している場合も，司法審査が及ぶ（羈束（きそく）行為または羈束裁量）。
② 侵害処分および警察許可の拒否処分（以下ではまとめて侵害処分という）については，違法であれば国民の権利自由を侵害することになるので，司法審査が及ぶ（羈束裁量）。
③ 特許や官吏の任命などの授益処分（問題となるのはその拒否処分である）については，もともと国民はそれを要求する権利を有しないので，司法審査が及ばない（自由裁量）。

他方，要件裁量説（佐々木惣一らによって主張）は，次のようなものであった。
① 要件が不確定概念のうちの「公益上必要ある場合」などの公益概念（終局目的概念）によって定められている場合，立法者の判断がなされていないので，司法審査はできない。
② 要件が不確定概念のうちの「公衆衛生上の必要」などの公益概念よりは具体的な概念（中間目的概念）によって定められている場合は，立法者の判断がなされているので，司法審査が及ぶ[3]。

(3) 戦後の裁判例

(2)で説明した戦前の行政裁量の理論は戦後どのように変容したのだろうか。結論的には，効果裁量説も要件裁量説もかなり修正を受け，今日では，侵害処分，授益処分のいずれについても，要件や効果について多義的規定がおかれ，行政裁量が認められる場合には，当然に司法審査ができるとは考えられていな

---

[3] 要件裁量説の中には，効果について「できる規定」が用いられている場合，要件が揃っていれば，するかしないかの裁量を認めず，行政処分をしなければならないと説く説もあった。

いが，他方，少なくとも裁量濫用があるかどうかについて裁判所は司法審査ができるようになっている（裁判例がどのようにして行政裁量について司法審査を及ぼしているかについては，Ⅴで説明する）。

(a) **要件裁量の承認**

まず，行政処分の要件が不確定概念を用いて定められている場合には，司法審査が制限されるようになった。例えば最高裁判所大法廷1978（昭和53）年10月4日判決＝マクリーン事件は，在留期間の更新の不許可処分につき，「在留期間の更新を適当と認めるに足りる相当の理由」（現在の出入国管理及び難民認定法21条3項）という要件の規定につき，法務大臣に裁量権を認めている。

(b) **侵害処分についての司法審査の制限**

侵害処分について，要件や効果について多義的規定が用いられている場合には，司法審査が制限されるようになった。例えば公務員に対する懲戒処分につき，処分が「社会観念上著しく妥当を欠き，裁量権を濫用したと認められる場合に限り」違法判断ができるとされている（最高裁判所1977（昭和52）年12月20日判決＝全税関神戸事件。この他，最高裁判所1988（昭和63）年7月1日判決＝菊田医師医業停止事件。これらは，効果に関する司法審査制限の例であるが，要件に関する司法審査の制限例として，最高裁判所1973（昭和48）年9月14日判決＝今田校長事件）。

(c) **授益処分についての司法審査の承認**

授益処分については，司法審査が行われるようになっている。例えば，最高裁判所2006（平成18）年2月7日判決は，公立学校施設の目的外使用許可の拒否処分が争われた事件において，許可をするか否かについての学校施設管理者の裁量を認めつつ，拒否処分を「社会通念に照らし著しく妥当性を欠いたもの」としている（この他，海岸法の一般公共海岸区域の占用許可の拒否処分につき，最高裁判所2007（平成19）年12月7日判決）[4]。

(d) **中間目的概念についての司法審査の制限**

要件に関する中間目的概念についても司法審査は制限されるようになってい

---

4) 侵害処分について司法審査が制限され，授益処分についてそれが認められるようになると，両者についての司法審査の強弱の問題が出てくるが，本文で紹介した最高裁の判例では，いずれについても「社会観念（または社会通念）に照らし著しく妥当（性）を欠くかどうか」という基準が用いられている。この点では両者の程度は同じということになる。

る。例えば，上記の最高裁判所1973（昭和48）年9月14日判決＝今田校長事件では，地方公務員の分限処分（降任処分）が争われたが，地方公務員法28条1項3号の「その職に必要な適格性を欠く場合」という規定に関し，司法審査の制限を図っている。また，最高裁の判例ではないが，東京高等裁判所1973（昭和48）年7月13日判決＝日光太郎杉事件は，土地収用の事業認定の要件規定において用いられている「土地の適正且つ合理的な利用」という中間目的概念（土地収用法20条3号）につき，行政裁量を認めた上で巧妙に司法審査をしている（次頁の**付論 ⑧** および 79頁(c)を参照）。

(e) **要件について法律に規定がない場合や公益概念が用いられている場合の司法審査**

公益法人設立の許可が争われた事件において（民法34条（平成18年法律第50号による改正前のもの）は公益法人の設立につき主務大臣の許可制をとっていたが，許可の要件については定めていなかった），最高裁判所1988（昭和63）年7月14日判決は，「現行法令上は，公益法人の設立を許可するかどうかは，主務官庁の広汎な裁量に任されているものとみざるをえず，主務官庁の右許可に関する判断は，事実の基礎を欠くとか社会観念上著しく妥当を欠くなどその裁量権の範囲を超え又はその濫用があったと認められる場合に限って違法となる」と述べている。要件について法律に規定がなくまたはそれについて公益概念が用いられている場合も一定の司法審査は行われるようになっているのである。また，住民訴訟では，地方公共団体の補助金の支出や寄附が「公益上必要がある場合」という地方自治法232条の2の要件を満たしていたかどうかについての審査が行われている（最近の判決として，最高裁判所2011（平成23）年1月14日判決）。

以上の(a)～(e)の変化をもたらした要因としては，以下のことを挙げることができる。

(ア) **法律の文言の重視** 効果裁量説は法律の文言ではなく，行政処分の性質に着目して理論を作った。しかし，法律が多義的規定をおいている場合，やはりこれに意味を与え司法審査を制限することも認めざるを得ない（もっとも，「行政処分の性質が司法審査のあり方を決める」という思想は1つの視点として今日においても堅持すべきものだろう）。

(イ) **自由裁量についての司法審査の承認** 変化のもう1つの要因は，自由裁量についても濫用があれば司法審査を及ぼすという考え方が普及したことで

ある。この考え方は戦前においても存在していたが，裁判例の蓄積を経て，行政事件訴訟法30条は，裁量権の範囲の逸脱・濫用（以下，裁量濫用という）についての司法審査を認めている。授益処分や公益概念についても，（あまりに）不合理な判断があれば司法審査を通じてこれを是正し，国民の権利救済が図られるのである。

　(ウ)　**司法審査の方法の多様化**　さらに司法審査の方法が多様化し，実体の審査の他，手続の審査が行われ，さらに判断過程の審査が行われるようになっている。例えば，最高裁判所1971（昭和46）年10月28日判決＝個人タクシー事件や最高裁判所1975（昭和50）年5月29日判決＝群馬中央バス事件は，道路運送事業の免許（当時は授益処分である特許と考えられていた）について手続面からの司法審査を行っている（各司法審査の方法については Ⅴ で説明する）。

　(エ)　**訴訟の多様化**　同じ取消訴訟でも今日では第三者訴訟（取消訴訟の第3パターン。282頁の**付論 ⑳** で説明する）が増えている。これは，許認可の授益的処分に対して第三者である周辺住民などが権利利益を侵害されるとして起こす訴訟であるから，「授益処分であるから司法審査の必要性が乏しい」ということはできない。また，住民訴訟も増えている。

> **付論 ⑧：行政裁量と法の解釈**
>
> 　私法の世界でも「公共の秩序・善良の風俗」などの多義的規定がおかれていることがあるが，それを巡って法的紛争が生じた場合には，裁断を下すのは裁判所である。裁判所はその多義的規定について解釈を行い，紛争を解決する。当事者のどちらかに裁量があるとは言わない。
>
> 　これに対し，行政法の世界で多義的規定がおかれている場合には，これまで述べてきたように行政裁量の問題が生じる。これはなぜかという問題があるが，ここで目をつけたいのは，行政法上の多義的規定についても「法の解釈」の要素があるのではないかということである。
>
> 　確かに，前述の効果裁量説では，要件について不確定概念が用いられていても羈束行為または羈束裁量であり司法審査が及ぶとされていたが，これは要件の判断は事実認定と「法の解釈」であると考えられていたことによるのだろう。また要件裁量説が中間目的概念について司法審査が及ぶと考えたのも，そこではすでに立法者の判断が下されており，「法の解釈」が問題であると考えたのである。これらの理論は，一般論として，一定の行政裁量を法の解釈と見て対司法裁量を否定するというものであるが，個別の法律の規定との関係でも，同様の工夫が行われることがある。
>
> 　例えば，土地収用の事業認定に関する「事業計画が土地の適正且つ合理的な利用

に寄与するものであること」という要件（土地収用法20条3号）について，東京高等裁判所1973（昭和48）年7月13日判決＝日光太郎杉事件（79頁(c)を参照）は，これを「土地がその事業の用に供されることによって得られるべき公共の利益と土地がその事業の用に供されることによって失われる私的利益ないし公共の利益とを比較衡量した結果，前者が後者に優越すると認められること」（原文を少し修正し，分かり易くした）と解釈している。

「土地の適正且つ合理的な利用」という概念は不確定で内容が不明確なものであるから，この要件の充足の有無の判断は行政庁の裁量であり，この行政庁の判断については司法審査が及ばないという考え方もあり得るであろうが，この判決は，土地収用法20条3号の解釈によって，「土地の適正且つ合理的な利用」という概念を「収用によって得られる公共の利益と収用によって失われる利益の比較衡量」という形に具体化し，それによって上記不確定概念のままではかなり広く認められる行政庁の裁量を縮減しているのである（ただ，この利益衡量についてはなお行政庁に裁量が認められ，司法審査のあり方が問題となる。この点については，79頁(c)で説明する）。

また，原子炉設置許可に関する「災害の防止上支障がないもの……であること」という要件（原子炉規制法43条の3の6第1項4号。82頁の**付論 ⑨** を参照）が要求する安全性とは100パーセントの安全性かそれとも社会通念上要求される程度の安全性か，ということも解釈によって決せられるべきものである。

以上のように，行政裁量（対法律裁量）には法の解釈に当たるものがあり，法の解釈を裁判所の専権事項と考えると，それは，司法審査において問題になる行政裁量（対司法裁量）には含まれない[5]。

Ⅴ　行政裁量の司法審査の基準と方法

　行政裁量とは，行政活動についての法律の規律が不十分な場合に，行政庁に認められる自由な判断の余地であるから，その行政裁量の行使については，ふつう違法性の問題は生じない。しかし，不合理な行政裁量の行使は見逃すべきではなく，違法というべきであろう。

　ではいかなる場合に，行政庁の裁量行使が不合理といえるのだろうか。ここ

---

[5] 法律が要件について不確定概念を用いている場合の行政庁の行う要件認定には，「法の解釈」の他，事実認定の要素がある。民事訴訟や刑事訴訟をモデルとすると，これについても裁判所の審理権が及ぶ。しかし，将来の事実の予測になると，問題は簡単ではない（例えば，将来の自然現象の予測）。

第5講　行政裁量

に、裁量行使の司法審査の方法と基準がどのようなものか、という問題が生まれる。裁判所は、行政（機関）による裁量の行使を不合理であり違法と断ずるためには、説得力のある方法と基準により行政裁量行使の司法審査を行う必要があるのである。

以下において説明するように、行政裁量行使の司法審査の方法と基準には様々なものがあるが、これは司法審査における審査密度を高めるための工夫である。

なお、今「不合理」という言葉を使ったが、不合理な点があれば裁量行使の違法性が認められるのか、それとも「著しい不合理」がある場合に初めて違法性が認められるのか、という問題がある（78頁注6で少し触れる）。

(1) 行政裁量の行使についての法的拘束

行政裁量行使の司法審査の説明に入る前に、それについていかなる法的拘束がかかっているのかについて説明しておこう。

行政裁量とは、法律の規定が多義的であるため、その反面として行政庁に認められる自由な判断の余地である。しかし、行政裁量の行使には、次のような法的拘束がかかっている。

(a) **憲法原則**

裁量行使についても、人権の尊重などの憲法原則が妥当する。

(b) **法律の趣旨ないし目的**

裁量行使においても、当該権限を与える法律の趣旨ないし目的を逸脱するものであってはならない（この点は、76頁(b)で説明する）。

(c) **法律上の指針**

法律は、行政庁の権限行使について裁量を認める場合でも、考慮事項など裁量行使の指針を示すことがある（例、行政計画の策定の指針につき、177頁(イ)(ウ)を参照）。裁量行使においても、この指針は遵守されなければならない。

(d) **行政手続**

行政庁は、裁量行使においても、憲法や法律で要求されている手続を遵守しなければならない。行政手続については第17講で説明するが、法律としては行政手続法が重要である。

(e) 条 理 法

　ここで最も重要なのは，裁量権といえども濫用されてはならない，という原則である。権利の濫用の禁止は，私人間においても認められているが（民法1条3項），同じ趣旨のことは行政の世界においても，また裁量行使についても当てはまる。

　この裁量濫用の禁止の原則を司法審査の方向から定めているのが，以下に紹介する行政事件訴訟法30条である。

(2) 裁量の範囲逸脱・濫用

　行政裁量の行使と司法審査の関係について，行政事件訴訟法30条は次のような規定をおいている。

> **行政事件訴訟法 30 条（裁量処分の取消し）**
> 　行政庁の裁量処分については，裁量権の範囲をこえ又はその濫用があつた場合に限り，裁判所は，その処分を取り消すことができる。

　裁判所は，法の解釈適用により紛争を解決する国家機関であるから，違法な行政活動のみを取り消すことができるのであるが，「裁量権の範囲をこえ又はその濫用があつた場合」，つまり裁量の範囲の逸脱や裁量の濫用も，違法またはそれに準ずるものとみなされている（義務付け訴訟や差止訴訟においても同様の基準が用いられている。行訴法37条の2第5項・37条の3第5項・37条の4第5項を参照）。裁量の範囲の逸脱と濫用とを明確に区別することは困難であるため，まとめて「裁量の濫用」と言われることがある。以下でもこの用語法に従うことにしたい。

(3) 裁量の範囲逸脱・濫用の具体的基準

　そこで問題は，どのような場合に，裁量の行使が裁量の濫用に当たり違法になるのかということである。この点の基準としては，比例原則，目的拘束の法理，平等原則，事実誤認などがある（平等原則については，説明を省略する）。

(a) 比 例 原 則

　1日だけ無断欠勤した公務員に対して懲戒免職処分が行われたという例を考えると，その違法判断においては，懲戒処分の原因となった行為の悪質性の程

度と懲戒処分の強さのバランスが問題となる。1日だけの無断欠勤というそう悪質ではない行為に対しては，免職という最も強い処分をする必要がなく違法だという判断も考えられる。ここでは，バランスという尺度が用いられているわけで，これを「比例原則」と呼んでいる。処分の原因となる行為の悪質さとそれに対する処分の強さとの間には，合理的な比例関係がなければならないという原則である。この「比例原則」は，公務員に対する処分について割合よく用いられている。

(b) **目的拘束の法理**

「目的拘束の法理」とは，行政機関は，裁量を認められる権限であっても，その権限を付与する法律の目的に沿って行使しなければならないという原則である。

この原則との関係で有名なのは，個室付浴場業事件である。すなわち，山形県のある町で，個室付浴場，つまりソープランドの建設の動きがあった。これに対して，住民の反対運動もあったので，町と県が相図り，町が児童遊園を設置することとし，県知事がこれを認可した。このような対抗策がとられたのは，児童遊園などの児童福祉施設の周囲200メートルの区域内では個室付浴場業等の営業が禁止されているからである（現在の風俗営業規制法28条1項）。これに対し，個室付浴場の経営者は営業を強行したため，風俗営業取締法（当時）違反の罪に問われた。この事件で最高裁判所は次のように判示している。

> **最高裁判所1978（昭和53）年6月16日判決＝山形県余目町個室付浴場業事件**
> 「児童遊園は，児童に健全な遊びを与えてその健康を増進し，情操をゆたかにすることを目的とする施設（……）なのであるから，児童遊園設置の認可申請，同認可処分もその趣旨に沿ってなさるべきものであって」，個室付浴場業の「規制を主たる動機，目的とする……児童遊園設置の認可申請を容れた〔承認した〕本件認可処分は，行政権の濫用に相当する違法性があ」る。

「裁量権の行使の違法性の判断の基準として，どのようなものがあるか」という問題との関係では，県知事による児童遊園設置の認可がその本来の目的のためではなく，個室付浴場業の開業の阻止を目的とするものであったため，「行政権の濫用」とされていることが重要である。一般的に言うと，裁量の行使は，裁量を与える法律の目的によって拘束され，その目的とは異なる目的のための裁量の行使は，裁量の濫用として違法であるということになる。このよ

うに，裁量の行使をその本来の目的に拘束する法理を「目的拘束の法理」と呼んでいる。この「目的拘束の法理」が，行政裁量行使の違法性を判断するための2つ目の基準である。

> コラム　**権限なき行政**　「権限なき行政」とは，特に地方公共団体が行政権限をその本来の目的とは別の目的のために用いて行政目的を達成していくという行政を指す。住環境や自然環境の保護の分野で多く見られる。この分野では，わが国の法律は不十分なところがあり，地方公共団体に十分な権限を与えていない。他方，住環境・自然環境の保護は，重要な行政課題であり，住民の要求も強い。
> 　そこで地方公共団体は，時として個室付浴場業事件のように行政権限を本来の目的以外の目的のために利用することがある。あるいは東京都のある区は，区内の風俗関係営業の規制のため，小規模ながら図書館を設置した。またある市では，風俗施設の開業を阻止するため，建築確認を留保して，業者に対し説得（行政指導）し，開業を断念させた。これらもまた，「権限なき行政」の例である。このような地方公共団体の努力には，形式的に違法であるというだけではすまないものがある。

(c)　**事実誤認**

　事実誤認とは，行政庁が行政処分を行うに際して事実の認定を誤り，要件事実が存在しないのに存在するとして行政処分を行うことである。この事実誤認について，最高裁判所 2006（平成 18）年 11 月 2 日判決＝小田急訴訟は，「その〔行政処分などを指す。この事件の場合は都市計画の決定または変更〕基礎とされた重要な事実に誤認があること等により<u>重要な事実の基礎を欠く</u>こととなる場合……に限り，裁量権の範囲を逸脱し又はこれを濫用したものとして違法となる……。」と述べている。最高裁判所大法廷 1978（昭和 53）年 10 月 4 日判決＝マクリーン事件では，上記下線部分のところが「全く事実の基礎を欠く」と述べられていたので，2006 年判決はこの点を少し修正している。

　なお，事実誤認は，裁量がない処分においても考えられるものである。上記の 2006 年判決は，事実誤認があれば裁量権の範囲逸脱または濫用があると述べているが，これは「裁量の認められる行政処分についてといえども，事実誤認はその取消事由になる」という意味だろう。

(d)　**最高裁判所が用いている基準**

　裁判所は，以上のような具体的な基準を使って裁量の濫用の有無を判断する

ことが多いが、これに対し、最高裁判所は、「社会通念（または社会観念）上著しく妥当を欠く」裁量行使を違法とすることがある（例、最高裁判所1996（平成8）年3月8日判決。この判決については後述する）[6]。

以上の(a)〜(d)の基準はいずれも行政裁量行使の結果である行政活動の内容に関するもの、言い換えると実体的な基準である。しかし、行政活動の実体的な面を見る限り、裁量の濫用、つまり違法な点があるとは言えない場合もある。この場合、その行政活動は一応適法であるということになるが、その場合においても、実体的な基準とは別の方向から裁量の行使の違法性を吟味することが試みられるようになっている。「行政裁量の司法審査の方法の多様化」である。

> コラム　**実体と手続**　実体と手続の区別は、法律学においてよく行われる区別である。実体とは、内容・中身である。行政処分でいうと、それによって課される義務や設定される権利が実体である。この実体が重要であることは言うまでもないが、同時に、法律の世界では、手続も重視される。その典型的な例は、刑罰の場合であり、結果としてどのような刑罰が科されるかということと並んでそれに至る過程、つまり刑事訴訟という手続が重視される。行政法の世界では、訴訟手続の他に、行政処分を行う前の事前手続（例、自動車運転免許の取消しの場合の聴聞の手続）や行政処分後の行政不服申立手続（一種の事後手続）が存在している。手続には、行政処分の中身などの実体を適正なものにするという意味があるが、同時に、適正な手続をとること自体に独自の意味がある。

(4)　司法審査の方法

(3)で説明したのは、裁量行使の司法審査の実体的基準である。言い換えると、実体的な審査方法である。しかし、近年（おおむね1970年以降）、裁判所は司法

---

[6]　この最高裁判所が用いている基準は、「社会通念」という抽象的な基準を用いるものであるという特徴と、裁量権濫用による違法を「著しく」妥当を欠く場合に限って認めるという特徴がある。後者の点は、「司法審査の密度」（審査密度）と言われる問題である。この点については、「著しく」という形容語を使わず、「行政庁の判断に不合理な点があったかどうか」という基準を用いる判例もある。原子炉の設置許可が争われた最高裁判所1992（平成4）年10月29日判決＝伊方原発訴訟がそうである（もっとも、この判決は、原子炉の設置許可に裁量があるとは言っていない。ただ、本講では、この原子炉設置許可を行政裁量に関する素材として扱っている）。諸判例に見られる基準は、必ずしも一致していない。

審査の方法を工夫し，それによって「行政裁量の司法審査の方法の多様化」がもたらされている。なお以下では念のため，(a)で実体的審査方法をも挙げておく7)。

　(a)　**実体的審査**

　(3)で挙げた諸基準を用いて，裁量行使の結果である行政処分の内容（実体）を審査し，その当否を判断するという審査方法である。前記のように（前頁注6)，「司法審査の密度」は判例間で必ずしも一致していない。

　(b)　**手続的審査**

　これは，行政庁の裁量行使を手続面から審査するものである。裁判所が，行政処分などにつき憲法や法律に照らし「手続に違法があるので取り消す」との判決を下す場合，それは手続的審査の結果である（手続的審査に関する判決については，73頁(ウ)を参照。なお，行政手続そのものについては，第17講で説明する）。

　(c)　**行政裁量行使の過程の審査**

　これは，裁判所が，行政庁の裁量判断の過程を審査し，そこに不合理な点があれば，その裁量の行使を違法とするという方法である。

　1つの事件を紹介しよう。それは，ある公立学校において，学生が，信仰上の理由から，格闘技である剣道の実技の履修を拒否したため，学校側が，その学生に対して，原級留置処分つまり留年の処分，さらには退学処分を行ったという事件である。退学処分になったのは，2年連続して進級できなかったためである。従って，キーポイントは，2年連続の原級留置処分つまり留年の処分が違法かどうかということである。この点については，75頁(a)で説明した「比例原則」は適用できないか，という問題がある。剣道の実技の授業を拒否したくらいで，留年の処分は行き過ぎではないかという理屈である。これは，1つのありうる考え方である。ただ，剣道の授業を受けないことを欠席とみなすとすると，体育の点数が合格点に達しないことになるが，1科目でも不合格なら留年になるというのは，いわゆる学年制（これと対をなす制度が，「単位制」であ

---

7)　本文では，(3)で「実体的基準による審査」について説明し，他の審査方法については(4)で説明している。これは，裁量審査はまず実体面から行われ，その後に他の審査方法が用いられるようになったという経緯があるからである。頭の整理としては，裁量行使の司法審査の方法には複数のものがあり，その1つに「実体的審査」があり，そのための基準として比例原則などがある，とご理解いただきたい。

第5講　行政裁量

る)が採用されている学校では珍しいことではないだろう。そうすると，比例原則を適用して留年の処分を違法と判断するのは難しいということになる。

この事件は，最高裁判所まで上がったのであるが，最高裁判所は次のように判示した。

> **最高裁判所 1996（平成 8）年 3 月 8 日判決＝エホバの証人剣道実技拒否事件**
> 「信仰上の理由による剣道実技の履修拒否を，正当な理由のない履修拒否と区別することなく，代替措置が不可能というわけでもないのに，代替措置について何ら検討することもなく，……原級留置処分をし，さらに，……退学処分をしたという上告人〔学校長〕の措置は，考慮すべき事項を考慮しておらず，又は考慮された事実に対する評価が明白に合理性を欠き，その結果，社会観念上著しく妥当を欠く処分をしたものと評するほかはなく，本件各処分は，裁量権の範囲を超える違法なものといわざるを得ない。」

最高裁判所は，剣道の実技の拒否に代わる代替措置について学校側が何ら検討しなかったことをもって，学校側の判断に違法な点があったとしている。つまり，最高裁判所は，留年の処分をするかどうかの判断において，剣道の実技拒否に代わる代替策をとることが考慮されたかどうかという裁量の行使の過程の審査を行っているわけで，ここではその点が大切である[8]。

このような行政庁の行政裁量行使の過程，裁量判断の過程を審査し，その点に違法性がないかどうかを調べるという方法は，実は，この最高裁判所の判決よりも20年以上も前に，東京高等裁判所が，日光太郎杉事件という事件において適用していたものである。この日光太郎杉事件とは，国が1964年の東京オリンピックの際の観光客の増加に備え，国道の幅を広げるため，日光東照宮の境内地の一部を強制収用しようとした事件である。そこに「太郎杉」と呼ばれる杉が生えていたので「日光太郎杉事件」と呼ばれている。この事件とそれに関する東京高等裁判所の判決を十分に理解していただくためには，土地収用

---

[8]　この判決では,「社会観念上著しく妥当を欠く」という基準（77頁(d)を参照）にも触れられている。この基準と判断過程の審査という審査方法との結びつけは，近年の最高裁判決においても見られるところであるが，実際上意味があるのは後者である。社会観念云々の文言は,「処分が裁量権の範囲を超える違法なものである」という結論への到達を容易ないし円滑するために，従前より最高裁判所が常用してきた文言を借用したものに過ぎない。もっとも，この結びつけによって，この文言の持つ意味は広げられたのであり，それが定着すると「著しく」の語はその意味を失うべきものと考えられる。

法に基づく土地収用の制度と土地収用法の規定についての説明が必要であるが，その点は 72 頁の**付論 ❽** を参照していただくことにして，判決の要点だけを紹介する。

> **東京高等裁判所 1973（昭和 48）年 7 月 13 日判決＝日光太郎杉事件**
> 建設大臣の判断は，「本件土地付近のもつかけがいのない文化的諸価値ないしは環境の保全という本来最も重視すべきことがらを不当，安易に軽視し，その結果右保全の要請と自動車道路の整備拡充の必要性とをいかにして調和させるべきかの手段，方法の探究において，当然尽すべき考慮を尽さず（……），また，この点の判断につき，オリンピックの開催に伴なう自動車交通量増加の予想という，本来考慮に容れるべきでない事項を考慮に容れ（……），かつ暴風による〔太郎杉の〕倒木（これによる交通障害）の可能性および〔杉の〕樹勢の衰えの可能性という，本来過大に評価すべきでないことがらを過重に評価した（……）点でその〔建設大臣の〕裁量判断の方法ないし過程に過誤があ」る。「控訴人建設大臣の判断は，その裁量判断の方法ないし過程に過誤があるものとして，違法なものと認めざるをえない。」

(d) **裁量基準を手がかりとする審査**

裁量基準は，行政内部において作成されるものであるから，その本来の性質は通達ないし行政内部規範であり，法的拘束力を持たない（68 頁 **Ⅳ** を参照）。この本来の性質を重視すると，裁量基準を遵守しないで行われた行政処分は，そのこと故には違法にはならず，その適法・違法の判断は法令などの法規範に照らして行うべきだということになる。最高裁判所大法廷 1978（昭和 53）年 10 月 4 日判決＝マクリーン事件はこの考え方をとった。

これに対し，最高裁判所は，原子炉の設置許可が争われた事件で，「災害の防止上支障がない」ことという要件について，次のように判示している。

> **最高裁判所 1992（平成 4）年 10 月 29 日判決＝伊方原発訴訟**
> 「原子炉施設の安全性に関する判断の適否が争われる原子炉設置許可処分の取消訴訟における裁判所の審理，判断は，原子力委員会若しくは原子炉安全専門審査会の専門技術的な調査審議及び判断を基にしてされた被告行政庁〔内閣総理大臣〕の判断に不合理な点があるか否かという観点から行われるべきであって，現在の科学技術水準に照らし，右調査審議において用いられた具体的審査基準に不合理な点があり，あるいは当該原子炉施設が右の具体的審査基準に適合するとした原子力委員会若しくは原子炉安全専門審査会の調査審議及び判断の過程に看過し難い過誤，欠落があり，被告行政庁の判断がこれに依拠してされたと認められ

第 5 講　行政裁量

図表 5-1　基準を手がかりとする段階的司法審査

	裁判所の審査の対象	裁判所の審査のやり方
第 1 段階	裁量基準の内容	合理性の有無の審査
第 2 段階	委員会での調査審議・判断の過程	看過しがたい過誤・欠落の有無の審査
第 3 段階	行政庁の最終判断	合理性の有無の審査

> る場合には，被告行政庁の右判断に不合理な点があるものとして，右判断に基づく原子炉設置許可処分は違法と解すべきである。」

　この判決は，裁量基準（審査基準）に法的意味を与え，その上で，①審査基準（の制定）[9]，②諮問機関である委員会の調査審議と判断の過程および③行政庁の判断の 3 つの段階に分け，司法審査のあり方を提示している。これを図示すると**図表 5-1**のようになる。

　以上の 3 段階の司法審査という考え方は「行政裁量の司法審査」という問題にとって大きな意味を持つと思われる（原子炉の設置許可については諮問機関である委員会での審議があるので，最高裁判所の判決によると司法審査は 3 段階で行われることになり，また第 3 段階の審査の比重は軽くなるが，委員会での審議が介在せず，裁量基準が設けられその上で行政処分が行われる場合には，司法審査は 2 段階で行われ，「行政庁の最終判断」についての審査が重要な意味を持つことになる）。

　なお，第 2 段階で「過程」および「看過しがたい」という文言が付されているのは，合議制機関である委員会の判断については，「過程」だけを審理し，またそこに大きなミスがない限り裁判所としてもそれを尊重するという趣旨だろう。

> **付論 ❾：原子炉の規制に関する法律規定の改正**
>
> 　前頁で紹介した伊方原発訴訟（以下，「伊方訴訟」という）の判決で問題となった原子炉設置許可に関する法律（「核原料物質，核燃料物質及び原子炉の規制に関する法律」。以下「法」という）の規定は，2011 年 3 月の福島第一原子力発電所の事故をきっかけに大幅に改正された。発電用原子炉の設置許可に関する改正点は以下の通りである。
> 　①　発電用原子炉の設置許可については，その他の原子炉の設置許可の規定とは

---

[9]　本文では，「災害の防止上支障がない」という要件の審査基準を裁量基準と位置づけて説明している。

別に規定がおかれた（法43条の3の5以下）。
② 発電用原子炉の設置許可の権限は，新たに設けられた原子力規制委員会（2012年9月19日発足）に与えられた（法43条の3の5第1項。その他の原子炉も同じである。なお，原子炉設置許可の権限は，当初は内閣総理大臣に与えられていたが（伊方原発訴訟の時もそうであった），その後，実用発電用原子炉については通商産業大臣・経済産業大臣に与えられていた）。
③ 改正後の設置許可の要件は，次の4つである（法43条の3の6第1項）。
  1 発電用原子炉が平和の目的以外に利用されるおそれがないこと。
  2 その者に発電用原子炉を設置するために必要な技術的能力及び経理的基礎があること。
  3 その者に重大事故（発電用原子炉の炉心の著しい損傷その他の原子力規制委員会規則で定める重大な事故をいう。……）の発生及び拡大の防止に必要な措置を実施するために必要な技術的能力その他の発電用原子炉の運転を適確に遂行するに足りる技術的能力があること。
  4 発電用原子炉施設の位置，構造及び設備が核燃料物質若しくは核燃料物質によって汚染された物又は発電用原子炉による災害の防止上支障がないものとして原子力規制委員会規則で定める基準に適合するものであること。

改正前の規定（法旧24条1項）と比べると，1号の要件は同じである。改正前の2号の原子力の開発及び利用の計画的な遂行に関する規定はなくなった。他方，改正前の3号は2号と3号に分解された。また，3号には重大事故に対応するために必要な技術的能力の要件が加えられた。4号は，改正前の4号とほぼ同じである。
④ 改正前の4号の「災害の防止上支障がない」ことという要件については，改正前は行政内部の基準の形で定められていたが（伊方訴訟・最高裁判決で「具体的審査基準」と呼ばれているもの），改正により，この要件は「原子力規制委員会規則で定める基準」において具体化されることになった。
⑤ 改正前には，1号・2号・3号（経理的基礎に係る部分）の適用については原子力委員会，3号（技術的能力に係る部分）・4号に規定する基準の適用については原子力安全委員会の意見を聴かなければならなかったが，改正後は，1号の適用についてのみ原子力委員会の意見を聴かなければならない。
⑥ （訴訟に関することであるが）原子炉の周辺の住民による訴訟で問題となる安全性の審査とは，改正前は，3号の技術的能力に係る部分および4号に適合しているかどうかの審査であった。改正後は，それは，2号（技術的能力に係る部分）・3号および4号の適合性審査となる。

第 6 講

行政規範の制定（行政立法）

I　行政規範とは何か

　内閣は政令を制定し，各省大臣は省令を制定する。これら政省令（この用語については，8頁の注6)を参照）は，法規範の性質を持つ規範であるが，この他，各省大臣などの行政機関は，通達のような法規範の性質を持たない規範をも制定している。行政に関する法律が制定されると，政令と省令が制定され，また，これらの執行のために通達が発されることが多いから，行政機関が制定する規範（以下では，行政機関が制定する規範を行政規範と呼ぶ）の数は膨大である[1]。

　行政規範の制定活動を総称して行政立法と呼ぶこともある。もっとも，国民の権利義務に関する規範または一般的抽象的規範を法規と呼び，この法規の定立を「立法」と呼ぶのが旧来からの用語法である。ところが，行政規範の中には法規に当たらない規範もあるから，行政規範の制定を行政立法と総称することは必ずしも正確な用語法ではない。「立法」を法規範の定立と理解しても，行政規範の中には法規範に当たらないものもあるから，やはり同じことが言え

---

1)　地方公共団体の長や委員会が定める規則も行政規範に含まれる。ただ，以下での説明は，国の行政機関により制定されるものを念頭において行う。

　地方公共団体の条例は，行政立法と解することも可能であるが，わが国では，法律に準ずるものと捉えるのが通例である。この理解は，地方公共団体が自主的に制定する条例に当てはまるものである。他方，法律がその執行に関する事項を条例で定めることを規定することがある。これを委任条例または法定条例と言うが，この条例は政省令に近い位置づけになる（例，公衆浴場法2条3項による公衆浴場の設置場所の配置の基準（いわゆる距離制限規定）。もっとも，委任条例についても地方公共団体の自主性を考慮することにすると，それを後述の自主条例に近づけて考える余地が生まれる）。自主条例については，行政立法と性格づけることは適切ではないが，その重要性を考慮し，91頁 IX で説明する。

る（法規の概念については，「本書を読むに当たって」xxviii頁2⑤を参照）。

II　行政規範の種類と形式

　行政規範は，法規範の性質を持つ規範と法規範の性質を持たない規範とに分けることができる。以下では，まず前者について見ることとし，後者については本講のⅩにおいて，通達の問題として説明する。
　国の行政機関が定める政省令は，法源（7頁Ⅳ参照）として認められているものであり，法規範の性質を持つ。逆に言えば，法規範の性質を持つ行政規範は，国においては，政省令の形式（政令・内閣府令・省令・規則の形式）をとる。いずれの形式をとるかは，行政機関の自由ではなく，法律によって指定されるのが通例である。
　すでに述べたことであるが（8頁(d)），政令は内閣が制定するものであり，省令は各省ないし各省大臣によって制定されるものである。「施行令」は政令に与えられる名称であり，「施行規則」は省令に与えられる名称である。

III　行政規範についての法律の委任と法的拘束力

　行政規範のうち政省令は，前記のように（8頁(d)），法源として認められているものであり，法的拘束力のある法規範の性質を持っているが，これらの規範に法的拘束力が認められるのは，法律の委任（授権）があるからである。法律の委任があることは，行政規範に法的拘束力が認められ，それが法規範になるための1つの条件である（これは，法律（および憲法）が第一次的な法規範であることによるものだろう)[2]。つまり，政省令のこの法的性質を前提にすると，その制定には法律の委任が必要である。
　また，「法律の法規創造力の原則」（51頁(3)）からは，政省令の規定が「法規」つまり国民の権利義務に関する規範の性質を持つものである場合には，その制定に法律の委任が必要である。
　国民の権利義務に関する事項について，法律が「政令で定める」「省令で定

---

[2] 政省令は官報で公示される。このことが，これらに法的拘束力が与えられることのもう1つの理由だろう。

第6講　行政規範の制定（行政立法）

める」という規定をおくことは大変多いが，これは，これらの2つの方向からの法律の委任の要請を踏まえているのである[3]。

Ⅳ　行政規範についての法律の委任のあり方

(1) 執行命令と委任命令の区別に基づく法律の委任のあり方

行政規範のうちの法規範である政省令の制定については法律の委任が必要であることは前記の通りであるが，法律の委任のあり方に関しては，政省令の内容により，執行命令と委任命令に分けて考えられている。

すなわち，執行命令とは，上位の法令の執行を目的とし，上位の法令において定められている国民の権利や義務を詳細に説明するにとどまるものである。この執行命令は，一般的包括的な法律の委任に基づいて制定することができる。

他方，委任命令とは，新たに国民の権利や義務を創設する命令などと説明される。委任命令の制定には，法律の個別的な委任がなければならない。

(2) 法律の委任

以上の法理を省令について示しているのが，次の規定である。

> 国家行政組織法12条（行政機関の長の権限）
> ①　各省大臣は，主任の行政事務について，法律……を施行するため，又は法律……の特別の委任に基づいて，それぞれその機関の命令として省令を発することができる。
> ②　〔省略〕
> ③　省令には，法律の委任がなければ，罰則を設け，又は義務を課し，若しくは国民の権利を制限する規定を設けることができない。

---

[3] 法律によっては，政令などの形式を指定しないで規範の制定を委任することがある。例えば，生活保護法8条1項によると，生活保護の基準は厚生労働大臣が定めることになっているが，その形式は指定されていない。そこで，「生活保護法による保護の基準」が告示の形式で公表されている。もっとも，形式の指定がない場合でも，政令などの形式で定められることがある。例えば，食品衛生法10条では，製造・販売などの認められる食品添加物は，厚生労働大臣が定めると規定されているだけであるが，食品衛生法施行規則（省令）12条により，その別表第1でリストアップされている。

(a) 執行命令

　この国家行政組織法12条1項の「法律を施行するための省令」が執行命令であり，同項は，執行命令である省令については「法律の特別の委任」を要求していないので，この国家行政組織法12条1項自体が執行命令たる省令の制定についての包括的な委任であると解されている。

　内閣府令については，国家行政組織法12条1項と同内容の規定が内閣府設置法7条3項におかれている。従って，執行命令たる内閣府令については，内閣府設置法7条3項がその制定についての包括的な委任である。

　これに対し，政令については，国家行政組織法12条1項に対応する「法律を施行するための政令」に関する規定は内閣法にはおかれていない。これは，憲法73条6号がすでに「この憲法及び法律の規定を実施するために，政令を制定すること」を内閣の事務として挙げているからであると考えられる。つまり，「法律を施行するための政令」については，憲法73条6号が包括的な委任規定であると考えられ，内閣法では改めて包括的な委任規定がおかれなかったのであろう（57頁(5)を参照）。

　以上のように，執行命令たる政省令の制定については，国家行政組織法12条1項などの包括的な委任で足りる[4]。

(b) 委任命令

　次に，国家行政組織法12条1項の「法律の特別の委任に基づく省令」が委任命令に当たる。この1項は，どのような省令がその制定に法律の特別の委任を必要とするものであるのか，という点については定めていないが，同条3項は，国民に義務を課しまたはその権利を制限する規定の制定には法律の委任が必要であるとしている。従って，省令のうち国民に不利益を与える規定については法律の「特別の委任」（つまり個別的委任）が必要ということになる（政令については内閣法11条（憲法73条6号但書をも参照），内閣府令については内閣府設置法7条4項に，同趣旨の規定がおかれている）。

---

[4]　個別法においても，執行命令についての規定がおかれることが少なくない。例えば，土地収用法140条の2は「この法律に特に定めるものの外，この法律の実施のため必要な手続その他の事項については，政令で定める。」と定めている。個別法におけるこの種の規定は，執行命令の形式を指定し（政令が指定されることも多いようである），内容にも限定を加えるという役割を持っている（土地収用法では「手続その他の事項」が挙げられている）。

ここで注意する必要があるのは，委任命令は新たに国民の権利や義務を創設する命令と説明されていることである。この説明によると，法律の個別的委任が必要な政省令の範囲は，国民に不利益を与えるものに限られず，国家行政組織法12条3項などが定めている範囲よりも広くなる。

Ⅴ 包括的委任の禁止

政省令の制定には法律の委任が必要であるが，このことが実際上とくに意味を持つのは，委任命令の制定の場合である。

委任命令の制定についての法律の委任は，包括的なものであってはならず，個別的なものでなければならない。この点で，よく包括的委任の例として取り上げられるのは，一般職の国家公務員がしてはならない政治的行為の規定を包括的に人事院規則に委ねる国家公務員法102条1項である。

> **国家公務員法102条（政治的行為の制限）**
> ① 職員は，政党又は政治的目的のために，寄附金その他の利益を求め，若しくは受領し，又は何らの方法を以てするを問わず，これらの行為に関与し，あるいは選挙権の行使を除く外，人事院規則で定める政治的行為をしてはならない。

そして，判例は，次のように述べてこの規定が委任の限度を超えるものではないと判断している。

> **最高裁判所大法廷1974（昭和49）年11月6日判決＝猿払事件**
> 「政治的行為の定めを人事院規則に委任する国公法102条1項が，公務員の政治的中立性を損うおそれのある行動類型に属する政治的行為を具体的に定めることを委任するものであることは，同条項の合理的な解釈により理解しうるところである。……右条項は，それが同法82条による懲戒処分及び同法110条1項19号による刑罰の対象となる政治的行為の定めを一様に委任するものであるからといって，そのことの故に，憲法の許容する委任の限度を超えることになるものではない。」

VI 政省令の制定の限界

　包括的委任の禁止が立法者に課せられた制限であるのに対し、政省令を制定する行政機関は、委任を行っている法律に違反する命令を制定してはならず、委任の範囲またはその趣旨を逸脱することは許されない。

　判例は、強制買収農地の旧所有者への売払いの基準について定めた農地法施行令旧16条が農地法旧80条の委任の範囲を超えた無効のものとし（最高裁判所大法廷1971（昭和46）年1月20日判決）、また、「14歳未満ノ者ニハ在監者ト接見ヲ為スコト許サス」としていた〔旧〕監獄法施行規則120条を「法律によらないで、被勾留者の接見の自由を著しく制限するものであって、法〔＝旧監獄法〕50条の委任の範囲を超えるもの」としている（最高裁判所1991（平成3）年7月9日判決）。他方、銃砲刀剣類所持等取締法14条1項が登録（国民が刀剣類を所持するために必要な手続）の対象を「美術品として価値のある刀剣類」と定めているところ、銃砲刀剣類登録規則4条2項がこれを日本刀に限定していることについて、最高裁判所は、「法〔＝銃砲刀剣類所持等取締法〕の委任の趣旨を逸脱する無効のものということはできない」としている（最高裁判所1990（平成2）年2月1日判決）[5]。

　なお、行政手続法は、命令等制定機関が、命令等（政省令を含む観念である。「命令等」の意味についてはⅦを参照）の制定に当たっては、命令等がその根拠法令の趣旨に適合するものとなるようにしなければならないこと、および、命令等の制定後においても、社会経済情勢の変化等を勘案して命令等の内容について検討を加え、その適正を確保するよう努めなければならない旨を定めている（行手法38条）。

---

5) 現行の銃砲刀剣類登録規則4条2項でも、登録の対象は日本刀に限定されているので一言すると、この判決に対しては反対意見があり、法律論としてはこちらの方に説得力がある。また外国の刀剣類の中にも「美術品として価値のある」ものがあり得るから、外国の刀剣類については登録の可能性を認めず、登録の対象を頭から日本刀に限定することを是認する判決には、根本的な点でも疑問がある。

第6講　行政規範の制定（行政立法）

Ⅶ 政省令の制定の手続

　政省令の制定の手続として，行政手続法は，「意見公募手続」を定めている（行手法39条以下）。意見公募手続の核心は次の点である。
　㋐　意見公募手続は「命令等」の制定に適用されるが，「命令等」には，法律に基づく命令（8頁(d)を参照）の他，審査基準，処分基準および行政指導指針（これらについては，221頁(a)・227頁(a)・168頁(b)で説明する）も含まれる。なお，意見公募手続について定める行政手続法第6章の規定は，地方公共団体の機関の命令等（規則も入る）の制定行為には適用されない（行手法3条3項）。
　㋑　命令等制定機関[6]は，命令等を定めようとする場合には，当該命令等の案およびこれに関連する資料をあらかじめ公示し，広く一般の意見（情報を含む）を求めなければならない（行手法39条1項）。意見提出期間は30日以上でなければならない（同法3項）。
　㋒　命令等制定機関は，意見提出期間内に提出された当該命令等の案についての意見（提出意見）を十分に考慮しなければならない（行手法42条）。
　㋓　命令等制定機関は，意見公募手続を実施して命令等を定めた場合には，当該命令等の公布（官報による。審査基準・処分基準など公布をしないものにあっては，公にする行為。「公にする」ことの意味については223頁(エ)を参照）と同時期に，①提出意見（またはそれを整理要約したもの），②提出意見を考慮した結果および③その理由を公示しなければならない（行手法43条1項・2項）。
　意見公募手続は，行政手続の類型としては参加手続（215頁(c)を参照）である。
　意見公募手続において提案される意見は多様なものであるだろうし，意見を提案する国民の数は，これまでの経験ではそう多くはない。こうした事情もあるため，行政機関は意見公募手続において提案された意見に拘束されない。また，意見公募手続は国民の意思の反映のための1つのチャンネルにすぎず，行政機関はこの手続以外の方法で事業者団体・専門家などの意見を聞くことは禁止されないだろう。しかし，意見公募手続の成長充実を図るためには，意見公募手続に他の意見収集方法に対して優位性を与える工夫が必要である。

---

[6]　命令等制定機関は，省令の場合は各大臣であるが，政令の場合も，内閣ではなく，当該命令等を立案する各大臣である（行手法38条1項）。

VIII 法規に着目した議論

　以上においては、法規範である政省令について述べてきたが、実は「行政立法」に関する戦前以来の伝統的議論は「法規」に着目して理論を作り上げてきた（法規については、「本書を読むに当たって」xxviii頁2⑤を参照）。この法規に着目した議論では、行政機関の定める規範は、法規を内容とする「法規命令」と法規を内容としない「行政規則」とに分けられる。そして、法律の形でのみ法規を定めることができるという原則（法律の法規創造力の原則。51頁(3)を参照）を前提に、法規命令の制定には法律の委任が必要であるとする（あとは、委任命令と執行命令の区別、それぞれについての法律の委任のあり方、包括的委任の禁止、法律の委任を逸脱した法規命令の違法が論じられるが、これは前述したことと同じである）。

　この法規に着目した伝統的議論でも法規命令は政省令の形式をとることが予定されている。従って、法規命令制定の法律の委任は、政省令の制定の委任をも意味する[7]。

　ただ、この議論では、我々国民に比較的なじみの深い政省令が前面に出ないために、行政規範ないし行政立法の問題をイメージしにくいという問題がある。この点を考慮して、本講では、法規範である政省令に着目して説明をすることを試みた。

IX 条　例

(1) 準法律としての条例

　条例とは、地方公共団体の議会（地方議会）によって制定される法規範である（厳密には、地方公共団体の長も関与するので、議会と長の協働の産物とも言えるが、内容を決めるのは議会の議決である）。条例は、わが国では準法律とも言われ、法律に準じる地位を与えられている。従って、これを政省令と同列におくことは

---

[7] 理論的には、法規に着目した議論では、法規を内容としない政省令の制定には法律の委任が要らないということになりそうである。しかし、法規を内容とするかどうかを問わず、法規範である政省令の制定には法律の委任が必要だろう。

必ずしも適切ではないが，便宜上ここで少し説明しておくことにする。

(2) 法律と条例の関係の独自性

政省令は法律に違反してはならないが，後述のように，条例もこの点は同様である。ただ，政省令のうち法律に違反しているかどうかが問題になるのは，とくに委任命令であろうが，この委任命令については法律の個別の委任が必要であるから，法律に違反しているかどうかがとくに問題になるのは，この法律の個別の委任に違反しているかどうかの点である。その判断は，法律の委任規定とその委任を受けた政省令の規定の対応関係を見るだけでよいのであるから，比較的簡単であると言える（むろん，その判断をめぐって裁判になることもある。その例については Ⅶ を参照）。

これに対し，条例には，法律の個別の委任に基づいて制定されるものもあるが（委任条例という。法定条例，法律執行条例とも言われる），法律の個別の委任なしに制定されるもの（自主条例）が多い。しかも，「地方自治の本旨」ないし「地方自治の尊重」の見地からは，条例の中に示される地方公共団体の意思ないし判断はできるだけ尊重されなければならない。

これら2つの理由から，「法律と条例」の関係は「法律と政省令」の関係と同視することはできず，条例が適法なものとして存在するための余地ないし空間をできるだけ広く確保する工夫が要請されるのである[8]。

地方自治法2条12項は，この趣旨を明文化したものである。

> **地方自治法2条（地方公共団体の法人格，事務，地方自治行政の基本原則）**
> ⑫　地方公共団体に関する法令の規定は，地方自治の本旨に基づいて，かつ，国と地方公共団体との適切な役割分担を踏まえて，これを解釈し，及び運用するようにしなければならない。〔以下省略〕

(3) 条例の適法性判断の基準

自主条例の制定については，地方自治法14条1項が一般的な定めを置いている。

---

8) 地方自治法2条11項は，「地方公共団体に関する法令の規定は，地方自治の本旨に基づづき，かつ，国と地方公共団体との適切な役割分担を踏まえたものでなければならない。」と定めている（憲法92条も参照）。これは，法律や政省令の制定者に対する要請である。

IX 条　例

> **地方自治法 14 条（条例，罰則の委任）**
> ①　普通地方公共団体は，法令に違反しない限りにおいて第2条第2項の事務に関し，条例を制定することができる。

(a)　**条例制定権の範囲**

　地方公共団体（都道府県と市町村）は，まず地方自治法2条2項の事務について条例を制定することができる。この規定の詳しい紹介は省略するが，要するに，地方公共団体の処理する自治事務と法定受託事務のいずれについても条例を制定できる[9]。

(b)　**法令の限界**

　地方自治法14条1項では，条例は「法令に違反しない限りにおいて」制定できる。これに対し，憲法94条は，「地方公共団体は，……法律の範囲内で条例を制定することができる。」と定めている。憲法の「法律」が地方自治法では「法令」になっているのである。しかし，両規定は同趣旨のものであると解されている（もっとも，法律で定められていない事項が政令や省令で決められることがあるから，この違いが問題化する可能性は残っている）。

　では，いかなる場合，条例は法令に違反することになるのだろうか。まず，従前からの見解を示す。

　(ア)　**法令と同じ事項を対象にするが，目的が異なる条例**　この条例は法令に違反しない。古典的な例は，人への危害防止の目的のために制定される飼い犬取締条例である。犬については狂犬病予防法があるが，目的が異なるので，この条例は同法に違反しない。

　(イ)　**法令と同じ目的であるが，法令が規制をしていない事項について規制す**

---

[9]　「自治事務」とは，「地方公共団体が処理する事務のうち，法定受託事務以外のものをいう」。また，「法定受託事務」とは，「法律又はこれに基づく政令により都道府県，市町村又は特別区が処理することとされる事務のうち，国が本来果たすべき役割に係るものであつて，国においてその適正な処理を特に確保する必要があるものとして法律又はこれに基づく政令に特に定めるもの」をいう（地方自治法2条8項・9項。都道府県と市町村の間での法定受託事務についての定義は省略する）。法定受託事務は，地方公共団体の事務であり，国の事務ではないというのが立法関係者の説明であるが，本来は国の事務と位置づけられた事務で地方公共団体に委任ないし委託されたものと見る方が，法定受託事務の制度などを理解し易い。両事務の具体的な取扱いについては，地方自治法の教科書をご覧いただきたい。

る条例（横出し条例）　　例えば，大気汚染防止法で規制されていない大気汚染物質について規制する条例や規制されていない小規模施設について規制する条例が考えられる。この条例も同法に違反しないと考えられてきた。

　(ウ)　**法令よりも規制を強化する条例**（上乗せ条例）　　例えば，環境汚染物質の排出基準を法令よりも厳しくする条例がこれに当たるが，この種の条例は当該法令に違反すると考えられている。

　(c)　**徳島市公安条例事件の最高裁判所大法廷判決**

　以上の原則に対し，最高裁判所大法廷1975（昭和50）年9月10日判決＝徳島市公安条例事件は，(ア)の条例の適法性につき，「その〔条例の〕適用によって前者〔国の法令〕の規定の意図する目的と効果をなんら阻害することがないとき」という制約を課し，他方，(ウ)の条例については，「〔国の法令が条例による〕別段の規制を施すことを容認する趣旨であると解されるとき」に条例が国の法令に違反する問題は生じないとしている。判決は，法令では明文で規律されていない事項について定める条例について「当該法令全体からみて，右規定の欠如が特に当該事項についていかなる規制をも施すことなく放置すべきものとする趣旨であると解されるときは」条例の規定は違法になるとしているが，この制約は(イ)の条例にも当てはまる。

　この判決は，法令の目的・効果・趣旨の解釈により，(ア)および(イ)の条例に制約を課する反面，同時にこの(ウ)の上乗せ条例の禁止を緩和する余地をも認めている。この点は，地方公共団体の創意・工夫を尊重する上で意味を持っている。

(4)　条例で制定すべき事項（必要的条例制定事項）

　この点については，地方自治法14条2項に規定がある。

> **地方自治法14条（条例，罰則の委任）**
> ②　普通地方公共団体は，義務を課し，又は権利を制限するには，法令に特別の定めがある場合を除くほか，条例によらなければならない。

　この規定と同様の規定は政令・府令・省令についても見られるが，それらの趣旨は，国民の権利義務を創設するもの（委任命令）の制定に法律の個別の委任を要求する点にある（87頁(b)を参照）。この地方自治法14条2項も同様に解することができる。

(5) 条例における罰則

罰則については，次の規定がおかれている。

> **地方自治法14条（条例，罰則の委任）**
> ③ 普通地方公共団体は，法令に特別の定めがあるものを除くほか，その条例中に，条例に違反した者に対し，2年以下の懲役若しくは禁錮，100万円以下の罰金，拘留，科料若しくは没収の刑又は5万円以下の過料を科する旨の規定を設けることができる。

地方公共団体はもともと罰則を定める権限を有しないので，この規定により罰則制定が委任されているという説と，この規定は，地方公共団体が本来有する罰則制定権を制限したものであるという説がある。

X 通 達（行政内部規範）

(1) 通達の性質

行政規範の中には，法規範の性質を持たない規範が存在する。しかも，その量は大変多い。このような規範は，行政実務上は訓令とか通達と呼ばれているが[10]（国家行政組織法14条2項は，各省大臣などが訓令・通達を発することができる旨を定めている。個々には，要綱といった名称が用いられることもある），学説上は「行政内部規範」と総称される。以下では，行政内部規範の語は使わず，通達の語を用いて説明する。

通達は，行政組織の運営のために行政に当然に認められるものであり，その制定について法律の委任を必要としない[11]。それ故に，通達は法規範ではなく，法的拘束力を持たない。

---

[10] インターネットで「電子政府の総合窓口」の「所管の法令・告示・通達等」のページを見ると，各省庁ごとにどのような訓令・通達があるかが分かる。もっとも，訓令・通達については，公表している省庁と公表していない省庁がある。

[11] むろん，行政組織の運営に関する規範であっても，法律の委任があり，政省令の形で制定されることがあるが，それは，もはや通達ではなく，法規範である。また逆に，国民の権利義務に関する規範つまり法規の性質を有する規範を定める必要があるが，その制定についての法律の委任がないために，行政機関がそれを通達の形で定めることがある。(2)で述べる問題は，後者の場合に生じる。

(2) 通達と行政措置の効力

　ここで，行政処分が通達に違反して行われると違法になるのか，逆に通達通りの行政処分は適法なのか，という問題に触れておこう。

　ある省の大臣が「飲酒運転は厳禁する。飲酒運転をした者は1ヵ月の停職にする。」という通達を省内に発したとする。この場合，実際には，この通達通りに停職の処分が行われるのが通例だろうが，「昨今の世論を考慮して」といった理由でより厳しい免職の処分が行われることがあるかもしれない。

　では，処分を受けた人がこれらの停職や免職の処分に対して訴訟を起こして争った場合，通達通りの停職の処分は通達通りだからという理由で適法になるだろうか。あるいは，免職の処分は通達に違反しているからという理由で違法になるのだろうか。

　答えはノーである。裁判所は，法律・政省令などの法的拘束力のある規範，つまり法規範に従って判断をすべきであるが，通達は法規範ではなく，法的拘束力を持たないので，この裁判所の法的な判断の基準にならないというのが基本的な考え方である。

　もっとも，大臣が同じ非行を行った100人の公務員うち99人に対しては，停職の処分をしながら，1人に対してだけ免職の処分をした場合，この処分は，然るべき特別の理由がなければ，法の下の平等の原則に違反して，違法だということになるだろう。ここでは，通達は，直接に違法判断の基準になっているのではなく，平等原則違反があるかどうかの判断において意味を持っているのである。

第7講

行政処分の概念と成立過程

I 行政法制における行政処分概念の重要性

　本講において説明する行政処分とは，すでに 22 頁(b)で簡単に説明したように，権力的な法的な行為であり，かつ具体的に国民の権利義務を変動させる行為である。課税処分や自動車の運転免許がその例である。
　まず認識していただきたいのは，この「行政処分」という概念が，わが国の行政法を理解するための最も重要な概念だということである。
　このことは，行政事件訴訟法において示されている。同法3条は，同法が規律している抗告訴訟の諸類型（抗告訴訟およびその諸類型については第 20 講で説明する）の定義を定めているが，各訴訟の主たる対象は「行政庁の処分および裁決」であり，これは，ここで言う行政処分に当たる。同法が定めている行政訴訟の制度は，行政処分を争う訴訟が中心になっていると言ってよい。
　また，もう1つの重要法律である行政手続法を見ると，この法律の1条1項は，「この法律は，処分，行政指導及び届出に関する手続並びに命令等を定める手続に関し，共通する事項を定めることによって，……」と定めている。従って，同法は，行政処分，行政指導，届出および命令（政省令）等について定めているということになるが，行政処分に関する規定が全部で 31 ヵ条であるのに対し，行政指導に関する規定は全部で7ヵ条（32条～36条の3），届出に関する規定は1ヵ条（37条），命令等の手続に関する規定は8ヵ条（38条～45条）だけであり，同法の大半は，行政処分に関する規定である。このように行政手続法においても，行政処分の概念が大きな意味を持っていることが分かる。
　行政処分に関する法理は，行政法の理論の中心をなし，また量的にも大きな

比重を占めている。以下では，この行政処分の法理について説明する。

Ⅱ　行政処分とはどのような行為か

　上記のように，行政処分とは，権力的な法的な行為であり，かつ具体的に国民の権利義務を変動させる行為である。各指標について説明しよう[1]。

(1)　行政処分の指標
(a)　権 力 性
　行政処分の第1の特質は，それが公権力の行使であること，つまり権力的なものであることである。公権力の行使とか，権力的とかいう用語は，行政法学上よく用いられるが，前述のように，これについての明快な解答を与えることは難しい。本書では，それは，相手方である国民の意思如何（いかん）を問わず，その権利義務を一方的に変動させ，あるいはその身体や財産に一方的に強制を加えることを指すと理解している（12頁Ⅷを参照）。行政処分に即して言うと，権力性とは，相手方である国民の意思如何を問わず，その権利義務を一方的に変動させることである。行政処分は，この点において，相手方である国民との合意に基づいて成立する行政契約や，相手方である国民にその任意的な協力を求める行政指導とは区別される。

(b)　対 外 性
　行政処分の第2の特質は，行政機関が，国民に向かって，つまり対外的に行う行為であるということである。国や地方公共団体がその組織の内部において行う行為，例えば上級の行政機関が下級の行政機関に対して発する命令，すなわち訓令や通達は，権力的なものと言えなくはないが，行政処分には入らない。

(c)　法 行 為 性
　行政処分の第3の特質は，それが法的な行為（法行為）だということである。行政の行為には，法行為と事実行為がある。法行為は，相手方である国民の権利義務に変動を生じさせる行為であり，事実行為は，権利義務に変動をもたら

---

1) 書物によっては，「行政処分」ではなく，「行政行為」という語が用いられることがある。しかし，法律上の用語法に合わせることが行政法の学習上有効であると考えられるので，本書では，行政処分の語を用いている。

さない行為である。行政処分は，そのうちの法行為である。

(d) 具体性

以上で行政処分の範囲ないし概念は大体決まるが，ただ政省令その他の行政規範の制定すなわち行政立法との区別がまだ行われていない。行政規範は通例，一般的抽象的なもの[2]である。これに対し，行政処分は，法律や政令・省令などを執行する，その意味で具体的な行為である。このことは，「法令に基づいて行われる行為」と表現されることもある。

(2) 行政処分の定義

以上のような説明をまとめ，行政処分を定義すると，「行政機関が，公権力の行使として，対外的に行う具体的な法行為」と言うことができる[3]。

(3) 行政処分の具体例

それでは，具体的には，どのような行政の行為が行政処分に当たるのだろうか。例としては，課税処分，食中毒を出した食品取扱業者に対する営業停止命令，自動車の運転免許，建築基準法上の建築確認，違法建築物の除却や改善を命じる行為，銃砲刀剣類の所持の許可，公共料金の認可，公有水面の埋立ての免許といったものがある。行政処分には，相手方に不利益を課するもの（侵害処分。行政手続法では不利益処分と呼ばれている）のみならず，相手方に利益を与えるいわゆる授益的なもの（授益処分）もあることに注意をする必要がある。

> 付論 ⑩：行政処分の分類
>
> 　一昔前の教科書は，行政処分の分類にかなりのスペースを割いていた。この分類

---

[2] 一般的とは，相手方が不特定であることであり（その対語は，個別的），抽象的とは，内容が具体的に定まっていないことである。行政処分は，個別的かつ具体的であるのが通例である。しかし，個別性は行政処分の不可欠の要素ではなく，内容は具体的であるが相手方が不特定で一般的な行政処分もある。このような行政処分を一般処分という（例，道路の通行禁止）。

[3] 行政処分の要素として直接性が挙げられることがある。最高裁判所 1964（昭和 39）年 10 月 29 日判決は，行政事件訴訟特例法 1 条が抗告訴訟（取消訴訟）の対象として定める行政庁の処分につき，「直接国民の権利義務を形成」するものであると説明していたし（この判決については 296 頁で紹介する），行政手続法も，不利益処分の定義において「直接に，これ〔名あて人〕に義務を課〔す〕」ことをその要素としてあげている（同法 2 条 4 号）。しかし，この直接性の指標が意味を持つことは少ない。

第7講　行政処分の概念と成立過程

は，社会への行政権による介入のやり方（形態）を認識・分析する上で意味があると思われるが，ここでは特に重要と思われるものについて説明しておこう。

(1)　上記の行政処分の具体例として挙げたもののうち営業停止命令のように国民に不作為を命じるものを「禁止」と言い，違法建築物の改善命令や除却命令のように国民に作為を命じるものを「下命（または命令）」と言う。いずれも義務賦課行為である。

(2)　自動車の運転免許や銃砲刀剣類の所持の許可は，分類上は「許可」に当たる。この2つがそうであるが，許可の多くは，公共の秩序と安全の維持（警察目的）のために国民が本来持っている自由を制限するもので，「警察許可」と呼ばれる。ホテルやパチンコ屋などの営業活動の許可は「営業許可」と呼ばれるが，これも「警察許可」の1つである。効果裁量説によると，警察許可は覊束（裁量）行為である（69頁(2)を参照）。この説では，実体法上，要件が揃っている場合は，許可を申請した者は許可を取得する請求権を持つと説明される。

(3)　公有水面の埋立ての免許のように，国民が本来持っていない権利などを与えるものを「特許」という（これは，発明について与えられる特許法上の特許とは異なるので注意されたい）。特許と上記の許可とは，国民が本来持っている権利自由に関するものであるかどうかにより区別される。法律上は，例えば電気事業法やガス事業法が事業の開始が一般の需要等に適合することを事業の許可の1つの要件にしているが（電気事業法5条1号，ガス事業法5条1号），この需給調整規定が特許であることの目安となる。効果裁量説によると，特許は自由裁量行為である（69頁(2)を参照）。

(4)　公共料金の値上げの認可のように，国民の行う法的行為の法的効力を補充し完成させる行為を「認可」という。法律が国民の法的行為について「認可を受けなければならない」としている場合，認可がなければそれは未だ効力を持たず，認可があって初めて有効になる。

(5)　課税処分や建築確認は，要件や効果について行政庁に裁量がないので，「確認」だと言われる。法律により一義的に拘束された行為が「確認」である。もっとも，確認についても「時機の裁量」や「事実認定の方法についての裁量」は考えられる（65頁(1)および66頁の注1）を参照）。「時機の裁量」については，最高裁判所1982（昭和57）年4月22日判決が参考になる）。

以上のうち，特許はここ20年ほどの間の規制緩和政策により減少している。例えば道路運送事業（バス・タクシー・トラックなど）については，かつては特許制が採られていたが（免許と呼ばれていた），現在は許可制である。

III　行政処分の成立過程

　次に，行政処分が行われる過程について説明しよう。行政処分は，前述のように，権力的に行われるが，必ずしも行政庁の職権により一方的に行われるわけではない。確かに，相手方である国民に対して不利益を与える侵害処分は職権で一方的に行われるが，許認可などの授益処分は相手方の申請に基づいて行われる[4]。

(1) 職権による処分

　行政処分は，それが行われる手続の面から見ると，職権により行われる処分と，国民の側からの申請に基づいて行われる処分とに分けられる。

　職権による処分は，その性質上，相手方に不利益を課する侵害処分がほとんどであるが，この侵害処分を行う上で今日問題になっているのは，相手方の意見を聴くなどといった手続のあり方である。この手続については，行政手続の説明をする際に取り上げる（第17講を参照）。

(2) 申請に対する処分と行政手続法

　他方，申請に基づいて行われる処分のほとんどは，相手方に利益を与える授益処分である。この申請に基づく処分については，行政庁が申請の受理を拒否したり，申請を握りつぶしたり，店晒しにしたりするなどの問題がある。このようなことが行われるのは，申請は適法であるけれども，行政庁の方針に合致しないためか，その申請に対して周辺住民の反対があるといったような場合である。例えば，産業廃棄物処理施設の設置の許可の申請に対しては，周辺住民の反対があることがある。しかし，法律の執行が行政庁の本来の役割であるという見方からすると，申請の握りつぶしなどの行政庁の対応は適切とは言い難いところがある。こうした考え方に立ち，許認可などの申請の取扱いについて，

---

[4]　申請を待たず職権で授益処分が行われることがある（例，生活保護法25条1項が定めている職権による生活保護の開始）。逆に，申請に基づいて侵害処分が行われることもないわけではない（例，道路交通法104条の4第1項・2項が定めている自動車運転免許の申請による「取消し」＝撤回）。

行政手続法に規定がおかれている。
(a) 申請に対する行政庁の審査および応答の義務
行政手続法は，7条において，申請に対する行政庁の審査および応答の義務を定めている。

> **行政手続法7条（申請に対する審査，応答）**
> 　行政庁は，申請がその事務所に到達したときは遅滞なく当該申請の審査を開始しなければならず，かつ，申請書の記載事項に不備がないこと，申請書に必要な書類が添付されていること，申請をすることができる期間内にされたものであることその他の法令に定められた申請の形式上の要件に適合しない申請については，速やかに，申請をした者（……）に対し相当の期間を定めて当該申請の補正を求め，又は当該申請により求められた許認可等を拒否しなければならない。

　(ア)　**審査義務と受理拒否の禁止**　　この規定によると，まず第1に，「行政庁は，申請がその事務所に到達したときは遅滞なく当該申請の審査を開始しなければなら」ない。これが，申請についての行政庁の「審査義務」である。この審査義務の規定には，2つの意味があると考えられる。1つは，当然のことながら，申請について審査を開始し実施しなければならないということである。
　もう1つは，この審査の開始の前提になることであるが，役所の窓口で申請の受理を拒否するというようなことをしてはいけないということである。もし，窓口で受理の拒否をしてもよいということになると，申請をした人は，受理を拒否された申請を取り下げざるを得ないことになり，他方，行政庁としては，その申請の審査をしなくてもよいということになる。これでは，審査開始を義務づけたことの意味がなくなってしまう。このように，受理の拒否の禁止，あるいは受理・不受理の段階をそもそも認めていないことは，行政手続法の1つの重要な意義である。行政庁が申請を受け取っておきながら，それを留保することも，「審査義務」によって禁じられている。
　(イ)　**応答義務**　　行政手続法7条はまた，申請が「形式上の要件」に適合しない場合において行政庁がとるべき措置を定めている。「形式上の要件」とは，7条に例が挙がっているが，「申請書の記載事項に不備がないこと，申請書に必要な書類が添付されていること，申請をすることができる期間内にされたものであること」など，申請が認められるため，つまり申請をした人が求めてい

る許認可などが与えられるために必要な形式面での条件である。例えば，パスポートの申請には戸籍抄本または戸籍謄本が必要である。

> コラム　「要件」と「効果」　法律の勉強をしていると，「要件」とか「効果」という表現によく出会う（「法律要件」と「法律効果」，「法要件」と「法効果」という語が用いられることもある）。行政法の世界では，自動車の運転免許の例で言うと，法律の定める年齢，視力などの運転に必要な適性，運転に必要な技能，法令などの運転に必要な知識が「要件」であり，この「要件」が揃っていると運転免許が与えられるが，これが「効果」である。他方，民法の世界では，用語法が少し違っており，例えば売買契約の締結が「要件」であり，その結果として当事者には品物の引渡義務や代金の支払義務が生じるが，これを「効果」と呼んでいる。行政法の世界でも，運転免許が与えられることにより一定種類の自動車を運転できるようになることを「効果」ということもある。

そして，行政手続法7条によると，この「形式上の要件」が揃っていない場合には，速やかに，申請をした人に当該申請の補正を求めるか，または求められた許認可等の申請を拒否しなければならない。これが「応答義務」である。

この応答義務は形式上の要件の審査（形式審査）に伴うものであるが，それに続いて実体上の要件の審査（実体審査）が行われると最終的な行政処分が行われる（許認可やその拒否処分など）。これも応答である。行政手続法2条3号は「申請」の定義をしているが，そこで言われている「諾否の応答」とはこの最終的な応答を指している。

行政手続法は，以上のように，許認可などに対する申請について，行政庁に対して「審査義務」と「応答義務」とを課しているが，これは申請の不受理，店晒しなどによって申請の審査を拒否するという従来よく見られた行政実務を改善しようという意図を持っている。

以上のことを図示すると，次頁の**図表7-1**のようになる。

(b)　**申請権の保障**

では，このような行政手続法の審査・応答義務の規定は，どのような法的意義を持つものだろうか。それは，「申請権」の保障であるということができる。つまり，許認可を申請した人は，結果的に許認可をもらえるだけの実体的要件を備えているかどうかは別として，手続上自己の申請をちゃんと審査してもらう権利，そしてその結果を示してもらう権利を持っていると言うことができる。

第7講　行政処分の概念と成立過程

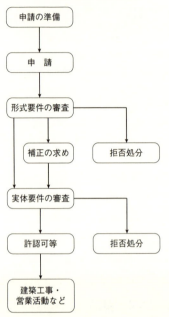

図表7-1　申請に対する審査・応答の過程

このような権利を「申請権」と言う。行政手続法7条は、この申請権を保障するという意義を持っているのである。

この申請権という権利は、憲法においても法律においても明示的に定められているわけではない。申請権は比較的最近、学説や裁判例で認められるようになったものである。確かに、申請という制度を法的に見れば、このような権利を伴っていると考えられる。申請の握りつぶし、店晒しが横行すれば、申請をした人の権利は一体どうなっているのだという疑問が出てくるだろう。

申請権は、手続上の権利であり、実体的に許認可をもらえるだけの要件を充足していない人についても認められるものである。もっとも、適法とはとうてい言えない申請をした人にまで申請権を認めることは行き過ぎだろう[5]。

> **コラム　申請書の記載事項と添付書類**　申請用紙の記載事項や添付書類が多くなると、申請をする国民の負担になる。住民票を市町村にもらいに行くだけでも面倒であるし、戸籍謄本の取寄せになるともう少し面倒である。図面を添付することになっている場合は、もっと面倒である。しかし、現実には、記載事項や添付書類の決定は行政の判断に委ねられている。とはいえ、これらについて客観的基準を設けることが望ましい。政府は、規制緩和政策の一環として閣議決定で「申請負担軽減対策」を定めている（平成9年2月10日閣議決定。国立国会図書館のWARPのページ http://warp.ndl.go.jp/ で見ることができる）。国民も、この点について鋭敏な感覚を持つことが必要だろう。

---

[5] 以上で、行政手続法7条が定めている審査・応答義務について説明したが、申請人に対して行政指導を行う余地がどこまで認められるのかという問題については、同法32条以下で定められている行政指導についての規定をも考慮に入れて判断する必要がある。それらの規定については164頁**(4)**で説明する。

(3) 申請の審査の結果

　行政庁が申請について審査をした結果，申請が法律上の要件を充たしていると判断した場合には，申請により求められている許認可を行う。また，法律上の要件を充たしていないと判断した場合には，申請を拒否する処分つまり拒否処分が行われる。前者が裁判における請求認容の判決に当たる。後者は訴え却下または請求棄却の判決に当たるが，行政処分についてはこの区別は行われないのが通例である。

(4) 行政処分の付款

　行政庁が行政処分を行う場合，実務上大きな意味を持っているのが，行政処分の付款（附款）である。法律上は「条件」と呼ばれている。

(a) 付款の種別

　付款には，次のような種類がある。

　(ア)　**期　限**　　期限とは，行政処分の効力の発生または消滅の時期を示すものである。例えば，公有水面埋立ての免許の書面において，「免許の効力の有効期間：平成20年10月10日から10年間」という記載があれば，平成20年10月10日および平成30年10月9日がここで言う期限（始期と終期）である。

　(イ)　**条　件**　　条件とは，行政処分の効力の発生または消滅を将来発生するかどうかが不確定な事実に依存させるものである。例えば，路線バス事業の許可の効力の発生を国による新設道路の供用開始のときとする付款や，営業停止命令の効力の消滅を営業施設の安全性の確認があったときとする付款が，この条件に当たる。

　(ウ)　**負　担**　　負担とは，相手方に一定の義務を賦課するものである。例えば，事業の免許における「免許の日から1年以内に事業を開始すること」という付款は，この負担に当たる。負担は条件に似ているが，負担である義務を履行しなくても行政処分の効力は発生する。

　(エ)　**撤回権の留保**　　行政処分の付款として，「公益上の必要がある場合には当該行政処分を取り消す（撤回する）」旨が定められていることがある。これが撤回権の留保である。この撤回権の留保の定めは「例文である」というのが一般的な解釈である[6]。

　(オ)　**努力義務を課する付款**　　以上が通常付款の種別として挙げられるもの

であるが，この他，例えば，一般廃棄物処理業等の許可の付款として「一般廃棄物処分施設への搬入車両は，周辺に交通障害を生じさせないようにすること。」との定めが付されることがあるようである。これは，事業者に努力義務を課するものであり，行政活動の分類から言うと，この付款は行政指導の性格を持つものではないかと思われる。

(カ) **予告の付款**　これは，将来における行政庁の措置を予告する付款である。撤回権の留保はその一例である。また，将来における占用料の値上げを予告する付款も考えられる[7]。

(b) **付款の許容性**

付款を付するのに法律の授権は必要だろうか。例えば旅館業法3条6項は，「第1項の許可〔旅館業の経営の許可〕には，公衆衛生上又は善良の風俗の保持上必要な条件を附することができる。」と定めている（条件とは付款のことである）。そして，同様の規定が法律でおかれていることは少なくない。そうすると，この種の規定があれば付款を付することができるとして，それがない場合の付款（特に相手方に義務を課する負担）の許容性については多少の疑問がある。ただ，学説の大勢は，行政処分について行政庁に裁量（または自由裁量）が認められる場合に，付款を付することができると考えている。

(c) **違法の付款とその効果**

付款を付するのは，一種の行政裁量の行使であるから，行政裁量の限界（75頁(3)を参照）を超える付款は違法である。付款において，相手方に対し，本体である行政処分とは無関係のことを要求することや過大な要求をすることは，目的拘束の法理や比例原則に違反している。また，そもそも付款を付することが許されないにもかかわらず付された付款も違法である。

では，付款が違法である場合，行政処分の相手方である国民は，この違法の

---

6)　例えば市販の契約書用紙を用いた契約の中に「一度賃料を払わないと契約を即時に解除する」という定めがある場合，これを例文であり当事者を拘束しないとするのが例文解釈であり，1つの解釈技術である。撤回権の留保＝例文説は，留保の規定の法的効力を否認するものである。

7)　法効果を伴うものだけが付款であると考えると，(オ)や(カ)は付款として挙げるのは適切ではないということになる。なお，私が少し調べた限り，(オ)の努力義務を課する付款が多く見られた。他方，(エ)の撤回権の留保の付款は見当たらなかった。もちろん探せばこの種の付款の例が見つかるかもしれない。

付款の取消しを求めることができるだろうか。

設問 ある県の労働団体が，デモを行おうとし，県公安委員会にデモ行進の許可の申請をしたところ，公安委員会は，デモは許可したものの，「公共の秩序を保持するため」という理由で進路の変更を命じる付款を付した。デモを行う団体は，この進路変更の付款を取り消してもらうことができるだろうか。

違法の付款だけの取消しを求めることができるとすると，労働団体は，取消訴訟に勝訴すれば，付款による進路変更の制限ないし負担のない許可を手に入れ，当初の申請通りのデモをできることになり，はなはだ好都合である。他方，付款だけの取消しが認められないとすると，労働団体としては，付款と許可の全体の取消しを求めるか，付款による不利益は忍んで許可を保持するか（この場合は訴訟を提起しない）のどちらかである。

付款は公益上の必要性があって認められるものである。この設問の事件でも，「公共の秩序を保持するため」に進路変更の付款が付されている。もしこの付款だけが取り消されると，公益上の支障が生じるおそれがある（交通の混乱など）。むろん，デモ行進に交通の支障はつきものであり，ある程度の交通の支障は社会的に受容されなければならない。従って，（付款なしでもデモ行進の許可が適法であることが前提になるが）付款の取消しによって生じる公益上の支障が大きくない場合にはじめて，その取消しが認められると考えられる。

また，一般論として，付款のうち前記の負担は行政処分から分離することができると考える説もある。この説によると，進路変更の付款を負担と解することができれば，この付款だけの取消しを求めることができるということになる。

第8講

行政処分の効力

I 行政処分の成立と効力の発生

　行政処分のうちの申請に基づいて行われる処分のほとんどは，その性質上授益処分である。多くの授益処分は，この申請を端緒として，行政庁による審査を経て行われる。これに対し，侵害処分は，その相手方の権利や利益を侵害するものであるから，多くの場合申請によらず，職権によって行われる。

　このように，授益処分と侵害処分とは，申請があるかどうかという違いがあるが，しかしいずれの処分も，法令で定められている要件が揃っているかどうかを審査して行われるという共通性がある。注意をする必要があるのは，この審査の過程は，通例は行政の内部で行われるものだということである（調査や聴聞などが行われる場合には，この審査の過程は外部と交渉を持つことになる）。そして，この審査を経て，行政の意思決定が行われる。これが，「行政処分の成立」と言われるものである。

> **コラム　許認可などの申請の審査の多様性**　許認可についての申請の審査の仕方には，建築基準法に基づく建築確認の際の申請書および添付書類を審査するだけの書面審査，固定資産税の賦課の際の実地調査，生活保護の決定の際の資産の調査という実態調査，自動車の運転免許取得の際の試験（これには技能試験や知識についてのペーパー試験がある）などがある。国民が求める許認可などの性質に応じて，申請の審査の方法は多様である。

　しかし，行政処分が成立しても相手方には分からないから，侵害処分を想定すると，成立によって行政処分の効力が発生するとは言えない。行政処分の効力が発生するのは，行政処分が相手方に到達したとき，つまり相手方がそれを

知りまたは知ることができる状態に置かれたときである（到達主義）。

　この到達主義で間違いはないのであるが，「適正な手続」という視点から言うと，行政庁は相手方に対して正式に通知（告知）を行うべきであるという原則を立てるべきだろう。そうすると，この通知が行われる場合には，その通知が相手方に到達したときに行政処分の効力が発生すると言うべきである。

　通知の方式には，口頭，文書ないし書面（例，土地収用法26条1項，都市計画法35条2項，国税通則法28条1項，生活保護法24条3項・25条2項），公示・公告（例，国税通則法14条，建築基準法46条3項，国土利用計画法12条3項）といったものがある。また，自動車の運転免許のように，免許証・許可証の交付が定められていることもある（例，道路交通法92条，電気事業法6条，ガス事業法6条，麻薬取締法4条）。外国人にわが国への上陸を許可するときは，旅券への証印が行われる（出入国管理法9条1項）[1]。

　なお，特定の者を相手方とする行政処分についてそれが行われたことを一般に周知するために告示ないし公示が行われることがあるが（例，土地収用法26条1項，建築基準法9条13項，景観法83条3項，生活保護法55条の3），これは相手方への通知とは別のものである。しかし，法律が，告示のときに効力を発生させることを定めていることもある（例，国籍法10条2項，森林法33条2項）。

> コラム　**行政手続オンライン化法**　ここで，行政手続オンライン化法（正式名称は，「行政手続等における情報通信の技術の利用に関する法律」。平成14年法律第151号）について説明しておこう。同法は，国民が行う申請，届出や，行政機関が行う行政処分の通知（「処分通知」の語が用いられている）などについて，主務省令（例えば都市計画法上の申請・届出・行政処分の場合は国土交通省令）で定めるところにより，電子情報処理組織を使用して行わせることができると定めている。納税申告はパソコンの画面上から行うことができるようになっているが，これは，この法律をうけて財務省令で認められているからである。

---

[1]　行政処分の通知を行政庁に義務づける法律の規定は多くない。しかし，行政手続法上は，許認可などの申請に対する拒否処分および不利益処分を行う場合には理由提示が義務づけられているので，これらの処分については通知が行われているはずである（理由提示については，224頁(b)で説明する）。この点に加え，行政手続法では不利益処分については手続に先立って書面による事前通知が行われることになっていることをも考慮すると（15条・30条），少なくとも不利益処分については，処分が行われた際にも行政庁には通知をする義務があるとの原則を立てることが有意義だろう。

Ⅱ 行政処分の効力

次に，行政処分の効力について説明する。この後もしばらく行政処分について話をするが，その際に念頭に置いていただきたいのは，第4講Ⅴで違法性について説明をしたが，この違法の行政処分がこれからもしばしば問題になるということである。

(1) 行政処分の拘束力

行政処分が相手方に通知されると，効力が発生することはすでに説明した。具体的な例を挙げると，課税処分が通知（更正の場合は，更正通知書の送達）されると，所定の税金を納付すべき義務が生じる。営業停止命令が通知されると，営業を停止すべき義務が生じる。自動車の運転免許の場合，免許証の交付があると，適法に運転ができるという効力が生じる。さらに，建築基準法上の建築確認の通知があると，適法に建築をできるという効力が生じる。これらは，行政処分の法効果と言えるが，行政処分の効力として表現すると，拘束力と言われる。

この行政処分の拘束力の中身は，行政処分を通知する書面や行政処分について定めている法律を見れば分かるはずである。例えば自動車の運転免許証の有効期間は道路交通法で決まっているが，同時に免許証でも有効期間の末日が記載されている（道路交通法92条の2・93条1項を参照）。

(2) 行政処分の公定力
(a) 公定力の意味

設問 行政処分が違法である場合，行政処分は，どのような効力を生じるか。例えば，違法の課税処分は納税の義務を発生させるか。また，建築確認が違法の場合，建築をしようとしている人は，適法に建築をすることが許されるか。

課税処分について言うと，税務署，納税者とも課税処分に違法性はないと考えている場合には，そもそもこの設問のような問題は生じない。税金の納付が行われてそれで一件落着である。また，税務署自身が課税処分を違法であると考えれば，それを職権で取り消すのが常識的な対応だろう。

Ⅱ　行政処分の効力

　そこで，違法性が実際に問題になるのは，課税処分を税務署は適法であると考え，他方納税者はそれを違法であると考える場合である。この場合，納税者は，税務署に，課税処分は違法ではないかと申し入れ，両者の話合いが行われることもあろう。それで問題が解決すればよいのであるが，両者の見解が平行線をたどった場合，法的にはどのようなことになるのだろうか。結論的に言うと，税務署は，課税処分が有効であることを前提に，滞納処分を行うことが認められている。つまり，課税処分は，たとえ真実は違法であるとしても，適法であるという税務署の見解に支えられ，有効なものとして通用し，滞納処分にまで至るのである。

　一般的に言うと，行政処分は，たとえ違法であっても，一応有効なものとして通用すると言われる。そして，このようなことは契約には認められず，行政処分に特有のことであるが，このような事態をもたらす行政処分の効力を「公定力」と呼んでいる。

　もう1つの例である建築確認についても考えておくことにしよう。建築確認は，課税処分とは違い，授益的な処分であるから，行政庁である建築主事がそれを適法と考えるけれども，建築主はそれを違法と考えるために，両者の間で見解の対立が生じるということはない。建築主事が適法と考える建築確認があれば，建築主はそれを受け取り，建築に着手することになる。この場合に，建築確認が違法だという主張をするのは，その建築物によって日照などについて損害を受けることになる周辺の住民である。

　しかし，この場合も，建築確認の違法性に関する見解の対立があるからといって，建築主は，建築に着手できないというわけではない。建築主は，建築に着手することができるのである。その理由は，建築確認が一応有効に存在していることにある。つまり，建築確認に対して周辺の住民からそれが違法であるという抗議がなされても，それは一応有効なものとして存在し，建築主は，それを前提として，建築に着手することができることになるのである。ここでも，建築確認という行政処分について，公定力という効力が働いていることが分かる（もっとも，周辺住民がその建築物によって権利を侵害されると主張し，仮処分や民事訴訟で建築の差止めを請求した場合には，この建築確認の公定力とは別に，その請求が認められる余地がある。この点については，366頁(3)で説明する）。

(b) 公定力の認められる理由

では,なぜ行政処分には,公定力が認められるのだろうか。言い換えると,なぜ行政処分は,たとえ違法であっても一応有効なものとして通用することになるのだろうか。この問題については,戦前は,行政処分は国家の権威の表れであるからだ,といったような説明が行われてきた。しかし,これはあまりに権威主義的な考え方である。

今日では,行政事件訴訟法上,取消訴訟という訴訟制度が存在していることから,公定力が説明されている。つまり,行政処分の効力を否定するためには,この取消訴訟を提起して争う必要があるが,この取消訴訟という制度は,国民の方から提起するものである。言い換えると,行政処分が違法ではないかという主張が国民の側から行われても,行政庁としては,自ら訴訟を起こす必要がない。行政庁としては,国民の側からの取消訴訟の提起などの法的措置がとられない限り,行政処分を有効なものとして扱うことができる。これが,行政処分はたとえ違法であっても一応有効に通用するということの意味である。

以上のように,行政事件訴訟法で取消訴訟という訴訟が設けられており,行政処分の違法性が認められるためには,国民の側からこの取消訴訟を提起し,勝訴する他はなく(これを取消訴訟の排他性と言う),勝訴しない限り,行政処分は有効に通用していく。そして,このような現象を行政処分には公定力がある,と言っているのである[2]。

(c) 公定力と訴訟

行政処分には公定力があるということ,つまり行政処分には取消訴訟の排他性が認められるということは,実際上どのようなことを意味するのだろうか[3]。

(ア) **基本原則** 行政処分の効力を否認するためには,原則として取消訴訟を提起して裁判所に取消しを求める必要がある。これは,上述の通りである。土地収用の裁決により土地所有権を奪われた者が土地所有権の返還を求める民事訴訟を起こしても,あるいは,懲戒免職処分を受けた元公務員が公務員とし

---

[2] 以上では,説明を簡明に行うために取消訴訟のみから公定力を説明したが,違法な行政処分は行政不服申立てによっても否定することができるので,行政不服申立てを含めた取消争訟制度が公定力の制度的な根拠であるとも言える。

[3] 以下の説明は,行政訴訟および国家賠償に関することであるので,これらについて勉強されたあとで,もう一度この部分を読んでいただくことをお勧めする。

ての身分の確認を求める当事者訴訟を起こしても、これらの訴訟は認められない。これらの訴訟を許容し請求を認めることは、取消訴訟以外の訴訟で行政処分の効力の否認を認めることになるからである。

(イ) **無効確認訴訟・民事訴訟・当事者訴訟** しかし、行政処分の違法性の程度が強いためそれが当然無効の場合は、取消訴訟によらなくてもよい。つまり、無効確認訴訟を起こし無効の確認を求めることや、上記の民事訴訟または当事者訴訟で土地所有権の返還や公務員としての身分の確認を請求することができ、裁判所は、請求を認めるかどうかの先決問題として無効の確認をすることができる（Ⅲでもう少し詳しく説明する）。

(ウ) **刑事訴訟** 例えば営業停止命令に従わず営業を強行したため、起訴されたAが、刑事訴訟の中で、「行政処分は違法であるから、自分は無罪である」という主張をできるだろうか。取消訴訟の排他性の原則によると、Aのこの主張が認められるためには、Aは取消訴訟を起こし、営業停止命令の取消判決を得る必要がある。しかし、近年は、上記の主張はできる、つまり刑事訴訟の裁判所は、行政処分が違法であるかどうかを審理し、違法であると判断する場合には、無罪の判決を出すことができると考えられている。

(エ) **国家賠償訴訟** 例えば営業停止命令をうけて営業を停止したAが、営業停止命令は違法であったとして損害賠償（国家賠償）の請求をした場合、この請求は認められるだろうか。取消訴訟の排他性の原則によると、Aは取消訴訟を起こし、営業停止命令の取消判決を得る必要があるとも考えられる。しかし我が国では、取消判決を得なくても、国家賠償訴訟において裁判所は、行政処分が違法であるかどうかを審理し、請求を認めることもできる、と考えられている。たとえ裁判所が「行政処分は違法であるから、国家賠償請求を認める」という判決を下しても、行政処分の効力は否認されないからである。

(オ) **課税処分と国家賠償請求** (エ)で述べた原則は、課税処分の違法を理由とする国家賠償請求にも当てはまるだろうか。これを認めると、取消判決を得なくても、納付した税金相当のお金の取り返しが可能になり、これによって課税処分の存在が否認されたのと同じ結果になってしまうという問題があるが、この問題について最高裁判所は次のように判示している。

最高裁判所 2010（平成22）年 6 月 3 日判決
「行政処分が違法であることを理由として国家賠償請求をするについては、あ

> らかじめ当該行政処分について取消し又は無効確認の判決を得なければならないものではない（……）。このことは，当該行政処分が金銭を納付させることを直接の目的としており，その違法を理由とする国家賠償請求を認容したとすれば，結果的に当該行政処分を取り消した場合と同様の経済的効果が得られるという場合であっても異ならないというべきである。」

(3) 行政処分のその他の効力

行政処分には，以上の他，執行力，不可争力および不可変更力がある。

（自力）執行力とは，行政処分により課せられた義務を相手方が自ら履行しない場合に，行政庁自らが強制執行をすることを可能にする力である。とくに問題になるのは，行政処分が違法である場合に，強制執行が許容されるかどうかという問題であるが，前述した公定力の理屈によると，行政処分は違法であっても一応有効に存在し，それによって課された義務も有効に存在しているから，その強制執行は許容されるということになる。

不可争力とは，行政上の不服申立ての申立期間や取消訴訟の出訴期間が経過すると，国民が不服申立てや取消訴訟を提起できず，もはや争うことができなくなることを行政処分の効力として表現したものである。

不可変更力とは，行政庁自身による取消しなどを拒む力である。一定の性質を持つ行政処分に認められる。行政上の不服申立てに対する行政庁の裁決は不可変更力のある行政処分の例である（もっとも，訴訟で争うことはできる）。

行政上の強制執行，行政上の不服申立ておよび取消訴訟については，134頁Ⅰ，第19講および第21講以下で説明する。

Ⅲ 行政処分の当然無効

(1) 当然無効とは何か

上記のように，行政処分は違法であっても一応有効であり，この違法の行政処分は取消訴訟で裁判所により取り消されることによって効力を失い無効になる。ところが，取消訴訟には出訴期間があり，これを徒過すると，もはや取消訴訟により救済を求めることはできない。しかし，それではあまりに酷であるとの判断から，「裁判所による取消しを待つまでもなく当然に無効」という意味の当然無効の行政処分というものが認められ，当然無効の行政処分について

は，取消訴訟以外の訴訟つまり民事訴訟・当事者訴訟や無効確認訴訟において当然無効の確認を求めることができる（従って，当然無効の行政処分には公定力はない）。

行政事件訴訟法は，「無効等確認の訴え」を法定し（3条4項。無効確認訴訟はそれに含まれる。348頁①で説明する），また行政処分の効力の有無などを争点とする民事訴訟（争点訴訟と呼ばれる）を予定し，それについて特則を設けている（45条）。これは，同法が当然無効なるものを認めていることを示している。

(2) 当然無効の認定方法

上記のように，当然無効については，無効確認訴訟と民事訴訟または当事者訴訟の2つの争い方があるが，いずれを選択するかについて行政事件訴訟法は規定を設け，民事訴訟・当事者訴訟に優先的地位を与えている（36条。この点については，350頁(3)で説明する）。

(3) 当然無効の基準

いかなる行政処分が当然無効になるか。この点については，最高裁判所は，最高裁判所大法廷1956（昭和31）年7月18日判決＝ガントレット国籍不存在確認請求事件以来，重大明白説をとり，違法性が重大かつ明白な場合に当然無効を認めている。

重大な違法性とはどのようなものか。その例としては，行政庁が権限を有しないのに行った行為，書面によるべきであるのに口頭で行われた行為，申請が必要であるのに申請なしに行われた行為，法律上必要とされている理由付記（理由提示）や聴聞を欠いて行われた行為といったものが挙げられるのが通例である。実際には，こうした行為が行われることはあまりないだろう。実際にあった例としては，最高裁判所1973（昭和48）年4月26日判決が，土地の譲渡所得がなかった者に対してなされた所得税の課税処分につき，「課税要件の根幹についての重大な過誤をおかした瑕疵を帯有するもの」としている（この判決については下記においても取り上げる）。

違法の明白性とは，最高裁の判例では，「〔行政庁による行政処分の要件についての認定が〕誤認であることが外形上，客観的に明白である」こと，あるいは「何人の判断によっても，ほぼ同一の結論に到達し得る程度に明らかであるこ

と」と説明されている（最高裁判所 1961（昭和 36）年 3 月 7 日判決，最高裁判所 1962（昭和 37）年 7 月 5 日判決）。こうした考えは，外観上一見明白説と呼ばれる [4]。違法の明白性があるかどうかは個々の事件の事実関係に即して判断すべきものである。

　明白性に関して問題があるのは，それが当然無効を認めるために必ず必要なものかどうかということである。この問題についてのリーディングケースは，最高裁判所 1973（昭和 48）年 4 月 26 日判決である。この判決は，上記のように土地の譲渡所得がなかった者に対して所得税が課せられた事件に関するものであるが，最高裁判所は，次のように述べ，課税処分について違法であることが明白ではなくても当然無効を認めている。

> **最高裁判所 1973（昭和 48）年 4 月 26 日判決**
> 「一般に，課税処分が課税庁と被課税者との間にのみ存するもので，処分の存在を信頼する第三者の保護を考慮する必要のないこと等を勘案すれば，当該処分における内容上の過誤が課税要件の根幹についてのそれであって，徴税行政の安定とその円滑な運営の要請を斟酌してもなお，不服申立期間の徒過による不可争的効果の発生を理由として被課税者に右処分による不利益を甘受させることが，著しく不当と認められるような例外的な事情のある場合には，前記の過誤〔課税要件の根幹についての過誤〕による瑕疵〔違法性〕は，当該処分を当然無効ならしめるものと解するのが相当である。」

　また，名古屋高等裁判所金沢支部 2003（平成 15）年 1 月 27 日判決＝もんじゅ訴訟は，「原子炉設置許可処分については，原子炉の潜在的危険性の重大さの故に特段の事情があるものとして，その無効要件は，違法（瑕疵）の重大性をもって足り，明白性の要件は不要と解するのが相当である。」と述べている [5]。

---

[4]　なお，下級審では，「いわゆる明白な違法の中には，処分要件の存否に関する行政庁の判断が，格別の調査をしないでも一見して容易に認識しうる事実関係に照して何びとの眼にも明白な誤りであると認められる場合のみならず，行政庁が具体的場合にその職務の誠実な遂行として当然に要求せられる程度の調査によって判明すべき事実関係に照らせば明らかに誤認と認められるような場合，換言すれば，行政庁がかかる調査を行えばとうていそのような判断の誤りをおかさなかったであろうと考えられるような場合もまた，右にいう明白な違法のある場合と解するのが相当である。」との判断方法がとられることもある（この判断方法は，客観的明白説または調査義務説と呼ばれる）。

[5]　もっとも，上告審判決の最高裁判所 2005（平成 17）年 5 月 30 日判決は，原子炉設置許可処分に違法はないとして（つまり明白性の問題には触れず），この判決を破棄している。

無効の確認は，通例は取消訴訟の出訴期間が経過したのちに無効確認訴訟などにおいて（(2)を参照）行われるが，行政処分が行われてから何年も経ってから行政処分の無効確認が求められると，行政処分の存在に対する国民の信頼を損ね，国民に不測の損害を与えることがある（国民とは，上記のもんじゅ訴訟で言えば，原子炉を設置し操業している事業者である）。こうした事態を避けるため，当然無効の確認には違法の明白性が要ると考えられている。それ故，この信頼保護ないし既得の利益の保護の要請が働かない場合については，明白性の要件は要らないと考えられるのである。このような考え方は，当然無効が認められるためには基本的には違法の重大性と明白性が必要であるが，上記のような場合には例外的に明白性を要求しないものであり，明白性補充要件説と呼ばれる。

付論 ⑪：違法の行政処分の取扱い
　行政処分の効力などに関するこれまでの説明を図示すると，以下，**図表** 8-1 のようになる（なお，矢印は，論理の順序という程度に考えていただきたい）。

図表 8-1　違法の行政処分の取扱い

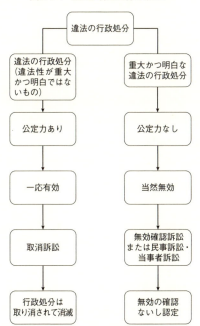

第9講

行政処分の変更（職権取消しと撤回）

I　行政処分の変更可能性

　これまで説明した事項を手がかりとして図式化すると、行政活動は、法律をうけて政省令（この概念については84頁①を参照）が制定され、さらに行政処分が行われる、というプロセスをたどる。

　このうち法律（これは行政活動の所産ではないが、行政活動のために制定されることが多く、行政活動と密接な関係を有している）は、絶えず改正が行われ、時には廃止される（制定を含めて「制定改廃」という語がある）。これは、政省令の場合も同様である（行手法38条2項は、「命令等」について「必要に応じ」見直すことを求めている）。また、行政計画（第13講で説明する）と言われるものも、とくに中長期的に存在するものについては、絶えず見直しが行われる。以上のことは、行政機関が政省令や行政計画を変更する場合、法律による承認（法律の授権）を要しないということを意味する。

　では、行政処分はどうだろうか。行政処分は、特定の相手方に対し（いわゆる一般処分は別である。99頁の注2）を参照）その権利義務を具体的に変動させるものであり、終局的な（ファイナルな）決定である。国民は、この行政処分をうけて権利を行使し義務を履行する。この説明の限りでは、行政処分は変更され得るものではない。例えば、ある人が建築確認をうけてビルの建築を始めたところ、行政庁があれこれ理由を付けて建築確認を取り消すといったことがあると、その人は大きな損害を被り、生活にも差支えが生じかねない（行政処分が公的機関の正式の決定であることも、その変更が制限される理由だろう）[1]。

　もっとも、変更を認めるべき行政処分も存在する。例えば、期限の定めのな

い営業免許を考えると，免許後に施設が老朽化して危険になったり，免許を持っている人が高齢化により営業に必要な能力を失ったりすることは十分にあり得るから，その取消しをすることが考えられる。一般に長期にわたって存在する行政処分については，変更を考えることができる（これに対し，自動車の運転免許のように，法定の有効期限が設けられ定期的見直し（更新）が制度化されているものもある）。さらに，違法に行われた行政処分については，これをそのままにしておくことはできないだろう。

　以上のように，行政処分は終局的なものであり，その変更は行政庁の自由ではないが，その変更が全く許されないわけでもない。これまで行政法学において論じられてきた行政処分の変更には次の2つのものがある。1つは，行政処分が違法である場合の職権取消しと呼ばれるものであり，もう1つは事情変更を理由に行われる撤回と言われるものである。

Ⅱ　行政処分の取消し

(1) 行政処分の取消しの種別

　ここでは，行政処分が違法に行われたため，行政庁が職権でこの違法処分を取り消すこと，つまり違法処分の職権取消しについて説明するのであるが，その前に，違法処分の取消しにはどのようなものがあるのかを説明しておこう。

　まず，職権取消しであるが，これは行政庁が行政処分の違法性を認めた場合に行われる。相手方が違法性があるとは思っていない場合にもこの職権取消しは行われる。

　これに対し，行政処分の相手方や周辺住民などの第三者が行政処分は違法だと主張しているけれども，行政庁はそれを認めないという場合には，行政処分

---

1) 行政処分の変更のうち，授益の程度を上げ，あるいは負担の程度を下げる変更は，相手方にとっては歓迎されるものである。建築確認の取消しとは異なり，このような変更に反対する者はいないだろうから，一見すると，法律の授権がなくても，この変更を行ってもかまわないようにも思われる。しかし，住民が行政に対して働きかけを行い，その結果ようやく公害発生施設に対して操業停止命令が発されたが，行政がその後方針を変更しその操業停止命令を取り消そうとしているという事態を考えると，この種の行政処分の変更についてもそれが許容される枠を考える必要がある（この問題については，123頁(c)で説明する）。

第9講　行政処分の変更（職権取消しと撤回）

図表 9-1　行政処分の取消しの種類

取消し ┤ 争訟取消し ┤ 訴訟による取消し（裁判所）
　　　　　　　　　　　 行政不服申立てによる取消し（行政庁）
　　　　 職権取消し（行政庁）

は一応有効なものとして通用する。行政処分には公定力があるからである（110頁(2)を参照）。相手方や第三者がこの行政処分の存在を否定するためには，行政上の不服申立てをしたり，取消訴訟を提起して，行政庁や裁判所にその行政処分を取り消してもらうことが必要である。これらの方法による取消しを「争訟取消し」という（上の**図表 9-1** を参照）[2]。

　争訟取消しの問題は，行政上の不服申立ておよび取消訴訟の問題である（これらについては，第19講以下で説明する）。以下では，職権取消しについて説明する。

(2) 職権取消しの許容性

　設問　課税処分や建築確認などの行政処分が違法であることが明らかになった場合，行政庁はどのように対応することができるだろうか。また，対応すべきだろうか。

(a) 侵害処分の職権取消しと授益処分の職権取消し

　行政庁が違法な行政処分を行った場合，職権取消しを行うことによって違法状態を取り除くことは，法治主義の原則に照らすと必要なことである。法律の授権は必要ではない。前述のように（本講 ① を参照），行政処分の変更には強い制限があるが，この制限は行政処分が適法であることを想定している。違法処分の職権取消しはその大きな例外である。

　しかし，この職権取消しは，行政庁が自由に行うことができるかというと，必ずしもそうではない。課税処分であれば，行政庁である税務署長が，違法であることを理由に課税処分を取り消すことに対して異を唱える人はいないだろう。これに対して，建築確認の場合は事情が異なる。例えば，建築主が建築確

---

2) 以上の各種の取消しが違法の行政処分についてだけ認められるのか，違法ではないが不当の行政処分についても認められるのかという問題がある（不当とは，違法ではないが，適切ではない，妥当ではないということを意味する）。取消訴訟における取消しは違法処分についてだけ行われるが，行政庁が行う職権取消しや行政上の不服申立てによる取消しでは，不当の行政処分も対象になる。ただ，不当の意味は，具体的事例との関係では明確ではないし，不当処分の取消しの例も少ない。

認をもらって，準備をととのえ建築に着手した段階で，処分庁が，建築確認がまちがっていた，違法だからといって職権取消しをすれば，建築主は大きな不利益を被ることになり，大変困ったことになる。この不利益は，この職権取消しの時期が遅くなればなるほど大きなものになる。このような事態を無条件に認めることはできない。

以上のように，職権取消しをすることができるかどうかは，一律に答えることはできない。課税処分と建築確認とでは大分事情が違う。そこで，処分庁が職権取消しをできるかどうかという問題については，通例は相手方の権利利益を侵害する侵害処分と相手方に権利や利益を与える授益処分とに分けて考えられている。この 設問 では，侵害処分の代表例として課税処分を考え，授益処分の代表例として建築確認を考えているわけである。

そこで，課税処分などの侵害処分と建築確認などの授益処分とに分けて，職権取消しがいかなる場合に認められるかを考えていくことにしよう。

(b) **授益処分の職権取消し**

説明の都合上，先に授益処分の職権取消しについて考えることにする。授益処分が違法な場合，それを職権で取り消すことは，先に述べたように，法治主義の原則によって要請されるところであり，法律の授権は必要ではない[3]。しかし，他方においては，建築確認の例が示しているように，職権取消しが無条件に認められると，相手方が不測の不利益あるいは大きな不利益を被る可能性がある。

(ア) **職権取消し否認説** そこで，学説の多くは，相手方が被る不利益を重視して，授益処分の職権取消しは原則として許されないと主張している。この考え方は，法治主義の原則から生じる違法状態の解消の要請よりも，相手方が被るであろう不利益を重視するものである。法治主義の要請は，忘れられていると言ってもよいだろうか。これは少々一面的な考え方と言わなければならない。

(イ) **職権取消し肯定説** そこで，法治主義の原則から出てくる違法状態解消の要請と相手方の利益の保護の要請の両方を考慮して，職権取消しができるかどうかを判断する必要がある。

少し細かくなるが，この点をもう少し詳しく述べると，まず違法といっても，

---

[3] 授益処分の職権取消しに関する法律の規定の例として，鉱業法52条，漁業法40条。いずれも行政庁に錯誤があった場合のものである。

第9講　行政処分の変更（職権取消しと撤回）

その程度は一律ではない。法律の定めている基準にほんの少し足りないだけの軽微な違法もあれば、基準に全然足りない重大な違法もある（この他、違法性の内容、つまり手続違法か実体的違法かの問題もある）。

また、授益処分の職権取消しにより相手方が被る不利益も一律ではない。授益処分が行われた直後の職権取消しと何年も経った後の職権取消しとでは、相手方の受ける不利益の程度はかなり違う。あるいは、職権取消しを少し早めに予告するとか、職権取消しによる損害に対して金銭的な補塡をするといった方法で不利益を緩和することもできる。

従って、授益処分については、行政処分の違法性がどの程度か、職権取消しをすれば相手方に生じる不利益はどの程度のものか、不利益を緩和する措置をとることができないかどうか、といったことを総合的に考慮して、職権取消しが認められるかどうかを判断すべきである、ということが一応の解答になる。

　(ウ)　**第三者の利害の考慮**　今、一応の解答といったが、そこには実はさらに次のような問題がある。すなわち、違法性があると判断される授益処分について、職権取消しをしないでおくと第三者である住民が損害を被ることが予測される場合に（例えば、違法の建築確認を取り消さないとすると、建築される建築物によって周辺住民が損害を被るといった場合）、当該処分の職権取消しが許されるかどうかの判断において、この第三者の利害を考慮できるかどうかという問題である。

先ほどの「一応の解答」では、処分の相手方以外の第三者の利益・不利益には言及されていない。しかし、実際の行政の中では、第三者の利害が絡んでくることが少なくないだろう。こうした問題は、前記 設問 の建築確認の場合にも生じるが、産業廃棄物処理施設の設置の許可の場合には、さらに深刻な形で生じることだろう。

では、この第三者の利害は、職権取消しが認められるかどうかの判断において考慮されるべきものだろうか。この問題については定説はないと思われるが、後述のように（124頁の**付論 12** を参照）、一般に第三者の利益・不利益を考慮することは大変重要なことである。この点を考えると、第三者の利益・不利益を考慮することも許されると考える余地はあるだろう。

この説をとると、先ほどの 設問 の場合、建築確認の職権取消しが認められるかどうかの判断で、周辺住民の利害は考慮できるということになる。一般的

に言うと，授益処分の存在によって不利益を被る第三者がいる場合，それを職権で取り消すかどうかの判断においては，その第三者の利害を考慮できるということになる（さらに，考慮することが義務づけられるかどうかという問題がある）。先ほどの「一応の解答」で示した利益衡量の枠組みに，この第三者の利害を加える必要があるのである。

なお，建築確認などの授益処分の違法性が相手方の申請に起因する場合，つまり相手方が申請書に虚偽のこと，真実でないことを記入していたという場合，当人にとっても，職権取消しはやむを得ないということになるから，職権取消しについてこれまで述べたような制限は妥当しない。

(c) **侵害処分の職権取消し**

(ア) **職権取消しの許容性** 次に，課税処分などの侵害処分が違法な場合に，行政庁がそれを職権で取り消すことは，法治主義の原則から要請されるものである。また，相手方にとっても，利益になるもので不利益になるものではないから，この点で，職権取消しを妨げる理由はない。つまり，課税処分などの侵害処分が違法である場合には，その職権取消しは自由だ，制限はないということになる。

(イ) **職権取消しの義務** ここで，次のような問題が出てくる。すなわち，侵害処分が違法であれば，職権取消しができるというにとどまらず，職権取消しをしなければならないのではないか，という問題である。

確かに課税処分の場合，通例は第三者利害関係人は存在しない。従って，違法の課税処分については，その職権取消しを制限するような要因は存在しない。違法な課税処分については，処分庁には，職権取消しをする義務があると言ってよいだろう。

(ウ) **第三者の利害と職権取消しの制限** これに対し，大気汚染防止法に違反してばい煙を出している工場に対して発された操業停止命令に軽微な違法があったという場合，その違法を理由に，行政庁が，その操業停止命令を職権で取り消すことができるだろうか。ここで問題になるのは，この工場が出すばい煙により被害を被っている周辺の住民の立場である。つまり，操業停止命令は侵害処分であるから違法性があれば当然に職権取消しをできるのか，それとも周辺住民という第三者利害関係人の利害を考慮して，職権取消しをしないという選択もできるのだろうか。

第9講　行政処分の変更（職権取消しと撤回）

　この問題については，2つの方向から考えることができる。1つは，授益処分の職権取消しについては第三者の利害の考慮が認められることから，侵害処分の職権取消しについても第三者の利害の考慮ができると考えて，職権取消しをしなくてもよいという考え方がある。もう1つは，工場側が操業停止命令に対して訴訟を起こした場合，違法性があれば，裁判所は操業停止命令を取り消さなければならないので（例外はある。345頁Ⅴを参照），この裁判所の対応に倣うとすると，行政庁としても，職権取消しを行う義務があり，第三者つまり周辺住民の利害を考慮して職権取消しをしないということはできないという考え方である。

(3)　職権取消しの遡及効

　職権取消し，さらには争訟取消しに共通する特色として，行政庁や裁判所による取消しが行われると，その効力は行政処分の成立時にまで遡り，行政処分はそもそも最初からなかったことになるということがある。このような取消しの効力を「遡及効」という。

　もっとも，このようなことは，侵害処分の場合は，相手方にとってもありがたいことであり問題はないと言ってよいだろうが，授益処分の場合，この遡及効が認められると，相手方に対する打撃が大きくなりすぎることがあり得る。例えば，社会保障の給付の決定が違法であった場合，職権取消しを認め，さらにその遡及効を認めると，それまでに給付されたお金をすべて国なり地方公共団体に返さないといけないということになってしまう。このようなこともやむを得ないこととして認められる場合もあるだろうが，あまりに無茶だと言わざるを得ないこともあるだろう。従って，授益処分の職権取消しの場合の遡及効を認めるかどうかは，それぞれの事件の事情を勘案して決めるのが穏当であろう。

> **付論 ⑫：第三者の利益の考慮**
>
> 　ここで，行政処分だけに関わることではないが，今日の行政法理論が当面している1つの課題について述べておこう。それは，先ほども少し触れた第三者の利益の考慮という問題である。
>
> **(1)　第三者の利益の考慮**
>
> 　行政法の理論は，その母国であるフランスやドイツで視野に入れても，百数十年余りの歴史しか持っていないが，比較的最近に至るまで二面関係の中で問題を考

えてきた。つまり、行政とその相手方の二面関係、二極関係である。利益の次元で言うと、行政の担う公的利益＝公益と相手方の私的利益＝私益との関係でいろいろな問題を考えてきたのである。これは、課税処分のような性質上二極的なものが行政法理論の形成に当たってのモデルとなったという事情があるのかもしれない。また、わが国でいう建築確認に当たる行為は他の国でもあるはずであるが、第三者つまり周辺住民が建築確認に対して訴訟を起こすことがかつてはなかったという事情、あるいは訴訟を起こしても裁判所がそれを認めなかったという事情があるのかもしれない。それとも、幼年期、少年・少女期の行政法理論は、第三者のことまで考慮に入れる余裕がなかったのだろうか。いずれにせよ、比較的最近に至るまでは、行政法の問題は、二面関係、二極関係の中で考えられてきたのである。

しかし、今日においては、行政とその相手方の関係だけを見ているだけでは不十分と言わなければならない。例えば原子力発電所の建設に対する周辺住民の訴訟は裁判例では必ず認められている（訴訟が認められるというのは、周辺住民が原子力発電所に対する訴訟で勝訴しているというわけではない。「訴訟が認められる」という表現には、勝敗は別にして訴訟を起こすことそのものが認められる、という意味がある。詳しくは、293頁Ⅱ以下で説明する）。また、訴訟以前の段階で行政と周辺住民がぶつかり合っているという現実がある。産業廃棄物処理施設の設置の許可をめぐる行政と周辺住民の対立がその例である。

(2) 利害関係を有する第三者の種類

今、「周辺住民」という表現を用いたが、行政処分に対して利害関係を有する第三者としては、行政処分の対象となる施設の周辺に居住する周辺住民の他、行政処分の対象になる施設などの利用者、および行政処分を受ける事業者のライバル業者がある。このように、行政処分について利害関係を有する第三者といっても、いくつかの種類があるが、この第三者利害関係人の法的取扱いを考えることが今日の重要な課題になっているのである。

(3) 二重効果的行政処分

このような課題に対処するため、行政処分を侵害処分、授益処分および二重効果的処分に分ける考え方がある。つまり、侵害処分、授益処分の他に、侵害と授益の両方の要素を持った二重効果的処分という概念を作り、それを使うという考え方である。例えば、建築確認という行政処分は、建築主に対しては授益的なものであるけれども、周辺住民にとっては侵害的であるので、二重効果的処分に当たるというわけである。この二重効果的処分という概念は、行政処分の種類分けの次元で、利害関係を有する第三者の問題に対処しようとするもので注目されている。

しかし、この二重効果的処分という概念には問題がないわけではない。1つの疑問は、二重効果的処分に当たるかどうかは状況によって異なるということである。例えば、高層のビルについての建築確認であっても、周辺に住民がいなければ、侵害処分の要素はなくなるから、二重効果的処分ではないということになる。その建

築確認に対して反対する住民がいるからこそ，二重効果的処分になるのである。そうすると，二重効果的処分というのは，行政処分の1つの種類とは言えないのではないか，という疑問が生まれる。

　もう1つの疑問は，実際問題としては，行政処分の大半は，この二重効果的処分に当たるのではないか，ということである。例えば，賞味期限を偽った食品メーカーに対する営業停止命令は，それを買って食べるかもしれない消費者の利益を考慮すると，二重効果的処分に当たるだろう。そうであるなら，わざわざこのような概念を作り，行政処分を3種類のものに分類する意味がないのではないか，という疑問に至る。

　しかし，二重効果的処分という概念を用いるかどうかは別として，第三者の利害の考慮というのは今日の行政法理論の重要な課題である。

Ⅲ　行政処分の撤回

(1)　行政処分の撤回——職権取消しとの比較

　行政処分の撤回とは，行政処分が行われた後に発生した事情（事後的事情，後発的事情）を理由として，当該行政処分を破棄することを言う。行政処分の撤回の代表例は，免許取得後の違法運転を理由とする自動車の運転免許のいわゆる取消しである。法律では，撤回は「取消し」と表現されている。

　撤回は，先に述べた取消し，とくに職権取消しと共通点がある。それは，どちらも行政庁が行政処分を破棄する，つまり行政処分をなくしてしまうという点である。

　では，撤回と職権取消しは，どう違うのだろうか。通常行われる自動車運転免許の取消し，つまり撤回を手がかりとして職権取消しとの違いを説明しよう（図表9-2（次頁）を参照）。

(a)　理由の違い

　自動車運転免許の撤回の場合，それがなぜ行われるかというと，例えば免許保持者が飲酒運転をして人身事故を起こしたなど，重大な違法行為をしたためである。つまり，運転免許という行政処分が行われた際に何らかの違法性があったのではなく，運転免許証自体は適法に交付されていたのであるが，その後に運転免許の撤回に値するような違反行為が行われたため，運転免許が撤回されているのである。このように撤回は，行政処分が行われた当初に違法性が

図表 9-2 撤回と職権取消しの違い

	理　　由	遡　及　効	法律の授権
職権取消し	処分成立時の違法性	原則としてあり	不　　要
撤　　回	事後に生じた事情	な　　し	少なくとも制裁としての撤回には必要

あったために行われるのではなく，事後的に生じた何らかの事情（事後的事情）を理由として行われるものである。この理由の点に，撤回と職権取消しとの根本的な違いがある。通例は，職権取消しが違法な行政処分について行われるものであるのに対し，撤回は適法な行政処分について行われると説明される（もっとも，行政処分が適法であることは，撤回を行うためにどうしても必要なことではない。違法な行政処分であっても，事後的事情を理由に撤回を行うことは考えられる）。

(b) 遡及効の有無の違い

この理由の違いから出てくるもう1つの違いは，職権取消しのところで触れた遡及効の有無の違いである。

まず，職権取消しは，行政処分が成立したときにすでに違法であったことを理由にして行われるものであるから，原則としてその成立の時に遡って行政処分を破棄するものである。つまり，原則として遡及効を持っている。

これに対して，撤回は，事後的に生じた何らかの事態を理由として行われるものであるから，その事態が生じた時点以降の行政処分の存在が否定されるだけである。撤回には，遡及効はない。

(2) 撤回についての法律の授権の要否
(a) 最高裁判所の立場

設問　ある産婦人科医師が，妊娠中絶手術を望む妊婦を説得して出産させ，産まれた赤ちゃんを別の夫婦に養子として斡旋し，実子として出生届が出せるよう偽りの出生証明書を作成した。そこで医師会は，母体保護法14条1項の指定，すなわち妊娠中絶手術をできる医師としての指定を撤回した。このような撤回は，適法だろうか。

これは，実際に裁判になった事件をモデルにした 設問 である。ここで前提となっていることが2つある。1つは，この指定を行っているのは民間団体で

第9講　行政処分の変更（職権取消しと撤回）

ある都道府県医師会[4]であるが，指定は行政処分であることである。この点については異論もあるが，ここでは指定が行政処分であることを前提にする。もう1つは，母体保護法には，指定の撤回に関する規定がないことである。

　この2つの前提の下で母体保護法上の指定の撤回が認められるかどうかを考えると，2つの考え方がある。1つは，法律の授権，つまり法律に撤回を認める規定がない以上，撤回は認められないという考え方である。もう1つの考え方は，法律の授権がなくても，撤回を行うべき社会的必要性が高ければ，撤回をすることが認められるという考え方である。最高裁判所は，後者の考え方をとり，この 設問 のモデルとなった事件において，次のように述べている。

> **最高裁判所1988（昭和63）年6月17日判決＝菊田医師指定撤回事件**
> 「被上告人医師会が昭和51年11月1日付の指定医師の指定をしたのちに，上告人〔指定を撤回された医師〕が法秩序遵守等の面において指定医師としての適格性を欠くことが明らかとなり，上告人〔医師〕に対する指定を存続させることが公益に適合しない状態が生じたというべきところ，実子あっせん行為のもつ……法的問題点，指定医師の指定の性質等に照らすと，指定医師の指定の撤回によって上告人〔医師〕の被る不利益を考慮しても，なおそれを撤回すべき公益上の必要性が高いと認められるから，法令上その撤回について直接明文の規定がなくとも，指定医師の指定の権限を付与されている被上告人医師会は，その権限において上告人〔医師〕に対する右指定を撤回することができるというべきである。」

(b)　授益処分の撤回

(ア)　授益処分の撤回の種別　　ここでまず注意をしていただきたいことは，撤回の問題を考える場合にも，職権取消しの場合と同様に，授益処分と侵害処分とを分ける必要があるということである。そして，今問題にしているのは，授益処分である。授益処分の撤回も，職権取消しと同様，相手方に不利益を与えるから，どのような場合に撤回をできるかが大きな問題になる。

　この授益処分の撤回についてさらに注意をしていただきたいのは，この撤回の性質が一律ではないということである。授益処分の撤回には，次のようなものがある。

　第1に，義務違反に対する制裁としての撤回がある。前記の 設問 の赤ちゃ

---

4)　母体保護法14条1項では，指定の権限は「都道府県の区域を単位として設立された公益社団法人たる医師会」に与えられているが，同法40条でその範囲は拡げられている。

んを実子として斡旋した医師に対する母体保護法上の指定の撤回はこの制裁[5]としての撤回である。また，交通違反による自動車の運転免許の撤回も同じである。

　第2に，相手方には何らの非はないけれども，いわば別のところに存在する公益上の必要のために行われる撤回，つまり外在的優越的公益（以下では，優越的公益という）のための撤回がある。行政財産である役所の庁舎の一部を食品の売店に目的外使用許可をしていたが，行政運営上の必要性が生じたので，その目的外使用許可を撤回するのが典型的な例である。

> コラム　**行政財産とその目的外使用許可**　国が所有する国有財産や地方公共団体が所有する公有財産には，行政財産と普通財産の2つの種類がある。前者は一定の行政目的のために用いられている財産であり，後者はそれ以外のもの，例えば遊休の土地である。行政財産は，一定の行政目的のために用いられているものであるから，私人に貸し付けるようなことはできないが，ただ，「その用途又は目的を妨げない限度において，その使用又は収益を許可することができる。」（国有財産法18条6項。地方自治法238条の4第7項もほぼ同文である）。これを「目的外使用許可」という。

　第3に，行政処分が行われたのちに要件事実（法律上行政処分を行うために必要であるとされている事実）が消滅した場合に行われる撤回がある。例えば，かつてチクロという人工甘味料について発ガン性があるとされたため，その使用承認が撤回されたことがある。また，薬品についても，かつてスモン訴訟などの薬害に関する訴訟において，著しく重大な副作用があることが判明した場合には，その製造販売の承認を撤回する必要があったのではないかということが問題になった。

　(イ)　**授益処分の撤回と法律の授権**　以上の3種の撤回のうち，3番目の要件事実が消滅してしまった場合の撤回については，法律の授権がなくとも許されると考えてよいだろう。チクロの事件について言うと，食品添加物については，「人の健康を損なうおそれのない」ことが販売などの承認の要件になっている（食品衛生法10条）[6]。食品添加物のない食生活は味気ないものだろうが，

---

[5]　制裁の語は一義的なものではないが，本書では「行政上の義務違反に対する不利益措置」を制裁と呼び，これに授益処分の撤回を含ませている。
[6]　食品添加物については，厳密には承認という行政処分はなく，食品添加物として認めら

個々の食品添加物は人が生きていく上で必ずしも不可欠のものではないから，安全な物のみが使用を許されるのである。従って，「人の健康を損なうおそれ」があるということが判明すれば，販売などの承認は撤回されるべきであろう。

これに対し，薬品の場合，副作用があるからといって直ちに製造販売の承認の撤回が行われるべきであるということにはならない。多少の副作用があっても，すぐれた効能があれば，人間はそれに依存せざるを得ない。しかし，効能に比べて副作用が大きいという場合には，もはや薬品として認めるわけにはいかないから，やはり撤回が許されると考えられる[7]。

次に，2番目の優越的公益のための撤回として最もよく問題になる行政財産の目的外使用許可の撤回については，法律に授権規定があるが（国有財産法19条・24条1項，地方自治法238条の4第9項），理論的には，法律の授権がなくとも撤回ができると考える余地がある。なぜなら，庁舎の土地・建物などの行政財産は本来の行政目的のために用いられるべきものであり，それ以外の目的のための例えば売店に対する使用許可は，例外的なものだからである。本来の行政目的のために売店のスペースが必要になれば，そのスペースを返還すべきであるということがもともと条件になっていると考えることができる。少し難しい表現を用いると，行政財産の目的外使用許可には，本来の行政目的のために必要になれば撤回されるという内在的制約があると見ることができる。

法律の授権が要るかどうかということとの関係で最も問題になるのは，行政処分の相手方に法令違反などの非違行為があった場合の制裁としての撤回である。前記 設問 の，赤ちゃんを実子として他人に斡旋したという事件の場合の母体保護法上の指定の撤回がその例である。この種の撤回については，先ほど

れる物は食品衛生法施行規則（厚生労働省令）別表第一でリストアップされることになっている。ここではそれを行政処分としての承認，リストから外す行為をその撤回と見ている。なお，東京地方裁判所 1997（平成9）年4月23日判決は，ある物質を食品添加物のリストに追加する行為は法規範の定立行為であって，行政処分に当たらないとしている。

[7] この要件事実が消滅した場合の行政処分の撤回については，単に撤回できるのか，それとも撤回しなければならない義務があるのかという問題がある。食品添加物や医薬品については，人の生命・身体・健康に関わるため，撤回が義務であると考えられる。医薬品に関しては，薬害に関する訴訟などの経験を踏まえ，効能や効果などに比して著しく有害な作用を持つなどの場合においては，製造販売の承認を撤回しなければならないという規定が，現在では「医薬品，医療機器等の品質，有効性及び安全性の確保等に関する法律」（旧薬事法）74条の2第1項におかれている。

紹介したように，最高裁判所は，法律の授権は要らないと言っている。

もっとも，この種の撤回についても，法律に授権規定のあることが少なくない（例，風俗営業規制法26条1項，臓器の移植に関する法律17条）。この法律の状況を前提とすると，法律に授権規定がない場合には，撤回はできないのではないかという疑問が出てくる。制裁の性質を持つ撤回にはしばしば法律に授権規定があるのは，立法者つまり国会が制裁としての撤回が法律の授権なしに行われるのはまずいという判断に立脚しているからではないだろうか。

制裁としての撤回には法律の授権が必要ではないかという疑問は，次のことを考慮すると，ますます強くなる。つまり，自動車の運転免許や宅地建物取引業の免許について言うと，違法行為などに対する制裁としては，免許の撤回のほかに，免許の停止がある。そして，撤回よりは停止の方が穏便な制裁である。従って，比例原則（75頁(a)を参照），すなわち処分の原因となる行為の悪質さとそれに対する処分の強さとの間には，合理的な比例関係がなければならないという原則をここで適用すると，違法行為などがそれほど悪質でない場合には，免許停止の処分を行うべきであり，免許撤回の処分をすることは許されないということになる。ところが，この緩やかな制裁である免許停止の処分には，法律の授権が必要である。そしてこれは，法治主義の原則からいって当然のことである。そうすると，免許停止処分よりも強力な制裁である免許の撤回にはますます法律の授権が必要ではないか，ということになるのである。

以上のように，授益処分の撤回については，法律の授権が必要かどうかという問題があり，とくに制裁としての撤回については難しい問題がある。最高裁判所はこの種の撤回についても法律の授権は要らないと言っているのであるが，論理的に詰めて考えると，法律の授権が必要だという考え方が成り立つ余地があるのではないかと思う。

(c) **侵害処分の撤回**

(ア) **撤回自由の原則**　次に，侵害処分の撤回について考えておこう。侵害処分の撤回は，相手方の利益になるものだから，行政庁は自由にできる，つまり法律の授権がなくても行うことができるというのが，わが国の支配的な考え方である。では，例えば，課税処分は自由に撤回できるだろうか，あるいは営業停止命令は自由に撤回できるだろうか。

これは，常識から言ってもできないだろう。侵害処分の撤回は自由だという

第9講　行政処分の変更（職権取消しと撤回）

考え方は，侵害処分はいわば悪であるという考え方を前提としているようである。

　(イ)　**撤回の制限**　　侵害処分は，公益上必要であるが故に行われる。法律において行うことが義務づけられているものもあれば，法律上はするかしないかの裁量が認められ，行政庁が公益上必要であると判断して行うものがある。例えば，課税処分は，法律の義務づけに基づいて行われる。法律が課税処分を行うことを行政庁に義務づけているのは，課税処分が一般に公共の利益のために必要なものであるからである。また，営業停止命令のようなものは，法律上，「命令をすることができる」という形で規定されており，営業停止命令を行うかどうかの裁量が行政庁に認められている。この場合には，営業停止命令を出すことが公益のために必要であるかどうかを行政庁が検討し，公共の利益のために必要であると判断した場合にはじめてこの命令を出すことができる。

　以上のように，侵害処分は，法律上の義務づけに基づいて行われるか，または，公益のために必要であるとの行政庁の判断に基づいて行われるかのいずれかである。そして，行政処分が法律上の義務づけに基づいて行われる場合には，法律上の要件事実が存続している限り，これを撤回できないことは言うまでもない。課税処分の撤回をしてくれると納税者としては助かるが，そんなことは認められない。これに対して，行政庁が公益上の必要ありと判断して行った行政処分については，撤回の余地がある。例えば，食中毒を出した食品業者に対する無期限の営業停止命令は，食中毒の再発生のおそれがないと判断できる場合には，撤回することができる。一般的に言うと，その行政処分を維持するための公益上の必要性がなくなった場合には撤回できるということになる。

　以上のように，侵害処分の撤回は，決して自由に行うことができるものではないのである。

> **付論 ⑬：職権取消しと撤回における手続と損害補塡**
>
> 　職権取消しと撤回（とくに撤回）について少し補足しておきたい。いずれも，授益処分についてである。
> 　1つは，これらを行う際の手続の問題がある。自動車の運転免許の停止や撤回の場合，意見聴取または公開の聴聞の手続がとられることになっているが（道路交通法104条・104条の2），一般的には，行政手続法という法律に規定がある。具体的なことは，第17講の「行政手続」において説明するが，ここでは，授益処分の撤

III 行政処分の撤回

回（さらには職権取消し）には，手続によるチェックがかかることがあるということに注意していただきたい。

もう1つは，これも授益処分の職権取消しや撤回についてあり得ることであるが，金銭による損害または損失の補塡の問題がある。いずれも，相手方である国民の方に非がある場合は，問題にならない。従って，撤回について言うと，主に優越的公益を理由とする撤回の場合に，この補償の問題が出てくる（本書では取り上げないが，最高裁判所1974（昭和49）年2月5日判決が重要判例である）。授益処分の職権取消しにより相手方である国民が被る不利益につき，金銭による補塡が認められる場合があることについては，121頁(イ)を参照されたい。

第10講

行政による強制

I 行政上の強制執行

　第7講では，行政処分の概念について説明したが，行政処分には授益処分と侵害処分がある。このうち許可や社会保障の給付決定のような授益処分が行われると，相手方である国民としては，その利益を享受することもできるし，また享受しなくてもよい。自動車の運転免許をもらった場合には，運転してもよいことはもちろんだが，ペーパードライバーのままでいてもよい。

　これに対し，侵害処分により義務を課された者がその義務を自発的に履行しない場合どうなるだろうか。この問題に入る前に，まず国民相互の間で義務が履行されない場合の解決方法について見ておこう。

(1) 自力救済禁止の原則と司法的強制

　国民相互間，私人相互間において，義務を有する者（義務者）が自主的に義務を履行しない場合どうなるだろうか。例えば，金を借りた人が金を返さない場合である。この場合，貸し手としては，金を返してもらえるよう手を尽くすだろう。しかし，それでも返してもらえない場合，法的措置，つまり裁判所に訴訟を起こすことになる。そして，訴訟に勝てば，裁判所の手により強制的に金を取り返してもらうことが可能になる。つまり，私人間においては，強制的な義務の履行，裏返して言うと，権利の実現のための強制力の行使は，裁判所という国家機関にのみ認められているのである。私人が私人に対して強制力を行使することはできない[1]。これを「自力救済禁止の原則」と言う。そして，裁判所による権利実現のための強制を「（民事上の）強制執行」あるいは「司法

的強制」という。

もし自力救済を認めると，体が大きく腕力などが強い人，あるいはそういう人を雇い入れることのできる人の言い分がまかり通る社会になってしまう。近代国家では，こうしたことを不合理と考え，自力救済を禁止し，その代わりに，裁判所という国家機関が強制力を行使して国民の権利を守るのである。

(2) 行政の世界における自力救済

(a) 行政上の強制執行

これに対し，行政の世界においては，「自力救済禁止の原則」とそれに対応する「司法的強制の原則」については大きな例外が認められている。

例えば，行政庁が違法建築物の建築主に対して是正命令を発したが，相手方である建築主が是正の義務を履行しない場合，行政は強制力を行使して自ら建築物の是正を図ることができる。一般化して言うと，国民が行政に対して義務を負っている場合には，その義務者である国民が義務を自発的に履行しなければ，行政が自力で強制的にその義務を履行させることができるのである。このように，行政が国民に対し義務を強制的に履行させることを「行政上の強制執行」と言う。

行政上の強制執行は強制力の行使であるから，義務の不履行があれば当然に認められるものではなく，これを行うためには法律で認められている必要がある。

(b) 行政上の強制執行と法律の授権

行政上の強制執行は，強制力の行使であるから，法治主義の原則により，法律の授権が必要である。後述の行政上の代執行については，一般法として行政代執行法という法律が制定されている。

(c) 行政上の強制執行が行われる範囲

行政上の強制執行が行われるのは，上記のように法律でそれが認められている場合である。現在行政上の強制執行を認めている法律としては，一般法としては行政代執行法がある。この法律によると，法律・条例などにより直接に命じられまたは行政庁により命じられた代替的作為義務について代執行が認めら

---

1) 事案によっては，例外的に正当防衛や緊急避難が認められ，民事・刑事の責任を問われない（民法720条，刑法36条・37条）。

れている（この点については(3)で説明する）。また，個別の法律で行政上の強制執行が認められていることもある。このように，行政上の強制執行が行われる範囲は法律で決まる。法律で行政上の強制執行が認められていない場合には司法的強制が利用可能な手段である（但し，この利用範囲には判例で制限が加えられている。この点については147頁(c)で説明する）。

例えば，違法建築物の除却命令に相手方が従わない場合，除却の義務は行政庁によって命じられた代替的作為義務であるから，行政代執行法により代執行を行うことができる。また，国税の滞納については，国税通則法40条および国税徴収法47条以下により滞納処分が認められている（144頁の**付論 ⑭** を参照）。他方，公営住宅の家賃滞納などによる明渡しが入居者によって自発的に行われない場合，法律で行政上の強制執行が認められていないので，司法的強制が行われる。

(d) 行政上の強制執行が認められる理由

では，行政上の強制執行が認められるのはいかなる理由によるものであろうか。行政上の強制執行は一種の自力救済であるが，行政に自力救済が認められるのはおかしいのではないか，という疑問を抱く人もあるだろう。

まず，税金の滞納処分については，迅速な取立てが必要であり，かつ件数が多いということがそれを認める理由になる。全国的に見れば数多ある税金滞納のケースについて，徴収のためにいちいち裁判を起こさなければならないというシステムをとると，手間がかかりすぎる上，時間がかかるので，税金を取り損ねるということにもなりかねない。

これに対し，違法建築物の除却命令について行政上の強制執行（代執行）が認められていることについては，この滞納処分についての説明は当てはまらない。違法建築物の数は多いが，強制執行が必要になることはそう多くはないだろう。また，時間がかかっても，取りはぐれの心配もない（もっとも，代執行は人が入居する前にやるべきだとすると，時間との競争になる）。このように，違法建築物の除却命令については，行政上の強制執行を認めるべき理由が簡単には見つからないのであるが，同様の例は他にもあるだろう[2]。

---

2) そこで，立法論になるが，行政上の強制執行とくに代執行についてはこれを代替的作為義務一般について認めることはやめ，むしろ司法的強制を一般的手段にするべきだと考える人もあるだろう。確かに，行政上の強制執行は，行政処分を行った行政庁によって行わ

Ⅰ 行政上の強制執行

(e) 行政上の強制執行の種類

行政上の強制執行には，4つの種類がある。

1つめの方法は，行政自らが是正の措置をとるという方法である。これを「行政上の代執行」と言い，行政代執行法で認められている。

2つめの方法は，義務者（義務を課せられている国民）に心理的圧迫を加えて義務を履行させるという方法である。心理的強制といっても，やくざまがいの強迫的言動が行政に許されないことは当然である。実際上あり得るのは，義務を履行しない義務者に対して心理的強制を加えるために，金銭的な罰を科するという方法である。これを「執行罰」と言う[3]。

わが国では，戦前は，この方法も一般的に認められていたが，戦後は，砂防法という法律で残っているだけである（36条）。ただ，現在一般的に認められている代執行はうまく適用できない場合があるので（141頁(b)を参照），この執行罰を法律で導入すべきであるという意見もある。

行政上の強制執行の3つめの方法は，行政機関が実力を行使して営業などをやめさせるという方法である。一般的に言うと，義務者の身体や財産に直接に実力を行使して義務を履行させるという方法である。これを「行政上の直接強制」と言う。例えば，行政庁が，市民会館などの公共施設の一部を占用している者に対して明渡しを命じ，義務者が自主的に明渡しを行わない場合，強制的に明渡しをさせることが法律により認められているとすると，これは直接強制である。

この直接強制も，現在は一般的には認められていない。個々の法律で認められることになるが，その例は「学校施設の確保に関する政令」21条や「成田国際空港の安全確保に関する緊急措置法」3条6項などわずかである。

れるものであり，自力救済である。しかし，それだけで行政の自力救済を否定することは行き過ぎであろう。行政は，国家機構の1つの柱であり，公共的性格を持ち，各種の統制のもとにある。強制執行を国家機構のうちの行政と司法のいずれに委ねるのが適切かという役割分担の点からこの問題を考えるのがよいのではないかと思う。強制執行はそう頻繁に行われるものではないから，各行政部門に任せるのではなく，国・地方公共団体の組織の中に専門の部署をおくことも考えられる。

3) 執行罰の他，相手方に心理的強制を加える方法としては，相手方が義務を履行するよう行政が説得することが考えられる。こうした穏便な方法はむろん許されるだろう。しかし，これは，穏便な方法であるだけに強制とは言えず，「行政上の強制執行」とは言えない。むしろ，第12講で説明する「行政指導」に当たる。実際には，この方法で相手方に義務を履行させることが多く行われていると推測される。

最後に、金銭納付義務の不履行に対しては、強制的徴収の方法がある。これは、正式には「行政上の強制徴収」と言う。法律上は、「滞納処分」と呼ばれている。典型的な例は、納税義務者が税金を自主的に納付しない場合に行われるものである。

以下ではまず代執行について説明し、滞納処分については144頁の**付論 ⑭** で説明する。

(3) 行政上の代執行

行政上の強制執行の適用に関して注意を要するのは、行政機関は、これらの4つの方法を随意に選択できるわけではないということである。行政上の強制執行は、義務者である国民の財産や場合によっては身体に強制を加えるものであるので、法治主義の原則、とくに法律の留保の原則により、法律で授権をされている必要がある。そして現在の法律上一般的に認められているのは、行政上の代執行だけである。これについては、既に述べたように、行政代執行法という法律がある。

そこで、この後しばらくこの「行政上の代執行」について説明をする。

(a) 代執行の要件

4種の行政上の強制執行のうち、執行罰・直接強制・強制徴収は、個別の法律で認められているものであるから、どのような場合にこれらの強制手段を適用できるかはそれぞれの法律で定められている。これに対して、代執行は、行政代執行法という一般的な法律により認められたものであるので、どのような場合にこの強制手段を適用できるかという問題がある。これは、行政代執行法という法律の解釈問題である。

(ア) **代執行の対象になる義務＝代替的作為義務**　　行政代執行法の2条を見ると、「法律（……）により直接に命ぜられ、又は法律に基き行政庁により命ぜられた行為（他人が代つてなすことのできる行為に限る。）について義務者がこれを履行しない場合」とある。ここでは、「他人が代つてなすことのできる行為に限る」というカッコ書が重要である[4]。つまり、他人が代わってなす

---

4) 行政代執行法2条は、義務が法律によって直接に課せられることをも想定しているが、例は少ない。その例として挙げられることがあるのは、火薬類取締法22条である。この規定は、廃業した事業者などに火薬類の譲り渡しや廃棄を義務づけているが、代執行の対

ことができる行為，ないしそれを行う義務のみが代執行の対象になる。これは，代執行の性質から言っても当然のことである。代執行とは，義務者である国民に代わって行政が義務を履行することであるから，その対象は他人が代わってなすことのできるものに限られる。他人が代わってなすことのできる義務を「代替的義務」と言うが，代替性のある義務は作為の義務であるので，ふつう代執行の対象になるのは「代替的作為義務」であると言っている。

> **コラム　義務の分類**　義務はいろいろな形で分類できるが，1つの分類方法は，①作為義務，②不作為義務，③給付義務および④受忍義務という分類である。①はある行為を積極的に為す義務である（例，建築物の是正の義務）。②は一定の行為を行わない義務である（例，営業停止の義務）。③は例えば明渡しの義務や金銭を納付する義務である。作為義務のうちの特殊なものである（特殊性については次頁で説明する）。④は行政による身体や財産への強制などを甘受する義務である（例，健康診断・立入検査・災害発生時の土地・建物の一時的強制使用の各受忍義務（立入検査につき土地収用法13条を参照））。

設問　以下のような義務の不履行があった場合，「行政上の代執行」はできるだろうか。
　① 公営住宅の明渡しの義務
　② 風俗営業規制法違反の風俗営業者に対して課せられた営業停止義務
　③ 排出基準を超えるばい煙を排出している事業者に課せられた施設の改善義務
　④ 納税の義務
　⑤ 道路上に不法建築物を建てた者に対して課せられた除却義務
　⑥ 市庁舎の一部が職員組合の事務所として使用を許可されていたが，この使用許可が撤回された場合の事務所内の物件の搬出義務（なお，この許可とは，行政財産の目的外使用許可〔129頁の**コラム**を参照〕である）

①の公営住宅の明渡しの義務は，作為義務なのだが，建物を明け渡すということは代替性がない。Aさん一家が公営住宅に居座っている場合に，例えば友人のBさんがAさんに代わってその公営住宅から出ていっても，Aさん一家がそこに居座っている限り，Aさんの明渡しの義務は履行されたことにはならない。このように，明渡しの義務は作為義務ではあるが代替性がないので，

　　象になるのは，廃棄の方である。

代執行はできない。

　②の営業停止義務は，不作為の義務であるから，代替性がない。Cさんが営業停止処分を受け，営業停止の義務を負っている場合に，同業者のDさんがCさんに代わって営業を停止しても意味はない。このように，営業停止義務のような不作為の義務は代執行の対象にならない。

　③の施設の改善義務は，作為義務であり，かつ代替性がある。Eさんが改善命令により改善義務を課せられたがそれを履行しないという場合，友人のFさんがEさんの工場に行き，施設を改善すれば，施設の改善義務は果たされたことになる。そして，行政がEさんに代わって施設の改善を行っても，やはり施設の改善義務は果たされたと言える。従って，この改善義務は行政による代執行の対象になる代替的作為義務である。

　④の納税の義務は，代執行ではなく，強制徴収の対象になることはすでに述べた。それにもかかわらず 設問 で納税の義務を挙げたのは，それが代替的作為義務であるからである。つまり，Gさんに代わって友人のHさんが税金を払うということはできる（国税通則法41条1項を参照）。しかし，納税義務者であるGさんに代わって行政が税金を納めても意味はない。納税の義務は代替的作為義務だが，そのうちでも金銭納付義務という特殊なものなのである。税金を受け取るべき行政が納税者に代わって税金を支払うということは無意味である。従って，納税の義務は，代執行の対象になる代替的作為義務ではない。

　⑤の不法建築物の除却義務は，代替的作為義務で，代執行の対象になる。これは問題がない。

　少しややこしいのは，⑥の事務所内の物件の搬出義務である。事務所の使用許可が撤回されると，事務所内に置かれていた物件，例えば書類などの運び出しの義務が生じることは確かである。そして，この運び出しの義務は代替的作為義務である。問題は，この運び出しの義務が第二次的なものであることである。事務所の使用許可の撤回に伴う第一次的な義務は，事務所の明渡しの義務である。ところが，明渡しの義務は代替性がなく，代執行の対象にならないことは，①のところで述べた。つまり，第一次的な義務である明渡しの義務が代執行の対象にならないのに，第二次的な義務である物件の運び出しの義務について代執行が認められるか，という問題が出てくるのである。もし，この問題を肯定すると，代執行により物件の運び出しが行われ，その結果，実際上その

部屋を職員組合の事務所としては使えなくなるから，明渡しについても強制執行が行われたのと同じことになる。この場合，はたしてこのようなことは明渡しについて行政上の強制執行を認めていない現行法のあり方と抵触することにならないか，という疑問が出てくる。実際に起こった事件では，裁判所は，この疑問を積極的に受けとめ，物件の運び出しについても代執行はできないと述べている（大阪高等裁判所1965（昭和40）年10月5日決定）[5]。

(イ) **その他の要件**　　以上が，代執行の第1の要件である代替的作為義務についての説明である。このほか，行政代執行法2条は，代執行の要件として，「他の手段によってその履行を確保することが困難であり，且つその不履行を放置することが著しく公益に反すると認められるとき」という要件を置いている。この規定は，代執行という強制力の行使をできるだけ制限しようとするものであることは明らかだが，その具体的意味ははっきりしない。

(b) **代執行の難しさ**

次に，代執行に関して，もう少し考えておくことにしよう。

設問　①建築基準法所定の建ぺい率違反の建築物に対して違反是正命令が出されたが，建築主はこれに応じない。この場合，どのような代執行ができるか。
　②大気汚染防止法上の排出基準を超えるばい煙を排出している事業者に施設の改善命令が発され，施設の改善義務が課せられたが，事業者はこれに応じない。この場合，どのような代執行ができるか。

まず，違法建築物の是正義務や施設の改善義務は代替的作為義務であるから，代執行ができる。しかし，違法建築物は沢山存在しているが，代執行はほとんど行われていない。例えば京都市では，違法建築物は，毎年100件～200件あるが，代執行の件数は0件～2件である[6]。

---

5) 以上のように，明渡しの義務には代替性がないので，代執行の対象にはならない。強制執行をするとすると，直接強制である。ところが，土地収用法102条の2は，収用委員会の明渡裁決（土地の明渡しなどを命じる裁決）があったが，被収用者が土地を引き渡さない場合などについて代執行を定めているにとどまる。このため，この場合に，明渡しに応じない者の身体に実力を行使することは許されないとも考えられる。他方，代執行の権限には，相手方の身体に対してやむを得ない限度で実力を行使することの許容も含まれているとの解釈もある。

6) 京都市都市計画局建築指導部「京都市建築行政年報――平成25年度の建築行政の動向」（平成27年3月）55頁による。本文で挙げた数字は，平成25年度までの10年間のものである。

では，なぜ違法建築物は数多く存在するのに，それに対する代執行がほとんど行われないのだろうか。おそらくその理由の1つは，違法建築物に対して代執行をしようとしても，その仕方を行政としては決定しにくいという事情に求められるだろう。つまり，建ぺい率50パーセントと法律で決まっているのに，60パーセントの建築物が建てられたとすると，代執行としては，10パーセント分を削る必要がある。しかし，建物のどの部分を削るかという問題になると，まさか台所，便所といった住むために不可欠な部分は削るわけにはいかないだろう。では，寝室は，子ども部屋は，というように考えると，行政としては頭を抱えざるを得ない。

もう1つは，代執行のやり方の制約の問題がある。除却命令の対象物件を破壊するのは代執行ではなく直接強制であるという従前からの説明[7]は，代執行のやり方には制約がないわけではないということを示している。確かに，代執行は義務者に代わって義務を履行するものであるから，行政は，代執行において，対象となる物件の価値を過度に損なってはなるまい。ところが，代執行で建築物に手を加えることはその価値の大幅な減少につながりやすい（このことは，建ぺい率違反の建築物について部屋1つ分を除去した場合や高さ制限違反の建築物につき最上階を除去した場合を考えればお分かりいただけるだろう）。そうすると，違法建築物につき除却する部分がたとえ決まっても，行政としては代執行を実施しにくいということになる。

この他，代執行を行う上では，実施の態勢づくり，手続，費用などの問題があるが，いずれにせよ，違法建築物に関する限り，今述べたような理由からか代執行はほとんど行われていないのである。

大気汚染防止法等の公害規制法違反の施設の改善については，やはりその方法に複数の技術的選択肢があり得るので，行政がその1つを選択して代執行をすることには問題があると言われている。しかし，この問題は，行政と事業者とが協議をすれば解決できるだろう。事業者がテーブルにつかなければ，行政が1つの技術的方法を選択してもやむを得ないと思われる。

(c) **代執行の義務**

次に，行政には代執行をする義務があるかどうかについて考えてみよう。

---

7) 柳瀬良幹『行政法教科書』（再訂版，1969）124頁，杉村敏正『全訂行政法講義総論（上巻）』（1969）260頁を参照。

Ⅰ　行政上の強制執行

設問　Aさんの家の周囲には，違法建築物が沢山あるが，行政は是正命令を出すだけで，代執行をしない。このため，Aさんは，日照や通風を妨げられ，また，火災が起こったときのことも心配である。Aさんは，行政に対して，代執行を行うことを求め，また代執行を行わないことに対して，損害の賠償を請求できるか。

　まず，代執行の義務があるというためには，代執行の要件が揃っている必要がある。前述のように，違法建築物の是正義務は代替的作為義務であるから，代執行が可能である。また，行政代執行法2条には，これも前述のように，「他の手段によつてその履行を確保することが困難であり，且つその不履行を放置することが著しく公益に反すると認められるとき」という要件がある。この要件が充たされている状況にあるかどうかの判定は難しいのだが，この要件も充たされているとする。

　問題は，これらの要件が揃っていても，行政代執行法は，行政に対して代執行を行うことを義務づけていないことである。同法2条では，要件が揃っても，代執行が「できる」と書かれているだけである。要件が揃っても，代執行をするかどうかは行政の裁量に委ねられているのである。一般に，代執行のような強制作用や侵害処分をするかどうかは，行政の裁量に委ねるというのがわが国の法律の現状である。

　しかし，代執行を行わないことが「社会通念に照らし著しく不合理である」場合には，代執行の義務があったとして，損害賠償を認められるだろう。とくに行政庁が代執行をしなかった結果，死傷者が出るといった重大な被害が発生した場合には，行政の損害賠償責任が認められる可能性が高くなる（同趣旨の基準を適用した判決として，大阪地方裁判所1974（昭和49）年4月19日判決）。ただ，日照や通風を妨げられたことによる損害賠償請求はむしろ建築主に向けられるべきであろうか。

　なお，上記の 設問 では，Aさんが行政に対して代執行を行うことを請求できるか，という問いも提示している。むろん，Aさんが市役所などに申入れを行うことはできる。しかし，これは事実上の対応策である。そして，こうした住民の要望が実現に至ることは少ない。そこで，最後の頼みは裁判であり，代執行を行うことを訴訟で請求できるかということが問題になる。これは，義務付け訴訟の問題である（義務付け訴訟については，284頁**(5)**および352頁**Ⅲ**で説明する）。

第10講　行政による強制

付論 ⑭：滞納処分（行政上の強制徴収）

以下では，税金の滞納処分についてその骨格とその性格を説明しておこう。税務署による国税の滞納処分を想定していただきたい。根拠となる法律は国税徴収法である（以下，法と略称）。また，説明は，不動産，動産（金銭以外のもの。以下同じ）および金銭を対象とする滞納処分に限る。

(1) 滞納処分の手続

(a) 不動産を差し押さえる場合の滞納処分

次の3つの段階で行われる。

①差押え。これは，滞納者への差押書の送達（および差押えの登記の嘱託）（法68条1項・3項）により行われ，この送達が行われたときに差押えの効力が生じる（同条2項）。差押えの効力とは，差押財産の譲渡などの処分の禁止と使用・収益の制限である。通常の用法による使用・収益はできるが，税務署長はこれを制限できる（法69条1項）。

②差押財産の換価。換価とは，差押財産を金銭に換えることである。具体的には税務署長による公売による売却（または随意契約による売却や国による買入れ。法109条・110条）が行われる（法94条以下）。買受人は，買受代金を納付したときに換価財産を取得する（法116条1項）。

③差押財産の売却代金の配当。配当とは，売却代金などを滞納国税・地方税・私人が有する債権などに配分する措置である（法128条・129条）。税務署長によって行われる。このあと，配当計算書に従った交付が行われる（法133条1項）。

(b) 動産を差し押さえる場合の滞納処分

①差押え，②換価，③配当の3つの段階がある。不動産の場合と同じである。ただ，①の差押えのやり方が不動産の場合とは異なっている。

動産の差押えは徴収職員（税務署長その他国税の徴収に従事する職員。法2条11号）による占有によって行われる（法56条1項。搬出も必要である。法172条を参照）。差押えの効力は，徴収職員が占有をしたときに生じる（法56条2項）。差押えの効力とは，当該動産の処分の禁止と使用・収益の制限である。徴収職員は，滞納者に差し押さえた動産を管理させる場合は，その使用・収益を許可することができる（法61条1項）。

(c) 金銭を差し押さえる場合の滞納処分

次の2つの段階で行われる。金銭の性質上，換価の手続（法89条1項）は行われない。

①差押え。動産と同じく，占有によって行われる（法56条1項）。
②配当。配当では金銭はもっぱら滞納国税に充てられる（法129条2項）。

(2) 滞納処分の性格

滞納処分は納税義務の強制的履行として滞納者からそれに見合う財貨を強制的に徴収することを目的とするものであるから，差押えと換価が滞納処分の核心部分で

ある。配当は，国を含む債権者間での利害調整である（むろん債権者にとってはこれも重要である）。

そして不動産の滞納処分について見ると，差押えは一方的に行われる権力的行為であり，公売も強制売却であり権力的な行為である。また，差押えや公売は，事実行為ではなく，法行為である。明渡しの強制は行われない（さらに，国は，公売により経済的価値を取得するだけであり，所有権を取得することもない）。従って，不動産について行われる滞納処分は，権力的な法行為である。

しかし，権力的な法行為であるとはいっても，滞納処分は新たに納税義務を創出するものではなく，すでに存在する納税義務を実現するための手段にすぎない。従って，不動産の滞納処分を行政処分と同じ意味の法行為と見ることはできない。

これに対し，金銭についての滞納処分の核心部分は占有によって行われる差押えであるから，それは権力的事実行為である。

動産の滞納処分は，占有による差押えという事実行為と換価という法行為（いずれも権力的行為）の混合物である。

(4) 地方公共団体と行政上の強制執行
(a) 行政上の強制執行の手段を創設できるか
行政代執行法1条は次のように定めている。

> **行政代執行法1条（適用）**
> 行政上の義務の履行確保に関しては，別に法律で定めるものを除いては，この法律の定めるところによる。

つまり，国，地方公共団体いずれの行政庁も，行政代執行法および個別の法律の定めるところにより行政上の強制執行を行うことができる。

従って，地方公共団体の行政庁は，行政代執行法の規定により代執行ができるし，さらに，個別の法律により強制執行が認められていればその法律で認められている強制執行を行うことができる。しかし，その反面，条例によって強制執行手段を創設することはできない。例えば，公害防止条例で有害物質の排出の基準を定め，それに違反している工場に対する操業停止命令の制度を設けても，それを強制するための執行罰を条例で導入することはできない。

(b) 代執行の対象になる義務を創設できるか
代執行の対象になるのは，前述のように，代替的作為義務であるが，(a)の行政上の強制執行の手段の創設問題とは別に，地方公共団体がこの代替的作為義

務を作り出すことができるか，という問題がある。

　この点，行政代執行法2条は，「法律（法律の委任に基く命令，規則及び条例を含む。以下同じ。）により直接に命ぜられ，又は法律に基き行政庁により命ぜられた行為（……）」について代執行を認めている。

　そこで，問題は，地方公共団体の行政庁が代執行を行うことができるのが，法律または法律に基づき行政庁によって命じられた義務だけなのか，条例または条例に基づき行政庁によって命じられた義務についても代執行ができるのか，ということであるが，この規定は，前のカッコ書において条例を明示しているので，条例に基づく義務についても代執行ができることになる。例えば，自然環境保全条例で，自然環境保全地域に違法に設けられた工作物についての除却命令を定めていると，相手方がそれに従わなければ，行政代執行法に基づき代執行を行うことができる。

(5) 行政上の強制執行が使えない場合の義務履行の確保の手段

　食中毒を発生させたレストランに対する営業停止命令（食品衛生法55条）を例にとると，この営業停止命令によって相手方であるレストランに対して課せられる営業停止の義務は不作為の義務である。ところが，不作為の義務は代執行の対象になる代替的作為義務ではないから，営業停止命令に従わない者に対しては，代執行をすることはできない。このケースで行政上の強制執行をするとすれば，それは直接強制または執行罰だが，食品衛生法ではこれらは認められていない（個別の法律でこれらが認められることはあまりない）。では，このように行政上の強制執行が認められていない場合，義務の履行はどのようにして確保されているのだろうか。

(a) 刑　　罰

　現在，代替的作為義務以外の義務の履行を強制するために役立っているのは，主として刑罰である。営業停止義務を課せられたのにそれに違反して営業を強行すれば，刑罰を科せられるが（食品衛生法71条），大ていの人は刑罰を科せられることを避けようとするから，営業停止命令に服し，営業停止義務を履行することになる。無免許で自動車を運転してはいけないという義務（道路交通法64条1項）の場合も同様であり，無免許運転をすると刑罰が科せられるので（同法117条の2の2第1号），無免許運転をする人はあまりいない（この刑罰につ

いては，第11講でもう一度説明する)。

　個別法律が行政上の強制執行について定めることはあまりないが，それとは対照的に，行政上の法律の末尾の方には，必ずといってよいほど当該法律またはそれに基づく命令に違反した者に対する刑罰についての定めが置かれている。

　刑罰は，本来，義務の履行を強制する強制執行の手段ではない。しかし，現行法上は，行政上の強制執行の手段を用いることができる場面は限定されているので，それを補い間接的に義務の履行を強制する方法として刑罰が役立っているのである。

(b)　**行政的措置**

　さらに，行政レベルの措置により義務の履行が促される場合がある。例えば無免許運転をしないという義務に違反すると，その後に運転免許試験に合格しても，免許の拒否や保留といった制裁をうけることがある（道路交通法90条1項4号）。こうした制裁も，間接的に義務の履行を促すことになっている。

(c)　**司法的強制**

　行政上の強制執行の可能性が法律や条例で定められていない場合，義務の強制執行のために取り得る手段として考えられるのは，前述の司法的強制である。しかし，ある市が，パチンコ店の建築に着手した者に対して，条例に基づき建築工事中止命令を発したが，その者がこれに従わなかったので，さらに工事の続行の禁止を求めて裁判所に出訴した事件において，最高裁判所は次のように判示している。

> **最高裁判所2002（平成14）年7月9日判決＝宝塚市パチンコ店事件**
> 「国又は地方公共団体が提起した訴訟であって，財産権の主体として自己の財産上の権利利益の保護救済を求めるような場合には，法律上の争訟に当たるというべきであるが，国又は地方公共団体が専ら行政権の主体として国民に対して行政上の義務の履行を求める訴訟は，法規の適用の適正ないし一般公益の保護を目的とするものであって，自己の権利利益の保護救済を目的とするものということはできないから，法律上の争訟として当然に裁判所の審判の対象となるものではなく，法律に特別の規定がある場合に限り，提起することが許されるものと解される。……。したがって，国又は地方公共団体が専ら行政権の主体として国民に対して行政上の義務の履行を求める訴訟は，裁判所法3条1項にいう法律上の争訟に当たらず，これを認める特別の規定もないから，不適法というべきである。」

　市としては，法律上も条例上も，行政上の強制執行（この事件の場合は直接強

制か執行罰），刑罰，行政的措置のいずれも認められていなかったので，最後の手段として訴訟を提起したのであるが，最高裁判所は，国・地方公共団体がもっぱら「行政権の主体」として国民に対し行政上の義務の履行を求める訴訟につき，現行の法律には「特別の規定」が存在しないことを認定して（この部分の引用は省略した），理屈抜きで一刀両断的に「法律上の争訟」に当たらないとしたのである[8]。

(d) 違法の行政処分の強制執行

ここで，違法の行政処分について強制執行を行うことが適法かどうかの問題について触れておくと，それは適法だと考えられている。公定力の考え方に従うと（110頁(a)を参照），違法な行政処分も一応有効であるから，それについて行われる強制執行は適法である。行政処分に対して相手方が取消訴訟を提起した場合も，取消判決が確定するまでは，行政処分は一応有効であるから，訴訟の最中に強制執行が行われた場合，この強制執行はこの時点では適法である。

しかし，その後に裁判所が取消判決を下すと，行政処分は遡及的に効力を失う。そうすると，強制執行は，その土台がなくなったことになるから，違法になる。つまり違法の行政処分の強制執行は適法であるといっても，それは取消訴訟の判決が確定するまでの暫定的な評価であるにとどまる[9]。

なお，公定力のない当然無効の行政処分の強制執行は，そもそも土台となる有効な行政処分が存在しないのであるから，当初から違法である。

Ⅱ 行政上の即時強制

Ⅰ においては，行政上の義務が履行されない場合の行政による強制執行

---

8) この判決は，行政活動の主体としての国・地方公共団体を「財産権の主体」と「行政権の主体」に分けているのであるが，これは行政法の学説や判例において従来用いられてきたものではない。「公行政と私行政」および「規制行政と給付行政」の各区別（16頁Ⅰ・26頁Ⅶ）を手がかりとして図式化すると，国・地方公共団体は，私行政および公行政のうちの給付行政において「財産権の主体」として登場し，公行政のうちの規制行政において「行政権の主体」として登場する（なお，税の賦課徴収においては国・地方公共団体は「財産権の主体」であるとも言えるが，ここでは滞納処分の制度が設けられている）。

9) 強制執行が完了したあとに原告勝訴の取消判決が出る可能性は，実は小さい。というのは，裁判例では，強制執行が完了すると，取消訴訟について「訴えの利益」が消滅するとされることが多いからである（325頁(d)を参照）。

（行政上の強制執行）について説明したが，行政による強制の中には，行政上の強制執行とは区別されるべきもう1つのものがある。それが，行政上の即時強制である。

(1) 行政上の即時強制の例・特質・種別

未成年者喫煙禁止法（明治33年法律第33号）は，1条で「満二十年ニ至ラサル者ハ煙草ヲ喫スルコトヲ得ス」と定め，2条で「前条ニ違反シタル者アルトキハ行政ノ処分ヲ以テ喫煙ノ為ニ所持スル煙草及器具ヲ没収ス」と定めている。このタバコと喫煙器具の没収は，行政庁による義務の賦課という段階なしにいきなり行われる[10]（義務の賦課の段階を踏んでいると，その間に所持者はタバコを吸い終わってしまうだろう）。このように，義務賦課の段階なしにいきなり国民に対して強制を加える行為を行政上の即時強制という。

行政上の強制執行は，行政処分によって課された義務を義務者が自ら履行しない場合に行われるものであるが，これと対比すると，行政上の即時強制は，行政処分による義務の賦課という段階がなく，いきなり強制が加えられるという点に特徴がある（「即時」の意味はこの点にある。「即刻」という意味ではない）。

即時強制は，人の身体に対する強制と財産に対する強制に大別できる。前者の例としては，警察官による人の保護・避難等の措置・犯罪の制止・武器の使用（警察官職務執行法3条～5条・7条），強制的健康診断・強制入院（感染症予防法17条2項・19条3項）がある。後者の例としては，消防対象物等の使用・使用の制限・処分（消防法29条1項～3項），けい留されていない犬の薬殺（狂犬病予防法18条の2第1項），銃砲刀剣類の一時保管（銃砲刀剣類所持等取締法24条の2第2項），違法広告物の除却（屋外広告物法7条4項）がある。放置された違法駐車の自動車を警察官がレッカー車で別の場所に移動させるという制度があるが（道路交通法51条3項），これも後者の例である。

---

10) 未成年者喫煙禁止法は，100年以上前に制定された古い法律であり，上記の2条の規定では，どの行政機関にタバコと喫煙器具を没収する権限が与えられているのかは定められていない。ただ，警察庁組織令17条8号では，未成年者喫煙禁止法の施行に関する事務は，警察庁の少年課でつかさどることとされている。なお，未成年者の飲酒を規制する未成年者飲酒禁止法（大正11年法律第20号）も同様である。

(2) 即時強制の法的取扱い

行政上の即時強制については（行政上の代執行とは異なり）一般法は存在しない。このため，行政機関が行政上の即時強制を行うについては，個別法律による授権が必要である。

行政機関としては，法律の授権が存在すれば，授権を行う法律の定めるところに従って即時強制を行うことができる。法律の規定内容の大半は，実体的要件の規定であるが，事前に裁判官の許可状（令状）を得ておくべしとか審議会の意見を聴くべしといった手続が定められていることもある（例，警察官職務執行法3条3項・4項，麻薬取締法58条の8第3項以下）。しかし，この例は多くない。

裁判所による救済について触れておくと，即時強制は，国民の身体や財産に対して強制を加えるものであるから，国民の権利を侵害するものである。それ故，違法な即時強制については，訴訟による救済が認められなければならない。行政不服審査法は権力的事実行為について行政不服申立てを認めているが（267頁(1)を参照），それで解決が図られない場合には，取消訴訟を起こすことができる[11]。

もっとも，上記の即時強制の例からも分かるように，その多くは一過性のもの（短時間で終わってしまうもの）である。即時強制による権利侵害が終わってしまった場合は，行政不服申立てや取消訴訟は役に立たない。残るは損害賠償（国家賠償）による救済である。

---

[11] 訴訟法の話になるが，将来行われる蓋然性のある即時強制については抗告訴訟としての差止訴訟を起こすことも考えられる。例えば，刑務所内での定期的な強制的丸刈りに対し，差止訴訟が起こされたことがある。

第11講

行政上の制裁

I　行政上の制裁

　殺人・強盗などの犯罪を犯した者に対しては，刑事訴訟の手続を経てではあるが，刑罰が科せられる。政党・宗教団体などの団体においても，団体のルールを破れば，その者にはその団体によって何らかの不利益が課せられる。これらと同様に，行政の世界においても，法律や行政処分に従わなければ，不利益が課せられる。本講では，こうした行政上の法律や行政処分に従わない者に対して課せられる不利益について説明する[1]。

II　行政上の制裁の種別

　行政上の制裁にはどのようなものがあるだろうか。ある人が飲酒運転をしたというケースを想定して説明しよう。

(a)　刑　罰

　飲酒運転をした者に対する制裁の1つは，刑罰である。道路交通法65条1項は，「何人も，酒気を帯びて車両等を運転してはならない。」と定め，この規定をうけて酒気を帯びて運転をした者についての罰則が設けられている（同法117条の2第1号，117条の2の2第3号。前述のように行政上の法律では，その末尾の方に罰則がおかれているのが通例である）。処罰の対象になるのは，「酒に酔つた状態（アルコールの影響により正常な運転ができないおそれがある状態……）」

---

1)　本講では，「制裁」の語を緩やかに理解している。制裁の語については，129頁の注5)を参照。

での運転（酒酔い運転）および「身体に政令〔道路交通法施行令44条の3〕で定める程度以上にアルコールを保有する状態」での運転（酒気帯び運転。両者を合わせて「酒気帯び運転等」と呼ばれている）である。

刑罰は，検察官の起訴に基づき，裁判所での刑事訴訟手続を経て科される。つまり起訴をするかどうかは検察官の判断に委ねられており，刑罰を科することは一般の行政の役割ではない。このため，行政が行政目的達成のために刑罰を科したいと考えても，思うようにはいかない[2][3]。

(b) **交通反則金制度**

自動車の違法運転に対する刑罰との関係で注意をする必要があるのは，特別の制度が定められているということである。それは，交通反則金制度である（道路交通法125条以下）[4]。この制度は，本来は起訴され刑事訴訟を経て刑罰を科される類の違反行為について，交通反則金を国に納付すれば，起訴を免れ，従って刑罰を免れるというものである[5]。もっとも，酒気帯び運転等をはじめ一定の行為については，この制度の適用はないので（同法125条2項を参照），それに当たる行為を行った者は，反則金を払って刑事訴訟を回避することはできない。

---

2) この点は，とくに地方公共団体の実務において問題となる点である。条例においても刑罰を定めることができることについては，地方自治法14条3項を参照。
3) 軽微な違法行為については，「過料」といわれるものが科されることがある。学説上は，行政上の刑罰との対比において，「行政上の秩序罰」と呼ばれる（秩序罰という語は，ドイツ語のOrdnungsstrafeの訳語である）。道路交通法にも，飲酒運転についてのものではないが，その例がある（道路交通法123条の2）。過料は，国にあっては地方裁判所により，地方公共団体にあってはその長により科される（非訟事件手続法119条，地方自治法149条3号・255条の3。なお，戸籍法138条などでは，簡易裁判所の権限とされている）。近年，地方公共団体で路上喫煙を禁止する条例の制定が見られるが，違反者に対して過料を科する仕組みが定められていることがある。
4) 反則金制度と関係するのは，道路交通法上の放置違反金（道路交通法51条の4）の制度である（42頁(c)および185頁の注5)をも参照）。この制度は，都道府県公安委員会が放置車両の使用者（車両の運行について実質的な支配権を有する者）に対して放置違反金の納付を命じるものであり（同条4項），違法駐車行為をした者が反則金を納付したり公訴を提起されるなどしたときは，公安委員会は納付命令を取り消さなければならない（同条16項）。「行政上の秩序罰」であるが，過料ではないと説明されている。
5) 交通反則金制度と類似の制度は，国税通則法157条などにおいても設けられている。同法上の制度は通告処分と呼ばれる。

(c) 免許の停止・撤回

　酒気帯び運転等をした人に対しては，さらに行政庁による不利益措置として運転免許の停止や撤回（取消し）が行われる（道路交通法103条1項5号。撤回については，126頁Ⅲを参照）。具体的な措置を決めるために設けられているのが，点数制である（道路交通法施行令38条5項）。

(d) 懲　　戒

　公務員が飲酒運転をした場合には，(c)の行政上の措置とは別に，懲戒処分が行われることがある（国家公務員法82条以下，地方公務員法29条を参照）[6]。

(e) その他の不利益措置

　以上が飲酒運転をした場合に考えられる制裁ないし不利益措置であるが，それ以外の違法行為などに目を向けると，上水道の供給拒否のような行政サービスの提供の拒否，違法行為などを行った者の氏名などの公表，課徴金，加算税（加算金）といったものがある。

　課徴金とは，独占禁止法（7条の2・8条の3），金融商品取引法（172条以下），国民生活安定緊急措置法（11条）などにおいて定められているものである。独占禁止法上の課徴金は，事業者が価格カルテルなどの不当な取引制限を行った場合などにおいて，行政機関（公正取引委員会）が，その事業者に対し，その売上額の一定割合額を国庫に納付することを命じる制度である。金融商品取引法上の課徴金は，インサイダー取引を行った者などに対して課される。刑罰や損害賠償の制度によっては取り除くことのできない経済的不公正を除去するための新しい制度として意味がある。しかし，近年は額が引き上げられ，制裁色を持つようになっている。

　加算税とは，税の申告書の提出が期限までに行われなかった場合などに課されるものである。加算税は，法律上は税とされている（国税通則法65条〜69条。地方税法では加算金の語が使われている。72条の46・72条の47）。

　課徴金と加算税は，それぞれ経済規制の分野と税の分野において見られるものである。これに対し，行政サービスの提供の拒否および公表は，行政法の一般理論の見地から見ても重要なものであるので，以下において説明する。

---

6) 最近では，飲酒運転に対する厳しい社会的評価などを反映して，飲酒運転をした場合には免職になることもあるようである。なお，懲戒は民間企業においても行われる。

III 行政サービスの提供の拒否

行政サービスの提供の拒否としては，給水拒否以外にはゴミ収集の拒否が知られているが，以下では，給水拒否を取り上げる。

設問 違法建築物に対しては，上水道の供給を拒否することができるだろうか。

法律上の仕組みとしては，違法建築物があると，まず行政庁は是正命令を出すことができる（建築基準法9条1項。通例は，行政指導がまず行われるだろう。158頁(1)・159頁(2)を参照）。そして，これに従わない者に対しては，建築基準法で刑罰の規定があり（同法98条1項），刑罰が課される可能性がある。また，行政ベースでは，行政上の代執行を行うことが考えられる（違法建築物の是正の義務は代替的作為義務である）。

しかし実際には，検察官による起訴が行われることはあまりないようである。また，行政上の強制執行のところ（141頁(b)）で述べたように，違法建築物に対しては，代執行を行うことも難しいので，これはめったに行われない。このため，比較的軽微な違法建築物に対しては何らの措置もとられないことがあるようである。しかし，違法建築物が沢山建てられたり，悪質度の高い違法建築物が建てられたりした場合に，上水道の供給を拒否するというやり方が行われることがある。ここで問題になるのは，この上水道の供給の拒否が適法かどうかである。この問題においてカギになるのは，次の水道法15条1項の解釈である。

> **水道法15条（給水義務）**
> ① 水道事業者[7]は，事業計画に定める給水区域内の需要者から給水契約の申込みを受けたときは，正当の理由がなければ，これを拒んではならない。

この規定によると，違法建築に対する上水道の供給の拒否が適法であるためには，違法建築をなくするという目的が「正当の理由」に当たらなければならない。つまり，「正当の理由」の中に違法建築をなくするという目的も含まれ

---

[7] 水道法6条2項によると，「水道事業は，原則として市町村が経営するものと」されている。

なければならない。この問題につき、最高裁判所は、次のように解釈している。

> **最高裁判所 1999（平成 11）年 1 月 21 日判決＝福岡県志免町給水拒否事件**
> 「市町村は、水道事業を経営するに当たり、当該地域の自然的社会的諸条件に応じて、可能な限り水道水の需要を賄うことができるよう、中長期的視点に立って適正かつ合理的な水の供給に関する計画を立て、これを実施しなければなら」ない。しかしながら、「給水契約の申込みが右のような適正かつ合理的な供給計画によっては対応することができないものである場合には、法〔水道法〕15 条 1 項にいう『正当の理由』があるものとして、これを拒むことが許されると解すべきである。」

この判決は、ある町が水不足を考慮してマンション分譲業者との間での給水契約の締結を拒否したために生じた事件に関するものであるが、この判決に従って「正当の理由」を水供給計画によっては対応できない場合を指すと解釈すると、違法の建築物をなくするという目的は、「正当の理由」には当たらず、上水道の供給の拒否は違法だということになるだろう。しかし、他方において、何らかの違法状態がある場合にそれを除去するという目的は、「正当の理由」に当たるとして、上水道の供給の拒否を適法なものと見る説もある（この説をとる裁判例として、大阪地方裁判所 1990（平成 2）年 8 月 29 日決定）。

結果として違法状態がまかり通ることに手を貸すことになる場合であっても、行政サービスを行わなければならないと考えるかどうかが、この問題の判断の分かれ目である。

Ⅳ 公　表

ここで問題にする公表とは、行政が持っている情報を国民に公表することである。公表には、大別すると 2 つのものがある。1 つは、国民への情報提供としての公表である。このタイプの公表については、252 頁Ⅷにおいて説明する。

公表のもう 1 つの種類は、制裁としての公表である。例えば、行政が違法建築を行った者の氏名を公表するとすれば、それは、上記の情報提供の面がないとは言えないが、制裁としての面もあるだろう。法律の規定の例としては、「容器包装に係る分別収集及び再商品化の促進等に関する法律」（容器包装リサイクル法）20 条 1 項・2 項が、主務大臣は、「正当な理由」がないのに再商品化

をしない事業者に対して，再商品化を勧告することができ，事業者がこの勧告に従わなかったときはその旨を公表することができる旨を規定している。

　この勧告は，第 12 講で説明する行政指導に当たるが，行政指導は，行政が国民に対し任意の協力を求める措置で，非権力的なものである。行政処分に従わない者に対する制裁としては刑罰が法律で定められることが多いのであるが，このソフトな手段である行政指導に従わない者に対して刑罰を科することは制裁としては厳しすぎるため，この容器包装リサイクル法では，比較的軽い措置として公表が定められているのだと思われる。

　今「制裁」という表現を用いたが，事業者が行政指導に従わない場合の公表は，相手方である事業者が行政指導に従うことを促すという目的を持っているようである。そうであるとすると，制裁という表現は強すぎ，むしろ実効性確保目的の公表と言うのが穏当であろう。

　従って，公表には，①情報提供としての公表，②制裁としての公表，および③実効性確保のための公表の 3 種類のものがあるといえる。①については法律の授権は必要ではないが，②および③については法律の授権が必要であろう。また，これらの公表を行う場合に，個人名，企業名，商品名などをどこまで公表できるかという問題がある。

第 12 講

行 政 指 導

I 行政指導とはどのようなものか

　新聞などで時々「行政指導」という言葉を目にするが，行政指導とは一体どのようなものだろうか。行政処分との対比で考えてみよう。
　行政処分は，一方的に相手方である国民の権利義務に変動を与える行為である。例としては，課税処分や営業停止命令，自動車の運転免許，建築確認がある。これに対して，行政指導は，相手方である国民に対して任意的な協力を求める行為である。
　例えば違法建築物があると，行政庁はいきなり行政処分である是正命令を出すというようなことはしない。まず，担当の職員が建築主のところに出向いたり，あるいは電話で「あなたのお建てになった建築物は建ぺい率に違反しています。違法な点がなくなるように建物を改造していただけませんか。」というような指導をするだろう。このような指導で問題が解決する場合もあるだろうが，解決しない場合は，担当の係長か課長の名前で，もう少し強い調子の「建物を改造して下さい。さもないと是正命令が行われるおそれがあります。」というような勧告の文書が建築主のもとに届くかもしれない。このような形で相手方の任意的な協力を得て行政目的を達成しようとする行為が行政指導である。
　このように，行政指導は，権力的な行為ではなく，非権力的な行為である。またこの例からも分かるように，相手方に義務を課したりするものではない。その意味で，事実上の行為と言うことができる。まとめて言うと，行政指導とは，行政機関が，相手方の任意的な協力を得て行政目的を達成しようとする非権力的事実行為である。

第12講　行政指導

この行政指導については，行政手続法2条6号で次のように定義されている。

> **行政手続法2条（定義）**
> 6　行政指導　行政機関がその任務又は所掌事務の範囲内において一定の行政目的を実現するため特定の者に一定の作為又は不作為を求める指導，勧告，助言その他の行為であって処分に該当しないものをいう。

この定義の中にも示されているが，行政指導は，法律の中で規定される場合には，指導，勧告，助言などと呼ばれている。

この定義の中にある「任務又は所掌事務」という語については，すでに説明した（55頁の コラム を参照）。

行政指導が非権力的事実行為であることは，この定義では「処分に該当しないものをいう」という文言において表現されている。

Ⅱ　行政指導が行われる理由

違法建築物がある場合に，いきなり是正命令が出されず，まず行政指導が行われるのはなぜだろうか。

(1) 行政サイドの理由

まず行政サイドから見ると，是正命令を出すためには，是正命令を出す権限を有する都道府県知事または市町村長の決裁（243頁の注4)を参照）が必要であるから，それなりの準備が必要である。おそらく現場の状況を示す写真なども必要だろう。是正命令という正式の処分を行うためには，周到な準備を図るため，会議を重ねる必要もあるだろう。これは内部的な事情だが，さらに建築基準法9条2項によれば，是正命令を出すためには，相手方に意見書の提出などをできる機会を与えなければならない。しかも同条3項および4項によると，相手方は，意見書の提出に代えて，公開による意見の聴取を請求することができ，この請求があると，行政庁は公開による意見の聴取を行わなければならない。

このようなことは，行政サイドにとっては，時間と人手のかかることであるから，できれば避けたいと思うのは理解のできることである。ここに行政指導が行われる1つの理由がある。

(2) 国民サイドの理由

　また，国民サイドから見ても，いきなり行政庁から，「あなたの建てた建築物は建築基準法に違反しているので，建築基準法により是正の措置をとることを命じる予定である。これに対しては意見書を提出できる。」などという書類が届くと，困惑せざるを得ないだろう。従って，国民サイドから見ても，是正命令のような不利益処分の場合には，まず最初に行政指導が行われるということは，歓迎すべき面があると言える。

　近年，「ソフトな行政」という表現が用いられることがあるが，行政指導は，この「ソフトな行政」のための1つの手段になっているのである。

(3) 「権限なき行政」の手段としての行政指導

　設問　大きな屋敷の跡地に大規模マンションの建設が行われようとしている。これに対し，周辺の住民は環境破壊だとして反対しているが，業者は，マンションは法律に違反していないとして工事を強行しようとしている。このとき，行政（とくに市町村）は，業者に対して，マンションの規模を小さくするよう行政指導をすることができるか。

　この種の紛争は，これまで沢山存在してきた。かつては，マンションなどの建設が周辺の日照を阻害するというので問題になった。マンションの建設に関しては，今もよく紛争がある。古都京都では，マンション建設が由緒ある旅館からの景観を壊すというので，社会問題化したことがある。また，最近では，産業廃棄物処理施設の設置をめぐって紛争が生じている。さらに，風俗営業ないし性風俗特殊営業の開業をめぐって周辺の住民との間で紛争が生じることがある。

　このようなマンションの建設などが法律や条例に違反していれば，むろんそれは許されないから，紛争になっても解決は法的には困難ではない。問題は，マンションの建設などが法律に違反していない，つまり適法である場合に生じる。わが国の法律は，概して所有権ないし営業の自由を尊重し，環境の保全や周辺の住民に対する配慮の点では規制が甘いところがあるので，例えば法律には違反しないマンションであっても，周辺の環境を損なうということが少なくない。このため，周辺住民などとの間で紛争が生じやすいのである。

　このような紛争が生じた場合，住民が地方公共団体，とくに身近な地方公共

団体である市町村に紛争の調停役になるよう求めることがある。市町村としては，この紛争に介入するとしても，問題となっているマンションは法律には違反していないのであるから，行政処分を行ってマンションの建設計画の変更を求めることはできない。市町村がとることのできる手段はせいぜい行政指導である。

　このような行政指導の特徴は，しばしば法律の授権が欠けているということである。例えば違法建築物の建築主に対する行政指導は是正命令の前段階として行われるものであり，是正命令には法律の授権がある（建築基準法9条1項）。従って，是正命令の前段階の行政指導も間接的ではあるが是正命令を授権する法律の規定にその法的根拠を求めることができる。これに対して，適法なマンションをめぐる紛争の調停のための行政指導には，法律の授権も間接的な法律の根拠もない。

　このように，行政指導は，法律や条例に行為権限を与える規定がない場合に，行政がとることのできる手段であることに1つの特徴がある。行政指導は「ソフトな行政」の手段であるとともに，「権限なき行政」（77頁の コラム を参照）の1つの手段である。

　このような法的根拠のない紛争の調停のための行政指導がはたして許されるのかという問題があるが，この種の行政指導は，現実の行政の中ではしばしば見られる現象である。実際に行われているから適法だと言うことはできないが，52頁(b)の「法律の留保の原則」のところで触れた権力作用留保説によると，行政指導は権力作用ではないので，適法だということになる。また，最近は，条例を定め，この種の行政指導を授権する規定をおく地方公共団体が見られるようになっている。

III　行政指導の法的取扱い

(1)　行政指導の強弱

　いま行政指導は「ソフトな行政」の手段だという説明をしたが，いわゆる減反（稲の作付面積の削減）の行政指導など，はなはだ強力であり，ソフトなどとは言えないとの反論があろう。確かに，行政指導が「ソフトな行政」の手段だといっても，それはあくまで行政処分との対比で行政指導を全体として見た場

合の説明である。

　行政指導をもう少し個別的に見ると，強い力を持ったものもあればそうでないものもある。先ほどの行政手続法における行政指導の定義で「指導，勧告，助言」という表現があったが，助言が最も弱く，指導，勧告の順に強くなると言ってよいだろう。そして，行政指導を授権する法律の規定の中には，この3種のものをすべて挙げているものがある（例，水質汚濁防止法13条の4・14条の11，屋外広告物法11条，宅地建物取引業法71条）。相手方の出方や状況により，行政指導の強さを変えてもかまわないということを示唆しているのだろう。Ⅱの違法建築物の建築主に対する行政指導で述べたように，行政指導は，最初は穏やかに，そして相手方がそれに応じなければ次第に強くなっていき，最後は行政処分が行われるか，155頁Ⅳの「行政上の制裁」中の公表のところで触れた違反事実の公表などの措置に行きつくことになる。

> コラム　**警　告**　行政手続法の行政指導の定義では挙げられていないが，警告という行政指導もある。警察官職務執行法は，警察官に対し，人の生命・身体に危険を及ぼす事態が発生した場合や犯罪が行われようとしている場合に警告を発する権限を与えている（4条・5条）。また，災害対策基本法は，市町村長に対し，災害の予報・警報が出ている場合に警告を発する権限を与えているし（56条），大規模地震対策特別措置法は，警戒宣言が発せられた場合の警告の権限を警察官に与えている（25条）。さらに比較的新しい法律である「ストーカー行為等の規制等に関する法律」でも，警告の語が用いられ，都道府県公安委員会がつきまとい等をする者に対して発する禁止命令に先立ち都道府県警察本部長等が警告を発することになっている（4条）。警告の語には指導・勧告・助言よりも強い意味合いがあるためか，この語が用いられることは多いとは言えない。

(2)　行政指導の分類

　行政指導には強弱様々なものがあるとすると，これを一律に取り扱うことはできない。行政指導の法的な取扱いを説明する前に，行政指導を分類しておくことにしよう。

　行政指導は，まず国民に対する行政指導と行政体相互間および行政機関相互間での行政指導に分けることができる。

　前者の国民に対する行政指導は，さらに次のように分類できる。

(a) 助成的・授益的行政指導

これは、行政が、国民に対し、その福祉の向上などを目的として、知識または情報を提供するものである。市町村が児童・妊産婦の福祉に関して行う指導（児童福祉法10条第1項3号）など、社会保障行政の分野において多く見られるようである。

(b) 規制的行政指導

これは、その目的または内容において、相手方に対する規制的な力を持った行政指導である。これには、前述の違法建築物がある場合の行政指導のような国民の違法行為是正のための指導や、減反のための行政指導のような独自の規制目的達成のための行政指導がある。

(c) 調整的行政指導

マンションの建築主と周辺住民との間での紛争の解決のために行われる行政指導がその例である。

以上の(a)～(c)の国民に対する行政指導に対し、行政体相互間の行政指導としては、国が地方公共団体に対して行う行政指導が重要である。

また、行政機関相互間での行政指導として、総務大臣や環境大臣が関係行政機関の長に対して行う勧告（総務省設置法6条1項、環境省設置法5条2項）がある。こうした行政体相互間の行政指導や行政機関相互間の行政指導は重要なものだが、本書は、行政と国民の関係の説明に重点をおいているので、これらについての説明は省略したい。

(3) 行政指導に対する法律の授権の要否

さてここから、行政指導に対する法的統制の問題に入る。一般に、行政活動に対する法的取扱いを問題にするとき、まず議論になるのは、法律の授権の要否である。このことは、行政指導についても当てはまる。行政指導を行うのに法律の授権は必要だろうか。

(a) 学　説

51頁Ⅳで法律の留保の原則に言及した。これは、一定の行政活動には法律の授権が必要であるという原則だが、どのような行政活動に法律の授権が必要であるのかという点については、学説は一致していない。学説としては、侵害留保説、権力作用留保説、公行政留保説などがあることはすでに説明した。こ

れらの学説が激しく対立している論争点の1つが，実は行政指導についての法律の授権の要否の問題である。

まず侵害留保説は，権力的な侵害的行政活動について法律の授権を要求するので，この説によると非権力的な行為である行政指導については法律の授権は必要ではないことになる。もっとも，侵害留保説をとりながら，行政指導の中の侵害的なものについては法律の授権が必要だと主張する学説もある。

これに対して，権力作用留保説によると，行政指導は非権力的なものであるので，法律の授権は要らない。

他方，公行政留保説によると，行政指導についても法律の授権が必要である。

では，いずれの説が正しいのだろうか。私見では，行政指導には授益的なものもあり，また侵害的なものであっても強弱様々なものがあることを考慮すると，一律に法律の授権の要否を判断することは適切ではない。

前述の行政指導の種別ごとの検討は省略するが，減反の行政指導のように，独自の規制目的達成のための行政指導については，とくにそれが権力的規制手段に近い働きをする場合には，原則として法律の授権が必要であるというべきだろう。このことは，公行政留保説では当然認められることだが，前述のように，侵害留保説によっても認められる余地がある。また，権力作用留保説でも，権力作用を広く解することによって，強い規制的な力を持った行政指導には法律の授権が必要だという結論を導くことが可能である。

(b) 裁判例・行政実務

この問題につき，最高裁判所は，1995（平成7）年2月22日の（大法廷）判決＝ロッキード事件丸紅ルート判決において，前述した行政手続法の行政指導の定義に依拠しながら，「一般に，行政機関は，その任務ないし所掌事務の範囲内において，一定の行政目的を実現するため，特定の者に一定の作為又は不作為を求める指導，勧告，助言等をすることができ」る，と判示している（55頁(b)を参照）。

この判決は，行政指導については法律の授権は要らないと言っているので，侵害留保説かまたは権力作用留保説をとっていると言えそうである。

また，薬害に関する訴訟や水俣病に関する訴訟において，裁判所は，国民の生命や身体を守るためには，法律で規制の権限を認められていなければ，行政指導で対処すべきであったという考え方をとっている[1]。さらに，地方公共団

体が街づくり，環境保全，開発規制等の行政分野で行っている行政指導も法律・条例の授権を欠いていることが多いのだが，これを違法視する説は少ないようである。

法律の授権が与えられるということは法律の世界では大切なことなのだが，国民の生命や身体の保護，あるいは環境の保全などにはそれに劣らぬ高い価値が与えられているのである。

(4) 行政指導に対する実体的規制

次に，法律によって定められている，行政指導に対する規制について見ることにしよう。行政指導を規制する一般的な規定は，行政手続法の中におかれている。一般に，法律の規定には，実体に関するものと形式・手続に関するものがあるが，行政指導に関する行政手続法の規定にも，両方がある。以下では，それらの規定を見ていくことにする。

行政手続法の行政指導に関する規定の説明に入る前に，1つ注意していただきたい点がある。それは，行政手続法の行政指導に関する規定が地方公共団体の行政指導には適用がなく，地方公共団体は，行政手続条例を作り独自の規定を設けているということである。その多くは，行政手続法と同じような内容のものだが，一部の地方公共団体は，行政手続法の規定を修正した内容の規定をおいている（(c)を参照）。

(a) 行政指導の一般原則

> **行政手続法 32 条（行政指導の一般原則）**
> ① 行政指導にあっては，行政指導に携わる者は，いやしくも当該行政機関の任務又は所掌事務の範囲を逸脱してはならないこと及び行政指導の内容があくまでも相手方の任意の協力によってのみ実現されるものであることに留意しなければならない。

この規定中の「行政機関の任務又は所掌事務」という文言は，行政手続法における行政指導の定義においても用いられているが，具体的には，各行政機関

---

1) 福岡地方裁判所 1978（昭和 53）年 11 月 14 日判決＝スモン訴訟福岡判決，東京地方裁判所 1992（平成 4）年 2 月 7 日判決＝水俣病東京訴訟，京都地方裁判所 1993（平成 5）年 11 月 26 日判決＝水俣病京都訴訟。なお，水俣病に関する訴訟としていわゆる関西水俣病訴訟について最高裁判決が出ているが（最高裁判所 2004（平成 16）年 10 月 15 日判決），この判決については，402 頁(b)で取り上げる。

を設置することを定める法律に書かれている。前に コラム で触れたが（55頁の コラム を参照），例えば環境省設置法は，「環境省は，地球環境保全，公害の防止，自然環境の保護及び整備その他の環境の保全（……）並びに原子力の研究，開発及び利用における安全の確保を図ることを任務とする。」というように環境省の「任務」を一般的に定め（3条），その具体的内容を「所掌事務」として26項目にわたり列挙している（4条）。例えば「公害の防止のための規制に関すること」（4条9号）が環境省の所掌事務である。

行政指導がこの「行政機関の任務又は所掌事務の範囲」を超えると，それは行政指導ではないという説明もあるが，むしろ職務外行為として違法と解すべきだろう。つまり，「任務又は所掌事務の範囲」は，公務員が「留意」するにとどまらず，遵守しなければならない事柄である。

さらに，行政手続法は，「行政指導の内容があくまでも相手方の任意の協力によってのみ実現されるものであること」にも「留意しなければならない」と定めている。行政指導は，相手方の任意的な協力を求めるものであるから，その枠を逸脱して強制にわたるようなことがあってはならないというわけである（不服従に対する強制の禁止）。

(b) **不利益取扱いの禁止**

> **行政手続法 32 条（行政指導の一般原則）**
> ② 行政指導に携わる者は，その相手方が行政指導に従わなかったことを理由として，不利益な取扱いをしてはならない。

この規定は，行政指導が相手方の任意の協力を求めるものであるところから，行政指導に従わないからといって，相手方の氏名を公表したり，相手方への水道の供給を停止するというような不利益取扱いを禁止したものである。もっとも，法律で認められている不利益取扱いは，この規定によっては禁止されない。

減反の行政指導の場合，行政指導に従った者は補助金をもらうことができるが，行政指導に従わない者は補助金をもらえないようである。これは，行政指導に従わない者に対する不利益取扱いであり，行政手続法に違反しているのではないかという問題がある。行政実務上は，行政指導に従った者に補助金を与えるのであって，行政指導に従わなかった者に補助金を拒否しているのではないという説明をしている。つまり，行政手続法が禁止しているのは，「行政指

導に従わない者に対する不利益措置」であり、「行政指導に従った者に対する優遇措置」はこれとは別である、という説明である。

(c) **申請に関連する行政指導の限界**

> **行政手続法 33 条（申請に関連する行政指導）**
> 申請の取下げ又は内容の変更を求める行政指導にあっては、行政指導に携わる者は、申請者が当該行政指導に従う意思がない旨を表明したにもかかわらず当該行政指導を継続すること等により当該申請者の権利の行使を妨げるようなことをしてはならない。

この規定は、許認可の申請が行われた場合においてこれを行った者（申請者）に対する行政指導の限界について定めたものである[2]。行政実務上、許認可の申請に対し判断（審査と応答）を留保して行政指導を続けるということがしばしば行われてきた。地方公共団体の例で言うと、マンション建設の場合の建築確認の申請に対する判断を留保しての行政指導、産業廃棄物処理施設の設置の許可の申請に対する判断を留保しての行政指導などがその例である。33 条は、このような行政実務に対する批判をうけて設けられたものである。

この 33 条の定めている行政指導の限界とは、「申請者が当該行政指導に従う意思がない旨を表明した」場合には、行政指導を続けることによって「申請者の権利の行使を妨げ」てはならない、ということである（申請権については、103 頁(b)を参照）。

1 つの問題は、「申請者が当該行政指導に従う意思がない旨を表明した」とはどのような場合かということである。33 条は、最高裁判所 1985（昭和 60）年 7 月 16 日判決＝品川マンション事件に倣ったもののようであり、この判決は、建築確認の申請に対し行政庁が建築確認を留保して行政指導を続けたという事件に関するものだが、判決は、相手方が「行政指導にはもはや協力できないとの意思を真摯かつ明確に表明し」た場合には、建築確認を留保することは違法であると言っている。そこでこの考え方を 33 条に読み込み、同条が言う「行政指導

---

[2] 33 条は許認可の申請後の行政指導についての規定であるが、この他、申請が行われる前の段階において、申請を妨げまたは申請の内容の変更を求める行政指導に対して、その相手方が行政指導に従わず申請を行うという意思表示をした場合、33 条に照らしてもはや行政指導を続けることはできないのではないかという問題がある。

に従う意思がない旨の表明」とは，真摯かつ明確なものでなければならないと解することが可能である。

また，この判決は，建築確認の留保が違法になる要件として，「行政指導に対する建築主の不協力が社会通念上正義の観念に反するものといえるような特段の事情が存在しない」ことを挙げている。この要件は 33 条の中には取り入れられていないのだが，これを同条の中に読み込もうとする学説も有力である。その場合には，行政指導に従わないことが「社会通念上正義の観念に反する」場合には，行政指導を続けることができるということになる。

なお，33 条の規定は，地方公共団体にそのまま適用すると，地方公共団体が環境の保全などのために事業者に対して行ってきた行政指導にとって大きな制約となるものである。そこで地方公共団体の行政手続条例では，行政指導を尊重すべきことを定めたり，行政指導を継続する可能性を広げる規定がおかれることがある。例えば，京都府行政手続条例は，行政手続法 33 条と同じ内容の規定をおいたあとに，「行政指導が府民生活の安全性の確保，自然環境等の保全，災害の防止その他公益上重要な事項を目的とするものであるときは，当該行政指導の相手方は，その趣旨及び内容を尊重するように努めなければならない。」と定め，そして，その次の項で，「前項の行政指導に従わないことが公益を害し，かつ，社会通念上許容できないと認められる特段の事情が存するときは，前条の規定〔31 条。行政手続法 33 条と同趣旨の規定〕にかかわらず，行政指導を継続することができる。」と定めている（32 条 1 項・2 項）。

(d) **許認可等の権限に関連する行政指導の禁止**

> **行政手続法 34 条（許認可等の権限に関連する行政指導）**
> 許認可等をする権限又は許認可等に基づく処分をする権限を有する行政機関が，当該権限を行使することができない場合又は行使する意思がない場合においてする行政指導にあっては，行政指導に携わる者は，当該権限を行使し得る旨を殊更に示すことにより相手方に当該行政指導に従うことを余儀なくさせるようなことをしてはならない。

この規定は分かりにくいが，例えば行政庁が許認可を拒否することができないにもかかわらず，公務員が拒否処分をすることなどをほのめかすことによって行政指導に従わせようとすることを禁止する規定である。

(5) 行政指導の形式的規制

以上が行政手続法における行政指導についての実体的規定だが、これに加えて、行政手続法には、行政指導に対する形式的な面からの規定がおかれている。

(a) 行政指導の方式

> **行政手続法 35 条（行政指導の方式）**
> ① 行政指導に携わる者は、その相手方に対して、当該行政指導の趣旨及び内容並びに責任者を明確に示さなければならない。
> ② 行政指導に携わる者は、当該行政指導をする際に、行政機関が許認可等をする権限又は許認可等に基づく処分をする権限を行使し得る旨を示すときは、その相手方に対して、次に掲げる事項を示さなければならない。
> 　1　当該権限を行使し得る根拠となる法令の条項
> 　2　前号の条項に規定する要件
> 　3　当該権限の行使が前号の要件に適合する理由
> ③ 行政指導が口頭でされた場合において、その相手方から前項に規定する事項を記載した書面の交付を求められたときは、当該行政指導に携わる者は、行政上特別の支障がない限り、これを交付しなければならない。
> ④ 〔省略〕

1項で定められた原則は「明確性原則」と呼ばれる。行政指導はしばしば国民と直接に接触する公務員の独自の判断により行われ、その趣旨や責任者がはっきりしないこともあったので、今後そのようなことがないように設けられた規定である。

2項は、34条の適用を受ける行政指導につき、行政機関が行使しうる許認可等の権限の根拠規定などを行政指導の相手方に示すことを定めるものである。2014年の行政手続法の改正により新たに設けられた。

3項は、1項の明確性原則を担保するために、書面の交付を定めている。

(b) 行政指導指針

行政手続法36条は、複数の者に行政指導をしようとするときは、行政指導指針を定め原則としてこれを公表することを義務づけている。行政指導指針とは、「行政指導に共通してその内容となるべき事項」であり（行手法2条8号ニ）、行政指導の一般的基準である。行政指導が単発的なものではなく、多数の者にあるいは繰り返し行われる場合について、行政機関の恣意を制限するために行政指導指針の策定と原則的公表が義務づけられているのである。

なお，行政指導指針は「命令等」に当たるので（行手法2条8号），その策定に当たっては「意見公募手続」を実施する必要がある（行手法39条以下。この手続については90頁Ⅶを参照）。

Ⅳ 行政指導の中止と実施の求め

以上においては，行政機関が行政指導を行う場合の実体的および手続的規制について説明した。では国民は，行政指導の中止や実施を求めることができないかという問題がある。この行政指導の中止および実施を行政手続の段階で求める仕組みが2014年の行政手続法の改正により導入されている[3]。

(1) 行政指導の中止等の求め

行政手続法36条の2は，次のような規定をおいている。

> **行政手続法36条の2（行政指導の中止等の求め）**
> ① 法令に違反する行為の是正を求める行政指導（その根拠となる規定が法律に置かれているものに限る。）の相手方は，当該行政指導が当該法律に規定する要件に適合しないと思料するときは，当該行政指導をした行政機関に対し，その旨を申し出て，当該行政指導の中止その他必要な措置をとることを求めることができる。〔但書は省略〕
> ② 前項の申出は，次に掲げる事項を記載した申出書を提出してしなければならない。
> 1～6 〔省略〕
> ③ 当該行政機関は，第1項の規定による申出があったときは，必要な調査を行い，当該行政指導が当該法律に規定する要件に適合しないと認めるときは，当該行政指導の中止その他必要な措置をとらなければならない。

(ア) 1項の規定は，行政指導の相手方に対し，行政指導の中止その他の措置をとることを求めることを認めるものである（紹介は省略したが，1項には但書があり，行政指導が弁明その他意見陳述のための手続を経てされたものであるときは，この限りではない）。

---

[3] 行政指導の中止を訴訟により求めることは，現行の行政事件訴訟法の下でも必ずしも不可能ではない。しかし，行政指導の実施，しかも他人に対する行政指導の実施を訴訟で求めること（行政処分でいえば，非申請型義務付け訴訟）は，難しいところがある。

第12講　行政指導

　(イ)　この行政指導の中止等の求めの対象になる行政指導は、「法令に違反する行為の是正を求める行政指導」である。それは規制的指導（162頁(b)を参照）の一部である。また、「その根拠となる規定が法律に置かれているもの」に限られている。

　(ウ)　3項により行政機関は、一応「行政指導の中止その他必要な措置」をとることを義務づけられているが、とるべき措置は、「行政指導の中止」のみならず「その他必要な措置」に広げられている。訴訟では、行政指導が違法であれば、相手方は救済されるのが通例であるが、行政手続ないし行政活動のレベルでは、行政機関に柔軟な対応が許容されているのである。行政指導により利益を受ける第三者（例えば周辺住民）がいる場合に、その権利利益を考慮して行政機関に柔軟な対応を許容することは、必ずしも否定されるべきことではない。

　(エ)　行政機関が3項によりとることになった措置について申出人に通知することを定める規定はない。しかし、少なくとも通知をすべき努力義務はあるだろう。

(2)　行政指導の求め

　行政手続法36条の3は、「処分等の求め」の規定として、処分または行政指導をすることを求めることができる旨の規定をおいている。

> **行政手続法36条の3**
> ①　何人も、法令に違反する事実がある場合において、その是正のためにされるべき処分又は行政指導（その根拠となる規定が法律に置かれているものに限る。）がされていないと思料するときは、当該処分をする権限を有する行政庁又は当該行政指導をする権限を有する行政機関に対し、その旨を申し出て、当該処分又は行政指導をすることを求めることができる。
> ②　前項の申出は、次に掲げる事項を記載した申出書を提出してしなければならない。
> 　1〜6　〔省略〕
> ③　当該行政庁又は行政機関は、第1項の規定による申出があったときは、必要な調査を行い、その結果に基づき必要があると認めるときは、当該処分又は行政指導をしなければならない。

　「処分の求め」については232頁(3)で説明することとし、ここでは「行政指導の求め」についての規定を見ると、次のことを指摘できる。

Ⅳ 行政指導の中止と実施の求め

(ア) この「行政指導の求め」の対象になる行政指導は，法令に違反する事実がある場合において，その是正のためにされる行政指導であるから，規制的指導の一つである。

(イ) また，「行政指導の求め」の対象になる行政指導は，「その根拠となる規定が法律に置かれているもの」に限られている。

(ウ) 他方，「行政指導の求め」の申出資格は，「何人」にも認められている（このことが孕んでいる問題については，232頁(イ)(ウ)を参考にしていただきたい）。

(エ) 3項は，たとえ「法令に違反する事実」があっても，行政指導を義務づけていないこの規定の意味は，行政機関が調査などの行政内部での手続を開始することを義務づける点にある（233頁(エ)を参照）。

(オ) 行政機関が求められた行政指導をしない場合，(エ)の調査などの手続の結果として，法の枠内においてであるが，申出の範囲外の措置を講じることもできると考えられる。

(カ) 行政機関が3項によりとることになった措置について申出人に通知することを定める規定はない。しかし，少なくとも通知をすべき努力義務はあるだろう。

(キ) 「行政指導の求め」と後述の「処分の求め」との申出のやり方および両者の関係については，233頁(キ)で触れる。

第 13 講

行政計画

(1) 行政計画とは

　行政活動の中では，計画という名称を持った文書が作成されることが少なくない。この行政において作成・決定される計画またはそれを作成・決定する行為が行政計画（または行政上の計画）と呼ばれるものである。23 頁 (g) でも述べたように，代表的な例は都市計画法で制度化されている都市計画である。

　行政計画とは，定義としては，行政機関が行政活動について定める計画または計画を定める行為である。一般に，計画とは，目標とそれを実現するための手順や手段を定めるものであるから，行政計画とは，行政機関が，行政活動について一定の目標と，それを実現するための手順と手段を定めるものと言うこともできる。

　では，行政計画は何について計画するものであろうか。むろん，行政活動についての計画であるが，そのうちでもとくに道路建設のような（行政活動の分類から言えば）非権力的事実行為たる公共事業（公共工事）について行政計画が策定されることが多い。街づくりのための計画や国づくりのための計画も存在する（都市計画法，国土形成計画法）[1]。

---

1) 規制行政の分野でも行政計画はあるのだろうか。感染症予防法は，厚生労働大臣は「感染症の予防の総合的な推進を図るための基本的な指針」を定めなければならず（9 条 1 項），また都道府県は「感染症の予防のための施策の実施に関する計画」を定めなければならないと規定している（10 条 1 項）。これらは，規制行政の分野での計画の例だと言ってよいだろう。「東京都感染症予防計画」（平成 20 年 3 月）(http://www.fukushihoken.metro.tokyo.jp/iryo/kansen/ky_keikaku.files/keikaku.pdf) を見ると，その記述の大部分は，住民の知識や意識の向上を目指した普及啓発，医療体制の整備や必要な医療資材の備蓄など非権力的な措置に関するものである。規制権限の行使への言及は皆無ではないが，その趣旨は，感染症発生の届出義務の周知徹底や伝染病患者に対する入院勧告の際の患者に対する十分な説明など，規制権限行使の円滑化を図る措置やその行使の際の留意事項の

付論 ⑮：行政計画の中身

　行政計画は，行政処分などと比較すると，分量的にも大きなものであることもあり，イメージを持つことが難しい。他方，行政処分についてのイメージを持つことは難しくはない。自動車の運転免許証は，ご存じのように1枚の小さなカードであり，そこには免許所持者の氏名・生年月日・住所・免許の種類，発行機関などが記載されている。営業停止命令書は，相手方の氏名，住所，営業停止を命ずることおよびその期間，理由，命令機関といったことが記載されたせいぜい数枚の紙であろう。課税処分の通知書は，納税者の氏名，課税庁名，税の種類，納付すべき税額などが書かれた，これもせいぜい数枚の紙であろう（もっとも，事案によっては，数十頁になることもあるようである）。建築確認の書面は大部であるが，これは申請時に建築主が提出した設計図面がそっくり添付されているためで，行政庁（建築主事）が付すのは1枚の紙だけである。

　では，行政計画にはどのようなことが書かれているのか。また，どのようなことが書かれているものが行政計画なのか。

　計画の指標として，通例は，目標設定性と手段総合性が挙げられる。それでは，この2つのことが書かれていなければ行政計画ではないのだろうか。とくに問題になるのは，手段総合性である。手段総合性というのは大げさなので，以下では「手順・手段の提示」というが，例えばA市とB市の間に国道を建設するという目標を定め，○○年までに用地を任意買収または収用により取得する，○○年までに道路工事を完成させ，供用を開始する，道路には防音施設を設ける，といったことが書かれている文書は，目標設定と手順・手段の提示の指標を充たしており，計画であると言ってよいだろう。しかし，手順・手段の提示は，行政計画に不可欠のものではないのではないだろうか。例えば，用途地域指定は，各地域の用途を指定するだけのものである。また，仄聞する限り，行政計画では，最も重要な手段である資金についての財政的裏づけはあまり具体的に書かれていないようである。

　そうすると，行政上の将来の目標を設定する行為ないしそれを記述した文書をもって行政計画と見るのが，考察の対象を定めるという点では適切であろう。

(2) 行政計画の種別

法律論の見地から見て最も重要なのは，次の2つの区別である。

(a) 法定計画と事実上の計画

　これは，計画についての法律の根拠の有無による区別である。都市計画法上の諸計画は，いずれも法定計画である。法定計画も少なくはないが，法律に根

指摘にある。

拠のない事実上の計画もやはり少なくない。

 (b) 拘束的計画と非拘束的計画

　これは，国民に対して法的拘束力を持つか否かによる区別である。例えば都市計画や土地区画整理事業計画は，作成され公告されると国民の権利行使を制限するので，拘束的計画である。国民の権利行使の制限のためには法律の授権が必要であるから，拘束的計画は必ず法定計画であり，事実上の計画は，非拘束的計画である。

　以上の他，計画が時間的にどの程度先のことまで定めるかにより，長期計画・中期計画・短期計画に区別される。また，計画の定める地域的範囲により，全国計画と地方計画に区別される。例えば，国土利用計画法では，全国計画・都道府県計画・市町村計画の3段階がとられている。さらに，計画の段階により，基本計画と実施計画とに区別される。基本計画は，全般的・基本的事項を定める計画であり，実施計画は，施策を具体的に実現するための計画である。地方公共団体が総合計画を定めていることがあるが，これは基本計画であり，これを実現するための道路建設計画は実施計画である。

　この他，計画の対象とする分野により，経済計画・土地利用計画・財政計画・防衛計画・道路建設計画・住宅建設計画などに区別される。

(3) 行政計画の策定と法律の授権

　行政機関が行政計画を定めるについて法律の授権が要るだろうか。

　まず，前記の拘束的計画については，法律の授権が必要である。これは，厳密に言えば，計画に法的拘束性を与えるために法律の授権が要るという意味である。

　他方，非拘束的計画は，法律の授権がなくても，沢山作られているし，これを違法というのも無理である。

　質の高い計画が作られ，これに従って街づくりが行われ，環境が保全され，経済の振興が図られ，地域が活性化し，国民の福祉が向上するのであれば（都道府県などで作られている総合計画はこのようなことを目指している），行政計画の策定について法律の授権はなくともよいだろう。

(4) 行政計画に対する法的規制

行政計画の策定には行政機関に広い裁量が認められると言われ，この裁量は計画裁量と呼ばれることがある。行政計画は通例公共事業について定められるものであり，公共事業については法律の規制は緩やかであるから，行政計画の策定の裁量が広いものであることは当然である。むしろ，この分野への計画の仕組みの導入は，この行政の裁量行使の合理性を高める（自由な裁量の幅を狭める）という意味を持っていることに注意すべきである。例えば街づくりについての都市計画の制度の導入は，街づくりの質の向上に貢献しているはずである。

(a) 要件的規制

行政計画を策定することのできる要件が法律で定められることがある。これをここでは要件的規制と呼んでいる。要件的規制があると，行政機関は要件が揃っている場合にのみ行政計画を定めることができることになる。

例えば都市計画法12条の5第1項は，地区計画につき，「次の各号のいずれかに該当する土地の区域について定めるものとする。」と定め，「用途地域が定められている土地の区域」などを挙げている。

(b) 計画内容の規制

行政計画の内容は恣意にわたるものであってはならないから，それについて法律で規制を加えることが考えられる。他方，行政計画は，もともと広く行政裁量が認められる分野で作られるものであるから，法律による規制になじみ難いところがある。現在は，次の3つの面での規制が行われている。上記の要件的規制よりも少し踏み込んでいると言えようか。

以下では，都市計画法の都市計画基準に関する下記の規定を参考に，この3つの面での規制について説明する（都市計画法13条は長文であるためかなり省略した）。

> **都市計画法13条（都市計画基準）**
> ① 都市計画区域について定められる都市計画（……）は，国土形成計画，……その他の国土計画又は地方計画に関する法律に基づく計画（当該都市について公害防止計画が定められているときは，当該公害防止計画を含む。第3項において同じ。）及び道路，河川，鉄道，港湾，空港等の施設に関する国の計画に適合するとともに，当該都市の特質を考慮して，次に掲げるところに従って，土地利用，都市施設の整備及び市街地開発事業に関する事項で当該都市の健全な発展と秩序ある整備を図るため必要なものを，一体的かつ

第13講　行政計画

> 総合的に定めなければならない。この場合においては，当該都市における自然的環境の整備又は保全に配慮しなければならない。
> 〔1〜6号は省略〕
> 7　地域地区は，土地の自然的条件及び土地利用の動向を勘案して，住居，商業，工業その他の用途を適正に配分することにより，都市機能を維持増進し，かつ，住居の環境を保護し，商業，工業等の利便を増進し，良好な景観を形成し，風致を維持し，公害を防止する等適正な都市環境を保持するように定めること。この場合において，市街化区域については，少なくとも用途地域を定めるものとし，市街化調整区域については，原則として用途地域を定めないものとする。
> 〔8〜18号は省略〕
> 19　前各号の基準を適用するについては，第6条第1項の規定による都市計画に関する基礎調査の結果に基づき，かつ，政府が法律に基づき行う人口，産業，住宅，建築，交通，工場立地その他の調査の結果について配慮すること。
> ②　都市計画区域について定められる都市計画は，当該都市の住民が健康で文化的な都市生活を享受することができるように，住宅の建設及び居住環境の整備に関する計画を定めなければならない。
> 〔③以下は省略〕

(ア)　**整合性の原則**　都市計画法13条1項は，都市計画が，国土形成計画などの国土計画または地方計画に関する法律に基づく計画（公害防止計画を含む）および道路等の施設に関する国の計画に適合することを要求している。このように，計画が他の計画に整合することを要請する原則を整合性の原則と言う。整合性の原則とは，計画間での整合性の確保または調整を要請する原則である。この原則による規制は，「計画の内容を他の計画に合わせよ」というものであり，「計画の内容を法律に合わせよ」というものではない。この点で，それは，法律の直接的な規制ではなく，間接的な規制である。

この原則が法律で定められていることは少なくないが，その表現は多様である。上記の「適合する」ことの要請のほか，「抵触するものであつてはならない」（例，災害対策基本法40条1項など），「基本と」するものとする（例，国土形成計画法9条2項），「調和が保たれたものでなければならない」（例，農業振興地域の整備に関する法律4条3項），と定められている場合があり，また，「基づき」あるいは「即して」という表現が用いられていることもある（例，瀬戸内海環境

保全特別措置法4条1項，森林法5条1項）。

　国の計画に対する地方の計画の整合性の確保の要請が定められることが多い。しかし，地方の都市計画や公害防止計画との適合性が要請されることもある（都市計画法13条1項がその例である）。

　法律の文言の多様性は，この原則が一律の効力を持つものではないことを示している。この原則を破る計画を即違法と見ることは無理だろう（もっとも，違反の程度が大きい場合は違法を認める余地があるだろう）。

　(イ)　**考慮事項の指示**　　都市計画法13条1項第2文は，都市計画の策定において「当該都市における自然的環境の整備又は保全に配慮しなければならない。」と定め，また，7号では，地域地区に関する都市計画につき，「土地の自然的条件及び土地利用の動向を勘案して」と定めている。このように，法律が，計画の策定において行政機関が勘案または考慮すべき事項を定めるのが，ここで言う「考慮事項の指示」である。

　(ウ)　**計画目標の指示**　　上記の都市計画法13条1項7号は，「地域地区は，……，住居，商業，工業その他の用途を適正に配分することにより，都市機能を維持増進し，かつ，住居の環境を保護し，商業，工業等の利便を増進し，良好な景観を形成し，風致を維持し，公害を防止する等適正な都市環境を保持するように定めること。」と定めている。このように，法律が行政計画の内容について指示を与えることがある。これが「計画目標の指示」である。この計画目標の指示は，計画の整合性の原則や考慮事項の規定に比べると，計画の内容に対してより直接的な方向づけを与えるものであるが，法律上これについての規定が置かれていることは少ない。

(5)　行政計画の変更

　行政計画は，よく見直しが行われ，変更（改定または新規策定）が行われる。例えば，「エネルギー政策基本法」（平成14年法律第71号）12条が定めている「エネルギー基本計画」は，2003年10月の策定以来3回にわたり改定されている。地方公共団体の総合計画も，第何次と銘打たれていることもあれば，期間が例えば10年と定められていたりする。

　行政計画の変更は生理現象であると言われ（塩野宏『行政法Ⅰ』（第6版，2015）241頁），それについて法律の授権は必要ではないと考えられる（118頁①

を参照)[2]。

　もっとも，行政計画の変更により不測の損害を被った者に対しては，信頼保護の原則により救済が与えられる（60頁(2)を参照）。また，行政計画の策定といっても，従前の計画の変更であることも少なくないので，上記の(4)で述べたことは，行政計画の変更にも当てはまるだろう。

(6) 行政計画の策定手続

　前述のように，行政計画の策定（変更を含む）においては行政機関に広い裁量の余地が認められる。また，それだけに裁判所による事後審査は困難である。従って，行政計画の策定を法的な統制のもとにおく手段としては，事前手続が有効である可能性がある。

　この行政計画の事前手続については行政手続法では定められておらず，個別の法律で定められている。国民の意見を聴くための手続としては，意見書の提出や公聴会がある。都市計画法は，都市計画の案の作成と決定とに分け，次の手続を定めている。

> **都市計画法 16 条（公聴会の開催等）**
> ①　都道府県又は市町村は，次項の規定による場合を除くほか，都市計画の案を作成しようとする場合において必要があると認めるときは，公聴会の開催等住民の意見を反映させるために必要な措置を講ずるものとする。

> **都市計画法 17 条（都市計画の案の縦覧等）**
> ①　都道府県又は市町村は，都市計画を決定しようとするときは，あらかじめ，……その旨を公告し，当該都市計画の案を，当該都市計画を決定しようとする理由を記載した書面を添えて，当該公告の日から 2 週間公衆の縦覧に供しなければならない。
> ②　前項の規定による公告があったときは，関係市町村の住民及び利害関係人は，同項の縦覧期間満了の日までに，縦覧に供された都市計画の案について，都道府県の作成に係るものにあっては都道府県に，市町村の作成に係るものにあっては市町村に，意見書を提出することができる。

　もっとも，現行法上，公聴会や意見書の提出という方式はあまり採用されて

---

[2]　法律で計画の変更の義務や変更の手続などが定められることはある（例，都市計画法21条，エネルギー政策基本法12条5項・6項）。

いない。最もよく活用されているのは，審議会制度である。都道府県・市町村の都市計画も，都道府県・市町村の都市計画審議会の議を経て最終的に決定される（都市計画法18条1項・19条1項。その他の例として，国土形成計画法6条5項，国土利用計画法5条3項）。また，国の計画の策定において地方公共団体の意見を聴く（都道府県の計画であれば市町村の意見を聴く）という方式がとられることがある（例，都市計画法18条1項，国土利用計画法5条3項）。

(7) 行政計画に対する救済方法

　行政計画の策定（変更を含む）に対する取消訴訟は，認められないことが多い（300頁(b)で説明する）。このため，確認訴訟の活用が提唱されている（362頁Ⅵで説明する）。もっとも，前述のように行政計画の策定における行政機関の裁量は広いから（(4)を参照），これらのいずれかの訴訟が認められたとしても，違法性を根拠づけることは容易ではなく，それだけに(6)の手続が重要である。

　しかし，行政計画の策定手続が不合理なもので違法である場合や，行政計画の変更が保護すべき信頼を破った場合には，損害賠償や損失補償による救済が与えられる（信頼保護については，60頁(2)を参照）。

(8) 行政計画の提案制度

　行政計画への国民の意見の反映のために現在採用されている主な方法は，上記のように，審議会，意見書提出，公聴会といったものであるが，もう少し進んだものとしては，①計画の案を作成する段階において国民の意見を聴くという方法がある。都市計画法は，地区計画等の作成は，その区域内の土地所有者などの利害関係人の意見を求めて作成するものとしている（16条2項）。

　より進んだ方法としては，②国民（と言っても，このあと説明するように，個々の国民ではなく民間事業者である）が計画を策定し，行政庁がこれを認定するという方法や，③国民に計画の中身についての提案権を認め，計画の決定・変更は行政庁が行うという方式が考えられる。都市再生特別措置法は，都市再生緊急整備地域内における都市再生事業に関する計画について②の方式を採用し（20条・21条），都市再生事業に必要な都市計画の決定や変更について③の方法を採用している（37条）。同法では，いずれの場合も，計画の策定・提案の権利は，都市再生事業を行う民間事業者に与えられている。他方，都市計画や景

観計画についても③の計画の決定・変更の提案の制度が採用されているが，ここでは，提案の権利が土地所有者その他の権利者だけではなく，NPO法人などにも認められていることが注目される（都市計画法21条の2，景観法11条）。また国土形成計画法は，国土形成計画の作成についての提案権を地方公共団体に認めている（8条・11条）。

第 14 講

行 政 契 約

(1) 行政契約とは

　行政契約とは，行政（国・公共団体）が一方の当事者となって締結される契約である。非権力的法行為である。
　行政の分野においても，契約が締結されることは多い。例えば，物品の調達契約，道路建設や河川工事などに際しての請負契約，給水契約や市バス・地下鉄などの乗車の際の契約，開発協定，公害防止協定，廃棄物処理の委託契約などがある。近年は，災害時の協力ないし応援に関する協定やレジ袋の削減推進のための協定なども登場している。

(2) 公法上の契約と私法上の契約

　伝統的な理論は，行政上の契約を公法上の契約と私法上の契約に分け，考察の対象を前者に限った。後者は，行政が一方の当事者にはなるが，私法の規律するところであり，行政法理論の考察からは除外された（物品の調達契約や給水契約が私法上の契約の例である）。
　しかし，私法上の契約については，かねてから入札手続がとられ，近年はその法制度も整備されており，行政法理論から見ても考察の意欲をそそられるところである。また，私法上の契約といえども，公の財政に関わる点において，公共の利益と無関係のものではない。公共事業のための土地の購入は公金の支出を伴い，国公有地の売却は公金の取得を伴う。実際にも，住民訴訟においてこの種の契約が問題になることが少なくない。
　行政契約の観念は，私法上の契約をも行政法理論の考察の対象に取り込むという意味を持っているのである。以下では，この私法上の契約に関して導入されている入札制度についても説明することにする。

(3) 行政契約の種類

　行政契約は，大別すると行政体と私人との間の契約と行政体間の契約に分かれ，前者は，私行政の分野での契約と公行政の分野での契約[1]とに分かれる。後者には，さらにいくつかのものがある。

　以下では，(ア)私行政分野での契約，(イ)・(ウ)公行政分野での契約，(エ)行政体間での契約の順に述べる。そして最後に，近年，民間委託などとの関係で重要性を増している(オ)委託契約について述べる。

　(ア)　**私行政分野での契約**　　物品の調達のための契約，公共事業の請負契約，公共用地の取得のための契約，国公有地の売払いや貸付けの契約などがある。

　(イ)　**給付行政のための契約**　　行政サービスの提供のために結ばれる契約である。公営住宅などの公共施設や上水道・市バスなどの公共企業の利用のための契約がある。

　(ウ)　**規制行政のための契約**　　法令の不備を補い，規制の充実を図るために締結される契約である。公害防止協定が古くからの例である。

　(エ)　**行政体間での契約**　　国と地方公共団体との間や地方公共団体間で締結される契約である。これには，行政体間での土地・建物の売買契約や貸借契約のような私行政分野での契約もあれば，災害時の協力・応援協定のような公行政分野の契約もある。

　(オ)　**委託契約**　　委託契約とは，行政上の事務（行政上の業務と言ってもよい）を委託する契約である[2]。行政上の事務は本来は行政体である国・公共団体が実施すべきであるが，行政の資源（人手・資金・施設など）や能力（科学的技術的知見など）には限界があるといった理由から，委託が行われる。

　この委託契約は，上記の(ア)(イ)(エ)の分類のいずれの中にも存在する。庁舎の清掃や警備は私行政の性質を持つので，これを民間事業者に委託する契約は，(ア)に入る。公行政上の事務ないし業務を民間事業者に委託する契約（例，廃棄物処理に関する契約）は，公行政分野での契約である。そして，行政体間でも，事務の委託のために契約が締結されることがある。

---

1) 公行政分野においても，私法上の契約はあり得る。
2) この委託契約は，対外的な活動の前段階での行政の組織ないし態勢を作るためのものであり，組織契約と言うこともできる。この組織契約という観念を立てると，協力・応援協定は，委託契約ではないが，組織契約に含まれる。

(4) 行政契約の特殊性と役割

(ｱ)や(ｲ)の契約は，基本的には私人間での契約と同様に扱われる。もちろん，法令に特別の規定があればそれによる（例，入札手続の規定，使用料などに関する規定）。また，憲法上または条理上，私人間の契約とは異なる取扱いが要請されることもあるだろう。

これに対し，(ｳ)や(ｴ)の契約の中には，私人間の契約とかなり異なるものがある。例えば，従来議論のあった公害防止協定や原子力発電所の安全性確保に関する協定は，事業者に対して安全性確保などのための義務を課し，行政の側には立入検査などの権限を与えるという形をとるが，そこには対価性がないし，また，事業者の義務不履行や行政の権限行使に対する不服従に対する措置が欠けていることがある。

では，この種の協定はいかなる役割を果たすものだろうか。それは，行政がとることを企図する行政措置を明文化することによってそれを行うについての足場を与え，また，協定上の義務や協定上の行政措置について事業者が承諾を表明するものである。これらのことにより，行政は，その意図する行政措置実施に対する障害を取り除き，（協定がない場合に比べると）より容易に行政目的を達成することができるのである。また，複数の行政体が当事者となる協定は，各行政体が事故発生時などにおいてとるべき措置をあらかじめ調整し，行政措置のプログラムを作っておくという役割を持っていると言える。

(5) 行政契約の許容性

行政契約の締結について法律に規定があれば，それが許されることはむろんである。問題は，行政契約の締結について法律の授権がない場合である。行政契約は相手方の同意に基づいて締結されるものであるから，行政処分とは異なり，法律の授権がない場合も締結が全く許されないわけではない。

(ｱ)の私行政分野での契約は，法律の授権を必要としない。

(ｲ)の行政サービスの提供のための契約も，公共施設や公共企業が設置されていることを前提にすると，利用については法律の授権は必要ではないだろう。

(ｳ)の規制行政のための契約である公害防止協定などは，現在は法律の授権なしに締結されている。しかし，例えば個人家屋の防火に関して消防当局と個人が協定を締結し，そこにおいて，個人の防火に関する義務（例えば，最新の防火

装置の設置義務)と消防当局の権限(例えば,立入権限)を定めるといったことは(件数が膨大になることは別としても)認められまい。公害防止協定などが法律の授権なしに認められるのは,事業者の地位ないし役割に由来するのではないだろうか。

(エ)の行政体間の契約の許容性は,その内容によって異なるだろう。

(オ)の委託契約も同様である。(6)(c)をも参照していただきたい。

(6) 行政契約の一般的な法的取扱い

(a) 公正さの確保

上記(イ)の行政サービスの提供のための契約においては,利用者間での差別的取扱いの禁止や利用者の選抜における公正さの確保が要求される(差別的取扱いの禁止につき,地方自治法244条3項を参照。公正さの確保のために,例えば公営住宅法25条1項は,入居者の選考基準・決定方法について定めている)。

上記(ア)の私行政の分野での契約においても,公金支出の適正化を図り,相手方の選抜の公平を図るため,入札手続が利用される[3]。

(b) 契約内容の適正さの確保

契約内容の適正さを確保するため,契約の内容が法律などで定められることがある。国の独占事業の価格・料金は法律または国会の議決に基づいて定められる(財政法3条。この規定については,209頁(d)をも参照)。また,公共用地を契約で取得する場合の対価については,1962(昭和37)年6月29日の閣議決定で「公共用地の取得に伴う損失補償基準要綱」[4] が定められている。

地方公共団体が公有地を売却する場合には,価格が適正でなければ,住民訴訟(367頁Ⅷで説明する)で責任を追及されることがある(国については住民訴

---

[3] 私行政分野の契約を公行政目的のために用いることが法律で要請されていることがある。例えば,「国等による環境物品等の調達の推進等に関する法律」(グリーン購入法)は,国や独立行政法人に対して,環境物品等(環境への負荷の低減に資する物品など)の優先的調達の努力義務を課している。この「グリーン購入」は,環境問題の改善という公行政目的を達成するために国等がその購買力を用いるという制度である。中小企業者の受注の確保については,「官公需についての中小企業者の受注の確保に関する法律」,障害者就労施設からの物品の調達については,「国等による障害者就労施設等からの物品等の調達の推進等に関する法律」にそれぞれ規定がある。

[4] この要綱は,国土交通省のウェブサイトで見ることができる(http://tochi.mlit.go.jp/wp-content/uploads/2011/02/ippankijun.pdf)。

のような仕組みは存在しない)。

(c) **委託契約の限界**

契約による事務の委託はどこまで許されるだろうか。

庁舎の清掃や警備を契約により民間事業者に委託することは，政策的当否の問題はあるが，法的にはまず問題がないところである。

他方，権力的な行政上の事務については，法律で権限行使の主体たる機関が定められているので，その委託は，法律によらない限り許されないだろう[5]。

国民に行政サービスを提供する対外性のある事務を，法律の授権がない場合において，契約により委託することの許容性については，疑問がないわけではないが，とくに「競争の導入による公共サービスの改革に関する法律」は，公共サービスの実施を契約により委託することを許容するとともに，この公共サービスとして，「研修の業務」，「調査又は研究の業務」など行政内部の業務に加えて「施設の設置，運営又は管理の業務」（同法2条4項）をも挙げている[6]。

(d) **契約による義務の賦課・権限の取得の許容性**

設問 地方公共団体と事業者との間での公害防止協定において，工場の操業時間を定め，地方公共団体の立入権限を定めることはできるか。

操業時間を例えば8時から20時までとする旨の規定や地方公共団体の職員が立入検査をできる旨の規定は，それ自体としては適法だろう。問題は，この規定の実施を確実なものにするための規定をおくことができるかどうかである。

まずこれらの規定に従わず，夜間操業を行ったり，立入検査を拒否した場合の罰則は，罪刑法定主義の原則から言って，協定で設けることはできない。罰則以外の形で立入検査に強制力を与える規定も同様である。

行政上の強制執行もできまい。違法操業に対しては直接強制や執行罰が考えられるが，これらは法律で定める必要がある。この 設問 にはないが，煙などの排出被害がひどい場合の施設の改善に関する定めが協定にあると，行政代執行法による代執行が考えられるが，この代執行は法律または行政処分によって

---

5) 放置車両の確認および標章の取付け（道路交通法51条の4。42頁(c)および152頁の注4)をも参照）の私人への委託については法律に規定がある（同法51条の8）。これらの行為は放置違反金の納付命令につながるものであるから権力的なものだと解すると，この立法措置は，本文で述べた考えに沿っているということになる。
6) 委託については，41頁(3)も参照。

課された義務に限られるので（138頁(ア)を参照），これも無理だろう。

事業者が協定の規定を守らず夜間操業を行った場合，地方公共団体や第三者が訴訟で夜間操業の差止めや損害賠償などの法的措置を求めることができるかどうかという問題もある。事業者が夜間操業をしないことに合意して協定を結んだ以上，事業者がこの協定を破れば，上記のような法的措置が認められると解する余地も多分にある。さもなければ，協定は法的意味を失うであろう（訴訟の許容性については，188頁(9)を参照）。

(7) 行政契約の手続
(a) 入札手続

行政契約の手続として近年重視されているのは，入札である。入札は，契約の相手方の選択における機会均等・公正さの確保，談合の排除・契約締結の過程の透明化，さらには価格の低減ないし適正化といった意味を持っている。

国の行う入札手続については会計法に規定があり（29条の3・29条の5），地方公共団体のそれについては地方自治法に規定がある。裁判例が多いのは後者であるので，これについて説明する。

地方自治法234条によると，「売買，貸借，請負その他の契約は，一般競争入札，指名競争入札，随意契約又はせり売りの方法により締結するものとする。」（1項）。また，「前項の指名競争入札，随意契約又はせり売りは，政令で定める場合に該当するときに限り，これによることができる。」（2項）。つまり，原則は一般競争入札であり，指名競争入札，随意契約，せり売りは政令（地方自治法施行令167条以下）に定めがある場合にのみ許される。この点は，国においても異ならない。

しかし，一般競争入札は面倒な手続であるから行政としては指名競争入札や随意契約をとりがちである[7]。そして，これが住民訴訟で指弾されることがあるのである。

地方自治法施行令によると，地方公共団体が随意契約によることのできる要件の1つは，「〔契約〕の性質又は目的が競争入札に適しない」ことである（167

---

[7] 入札手続をとるべきであるにもかかわらずこれをとらず随意契約によった公有財産の売却契約は，判例によれば，法令の規定の趣旨を没却する特段の事情がない限り，私法上無効ではない（最高裁判所1987（昭和62）年5月19日判決）。

条の2第1項2号)。この規定について、最高裁判所は、「競争入札の方法によること自体が不可能又は著しく困難とはいえな」くとも随意契約の方法をとることが「当該契約の性質に照らし又はその目的を究極的に達成する上でより妥当であり、ひいては当該普通地方公共団体の利益の増進につながると合理的に判断される場合」も、この要件に該当すると判断している(最高裁判所1987(昭和62)年3月20日判決)[8]。

公共工事に関する入札に関しては、その適正化を目的として、「公共工事の入札及び契約の適正化の促進に関する法律」が制定されている。

> **コラム** **公契約条例** 入札制度は行政の支出を抑え、税金の無駄遣いを防ぐものであり、意味あるものであるが、その反面、例えばある企業が落札はしたものの採算が苦しくそのしわ寄せが被用者にも及ぶという事態も考えられる。むろんこれは好ましいものではない。そこで、近年は公契約条例という名称の条例を制定し、これに対処しようとする地方公共団体が出てきている。その内容は条例により一律ではないが、最低賃金額以上の賃金の支払など労働条件の適正化を求めることが目指されている。

(b) **議会の議決**

この他、地方公共団体が締結する契約について、議会の議決が要求されている場合がある(地方自治法96条1項5号以下)。対象となっているのは、おおむね財産管理のための契約である。

(8) **行政契約と訴訟**

行政契約に関する争いは、契約が私法上のものであれば民事訴訟により、契約が公法上のものであれば当事者訴訟による(当事者訴訟については、285頁(7)で説明する)。

もっとも、この民事訴訟や当事者訴訟を行政契約の第三者が起こすことは、契約についての現在の社会の見方に従うと難しい。しかし、地方公共団体の締

---

[8] 最高裁判決では、ゴミ処理施設の建設工事の請負契約を随意契約として行ったことの適否が問題となった。この種の契約では、価格の他、設備ないし機器の性能や保守管理のあり方の考慮のやり方も問題となるから、この適否についての人の判断は分かれるだろう。他方、契約の相手方ないしは目的物が特定される場合には(例えば特定の有名人との間での講演についての契約、他にはない優れた技術を持っている企業との間での業務委託の契約など)、「競争入札に適しない」と言いやすい。

結する契約で公金の支出や財産の管理に関係するものについては，それが違法なものであれば，地方公共団体の住民は，地方自治法で定められている住民訴訟を提起し，契約の履行の差止めなどを請求できる（住民訴訟については，367頁Ⅷで説明する）。

(9) 契約の不履行と義務の履行強制

行政契約により行政（国・公共団体）と国民の両方の当事者が義務を負い，一方の当事者が義務を履行しない場合には，他方の当事者がその履行を求めることになる。

ここで行政が国民に対して義務の履行を求める場合を考えると，行政は，このために行政上の強制執行を用いることはできない。それは，行政が行政処分または法律により命じられた義務の履行を国民に求めるための制度であり，行政契約上の義務の履行を求めるために用いることはできないからである。

そこで，この目的のために用いることが考えられるのは，給付訴訟を提起し，給付判決を得て，裁判所に強制執行の申立てをするという仕組み（行政上の強制執行との対比において司法的強制と呼ばれる）である。ところが，最高裁判所2002（平成14）年7月9日判決＝宝塚市パチンコ店事件は，すでに見たように（147頁(c)を参照），国や地方公共団体を「財産権の主体」と「行政権の主体」に分け，国・地方公共団体が前者として自己の財産上の権利利益の保護救済を求める訴訟は「法律上の争訟」に当たるが，後者として国民に対し義務の履行を求める訴訟は「法律上の争訟」に当たらないとしている。

この判決は地方公共団体が条例上の義務の履行を住民に対して求めた訴訟に関するものであるが，この理屈を行政契約上の義務の履行を求める訴訟に引き直すと，行政が「財産権の主体」として結んだ契約で定められている義務については司法的強制ができるが，規制行政のために「行政権の主体」として結んだ契約で定められている義務については司法的強制ができないということになる（「行政権の主体」の意味については147頁(c)とくに注8）を参照されたい）。

ところが，最高裁判所2009（平成21）年7月10日判決は，地方公共団体が，産業廃棄物処分業者との間で結んだ公害防止協定中の廃棄物処分場の使用期限の定めの履行を求めて提起した民事訴訟において，「期限条項の法的拘束力を否定することはできない」と判示している。この判決は，環境保全という規制

行政の分野で協定という契約方式が用いられる場合に，司法的強制の余地を認めるものであり，宝塚市パチンコ店事件の最高裁判決が示した規制行政の分野での義務の履行強制のための訴訟の不許容の原則が補正されているように見える。

> **コラム　行政法上意味のある私人間での契約**　建築基準法69条は，市町村が建築協定の導入を条例で定めることを許容している。建築協定とは，土地所有者および借地権者が建築物に関して締結する協定であり，行政庁の認可（同法73条）を受けると効力が生じる（同法75条を参照）。都市緑地法が定めている緑地協定（45条以下）や景観法が定めている景観協定（81条以下）も，これと同様の制度である。
>
> 　これらの協定は，国民相互間での契約である。従って，これらを行政契約に入れて説明すると話が混線するが，しかしこれらの契約は行政法の視点から見ても意味があるものである。上記の法律がこの契約の制度を設けているのは，行政が国民による街づくりや緑地・景観の保護を促し，それをバックアップするという意味がある。これらのことは国民にとって関心事（私益）であると同時に，行政にとっての関心事（公益）の面を持っており，これらの協定は，行政目的の達成と無関係のものではないのである。

第 15 講

行政調査

(1) 行政調査とはどのようなものか

　行政調査とは，行政による調査活動，言い換えると行政による情報の収集活動を指す。行政調査もまた，行政計画と同様，法律の根拠もなく，事実上行政によって行われるものもあれば，法律に基づき，相手方である国民に対し義務を課する形で行われるものもある（24頁(h)をも参照）。

　行政調査は，まず行政処分などの個別行為を行うに当たって行われる。例えば，課税処分をする場合には，相手方である国民の所得などについての調査が行われることがある。また，物品の輸入には許可が必要であるが，それに当たっては空港などで検査が行われる。

　さらに行政は，行政処分を行うかどうかとは無関係に（その意味で一般的に），例えば国民の食の安全のためには食中毒などの発生状況に目を光らせていなければならない。環境汚染の状況にも目を配っていなければならないだろう。あるいはまた，米・野菜・魚貝類の収穫を予想するためには天候にも気を配っていなければなるまい。

　なお事故の発生や廃業などの届出制も情報収集の手段であるが，これは行政処分の要件認定のためのものというよりは，実情把握とも言うべきより一般的な目的のためのものだろう。許認可をしたあと，例えば営業活動が実際に行われているかどうかを行政が把握していることが望ましいこともあるからである[1]。

(2) 問題となる情報

　行政によって収集される情報は，社会公共情報，個人情報および団体情報

---

1) 聴聞・公聴会，関係行政機関との協議等も情報収集活動の一環としての意味を持っている。

（法人情報と言われることもあるが，法人格の有無はあまり意味がないので，団体情報の語を用いる）の3つに大別できる。

　行政による情報の収集・管理には実体・手続両面において限界があるが，この限界がとくに問題になるのは，個人情報と団体情報である。個人情報の収集に限界があることは，我々の私生活上の諸情報が行政によって収集・蓄積されるのは困るという一事だけを見ても分かる。個人情報の収集については，プライバシーが歯止めをかけるのである。このため，個人情報の収集については，近年個人情報保護法制が整備されている（254頁Ⅷで説明する）。

　団体情報も，企業のノウハウのように他人に知られたくないものや団体の構成員である個人の情報を含んでいるから，個人情報ほど厳格ではないにしても，それに準じた取扱いが本来必要なものだろう。

　これに対し，社会公共情報は，むしろ収集の義務がある。上記のように，個人情報についてはプライバシーがその収集に歯止めをかけるが，例えば経済状況，社会状況，自然環境状況などに関する情報については，匿名情報である限り，プライバシーのような歯止めとなる価値は存在しない（むろん，社会公共情報の収集にはコストがかかる。この点では，それにも限界はある）。それどころか，経済行政，環境行政などを有効に推進してゆくためには，情報を適時に収集しておく必要がある[2]。

　行政調査は，行政による情報の収集活動であるが，以上で述べたところからすると，そこで問題になる情報とは，主には個人情報および団体情報である[3]。

(3)　行政調査の形態

　行政調査の形態は多様である。次のような形態がある。

---

2)　近年は，調査研究の努力義務を国や地方公共団体に課する法律規定が増えている（例，児童福祉法21条の17，自殺対策基本法11条，石綿による健康被害の救済に関する法律80条，行政機関が行う政策の評価に関する法律20条）。

3)　行政における情報の管理としては，その収集のほか，収集された情報の管理がある。これには，利用，開示，保存といったものがある。この情報の管理については，第18講において，情報の開示を中心に説明する。
　　なお，本文では，行政の有効な推進のためには適時の情報の収集が必要であると述べたが，わが国では，行政機関が法律・条例の立案においても大きな役割を果たしているため，行政機関による情報の収集は，法律・条例の執行のためだけではなく，それらの立案のためという面があるのではないかと思われる。

第15講　行政調査

① 報告の徴収
② 資料提出の請求
③ 立入検査（臨検）
④ 質　問
⑤ 試験用サンプルなどの（無償）収去
⑥ 出頭命令・出頭要求
⑦ 第三者に対する資料提出の請求
⑧ 調査用紙への記入（アンケート）
⑨ 常時監視

　事業者に対する監督のためには，まず①または②を行い，必要があれば事務所などに立ち入り，③〜⑤を行うというのが法律上よく見られる1つのパターンである。①②と③〜⑤が別の規定で定められていることもある（原子炉規制法67条・68条，廃棄物処理法18条・19条，特定物質の規制等によるオゾン層の保護に関する法律25条・26条，銀行法24条・25条。これら4つの手段がすべて認められていない場合もある）。
　⑤は，例えば空港の検疫所が輸入食品の安全性をチェックするために，無作為にそのサンプルを抜き取ることである。無償であることが法律で明示されていることがある。
　⑥の出頭命令・出頭要求（独占禁止法40条，介護保険法100条1項，児童虐待の防止等に関する法律8条の2第1項）は，出頭させ質問をするという意味である。
　⑦の第三者に対する資料提出の請求は，行政処分の相手方（本人）ではなく，第三者から情報を得ようとするもので，第三者調査と呼ぶことができる（生活保護法29条，児童福祉法57条の4，国民年金法108条，介護保険法203条）[4]。
　以上は，個別の必要性がある場合に行われるもので，個別調査である。相手方は特定されている。

---

[4]　第三者調査は，定義としては，行政処分の相手方である本人でなく，第三者から個人情報または団体情報を取得するための調査と言える。税務行政の分野では，所得に関する情報を取得するために当該納税者の取引先などから取引に関する情報を取得する調査が行われることがある。反面調査と呼ばれる（国税通則法74条の2第1項1号ハなどに規定がある）。

これに対し，⑧の調査用紙への記入（アンケート）は，多数の人々に対して行われるもので，一般調査と言える。国勢調査（統計法5条）が代表例である。個別の必要性が発生しなくても行われる。

　⑨の常時監視は，工場からの排水などを対象とするものである（例，大気汚染防止法22条1項・3項，水質汚濁防止法15条1項，ダイオキシン類対策特別措置法26条1項）。多数の工場を相手方とし，恒常的に行われる。法律の規定は，この常時監視を義務づけるという意味がある。

(4) 行政調査と法律の授権

　調査のうち，社会公共情報を収集するものは，法律の授権がなくても行うことができるだろう。

　これに対し，個人情報・団体情報を収集するものについては，簡単に法律の授権がなくても行えるとは言えない。この点，法律は，行政活動について定めるとき，個人情報・団体情報が必要になる場合であっても，情報の収集については何も規定しないことがある。この法律の沈黙をどう評価すべきか。おそらくこのことは，調査が任意的な方法つまり国民の任意の協力によって行われる場合には，法律の授権を要しないと立法者が判断していることを意味すると考えられる。立法者の判断を無条件に尊重するのも考えものだが，任意的な手段による調査（任意調査）には法律の授権は不要であると言えるのではないか。

　もっとも，「フェアな情報収集」という点から見ると，前記の第三者調査は本来法律の授権が必要なものというべきだろう。

　他方，間接強制を伴う調査（調査に応じないと処罰される調査）については，罰則は法律で定められなければならない。この種の調査の例は多い。

　強制調査（相手方の抵抗を排して行うことができる調査）にも，法律の授権が必要である。この強制調査の例としては，出入国管理法上の違反調査（不法に入国した外国人などに対する退去強制のための手続），国税通則法・関税法・独占禁止法・金融商品取引法上の犯則事件の調査がある。これらの調査では，臨検・捜索・差押え（ないし押収）が認められ，さらには「錠をはずし，封を開」くことも明示的に認められている（出入国管理法31条1項・2項，32条，国税通則法132条1項・3項，137条1項，関税法121条1項・2項，127条1項，独占禁止法102条1項・2項，107条1項，金融商品取引法211条1項・2項，215条1項）[5]。

第15講　行政調査

　法律の授権なしに行われている自動車の一斉検問の適法性については，それが強制であるかどうかを含めて，すでに説明した（56頁(c)を参照）。

(5) 行政調査の規制
(a) 実体的規制

　行政調査は，まず必要な範囲にとどまらなければならない。このことは，とくに個人情報・団体情報の収集に当てはまることである。

　より具体的に言うと，①そもそも調査自体も，必要性がある場合にのみ行うことができる。もっとも，例えば食中毒が発生したという場合，規制権限を行使すべきかどうかは調査をし事態を把握しなければ判断できないことであるから，その場合には，必要性もそう厳格なものではなく，調査を行うについての合理性ないし合理的必要性があればよいということができる。食中毒について国民からの被害通報があれば，その真偽の確認が調査の第一歩になる。

　②調査の程度（どこまで詳しく調査をするか）についても，必要性の原則が当てはまる。調査により収集される情報の範囲は，その調査の目的に照らし必要最小限度にとどまらなければならない。

　③調査手段の選択においても必要性の原則が当てはまる。例えば，同一の要件のもとで，報告の徴収，資料提出の要求，立入検査の3つの手段が認められている場合（例，銀行法24条・25条），その選択は行政庁の随意ではなく，相手方の負担を考慮することが要求されよう。

　次に法律では，立入検査について次のような規定がおかれるのが通例である。

> **銀行法25条（立入検査）**
> 　④　第1項及び第2項の規定による権限〔立入検査の権限〕は，犯罪捜査のために認められたものと解してはならない。

　この規定は，立入検査の権限の行使を目的の面から制限するものである。

　この他，日の出から日没までといった調査の時間的制限が設けられていることがある。前記の強制調査も，原則として日没から日の出までは，してはなら

---

5) 後述のように，この強制調査は強力であることからも，裁判官があらかじめ発する許可状が必要である（令状主義と呼ばれる。次頁(ｱ)で説明する）。児童虐待の防止等に関する法律9条の3も，令状主義による強制調査を定めているが，他の令状主義の立法例とは異なり「封を開く」ことは認められていない（9条の7）。

ない(出入国管理法35条,国税通則法148条,関税法124条,独占禁止法104条,金融商品取引法212条)。また,個人の住居への立入りの原則的禁止のような場所的制限が定められていることがある(消防法4条1項,自然環境保全法31条3項,自然公園法62条3項などを参照)。

(b) **手続的規制**

(ア) **令状主義** 立入検査の実施を相手方に事前に告知し,その意見を聴くなどの手続をとると,相手方が立入検査が行われることを事前に察知するところとなり,文書の廃棄などが行われるおそれがある。これでは立入検査の目的を達することができない。そこで,告知などの手続ではなく,裁判官の許可状(令状)の事前取得が定められていることがある(いわゆる令状主義。出入国管理法31条1項・2項,国税通則法132条1項・3項,関税法121条1項・2項,独占禁止法102条1項・2項,金融商品取引法211条1項・2項,児童虐待の防止等に関する法律9条の3第1項)。

そこで問題になるのは,令状主義について法律に規定がない場合に,憲法35条2項の令状主義の適用があるかということである。この問題について,最高裁判所は,所得税法上の質問検査(現在の国税通則法74条の2第1項)が問題になった事件において,「当該手続が刑事責任追及を目的とするものでないとの理由のみで,その手続における一切の強制が当然に右規定〔憲法35条1項〕による保障の枠外にあると判断することは相当ではない」とし,強制の性格を持った調査について憲法35条2項の令状主義の要請の及ぶ余地を認めたが,しかし,所得税法上の質問検査についてはこの点を消極的に解した(最高裁判所大法廷1972(昭和47)年11月22日判決=川崎民商事件)[6]。

(イ) **事前の通知・理由開示** 行政調査に当たっての手続としての事前の通知や理由の開示について,かつて最高裁判所は,所得税法上の質問検査に関し,実定法上特段の定めのない実施の細目については,税務職員の合理的な選択に委ねられているものとし,「実施の日時場所の事前通知,調査の理由および必要性の個別的,具体的な告知のごときも,質問検査を行ううえの法律上一律の要件とされているものではない」と述べた(最高裁判所1973(昭和48)年7月

---

6) 現在令状主義が定められているのは,いずれも強制調査である。これに対し,国税通則法74条の2以下において定められている税務行政上の質問検査は,間接強制を伴う調査である。

第15講　行政調査

10日決定＝荒川民商事件）。

　しかし，2012年の国税通則法の改正により，納税義務者に対する調査の事前通知の制度が導入された。そして通知される事項には，調査開始の日時や調査を行う場所などの他，「調査の目的」も入っている（同法74条の9第1項）。従って，少なくとも調査理由の一端は通知に際して開示されることになるだろう。

　事前通知をすると相手方である納税者が書類を破棄するなどのおそれがあるが，この点については，「国税に関する調査の適正な遂行に支障を及ぼすおそれがあると認める場合には，……通知を要しない。」とされている（同法74条の10）。

　法律上認められている調査のその他の事前手続としては，意見書提出の機会の付与（例，自然環境保全法31条2項，自然公園法62条2項）や居住者などの承諾（例，消防法4条1項，建築基準法12条7項）がある。

　なお，資料提出や出頭を命じる調査は，行政処分の形式で行われるものであり，一種の不利益処分としてこれに行政手続法を適用することも考えられるが，行政手続法は，「情報の収集を直接の目的としてされる処分及び行政指導」を適用除外している（行手法3条1項14号）。

(6)　行政調査の違法と行政処分の取消し

　この問題については，次のように考えられている。

　①行政調査をうけて行政処分が行われる場合において，行政調査が違法に行われたとき，この行政調査そのものを直接に争うことはできず，行政処分を争うべきである。

　②行政調査に違法な点があっても，それは，それをうけて行われる行政処分の取消理由には必ずしもならない。

　刑事手続における違法収集証拠については，手続違法が重大でない場合にその証拠能力が肯定される。これと同様のことが違法の行政調査と行政処分の関係についても当てはまる。次の裁判例が，この点についての標準的な考え方を示している。

> **大阪地方裁判所1990（平成2）年4月11日判決**
> 「課税処分は課税標準の存在を根拠としてされるものであるから，その適否は，原則として客観的な課税要件の存否によって決せられるべきものである。仮に，税務調査手続に何らかの違法があったとしても，それが，全く調査を欠く，ある

> いは公序良俗に違反する方法で課税処分の基礎となる資料を収集したなどの重大なものでない限り，課税処分の取消理由とはならないものと解される。」

(7) 行政調査により取得された情報の目的外利用

　行政調査により取得された情報は，むろん本来の目的である行政処分のために用いられる（例えば，食中毒情報に基づき食品関係事業者に営業停止命令が発せられる）。しかし，情報は，通例引き続き保管され，時には本来の目的とは別の目的のために利用される。この目的外利用は，同一の行政機関でも考えられるが，別の行政機関への提供という形をとることもある。

　まず，社会公共情報を他の行政機関に提供し，別の目的のために利用することは禁止されないだろう。カネミ油症事件では，農林省系列の行政機関の持っていた情報（鶏の大量死に関する情報等）が厚生省系列の行政機関に通報されなかったことが問題になった[7]。また，農水省や林野庁が取得した海や森林に関する環境情報を環境省に提供することも禁止されないだろう。

　目的外利用の制限が問題になるのは，個人情報・団体情報についてである。

(a) 個人情報保護制度における取扱い

　行政保有個人情報保護法 8 条は，個人情報の目的外利用について次のような規定をおいている。

> **行政保有個人情報保護法 8 条（利用及び提供の制限）**
> ① 行政機関の長は，法令に基づく場合を除き，利用目的以外の目的のために保有個人情報を自ら利用し，又は提供してはならない。
> ② 前項の規定にかかわらず，行政機関の長は，次の各号のいずれかに該当すると認めるときは，利用目的以外の目的のために保有個人情報を自ら利用し，

---

7) カネミ油症事件とは，1968 年，米ぬか油の製造過程において PCB（ポリ塩化ビフェニル）およびダイオキシンが混入したため，これを食用に用いた多数の人々に深刻な後遺害が生じたという事件である（「カネミ」は米ぬか油のメーカー名）。この事件では，被害者が関係企業のみならず，「規制権限の不行使」を理由に国に対しても損害賠償を請求したため，「規制権限の不行使による国家賠償責任」の問題に関しても重要な判決が出されている。高等裁判所の判決としては，福岡高等裁判所 1984（昭和 59）年 3 月 16 日判決（国の責任を肯定）と福岡高等裁判所 1986（昭和 61）年 5 月 15 日判決（国の責任を否定）とがある。最高裁判所では訴えの取下げが行われたようであるが，今日に至ってもなお被害者救済の課題は残っているため，「カネミ油症患者に関する施策の総合的な推進に関する法律」（平成 24 年法律第 82 号）が 2012 年 8 月に制定された。

第15講　行政調査

> 又は提供することができる。ただし、保有個人情報を利用目的以外の目的のために自ら利用し、又は提供することによって、本人又は第三者の権利利益を不当に侵害するおそれがあると認められるときは、この限りでない。
> 1　本人の同意があるとき、又は本人に提供するとき。
> 2　行政機関が法令の定める所掌事務の遂行に必要な限度で保有個人情報を内部で利用する場合であって、当該保有個人情報を利用することについて相当な理由のあるとき。
> 3　他の行政機関、独立行政法人等、地方公共団体又は地方独立行政法人に保有個人情報を提供する場合において、保有個人情報の提供を受ける者が、法令の定める事務又は業務の遂行に必要な限度で提供に係る個人情報を利用し、かつ、当該個人情報を利用することについて相当な理由のあるとき。
> 4　前3号に掲げる場合のほか、専ら統計の作成又は学術研究の目的のために保有個人情報を提供するとき、本人以外の者に提供することが明らかに本人の利益になるとき、その他保有個人情報を提供することについて特別の理由のあるとき。〔③④は省略〕

1項は、個人情報の目的外利用の禁止を宣言しているのであるが、2項は、「相当な理由」がある場合などについてこれを許容している。従って、「相当な理由」などの目的外利用が許容される要件がいかなる場合に充足されるか、という問題がある。

(b)　犯則取締情報と課税処分の関係

国税犯則取締法に基づき国税局が行った調査[8]により得られた情報を税務署長の行う課税処分に用いることは許容されるであろうか。この問題について、次のような最高裁判決がある。

> **最高裁判所1988（昭和63）年3月31日判決**
> 「収税官吏が犯則嫌疑者に対し国税犯則取締法に基づく調査を行った場合に、課税庁が右調査により収集された資料を右の者に対する課税処分及び青色申告承認の取消処分を行うために利用することは許されるものと解する……」

この最高裁判所判決は、遺憾ながら理由を述べていない。考えられるのは、

---

[8]　国税犯則取締法の諸規定は、現在は国税通則法131条以下に置かれている。それによると、国税犯則事件つまり国税（関税などを除く）に関する租税犯について、国税庁等の職員が捜索・差押えなどを行い、犯則ありと思料するときは告発し、間接国税については国税局長または税務署長は通告処分（罰金に相当する金額等を納付すべきことの通告）をするなどの措置をとることとしている。

個人情報でも「相当な理由」があれば目的外利用は許されるのであるから,団体情報(この事件は法人税に関するものであった)についてはより広い範囲で目的外利用が許されるはずである,法律は他機関の情報を課税に用いることを明文で許容している(国税通則法74条の12第6項),裁判官の令状を得て正当な犯罪捜査で得た資料であるから,これを行政処分の基礎として利用することは認められる,といった理由づけである。

他方,国税犯則取締りは強制調査を伴うものであり,これにより得られた情報を課税処分に用いることができるとすると,課税処分について法律によらず強制調査が認められることになるのではないかという疑問もあろう。

(c) **課税情報と犯則取締りの関係**

(b)の場合とは逆に,税務署が取得した課税調査情報を国税局が行う国税犯則取締りに用いることは許容されるだろうか。

このタイプの情報の目的外利用の許容性を考える上で参考になるのは,「〔立入検査の権限は〕犯罪捜査のために認められたものと解してはならない。」という規定である。先ほどは,銀行法25条4項の規定を紹介したが(194頁),これと同じ規定は多くの調査権限について定められている。税務行政上の質問検査権については,国税通則法74条の8に規定がある。

この規定は,調査を行う公務員が本来の目的を外れ,相手方を罪に陥れる目的で情報の収集をしてはならないことを定めるものであろう。例えば,税務署の職員が,麻薬取扱いが疑われる者の所得の調査において,麻薬犯罪の存在を示す情報を探索することは許されないのである。つまりこの規定は,行政権限の行使はその目的に拘束されるという原則を具体化したものであり,調査権限の行使の規律の1つである。

では,この調査権限の行使の規律が調査結果である情報の利用の仕方にも及ぶだろうか。この問題については,そもそもこの2つのことを区別できるかという疑問もあるが,両者を区別し,前者の規律が後者の情報の利用に及ばないとすると,冒頭の問いでは,課税情報を犯則取締機関に引き渡すことが認められ,刑事裁判においては当該情報の証拠能力が認められることになる(最高裁判所2004(平成16)年1月20日決定はこのような考え方を採用している)。

他方,上記の区別はそもそもできず,前者の規律が後者の情報の利用にも及ぶと解すると,課税情報を犯則取締機関に引き渡すことはできない。

補講

届 出

　行政処分である許可や認可に近い働きをする仕組みとして，届出がある。届出は，行政の実務の中では重要な働きをしているので，本格的に考察の対象にする必要があるものであるが，行政法の体系にうまく入らないため，従来行政法の体系の中では正面から取り扱われてこなかった。行政処分の類型である受理（本書では説明を省略する）の中で触れられる程度であった。そこで，本書では，補講として届出について説明することにする。

(1) 届出の種別

　設問 次の行政庁への届出はどのような意味を持っているか。
　　① 医師が行う感染症（伝染病）患者の診断の届出
　　② 個室付き浴場業を開業する場合の届出

　①の感染症患者の診断の届出は，感染症予防法12条1項で定められているが，感染症患者を診断したという事実を行政庁に通知するという意味を持っている。このことは，この規定が「感染症に関する情報の収集及び公表」という章におかれているところからも窺われる。

　これに対して，②の個室付き浴場業の開業の届出は，風俗営業規制法で定められているが，単に開業の事実を通知するというものではなく，適法に個室付き浴場業を開業するための要件になっているようである[1]。つまり，この届出

---

[1] 風俗営業規制法では，個室付き浴場業は店舗型性風俗特殊営業の1つとされ，それについて届出制が定められている（2条6項1号・27条1項）。そして，届出が距離制限規定（28条1項・2項）などに違反していなければ，届出確認書（27条4項。同法施行規則43条1項を参照）が交付され，違反している場合には届出確認書不交付通知書が交付される（同規則43条2項）。また，無届営業に対しては罰則がある（法52条4号）。

は，適法に個室付き浴場業を開業できるという法効果を持っているので，「法効果を持つ届出」と言ってもよいだろう。風俗営業規制法では，例えばパチンコ屋の営業のためには許可が必要であるが（3条），個室付き浴場業については，許可を与えることによって行政がこれを公認するものではないけれども，さりとて放置するわけにもいかないという理由から，許可制ではなく届出制がとられているのである。この点では，この届出は，許可にとって代わる届出（許可代替的届出）と言うこともできる。

以上のように，届出には，2種類のものがあると言うことができる。

(2) 命令・勧告を留保した届出制

> **大気汚染防止法6条（ばい煙発生施設の設置の届出）**
> ① ばい煙を大気中に排出する者は，ばい煙発生施設を設置しようとするときは，……次の事項〔ばい煙発生施設の種類・構造・使用方法など〕を都道府県知事に届け出なければならない。〔以下省略〕

> **大気汚染防止法9条（計画変更命令等）**
> 都道府県知事は，第6条第1項……の規定による届出があった場合において，その届出に係るばい煙発生施設に係るばい煙量又はばい煙濃度がそのばい煙発生施設に係る排出基準（……）に適合しないと認めるときは，その届出を受理した日から60日以内に限り，その届出をした者に対し，その届出に係るばい煙発生施設の構造若しくは使用の方法若しくはばい煙の処理の方法に関する計画の変更（……）又は……届出に係るばい煙発生施設の設置に関する計画の廃止を命ずることができる。

この規定は，ボイラーのようなばい煙発生施設の設置について届出制を採用するとともに，届出から60日以内に限り，ばい煙発生施設の構造などに関する計画の変更，さらには計画の廃止を命令する権限を都道府県知事に与えるものである。ばい煙発生施設の設置については許可制をとることも考えられるところであるが，許可制では，行政庁の許可があるまでは，ばい煙発生施設を設置することができない。ところが，許可が出るまでに時間がかかるという問題がある。許可をなすべき期間を法律で定めるという方法もあるが，行政庁がこの期間を遵守しないこともあり得る。この場合，やはり許可がない以上，ばい煙発生施設は設置できない。

補講 届　出

　これに対して，今紹介した大気汚染防止法のシステムは，届出から60日以内に限り，ばい煙発生施設の構造などに関する計画の変更や廃止を命令する権限を都道府県知事に与えるものである。このシステムの最大のメリットは，届出をすると，60日以内に知事から何らかの命令がなければ，届出をした事業者は，ばい煙発生施設を設置することが可能になるということである。従って，この届出は，先ほど説明した「法効果を持つ届出」，とくに許可代替的届出に当たる。また，施設を設置してもよろしいという知事の承認は必要ではない。行政庁の応答は必要ではないという届出のメリットを活用した制度である。このような制度は，近年用いられるようになったものである（例，水質汚濁防止法5条・8条，自然環境保全法28条1項・2項，廃棄物処理法9条の3）。また，届出を受けた行政庁が，一定期間内に勧告といった行政指導をできるというシステムが法律で定められていることもある（国土利用計画法23条・24条）。

　以上の命令・勧告を留保した届出制は，ばい煙発生施設などを設置しようとする事業者にとっては好都合な制度である。大気汚染防止法で言うと，60日以内に知事が何もしなければ，事業者は施設を設置することができるようになるからである。しかし他方，行政側にとっては厳しい制度である。というのは，60日以内に審査をして決定を下し，それを事業者に通知しなければならないからである。また，訴訟に関することであるが，ばい煙発生施設の設置に反対する周辺の住民から見ても，訴訟を起こしにくいという不都合がある。許可という行政庁の行為があると，それを捉えて取消訴訟を起こすことができるのであるが，大気汚染防止法のシステムでは，60日の期間の経過によりいわば自動的にばい煙発生施設を設置できることになり，取消訴訟の対象とすべき行政庁の行為がないのである[2]。

(3)　届出の法的取扱い
(a)　届出に関する行政手続法の規定
　行政手続法は，届出について規定をおいているので，紹介しておく。

---

[2] 住民としては，民事訴訟を起こしてばい煙発生施設の建設や操業を差し止めることを請求することは可能である。ただ，この場合，住民は，被害発生の蓋然性を証明する必要がある。なお，許可の仕組みがあれば，それについて取消訴訟が提起されると，当該ばい煙発生施設が大気汚染防止法の排出基準を充たしているかどうかが審理される。

> **行政手続法 37 条（届出）**
> 届出が届出書の記載事項に不備がないこと、届出書に必要な書類が添付されていることその他の法令に定められた届出の形式上の要件に適合している場合は、当該届出が法令により当該届出の提出先とされている機関の事務所に到達したときに、当該届出をすべき手続上の義務が履行されたものとする。

　分かりにくく、すぐにピンとこない規定であるが、要するに、届出が法令所定の形式上の要件を充たしている場合には、行政機関の窓口に届出書を提出するなどすれば、届出をすべき手続上の義務が履行されたものになるという規定である。「手続上の義務が履行された」とは、届出がなされると、届出行為は完了しており、行政機関が届出を受理せずあるいは返戻(へんれい)をする余地がないことを意味すると言われている。

　この規定がおかれたのは、行政実務上、届出が形式的要件を充たしているにもかかわらず、行政機関がこれを受理しなかったり返戻するということがあったからであり、そのような行政実務を是正しようとしたものである。

(b)　形式上の要件についての審査

　行政手続法37条については、いくつかの検討を要する問題がある。その1つは、形式上の要件が充たされているかどうかの審査はいつ行われるのかという問題である。

　おそらく、行政手続法は、届出についての形式的要件の審査は、届出が窓口で行われた場合は、その窓口で、つまりその場で行われると考えているのだろう。郵送の場合には、郵送された届出書を開封した職員が、その場で判断するということである。届出の形式上の要件とは、37条に例が挙がっているように、届出書の記載事項に不備がないこと、届出書に必要な書類が添付されていることといった簡単に審査できるものであるから、このようなことは可能である。そして、それ故にこそ、届出書が行政機関の事務所に到達したとき、届出をすべき手続上の義務は履行されたことになるのである。

　では、届出が形式上の要件を充たしていない場合はどうなるだろうか。届出の形式面の審査は、先ほど述べたように、行政機関の窓口などで行われるのであろうが、窓口の職員は、形式上の要件が揃っていなければ、その旨を届出をした者に対して告げる必要があるだろう（社会常識上当然のことであるが、窓口の職員は、届出の書類にざっと目を通すはずであるし、無言で対応をするはずはないだろ

う)。この場合は，届出をすべき手続上の義務は履行されたことにならない。

(c) **実体上の要件についての審査**

次に，届出が実体的要件を充たしているかどうかの審査がいつ行われるのかという問題がある。行政手続法 37 条は，届出の実体面の問題には触れていない。37 条が定めているのは，形式上の要件が充たされている場合に，届出をすべき手続上の義務が履行されたことになるということだけである。届出制において実体的要件の審査が行われるかどうかは法律の定めるところにかかっている。先ほど紹介した，大気汚染防止法のシステムでは，都道府県知事は，届出に係るばい煙発生施設からのばい煙の量および濃度が排出基準に適合するかどうかを審査することになっている (9 条)。この審査は，届出があったときに，窓口でやってしまうわけにはいかない。窓口ではなく，いわば奥の間で時間をかけてやることになる (だからこそ，60 日の審査期間が設けられている)。むろん，届出の実体的要件が簡単なものであれば，窓口で審査できるだろう。要するに，法律がどのような実体的要件を設けているかにより，審査のあり方も異なってくるのである。

(d) **効力発生時期**

届出はいつ効力を発生するのだろうか。この点は，行政処分と届出とで大きく異なる点である。行政処分については，許可や認可のように申請に基づくものであっても，申請の時ではなく，行政処分が行われかつそれが相手方に告知された時に効力が発生する (108 頁①を参照)。これに対し，届出については，それが行政機関の窓口で受理された時に効力を発するというのが 1 つの考え方であるが，行政手続法 37 条は，受理を予定していないので[3]，届出が行政機関の事務所に到達したときに効力が発生すると見ているようである。もっとも，当然のことであるが，形式面と実体面の両方についての要件が充たされていることが効力発生の前提になる。

先ほど紹介した大気汚染防止法のシステムの場合は，実体的要件の審査に時間がかかるため，届出から 60 日後に届出の効力が生じ，ばい煙発生施設の設置ができることになっている。

---

[3] 個別の法律では受理が定められていることがあるが，省令で受理書ないし受理証の交付が定められていることもある (例，水質汚濁防止法施行規則 6 条，大気汚染防止法施行規則 9 条，振動規制法施行規則 7 条，感染症予防法施行規則 29 条 6 項)。

第16講

行政統制の諸制度

　第4講で述べたように，行政活動は法に従って行われなければならない。また，行政には法の枠内において行政裁量が与えられることがあるが，その行使は適正なものでなければならない。行政活動の適法性と行政裁量の行使の適切性を確保することは，第一次的には当該行政活動を担当する者（公務員ないし行政機関）の義務であるが（公務員の法令遵守義務につき，国家公務員法98条1項，地方公務員法32条），むろん，職務担当者の自己努力だけで適法性・適切性が完全に確保されるわけではない。そこで，行政活動を統制することつまり行政統制が必要になる。

　行政統制の仕組みは，行政組織内部におけるものと外部の機関によるものとに区別できる。ただ，前者ではあっても外部の第三者にチェックを依頼することもある。

　自らの行動を自己の意思であるいは他人の指摘を受けて反省し，是正することは人間の本性であるが，これと同様に，行政が自らの意思であるいは国民などの指摘を受けて自己の活動を点検し，是正していくことは当然に行われるべきことであり，法律による承認を必要としない。

　しかし，行政統制の制度の要件，手続，効果を予め法律で定めることは，国民の権利救済上も好ましいことである。行政統制の制度を法律で定めると，制度が安定するし，また国民が利用する制度にあっては国民の地位が権利として保障される可能性が生まれる（行政不服審査制度がその例である）。

　行政統制と国民の権利救済の関係を考えると，行政統制の各制度は同時に国民の権利救済という役割を果たすものである。例えば，国民の申立てによって作動する行政不服審査の制度は両方の面を持っていると説明される。さらに，行政訴訟は，権利救済に重きをおいて理解されている。いずれにせよ，行政統

制の各制度は、行政統制という単一の役割だけのものではない。

この行政統制の仕組みには、次のようなものがある[1]。

(a) **職務上の監督**

上級行政機関ないし上司は、行政目的の効率的達成のために下級行政機関ないし部下の職務を監督する[2]が、同時に、適法性・適切性の確保をも図らなければならない。

(b) **行政組織内部での評価・監査**

行政組織内において、行政統制のための特別の組織が作られ、それにより評価や監査が行われる。国の行政組織の中では、総務省がこの役割を担っている。総務省設置法4条18号は、総務省の所掌事務の1つとして、「各行政機関の業務の実施状況の評価（当該行政機関の政策についての評価を除く。）及び監視を行うこと。」を挙げている。評価はかつては、監察（行政監察）と呼ばれていたものであるが、2000年に文言が変更された。行政評価の語が用いられることが多い[3]。

公金などの財産の取扱いについてはとくに厳重な制度がある（会計検査院（国）や監査委員（地方）による会計検査・監査）。

(c) **政策評価・独立行政法人評価**

上記の行政評価とは別に、国の行政機関について、「行政機関が行う政策の評価に関する法律」が制定されている。

政策評価とは、個々の政策（「行政機関が行う政策の評価に関する法律施行令」3条は、事前評価を行わなければならない政策として、一定規模以上の研究開発、研究開発助成、公共的建設事業、公共的建設事業補助、規制の新設・廃止・内容変更を目的とする政策などを挙げている）[4]について、当該行政機関（各省など）に評価を行わ

---

1) 行政の監視あるいは監督の語が用いられることもある。本書では、統制の語は、幅広にこれらの語の意味をも含むものとして用いている。なお、本講では、行政統制の全体像を把握していただけるよう、それに関する諸制度をできるだけ網羅している。
2) 部下による上司の監視もあり得る。行政に固有の制度ではないが、刑事告発制度や公益通報者制度も上司ないし組織の違法行為などを正すために用いることもできる。
3) 地方公共団体においても、個別的な事業の評価やより包括的な政策・施策の評価の制度を設けるという傾向が見られる（例、北海道の「政策評価条例」、宮城県の「行政活動の評価に関する条例」）。
4) 政策評価法2条2項は、政策を「行政機関が、その任務又は所掌事務の範囲内において、一定の行政目的を実現するために企画及び立案をする行政上の一連の行為についての方針、

せ，それを政策のあり方に反映させる（例えば廃止する）制度である[5]。

　評価には，事前評価と事後評価とがある。行政機関の長（大臣など）は，政策評価を行ったときは，「政策評価の結果」を含む評価書を作成し，これを総務大臣に送付するとともに公表しなければならず，また，少なくとも毎年1回，政策評価の結果の政策への反映について総務大臣に通知するとともに，公表しなければならない（2以上の行政機関に共通する政策などについては総務省による評価があるが，詳細は省略する）。

　独立行政法人[6]については，独立行政法人通則法により，評価の制度が設けられている。独立行政法人には，中期目標管理法人，国立研究開発法人および行政執行法人の3つのものがあるが，もっとも数の多い中期目標管理法人（中期的な視点に立って公共上の事務を執行することが求められる独立行政法人。各独立行政法人の定義は，独立行政法人通則法2条2項以下におかれている）について評価制度の要点を略説すると，以下のようになる。

① 主務大臣（例えば国立病院機構の主務大臣は厚生労働大臣である）による「中期目標」（3～5年）の定め（法29条1項）

② 法人による，中期目標に基づく「中期計画」を作成と主務大臣の認可（法30条1項）

③ 主務大臣の評価。これは，毎事業年度行われるが，各事業年度の業務の

　　方策その他これらに類するものをいう」と定義しているが，本文（206頁）カッコ書の例を見る限り，政策とは個別的な「施策」に近いものを指しているようである。

5) 行政評価と政策評価とはどこが違うのだろうか。形式的には，前者は総務省設置法の規定を手がかりとしているが，後者については法律がある。制度の中身としては，行政評価は，評価の主体が総務省であり，評価の対象は各省の個別政策全般に及び，低い評価があっても政策の廃止などの効果を伴わない。政策評価は，法律で定められた政策について，各行政機関の長が評価を行い（例外的に総務省が行う政策評価もあるが），さらに政策の廃止などの効果を伴う制度である。法律にたとえて言うと，両者は一般法と特別法の関係にある。

6) 総務省のウェブサイトにある「独立行政法人一覧（平成27年4月1日現在）」によると，独立行政法人の総数は，98法人である。各独立行政法人が中期目標管理法人，国立研究開発法人および行政執行法人のいずれに当たるかは個別法で定められる。中期目標管理法人には，国立病院機構，国立美術館，国立科学博物館，日本スポーツ振興センター，国際協力機構，大学入試センター，日本学生支援機構，国民生活センターなどがある。国立研究開発法人には，宇宙航空研究開発機構，日本原子力研究開発機構，理化学研究所，国立環境研究所などがある。行政執行法人には，国立印刷局，造幣局，国立公文書館などがあるが，その数は少ない。

実績の評価の他，中期目標の期間の最後の2ヵ年度については，同期間の業務の実績についても評価が行われる（法32条1項）。
④　主務大臣の評価を受ける際の法人による自己評価と報告書の主務大臣への提出（法32条2項）
⑤　独立行政法人評価制度委員会による主務大臣への意見の陳述（法32条4項・5項）
⑥　主務大臣による法人に対する業務運営の改善その他の措置の命令（法32条6項）
⑦　主務大臣による法人の業務・組織の全般にわたる検討と，業務・組織の廃止その他の措置（法35条1項）
⑧　独立行政法人評価制度委員会による主務大臣への意見の陳述・勧告，内閣総理大臣への報告・意見の具申（法35条3項〜5項・35条の2）

　政策評価が個々の政策についての評価であるのに対し，独立行政法人評価は，各独立行政法人全体の評価である。そして，この評価が行われる点が独立行政法人の制度の核心であるとも言える。
　また，政策評価は，政策を担当した省庁の長などによる評価であるから，一種の自己評価であり，また，国の行政組織内部での評価であるから，内部評価である[7]。自己評価・内部評価ではない評価制度を作るためには，外部の人による評価機関を設けるのが1つの方法である。独立行政法人については，独立行政法人評価委員会が評価を行うことになっていたが，2014年の法律改正により，主務大臣が評価を行い，独立行政法人評価制度委員会がこれに関与することになった。また，地方公共団体において行われている道路建設などの公共事業の評価も，政策評価の系統のもののようであるが，そこでも，評価機関として外部の人による委員会が設けられている。
　評価制度は，評価項目をあらかじめ定めておき，それらについて評価を加えるものである点では，客観性がある。しかし，評価が法律で制度化されている場合も，いかなる評価項目を設け，いかなる方法で評価を行うかという肝心の

---

[7]　評価が政策を担当した省庁とは別の省庁によるものである場合には自己評価の性格は薄くなり，第三者性が生まれる。総務省による行政評価がこれに当たる。他方，独立行政法人評価委員会は，外部性・第三者性を持っているが，各省庁に設置されているので，それらの性質は十分ではない。

点については，法律に規定がない。評価者に広大な裁量が認められているのである。

(d) **議会（国会を含む）による統制・監視**

議会は，法律・条例を制定することによって行政活動を規律しているが，これに加えて，法律・条例を介さず直接行政を監視する権限が与えられている。

国会は，内閣総理大臣の指名権（憲法67条1項），予算議決権（憲法86条），日本銀行総裁などの任命の際の同意権（日本銀行法23条1項など），自衛隊の出動の承認権（自衛隊法76条1項・78条2項・3項），内閣総理大臣が災害緊急事態の布告を発したときの承認権（災害対策基本法106条1項），国が収納する課徴金・国の独占に属する事業の専売価格・事業料金についての議決権（財政法3条。但し，現在この規定の適用例は存在しない[8]），都道府県の設置・廃止などの際の承認（地方自治法6条の2第1項）などの権限を持っている。

また，地方公共団体の議会には，市町村の廃置分合などの際の議決権（地方自治法7条1項など。都道府県の議会に認められる），予算議決権・決算認定権などの議決権（同法96条。議決権は個別の契約の締結などについても認められている），検査・監査の請求・調査などの権限（同法98条・100条。監視的権限と呼ばれる），委員会の委員の任命の際の同意権（土地収用法52条3項，国土利用計画法39条4項），計画の作成の際の同意権（水道法5条の2第2項），都道府県道・市町村道の路線の認定の際の議決権（道路法7条2項・8条2項），都道府県知事が国の施策に意見を述べようとする際の議決権（特定多目的ダム法4条4項），不利益処分を行う際の同意（景観法70条1項）などの権限が与えられている。

(e) **苦情処理・オンブズマン**

苦情処理とは，行政活動について不服ないし苦情を有する者が，行政機関に対し，その解決その他の対応を求め，行政機関が対応をするものである。苦情処理の要件，手続および効果，すなわちどのような行政活動について，誰が苦情を申し立てることができ，また，どのような手続がとられ，どのような裁定が下され（法的拘束力があるかどうかなど）あるいはどのような措置がとられるのかについては，一般的な規定は存在しない。

国においては，総務省設置法が，同省の所掌事務の1つとして，行政機関の

---

[8] 財政法3条の適用例が存在しなくなった経緯についてご関心がおありの方は，本書第2版211頁注6）を参照されたい。

業務などに関する「苦情の申出についての必要なあっせんに関すること」を挙げているので（4条21号），同省の行政評価担当部局（本省の行政評価局など）が「苦情のあっせん」を行っている[9]。

> コラム　**行政相談委員**　国民の行政に関する苦情の解決の促進と苦情の相談のため，行政相談委員法で行政相談委員の制度が設けられている。委員は，総務大臣により委嘱され，苦情の相談に応じて申出人に必要な助言をし，総務省や関係行政機関等にその苦情を通知し，必要があると認める場合に当該行政機関等における処理の結果を申出人に通知する（2条1項）。従って，委員は行政機関に苦情の解決を働きかける権限を持っておらず，行政相談の制度それ自体は苦情処理の制度であるとは言えない。ただ実際には，事案により総務省の行政評価担当部局に通知され，同局が関係機関に解決・改善をあっせんしているようである。つまり，行政相談は実際上苦情処理に結びついている。また，委員は総務大臣に対して行政運営の改善に関する意見を述べることができ（4条），この仕組みが行政運営の改善をもたらすこともあるようである。行政相談委員の存在により苦情の申出がやり易くなるという実際上の効果もあるかもしれない。

苦情処理は，法的制度にはなっていないから，その点では力が弱いと言わざるを得ない。しかし，行政の内部でこの苦情処理の体制を整えておくことは有意義なことである[10]。

なお，地方公共団体においても，苦情処理の仕組みが作られているようであるし，オンブズマンの制度を設けているところもある。オンブズマンについては，コラムで説明する。

---

9) 国民としては，行政処分に関係する事件について苦情の申出をする場合，行政機関でのその解決の手続中に取消訴訟の出訴期間が経過してしまうおそれがあることに注意をする必要がある。苦情の申出を行うとともに取消訴訟を提起すればこの問題は生じないが，しかしこれでは簡易な手続としての苦情処理の仕組みの持つ意味が削がれる。
10) 警察法79条1項は，「都道府県警察の職員の職務執行について苦情がある者は，都道府県公安委員会に対し，国家公安委員会規則で定める手続に従い，文書により苦情の申出をすることができる。」と定め，同条2項は「誠実に処理し，処理の結果を文書により申出者に通知しなければならない。」と定めている。これは個別法律による苦情処理の制度化の例である。また，民間の事業活動についても行政機関への「苦情の申出」や事業者自身または事業者の団体による「苦情の解決」が法律で定められていることがある。例，電気事業法111条，ガス事業法51条，個人情報の保護に関する法律42条，金融商品取引法77条，宅地建物取引業法64条の5，社会福祉法82条。

> **コラム** 　**オンブズマン**　オンブズマン（ombudsman）の制度は，19世紀初めにスウェーデンにおいて生まれたもので，原型では，委員は議会により任命され，行政の監視や苦情処理を行うものである。この制度は，20世紀の後半に，ヨーロッパ諸国やその他の国にも波及した。わが国でも一部の地方公共団体で導入されている。議会ではなく，地方公共団体の長の下に置かれており，また，その諮問機関とされることもある。しかし，外部に人材が求められ，事実上独立して職務を遂行する点にオンブズマンが他の制度より高く評価される理由がある。

(f) 行政不服審査・行政訴訟

　前述のように，苦情処理の要件，手続および効果は，法令で定められていない。しかし，これでは，行政のうっかりミス程度は解決できるであろうが，国民と行政の間の深刻な対立は解決できない。

　これに対し，違法行政は正す，という原則をとり，その下で，要件，手続，効果を定められた制度が行政不服審査であり行政訴訟である。苦情処理がインフォーマルな制度であるのに対し，行政不服審査や行政訴訟はフォーマルな制度である。

　また，これらの制度は国民の申立てに基づいて作動するが，国民には違法行政については是正してもらう（多くの場合は取り消してもらう）権利が与えられている点で，両者はいずれも「権利としての法制度」である。

　行政不服審査と行政訴訟の違いは，審判機関が異なること（行政機関が審判するか裁判所が審判するか）および行政不服審査では不当行政も是正の対象になっていることである。

　「権利としての法制度」であるという点では両者は共通しており，違いは審判機関の違いだけであると見ると，両者の違いは小さいとも言えるが，裁判所の関与の有無を重視すると，両者の違いは大きいとも言える。

(g) 行政手続

　以上の行政統制の仕組みは，行政活動が行われたあとに働くものであり，事後的なものである（行政訴訟の中には差止訴訟のように行政活動を事前に差し止めるものもあるが，これは例外であり，また，事後の訴訟を少し前倒しするだけのものである）。

　これに対し，行政活動を行う前に国民の意見を聴くという仕組みも存在する。聴聞とか住民参加などと呼ばれるものであるが，これらを総称して行政手続

(正確には,事前行政手続)と言う。

(h) 情報公開・個人情報保護

近年,情報公開が現代社会の重要な価値になっている。食品の偽装表示など企業の不正行為との関係でも,情報公開ということが言われる。行政法の分野において重要なのは,むろん行政情報の公開であるが,これについては,国・公共団体のそれぞれについて情報公開制度が整備されている。

情報公開は,国・公共団体に対して国民が情報の公開を請求する制度であり,直接には,国・公共団体の持っている情報を公開させることあるいは国民がそれを取得することを目的とするもので,行政の統制を目的とするものではない。しかし,情報公開を通じて,行政のあり方がここ20年～30年の間に大きく変化したことも確かである。この点に着目するならば,情報公開制度を行政統制の制度と位置づけることができるだろう。

個人情報保護の制度は,個人情報に限ってであるが,その収集・管理を規制するものであり,行政統制の制度に数えることができる。

以上の諸制度のうち,以下ではまず行政手続,情報公開および個人情報保護についてより詳細に説明することにしたい[11]。そしてそのあと,行政不服審査および行政訴訟について説明する。本書では,行政不服審査を行政統制の制度の1つとして位置づけているが,それは国民の権利救済の制度でもあるから,「行政救済」の制度に加えることもできるものである。行政不服審査については第19講(262頁)で説明する。それに続いて行政訴訟について説明するが,それはむろん「行政救済」の制度として位置づけるべきものである。第20講(279頁)以下で説明する。「行政救済」の制度としては,これに加え,国家賠償および損失補償の制度がある(第25講(382頁)以下)。

> **付論 16**:「紛争調停者」としての行政
> 以上の「行政統制」という場合,警察・社会保障・環境保全などの行政を担当する行政機関(または行政体)が「統制される者」である。国民との間で紛争が生じた場合を考えると(行政統制は紛争が生じた場合にだけ行われるものではないが),

---

11) 以上のような整理を見ると,行政の統制の制度は意外に多い。行政不服審査があまり有効ではないため,訴訟制度が意味を持つというように,ある制度の不十分さを補うために別の制度が存在するということもあるが,立場(行政の外からの統制か内からの統制か)や視点(適法性の統制かそれ以外の点での統制か)などが異なることが制度が併存する理由でもある。

行政機関は「紛争の当事者」である。そして，裁判所などが「統制する者」つまり「紛争調停者」としてその役割を果たす（行政不服審査の場合は，行政機関は，「統制される者」であるとともに，「統制する者」である）。

この行政統制と区別されるものであるが，私人間で紛争が生じた場合に行政機関がその解決に当たることがある。代表例は，公害等調整委員会による公害紛争の処理である（公害紛争処理法がその根拠法である）。ここでは，行政機関は，「紛争の当事者」ではなく，「紛争調停者」として登場する。

この仕組みは，私人間での紛争解決の方法，現代社会における行政の役割という点からは興味深いものであるが，「行政活動の法的統制」という行政法理論の根本課題とは関心の方向性が異なる。

第 17 講

行 政 手 続

Ⅰ 行政手続の概念・種別・有用性

(1) 行政手続とは何か

　行政手続とは何だろうか。まず，行政手続の具体例を挙げよう。例えば道路交通法によると，公安委員会が自動車の運転免許の取消しや停止の処分を行おうとする場合には，意見の聴取や聴聞を行わなければならないと定められている（道路交通法104条・104条の2）。この意見の聴取や聴聞が行政手続の代表的な例である。一般的に言うと，行政手続とは，行政処分などの行政庁の意思決定に至るまでの手続を指す[1]。

　後述のように，行政手続は，行政が適法かつ民意を反映した決定をする上で意義深いものである。

(2) 行政手続の種別

　行政手続の種別にはどのようなものがあるのだろうか。

(a) 後続の意思決定の種類による種別

　本講で説明するのは，行政庁の意思決定に至る前に行われる事前の行政手続であるが，その手続のあとにくる行政庁の意思決定の種類により，行政処分手

---

[1] この行政手続の定義では，行政庁の意思決定に先立つ手続つまり事前手続が考えられている。行政庁の意思決定のあとで行われる手続つまり事後手続（具体的には行政上の不服申立ての手続である）も広義には行政手続に入るが，ふつう行政手続という語は事前手続を指す。手続を定義することは難しいが，一定の目的（実現すべき政策の決定，政策の実現としての行政処分・強制執行など）の達成のためにとられる（べき）措置（目的達成行為以外のもの）と言えよう。

続，行政立法手続，行政契約手続，行政計画手続，行政指導手続，行政上の強制執行手続などに分かれる。

(b) **内容による種別**

行政手続を内容的に見ると，まず相手方などの意見を聴くという手続がある。自動車の運転免許の取消しなどの際の意見の聴取や聴聞がその例であるが，さらに「公聴会」とか「意見書提出」と呼ばれるものもある。また，行政処分の基準を定めること（基準設定。これは行政処分につき法律が多義的規定を使った規定をおいている場合に必要になる）や，行政処分などを行う際にその理由を示すという理由提示（従来は理由付記と呼ばれていたが，行政手続法で理由提示の語が用いられるようになった）も行政手続に数えられている。この他，行政契約の締結の際には入札という手続が行われることがあるし（186頁(7)を参照），立入検査のような行政調査の前には裁判官の許可状をもらうという手続がとられることもある（195頁(7)を参照）。

(c) **目的による種別**

以上のように，行政手続には様々なものがあるが，この多様な行政手続を整理する上で重要なのは，権利保護手続と参加手続という分類である。

権利保護手続とは，例えば自動車の運転免許の取消しに当たっての意見聴取・聴聞のように，相手方の権利保護のために行われる手続である。一般的に言うと，個別的な行政処分の際の意見聴取や聴聞が典型的な例である。機能的には，同じく権利保護を目的とする裁判手続の不十分さ（事後的なものである，時間と費用がかかるといった点）を補完するものと位置づけることができる。

これに対して，参加手続とは，公益のため，あるいはよりよい行政決定を行うために，行政の意思決定に広く国民の意思を反映させようとするものである。この参加手続は，民主主義の見地から要請されるものであり，機能的には，一般的ルールを定める議会の立法手続を補完するものと言える。例えば，都市計画の作成・決定手続としての公聴会や意見書提出の手続がこれに当たる（都市計画法16条1項・17条2項）。

歴史的に見ると，戦後の行政手続に関する議論において対象とされたのは，主として権利保護手続たる行政処分手続であったが，近年は，都市計画といった行政計画の決定などへの参加手続も次第に注目されるようになっている[2)3)]。

(3) 行政手続の有用性

　国や地方公共団体の公務員にとって，行政手続を行うのは面倒なことだろう。結局のところは，行政処分や行政計画の内容が法律や条例に合致していれば，つまり実体面で適法であればよいとも言える。しかし，手続には固有の価値がある。行政手続には次のような意味があると考えられている。

(a) 事実の確認・情報の収集としての行政手続

　第1に，適法な決定をするために，行政手続は役に立つ。例えば自動車の違法運転をした人に対する処分を考えると，行政庁が適法な意思決定をするためには，正確な事実認定をする必要がある。つまり，どのような違法運転をしたのかを正確に確認する必要がある。このとき，逮捕に立ち会った警察官からの報告もむろん重要であるが，本人の意見を聴くということが1つの，そして公正さを確保する上で大切な方法である。また，公共事業に関する計画について見ると，行政を担当する公務員は，必要な情報をすべてかつ正確に把握しているわけではないから，利害関係者や自然保護団体などの意見は，情報としてあるいは提案として重要である（行政の独断防止策としての行政手続）。

(b) 民主的正当性の獲得手段としての行政手続

　第2に，今，適法な決定と言ったが，法律の枠内において，行政庁に裁量が与えられていることが少なくない。この場合，行政庁は裁量の枠内において1つの選択をして決定を下すのであるが，その選択と決定には国民を納得させるだけの民主的正当性がなければならない。選択と決定に当たり，事前に行政手続を行い，民意を反映させることは，民主的正当性の確保に役立つ。中身のある事前手続を経て下される決定は，国民に対して説得力を持つはずである。

(c) 早期の権利保護手段としての行政手続

　第3に，事前手続は，国民に早期の権利保護の機会を与えるという意味がある。つまり，行政の決定に対しては，国民は決定があったあとで裁判所に救済

---

2) 広く「住民」に手続への関与が認められる手続や「一般の意見」を聞くこととされている手続は，参加手続である。参加手続では，公益実現の見地から発言をする者のみならず，自己の権利利益の実現のために発言をする利害関係人も参加を許されるだろうが，このことによって公益の実現を目的とするという参加手続の本来の性格が変わるわけではない。

3) なお，以上の権利保護手続と参加手続の2つの類型のほか，公正化・透明化手続，または公正手続という類型が挙げられることがある。これは，(b)で触れた行政契約の締結の際の入札手続を指している。

を求めることができるが，それでは救済の実を挙げることができない場合がある。例えば，自動車の運転免許の取消しが違法であれば，取消処分が行われた後に，相手方である国民が裁判所に取消訴訟という訴訟を起こして，取消処分を取り消してもらうことが可能である。しかし，この裁判所による救済は，時間がかかり，判決が出るまでは自動車を運転することができない。事前手続により違法な決定を回避できるのであれば，それに越したことはない。

また，都市計画や公共事業計画になると，法律上行政庁に認められる裁量の幅が広いため，計画決定の内容を裁判で争うことは至難である。裁判所の役割は，法の解釈・適用にとどまるからである。この種の決定については，むしろ事前手続により可能な限り民意を反映させることが，行政と国民の間の意見の対立を緩和ないし解決する上で有効である。

以上のように，行政が適法かつ民意を反映した決定をする上で，そしてまた紛争を予防するという点で事前手続は意義深いものである。

II 行政手続法の目的規定と適用除外

以下では，1993年に制定された行政手続法が定めている仕組みについて説明をすることにしよう。

行政手続法は，総則，申請に対する処分，不利益処分，行政指導，処分等の求め，届出，意見公募手続等，補則の8章，46ヵ条から成っている。そのうち大きな比重を占めているのは，申請に対する処分，不利益処分および行政指導に関する規定で，これらだけで27ヵ条にのぼる。

これらの行政手続法の規定の一部については，すでに説明してきたところである（申請に対する処分に関する規定のうちの審査・応答義務に関する規定については102頁(a)を，意見公募手続等に関する規定については90頁Ⅶを，行政指導に関する規定については164頁(4)・168頁(5)をそれぞれ参照）。本講では，これまで説明する機会のあったこれらの規定を除く行政手続法の規定について説明する[4]。

---

4) 行政手続法の施行状況については，総務省の手で調査が行われ，「行政手続法の施行状況に関する調査結果――国の行政機関」（平成27年3月）および「行政手続法の施行状況に関する調査結果――地方公共団体」（平成22年12月）が公表されている（http://www.soumu.go.jp/main_sosiki/gyoukan/kanri/tetsuzuki/tetsuzuki_tyousa.html）。

(1) 目的規定

まず，行政手続法の目的について定めている同法1条1項を見ることにしよう。この規定は，同法の性格を知る上で参考となるものである。

> **行政手続法1条（目的等）**
> ① この法律は，処分，行政指導及び届出に関する手続並びに命令等を定める手続に関し，共通する事項を定めることによって，行政運営における公正の確保と透明性（行政上の意思決定について，その内容及び過程が国民にとって明らかであることをいう。……）の向上を図り，もって国民の権利利益の保護に資することを目的とする。

(a) 「国民の権利利益の保護」

この規定は，行政手続法の目的として，「行政運営における公正の確保と透明性（……）の向上を図り，もって国民の権利利益の保護に資すること」を挙げている。従って，同法の最終的な目的は，「国民の権利利益の保護に資すること」にあるということになる。これは一見当然のことを言っているだけのように見えるが，このフレーズには，行政手続法が権利保護手続についてだけ規定をおき，民主主義的な参加手続については規定をおいていないということを宣言するという意味が含まれている。確かに，2005（平成17）年の改正までの行政手続法には，参加手続である土地利用計画などの行政計画を策定する際の手続や政令や省令などを定める行政立法の手続についての規定はおかれていなかった。しかし，行政立法については，この法律改正により命令等制定手続たる意見公募手続が導入された。この手続は，権利保護手続ではなく，参加手続の性格を持つものだろう（216頁注2）を参照）。この理解に立つと，行政手続法1条1項が「国民の権利利益の保護」を挙げるだけでは，同法の規定内容を忠実に反映していないのではないかという疑問がある。

(b) 公正の確保

以上のように，「国民の権利利益の保護に資すること」というフレーズは，行政手続法の制定の目的が権利保護手続の整備にあることを宣言するという意味を持っている（(a)を参照）。むしろ，同法の直接の目的は，「行政運営における公正の確保と透明性の向上」というフレーズに示されている。

このうち，「行政運営における公正の確保」とは，行政の意思決定の内容（結果）および過程が行政担当者の偏見に左右されたり，特定の者の利益にか

たよったりすることがないことを言う。

(c) 透明性の向上

次に,「行政運営における透明性」については,行政手続法1条1項に定義がある。すなわち,透明性とは,「行政上の意思決定について,その内容及び過程が国民にとって明らかであること」と述べられている。「向上」の語には,しかるべき水準の行政の透明性が実現されるためには,行政手続法だけではなく,更なる法律や施策が必要であるという意味合いがある。

行政の透明性といった観念は,古くから用いられてきたものではない。透明性の観念は,1980年代の行政改革の中で,すなわち政治行政の実務の中で用いられるようになったものであり,行政手続法がはじめて法律の世界の中に取り入れた。このため,わざわざ前記のような定義が行われているのである。

「透明な行政」などと言われると,我々国民としては,「ガラス張りの行政」を思い浮かべ,行政を担当する公務員の一挙手一投足を見ることができる状態を想像するであろう。しかし,行政手続法によってもたらされている「透明な行政」とは,残念ながらそのようなものではない。同法の仕組みについては今後少しずつ説明していくが,そこでは,一定の利害関係人に対し,行政運営の一端が明らかにされるにとどまっている。上記の透明性の定義で言う国民とは一定の利害関係人だけを指しているのである。

「透明な行政」というスローガンによってもたらされる行政の変化に過大な期待を持ってはいけないのである。もっとも,行政手続法により行政の透明度が少しでも向上することや,「透明な行政」の理念が行政法全体に広がっていくことは,国民としては歓迎すべきことである。

(2) 行政手続法の適用除外

行政法の教科書において法律の仕組みを説明する際に適用除外規定にまで言及されることはあまりない。一般に,法律の仕組みを理解する上では適用除外規定はそう大きな意味を持つわけではないからである。しかし,行政手続法の適用除外規定は,同法の性格を理解する上において,また地方公共団体の独自施策への影響を考える上において,看過できない意味を持っている。

(a) 処分および行政指導についての適用除外

行政手続法は,国や地方公共団体の行政機関の行う処分および行政指導につ

いては，16項目にわたり適用除外事項を挙げている（3条1項）。

この中でまず注意すべきは，①学校（国公立の学校）・刑事施設などでの学生・生徒・被収容者などに対する処分・行政指導，②公務員に対する処分・行政指導，③外国人に対する出入国・難民認定・帰化に関する処分・行政指導が全面的に適用除外されている点である（3条1項7号～10号）。

次に，不利益処分については意見陳述手続がとられることになっているが，④金銭納付を命ずる処分や金銭給付を撤回・制限する処分が適用除外されているし（13条2項4号），また個別法律により，⑤租税の賦課徴収に関する処分・行政指導・届出や⑥社会保障・社会福祉の分野での処分も一定の範囲で適用除外とされている（国税通則法74条の14，地方税法18条の4，生活保護法29条の2，児童福祉法33条の5，老人福祉法12条の2など）。

①・②の適用除外の理由は，「特別の規律で律せられる関係が認められること」，つまり学校・刑事施設の在学・被収容関係や公務員の勤務関係には，一般の行政上の法関係とは異なるところがあることである。また，外国人は日本人と同一に取り扱う必要は必ずしもないことが，③の適用除外の理由である。

こうした適用除外の結果，一般の国民が「生活者としての立場」で行政手続法の適用を受けることが相当に少なくなり，同法は「事業活動の法」ないし「経済活動の法」としての性格を濃厚に持つことになっているように思われる。

(b) **地方公共団体の行政についての適用除外**

地方公共団体については，以上のほか，条例・規則に基づく処分，すべての行政指導，条例・規則に基づく届出およびすべての命令等の制定にも行政手続法の規定は適用されない（行手法3条3項)[5]。

地方公共団体の機関が行う行為について行政手続法の適用が制限されたのは，地方自治ないし地方公共団体の自主性を尊重するためだろう。同法の適用のないこれらの処分・行政指導・届出・規則・規程については，地方公共団体が「行政運営における公正の確保と透明性の向上を図るため必要な措置を講ずるよう努めなければならない。」ことになっており（行手法46条），多くの地方公共団体は，行政手続条例を制定している。

---

5) 地方公共団体の命令等とは，地方公共団体の機関が定める規則や規程を指す（行手法2条1号・5号ロ・8号を参照。条例は入らない）。これらの制定の手続のあり方は，地方公共団体の措置に委ねられている（行手法46条）。

行政手続条例には，行政手続法を丸写しにしたようなものが多いのであるが（コピー条例と揶揄されることもある），行政指導に関しては，同法と同じ規定では行政指導ができなくなるという危機感から，独自性のある規定をおく地方公共団体もある（この点は，166頁(c)を参照）。

Ⅲ　行政手続法上の具体的仕組み

　この後，行政手続法の中身の説明に入っていくことにしよう（同法が定めている処分と手続の仕組みの対応関係は，**図表17-1**（次頁）を参照）。

(1)　申請に対する処分についての仕組み

　まず最初に定められているのは，申請に対する処分についてである。申請に対する処分とは，国民の側からの申請があってはじめて行われる処分のことで，例えば，許可・認可や社会保障の給付決定を指している。

(a)　審査基準

　(ア)　**審査基準の設定・公表**　行政手続法が申請に対する処分について定めている仕組みの1つは，審査基準の設定・公表である。

　まず，審査基準とは，「申請により求められた許認可等をするかどうかをその法令の定めに従って判断するために必要とされる基準」である（行手法2条8号ロ）。例えば，自動車運転の免許の試験については，どのような試験を行い，何点以上とれば合格にするかという基準が定められているはずであるが（67頁以下を参照），これが審査基準の1つの例である。

　そして，この審査基準の設定・公表について行政手続法5条に規定がある。

> **行政手続法5条（審査基準）**
> ①　行政庁は，審査基準を定めるものとする。
> ②　行政庁は，審査基準を定めるに当たっては，許認可等の性質に照らしてできる限り具体的なものとしなければならない。
> ③　行政庁は，行政上特別の支障があるときを除き，法令により申請の提出先とされている機関の事務所における備付けその他の適当な方法により審査基準を公にしておかなければならない。

　この規定は，行政庁に対し，申請に対する処分について，できる限り具体的

第17講 行政手続

図表17-1 処分と手続の仕組みの対応関係

処分＼手続の仕組み		基準設定	意見陳述手続	理由提示	文書閲覧
申請に対する処分		あり（審査基準）	なし（但し公聴会）	あり（拒否処分について）	なし
不利益処分	特定不利益処分	あり（処分基準）	あり（聴聞）	あり	あり
	その他の不利益処分		あり（弁明の機会の付与）		なし

な審査基準を定めること，およびそれを公にすることを求めるものである。

この審査基準には，67頁以下で説明した裁量基準に当たるものもあれば，法令についての行政庁の解釈の基準（解釈基準）に当たるものもある[6]。

審査基準は，法令上，行政庁に裁量（対法律裁量。63頁①を参照）または解釈の余地が認められている場合に定めることが考えられるものである。例えば墓地の経営の許可については，「都道府県知事の許可を受けなければならない」ことが定められているが（「墓地，埋葬等に関する法律」10条），要件についての規定はない。そこで，申請についての行政庁による審査の客観性を担保するためには，基準の設定が望ましいということになる。また，上記の自動車運転の免許の試験においては，明確な基準がなければ，大量の免許申請を公正にさばくことはできないだろう。

(イ) **審査基準の設定義務** そこで，まず問題となるのは，行政庁は，裁量を認められている場合，この審査基準を定める義務があるのかどうかということである。この問題について，行政手続法は，「行政庁は，……〔審査基準を〕定めるものとする」と定めている。「○○するものとする」という文言は，通例は義務づけを回避するために用いられるものであるが，同法は，227頁(a)で述べる処分基準については「〔定めるよう〕努めなければならない」という文言を用いている。これと対比すると，行政手続法は，審査基準の設定を行政庁に原則として義務づけるものと解釈するのが自然である。

(ウ) **審査基準の具体性** 次に，この審査基準は，「できる限り具体的なも

---

6) 裁量と解釈の関係については，72頁の**付論❽**を参照。

の」でなければならない。この「できる限り具体的なもの」という文言の解釈としては、「論理的技術的に可能な限り具体的なものでなければならず、裁量的判断の余地を意識的に残すことは許さない」という解釈と、「必ずしも完全に具体的なものでなくてもよく、裁量的判断の余地を意識的に残すことも処分の性質によっては許される」という解釈とが考えられる。自動車の運転免許の審査基準は、申請の数が多く、審査の公平が主眼であろうから、高い具体性が要求されよう。

(エ) **審査基準の公表** 第3に、審査基準は、公にしておかなければならない。「公にしておく」とは、国民がいつでもアクセスできる状態においておくことだと言われ、国民への積極的な周知措置としての公表と区別されている。これは、公表することが行政庁の負担になることを考慮したものであるが、今日では、インターネットのウェブサイトで比較的簡単に公表できるようになっている。実際にもウェブサイト上で公表されている審査基準も多い。「公にする」ことと公表とを区別することには、もはや大きな意味はないようである。

(オ) **審査基準の制定手続** 審査基準の制定については、意見公募手続（90頁Ⅷを参照）が適用される。

(カ) **審査基準の法的性格** 審査基準は、法律が多義的規定（64頁(1)を参照）を用いている場合に、それによって行政庁に与えられる裁量の行使の基準つまり裁量基準または解釈の余地に関する解釈基準を定めるものである。これらの基準は、政省令の形式で定めることもできるが、政省令の制定についての法律の授権がない場合に、行政庁が独自の措置として定めるものが審査基準である。従って、審査基準は、本来は法的拘束力を持つものではない。

しかし、審査基準については、行政手続法において、①授権規範ではないが、ある種の法的手がかりが与えられ、制度化されているし、②公表も義務づけられている。さらに③制定手続も定められている（制定手続については、第6講Ⅷを参照）。こうした諸点を考慮すると、審査基準を、一般の通達と同様に行政内部規範であって法的拘束力を持たないと理解するだけでは不十分であろう。審査基準には、正式の法規範と同等ではないが、一定の法的拘束力を認めることができるのではないだろうか。例えば、許認可に関する審査基準によれば許認可をもらえるはずなのに、行政庁がこの審査基準を遵守せず拒否処分を行ったという場合には、その拒否処分は違法であるという主張が成り立つ余地があ

ると思われる。

(b) **理由の提示**

(ア) **理由の提示**　申請に対する処分について行政手続法が定めているもう1つの主要な仕組みは、同法8条1項に定める理由の提示である。

> **行政手続法8条（理由の提示）**
> ①　行政庁は、申請により求められた許認可等を拒否する処分をする場合は、申請者に対し、同時に、当該処分の理由を示さなければならない。〔以下省略〕

理由の提示とは、行政庁が行政処分を行う際にその理由を示すという仕組みで、行政手続の1つに数えられている。従来は、「理由付記」と呼ばれていたのであるが、必ずしも書面によらないということを示すために、行政手続法では、「理由の提示」という語が用いられている。

(イ) **理由の提示の役割**　この理由の提示の制度は、第1に、行政庁の判断の慎重さと合理性を担保し、その恣意を抑制するという役割、そして第2に、行政決定の理由を相手方（さらには利害関係人）に知らせることによって、行政上の不服申立てや訴訟を行う上での便宜を与えるという役割を持っている。これらのことは、かねてから最高裁判所が指摘してきた（最高裁判所1963（昭和38）年5月31日判決）。この他、第3に、行政庁の判断の根拠を開示するという役割がある。この意味で理由の提示は、一種の情報の開示だということができる。また、この開示の機能が、裁判判決や不服申立ての裁決・決定の理由付記と共通する機能であろう。そして第4に、理由の提示は、国民に対する説得の役割を持っている。説得力のある理由があれば、相手方や利害関係人は処分に対して不満を持つことも少なくなるであろう。

(ウ) **理由の提示を必要とする行政処分の範囲**　行政手続法8条1項は、許認可等を拒否する処分、いわゆる拒否処分について理由の提示を行政庁に義務づけている。これに加え、同法14条1項は、不利益処分についても理由の提示を義務づけているので、結局、同法は、全体としては、拒否処分と不利益処分、すなわち広い意味での不利益処分について理由の提示を義務づけていることになる。これは、同法がもたらした大きな成果である。

もっとも、理由の提示が要請されるのは、この広義の不利益処分だけではない。許認可処分であっても、原子炉の設置の許可や公共料金の認可のように第

三者利害関係人である住民の生活への影響が大きく，あるいは住民の関心が強いものについては，理由提示の必要性は強い。しかし，行政手続法の理由提示の義務はこのような許認可処分にまで及んでいない。これは，第三者利害関係人のことをあまり考慮していないという同法の限界の1つの表れである。

(エ) 「理由」とは何か　そもそも「理由」とは何だろうか。この問題に関し，下記の最高裁判所 1985 年判決は，「一般旅券発給拒否通知書に付記すべき理由としては，いかなる事実関係に基づきいかなる法規を適用して一般旅券の発給が拒否されたかを……」と述べているので，処分原因事実および処分根拠規定の2つのものが「理由」の基本的な内容である。

この処分原因事実と処分根拠規定に加え，最高裁判所 2011（平成 23）年 6 月 7 日判決は，一級建築士免許の取消（撤回）処分が争われた事件において，処分基準の適用関係（処分基準をどのように適用して処分の内容を決めたのか）の摘示をも要求している。事件と判決の内容の具体的な説明は省略するが，処分基準の内容が一義的なものではないため，このような判断が下されたのだろう[7]。

(オ) 理由の提示の程度　理由提示の制度に関する1つの問題は，提示されるべき理由の程度である。この点については，行政手続法は何も規定していない。そこで，この問題については従来の裁判例が引き続き参考になる。最高裁判所は，パスポートの発給の拒否の処分が争われた事件において，次のように判示している。

> **最高裁判所 1985（昭和 60）年 1 月 22 日判決**
> 「理由付記制度の趣旨にかんがみれば，一般旅券発給拒否通知書に付記すべき理由としては，いかなる事実関係に基づきいかなる法規を適用して一般旅券の発給が拒否されたかを，申請者においてその記載自体から了知しうるものでなければならず，単に発給拒否の根拠規定を示すだけでは，それによって当該規定の適用の基礎となった事実関係をも当然知りうるような場合を別として，旅券法の要求する理由付記として十分でないといわなければならない。」

この判決は，処分の根拠規定に加え，「当該規定の適用の基礎となった事実関係」つまり処分原因事実につき「申請者においてその記載自体から了知しうる」程度に詳細なものでなければならないと述べている。処分根拠規定を挙げ

---

7) この判決は，このあと説明する不利益処分の理由提示に関するものであるが，そこで示されている理屈は，申請に対する処分の理由提示についても当てはまるものと考えられる。

ることは難しくないであろうが，処分原因事実の具体的内容については，どこまで詳細に説明すべきかという問題がある。裁判の判決では，この点について詳細に述べられていることも少なくないが，行政処分において行政庁がどこまで詳細な理由提示を行うべきかは，それに要するコストを勘案して判断すべきものであろう（この他事案によっては，資料の開示も要求される場合がある（前掲の最高裁判所 1963（昭和 38）年 5 月 31 日判決））。

(c) 公聴会の開催

行政手続法が申請に対する処分について定めている主な制度は，以上の審査基準の制度と理由提示の制度，およびすでに 102 頁 (a) で説明した審査・応答義務の制度である。行政手続として最も重要なのは相手方などの意見を聴くという（広い意味での）聴聞の原理であるが，それについては辛うじて次の規定があるだけである。

> **行政手続法 10 条（公聴会の開催等）**
> 行政庁は，申請に対する処分であって，申請者以外の者の利害を考慮すべきことが当該法令において許認可等の要件とされているものを行う場合には，必要に応じ，公聴会の開催その他の適当な方法により当該申請者以外の者の意見を聴く機会を設けるよう努めなければならない。

この 10 条の規定は，最後に「努めなければならない」とあるように，公聴会等の開催を義務づけたものではない。いわゆる努力義務の規定である。しかも，「公聴会の開催その他の適当な方法により当該申請者以外の者の意見を聴く機会」というように，柔軟な規定の仕方をしている。従って，この規定が実際にどこまで意味を持つのかはおぼつかないところがある。しかし，（広い意味の）聴聞の充実を願う立場からは，行政には「当該申請者以外の者の意見を聴く機会を設けるよう努め」る義務があることを重視すべきであろう。

なお，行政手続法は，許認可等を拒否する場合であっても，相手方の意見を聴くことを予定していない。

以上が，行政手続法の定める申請に対する処分についての主な仕組みである。

(2) 不利益処分についての仕組み

次に，不利益処分について定められている仕組みについて見ておくことにしよう。不利益処分は，行政手続法 2 条 4 号で「行政庁が，法令に基づき，特定

の者を名あて人として，直接に，これに義務を課し，又はその権利を制限する処分をいう。」と定義されている。例えば，ホテル業などの営業の許可を撤回する処分や営業停止の命令・施設の改善命令がこれに当たる。

不利益処分については，処分基準の制度，聴聞などの意見陳述手続の制度，理由提示の制度，および文書閲覧の制度がある。これらのうち，処分基準の制度は(1)(a)で述べた審査基準の制度によく似ている。また，理由提示の制度は，(1)(b)で述べたことにほぼ尽きている。そこで，これら2つの制度については簡単に触れるにとどめる。

(a) 処分基準

処分基準とは，「不利益処分をするかどうか又はどのような不利益処分とするかについてその法令の定めに従って判断するために必要とされる基準」である（行手法2条8号ハ）。そして，この処分基準について次の規定がある。

> **行政手続法12条（処分の基準）**
> ① 行政庁は，処分基準を定め，かつ，これを公にしておくよう努めなければならない。
> ② 行政庁は，処分基準を定めるに当たっては，不利益処分の性質に照らしてできる限り具体的なものとしなければならない。

この規定は，審査基準に関する行政手続法5条とよく似ている。違っている点は，処分基準を「定め，かつ，これを公にしておくよう努めなければならない。」とされている点，つまり処分基準の設定・公表は努力義務とされていることである。このような形の規定がおかれたのは，処分基準を公表すると，場合によっては，違反すれすれの行為が行われたり，処分を巧妙に免れる脱法行為が行われたりすることがあることに配慮したためである。

なお，処分基準の制定については，審査基準と同様，意見公募手続（90頁Ⅶを参照）が適用される。

> （コラム）　**努力義務**　法律で「行政庁は○○しなければならない」と規定されていると，行政には，○○をする法的義務があり，それを怠ると違法である。これに対し，「行政庁は△△することに努めなければならない」と規定されている場合は，努力義務があるにとどまり，△△することを怠っても違法ではないと言われている。もっとも，行政庁がまったく何もしなくても違法の問題を生じないとすると，努力義務が法律で定められてい

第 17 講　行政手続

> る意味がないことになる。結果はともかく，行政庁には可能な限り努力する法的義務があり，この義務を怠れば違法だと言うべきではないだろうか。

(b)　理由の提示

> **行政手続法 14 条（不利益処分の理由の提示）**
> ①　行政庁は，不利益処分をする場合には，その名あて人に対し，同時に，当該不利益処分の理由を示さなければならない。〔以下省略〕

　この規定は，不利益処分すべてについて理由提示を義務づけるものである。理由提示については，申請に対する処分の理由提示の説明を参照されたい。

(c)　意見陳述手続

　㋐　**正式聴聞と弁明手続**　　次に，不利益処分に関する仕組みの中核とも言える意見陳述手続およびそれに付随する制度としての文書閲覧制度について説明することにしよう。

　行政の意思決定に先立って何らかの形で相手方などの意見を聴くことを「広い意味での聴聞」ということができるが，行政手続法は，これを「意見陳述のための手続」と呼んでいる。

　同法は，この意見陳述手続ないし広義の聴聞を「聴聞」と「弁明の機会の付与」に分けている。この「聴聞」は狭義の聴聞と言うことができるが，後で説明するように，かなり丁寧な手続であるので，本書では「正式聴聞」と呼ぶことにしたい。「弁明の機会の付与」は，簡単に「弁明手続」と呼ぶことができる。

　正式聴聞と弁明手続のそれぞれの手続についてここでごく簡単に説明しておくと，正式聴聞は，不利益処分の相手方などが行政庁に対し口頭で意見を述べることができる手続で，それに付随する仕組みを含めて，上記のようにかなり丁寧な手続と言うことができるものである。これに対して，弁明手続は，原則として書面で意見を提出する手続で略式の手続と言うことができる。

　㋑　**正式聴聞と弁明手続との適用基準**　　では，正式聴聞と弁明手続とはどのように使い分けられているのだろうか。

　まず，正式聴聞は，許認可を撤回したり資格または地位を剥奪するといった相手方に重大な不利益を与える不利益処分について行われることになっている。

Ⅲ　行政手続法上の具体的仕組み

この正式聴聞の対象になる不利益処分を「特定不利益処分」と言うことができるが，これに該当する処分は，行政手続法13条1項1号に列挙されている。許認可や免許の撤回のほか，法人の役員の解任を命じる処分といったものがある。そして，この特定不利益処分に該当しない不利益処分については弁明手続が行われる（行手法13条1項2号）。

従って，行政手続法の考え方としては，原則は弁明手続であり，特に相手方に重大な不利益を与える処分について例外的に正式聴聞が行われるということになる。

(ウ)　**正式聴聞の具体的内容**

正式聴聞は，次のようにかなり丁寧に行われる（**図表17-2**を参照）。

(ⅰ)　通　知　正式聴聞の第1段階は，特定不利益処分の名あて人（厳密には，特定不利益処分が行われるときにそれの名あて人になるべき者）に対する聴聞の通知である。この事前通知では，聴聞の期日や場所が通知される他，予定されている不利益処分の内容，その根拠となる法令の条項（処分根拠規定），不利益処分の原因となる事実（処分原因事実）なども通知される（行手法15条1項）。これにより，名あて人としては，あらかじめ聴聞の場で主張すべきことをまとめたり，自己に有利な証拠を集めたりすることが可能になる。この意味で，この事前通

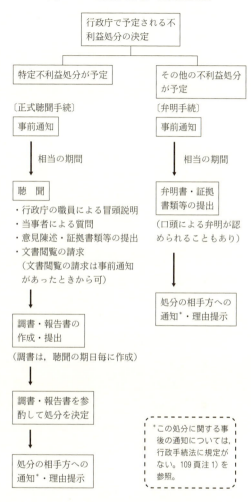

図表17-2　意見陳述手続・文書閲覧制度

229

知は大きな意味を持つものである。

　(ii)　聴聞主宰者　　この事前通知のあと聴聞が行われるが、聴聞を主宰するのは、通例は行政庁が指名する職員である（行手法19条1項）。この職員は、行政庁である各省の大臣や都道府県知事などの部下である職員であるが、実務上は、処分に直接関与した者は避けられ、総務や法務を担当する職員から選ばれているようである。聴聞主宰者は、行政庁の部下であっても独自の意思を持つべき存在である。

　(iii)　聴聞　　この事前通知から「相当の期間」をおいて、聴聞が行われる。聴聞期日の冒頭において、聴聞主宰者は、行政庁の職員に、不利益処分の内容、その根拠となる法令の条項（処分根拠規定）および不利益処分の原因となる事実（処分原因事実）を出頭した者に対して説明させなければならない。これは、「冒頭説明」と呼ばれる（行手法20条1項）。

　(iv)　当事者の権利　　そしてこの冒頭説明を受けて、当事者（先ほどの用語では名あて人）は、意見を述べ、証拠書類等を提出し、さらに行政庁の職員に対し質問を発することができる（行手法20条2項）。つまり当事者は、「意見陳述権」、「証拠提出権」、「質問権」を持つのであるが、この他、後述(エ)の「文書閲覧の権利」も持っているので、全部あわせると4つの権利を持っていることになる。

　この4つの権利はいずれも重要なものであるが、「聴聞規定の白眉」（兼子仁『行政手続法』(1994) 123頁）と言われているのは質問権である。これは、行政庁の職員による説明に対して当事者が行使する権利であるが、この権利が定められたことによって、行政庁の職員の説明は、通り一遍のもので終わることはできなくなった。職員の説明に納得がいかなければ、当事者はどんどん（と言っても無制限ではないだろうが）質問ができるのである。

　(v)　聴聞の非公開　　聴聞は、行政庁が公開することを相当と認めるときを除き非公開である（行手法20条6項）。これは、多少問題の残る点である。立法論としては、公開を原則とし、職権または申立てにより非公開とする余地を認める方法や、非公開を原則としながら、当事者に対して公開請求の可能性を与えることも考えられる。

　(vi)　調書と報告書　　聴聞主宰者は、聴聞の各期日ごとに調書を作成し、また聴聞終結後、報告書を作成して行政庁に提出しなければならない。法的に見

てとくに重要なのは報告書である。それは，不利益処分の原因となる事実に対する当事者等の主張に理由があるかどうかについての聴聞主宰者の意見を記載するものである（行手法 24 条）。

　(ⅶ)　処分における参酌　　行政庁は，不利益処分の決定をするときは，調書の内容および報告書に記載された聴聞主宰者の意見を「十分に参酌してこれ〔決定〕をしなければならない」（行手法 26 条）。「参酌」の語は，調書や報告書が法的拘束力を持つことを意味しないが，「十分に」という語が使われていることも考慮すると，とくに事実に関する意見は強く尊重されるべきだろう。

　(エ)　文書閲覧　　正式聴聞については，行政手続法 18 条 1 項で文書閲覧という仕組みが認められている。

> **行政手続法 18 条（文書等の閲覧）**
> ①　当事者及び当該不利益処分がされた場合に自己の利益を害されることとなる参加人（……）は，聴聞の通知があった時から聴聞が終結する時までの間，行政庁に対し，当該事案についてした調査の結果に係る調書その他の当該不利益処分の原因となる事実を証する資料の閲覧を求めることができる。〔以下省略〕

　この文書閲覧の制度とは，要するに，「当該不利益処分の原因となる事実を証する資料の閲覧を」認める制度である。正式聴聞は，これまで何度か述べたようにかなり丁寧な手続であり，行政庁からの事前通知や聴聞期日での説明により処分を受けるであろう人にいろいろな情報が提供されるのであるが，提供される情報は，予定されている不利益処分の内容，その根拠となる法令の条項（処分根拠規定），不利益処分の原因となる事実（処分原因事実）などである。

　これに対し，処分原因事実を証明する資料は，行政庁の側から知らされることにはなっていない。しかし，例えば宅地建物取引業者が顧客に対し大きな損害を与えたという理由で免許の撤回の処分が行われようとしている場合，業者としては，行政庁が一体どのような証拠に基づいて処分をしようとしているのか知りたいところであろう。そこで，この証拠を閲覧するために設けられたのが文書閲覧の制度であり，これにより，処分原因事実を証明する資料を閲覧することを行政庁に請求することができるのである。

　この制度の問題点は，条文にもあるように，閲覧を請求できる時間が限定されており，「聴聞の通知があった時から聴聞が終結する時までの間」となって

(オ) **弁明手続**　　以上が正式聴聞についての説明である。次に，弁明手続について説明する。それが略式手続であることはすでに述べた通りである。すなわち，弁明手続は，行政庁が口頭ですることを認めた場合を除き，弁明書の提出によって，つまり書面で行われる（行手法29条1項）。

　この他，事前通知が行われる点（行手法30条）および証拠書類等を提出することができる点（行手法29条2項）は，正式聴聞と同じであるが，他方，弁明手続においては，文書閲覧・調書・報告書の制度は適用されない。

(3) 行政処分を義務づけるための手続

　以上において行政手続法が定める「申請に対する処分」および不利益処分についての手続について説明した。では，行政庁が行政処分を行わない場合，相手方や第三者はどのような手段を講じることができるだろうか。申請があるにもかかわらず「申請に対する処分」が行われない場合は，申請人は行政上の不服申立てや訴訟により救済を求めることができる（この点の詳細については，第19講以下で説明する）。これに対し，不利益処分が行われないので第三者がその発付を求める場合，訴訟としては非申請型義務付け訴訟が法定されているが，行政手続ないし行政活動の段階ではこれに対応する仕組みが欠けていた。そこで，2014年の行政手続法の改正により，「処分等の求め」についての規定が設けられ，処分を義務づける行政手続（申出の手続）が定められた（36条の3。この規定およびそこで同時に定められている「行政指導の求め」については，170頁(2)を参照）。

　この行政手続法36条の3が定めている「処分の求め」については，次のことを指摘できる。

　(ア)　この規定の「処分の求め」の対象となる処分とは，法令違反の事実を是正する処分であり，行政手続法の分類では不利益処分である。

　(イ)　この「処分の求め」の申出資格は「何人」にも認められている。一定範囲の利害関係を有する第三者にのみこの資格を与えることも十分に考えられるが，本規定は，申出資格を有する者の範囲を広げている。

　(ウ)　(イ)に関係することであるが，「処分の求め」の申出資格を持つ者の範囲を広げることは，権利保護にとってプラスの意味がある。例えば本規定の適用

に関しては，「処分の求め」の申出をする者が権利利益を侵害されていることにより適格性（取消訴訟でいえば原告適格）を持っているかどうかを詮索する必要がない。しかしその反面，「処分の求め」の申出資格は，権利としての性格を持つものではなく，これによって訴訟段階での原告適格を根拠づけることは難しい。つまり「処分の求め」の制度は，権利利益の保護（救済）の制度ではなく，行政の職権発動の端緒として設けられたものである。

(エ) 3項は「当該処分……をしなければならない」と定めており，これにより一応行政庁は処分を義務づけられているが，それは「必要があると認めるとき」であるので，たとえ「法令に違反する事実」があっても，行政庁は，処分をなすべき必要性があることが明らかである場合は別として，処分を義務づけられるわけではない。本規定が確実に持っている意味は，「処分の求め」の申出があると，行政庁が処分についての調査などの手続（当初は行政組織内部での手続。その結果処分を行うことになれば，本法の定める不利益処分手続が行われる）を開始することを義務づけられる点にある。

(オ) 行政庁が求められた処分をしない場合，3項は明示的に定めていないが，(エ)の調査などの手続の結果として，法の枠内において行政指導などの措置を講じることはできると考えられる。

(カ) 行政庁（または行政機関）が3項によりとることになった措置について行政庁が申出人に通知することを定める規定はない。しかし，少なくとも通知をすべき努力義務はあるだろう。

(キ) 「処分の求め」と「行政指導の求め」の申出のやり方および両者の関係については，「処分の求め」と「行政指導の求め」を1つの申出で行うことができるかといった問題がある。

Ⅳ その他の行政手続

以上においては，行政手続法に定められている行政手続について説明した。また，行政手続法で定められている行政立法手続（意見公募手続）についてはすでに90頁Ⅶにおいて説明した。これらは，一般的な制度であり，（適用除外はあるが）行政の分野を問わず適用されるものであるから，重要なものである。

これらに加え，手続が個別の法律で定められていることもある。議会の議決，

審議会への諮問，公聴会開催がその例である。以下では，公聴会手続および審議会への諮問手続について説明する（議会の議決については209頁(d)をも参照）。

(1) 公聴会の開催

公聴会手続は，許認可などの行政処分について定められていることもあるが，計画の作成または決定について定められていることが多いようである（前者の例として，土地収用法23条1項[8]，航空法39条2項，後者の例として，国土利用計画法8条3項，都市計画法16条1項，景観法9条1項，河川法16条の2第4項）。

行政処分に関する公聴会は，これら規定では開催が義務づけられている。また，利害関係を有する者に開催の請求が認められていることもある（土地収用法23条1項。他に，国土交通省設置法23条）。これに対し，計画の作成・決定の場合の公聴会については，上記規定では，開催の努力義務を定めるものが多い。また，義務づけがある場合も，「公聴会の開催等関係住民の意見を反映させるために必要な措置」と弾力的な規定になっている（例，河川法16条の2第4項。これは河川整備計画を定める場合の規定である）。

計画の作成・決定の際の公聴会の開催は，不特定多数の者の参加を予定するものであるから参加手続（215頁(c)を参照）である。また，行政処分の際の公聴会でも「一般の意見」が聴かれることになっている場合には（土地収用法上の公聴会がそうである），この公聴会もやはり参加手続と言える。むろん，利害関係を有する者が自己の権利を主張するためにこれらの公聴会を利用することがある。この場合，公聴会手続は実際上権利保護手続の役割をも果たすことになる。

公聴会は，「学識経験を有する者の意見」の聴取の手続と二重に設けられていることがあり（例，河川法16条の2第3項・4項），また，審議会への諮問手続の中で公聴会が開かれることもある（236頁の注11）を参照。計画の作成・決定の手続一般については，178頁(6)の説明も参照されたい）。

(2) 審議会への諮問

審議会の設置は，法律によるのみならず，政令によっても行われる（国家行政組織法8条）。このため，審議会は，まず各省設置法および個別の法律で設置

---

[8] 土地収用法の公聴会は，事業の認定に関する処分を行おうとする場合のものであるが，利害関係人の請求をうけて行われる公聴会でも，「一般の意見」が聴かれる。

が定められ[9]，それに加えて，政令である各省組織令によってもその設置が定められる。

文部科学省を例にとると，文部科学省設置法6条は，科学技術・学術審議会をおくことを定めるとともに，他の法律により同省におかれる審議会等を挙げている（国立大学法人評価委員会）。そして，文部科学省組織令85条は，中央教育審議会，教科用図書検定調査審議会，大学設置・学校法人審議会および国立研究開発法人審議会の設置を定めている。

この他，法律・政令によらず，検討会，研究会，懇談会といった名称の諮問機関も設けられている。

審議会に諮問し審議会の意見を聴くべき事項は法律や政令で定められている。政省令の制定もあれば，行政処分の発付もある（例，食品安全基本法24条，情報公開法19条）。

V 手続の違法と行政処分の取消し

以下では，これまで説明してきた事前手続と訴訟の関係について触れておくことにしよう。行政手続に違法な点（手続の瑕疵）があった場合，例えば正式聴聞が行政手続法の定めているとおりに行われなかった場合，この手続を経て行われた行政処分は違法なものとして取り消されることになるのだろうか[10]。この問題が生じるのは，手続に違法な点があっても，行政処分の中身（実体）は適法であることがあるからである。この場合には，手続の違法を理由に行政処分を取り消しても，再度同じ処分が繰り返される可能性がある。

そこで，この問題については，行政処分という実体を重視し手続の違法は行政処分の取消しの理由にはならないという考え方と，手続を重視し手続の違法があればそれだけで行政処分は取り消されるべきであるという考え方とが両極端に存在する。

---

9) 各省設置法の中では，内閣府設置法37条，国土交通省設置法6条などが，審議会設置を定める個別法律を明示しており，有意義である。行政計画の策定手続における審議会の利用については，178頁(6)を参照。

10) 以下では，行政処分が取消訴訟で争われる場面を想定して説明する。なお，手続が違法であっても，その違法な手続そのものを訴訟（特に取消訴訟）で争うことはできないと考えられている（196頁をも参照）。

前説は，実体を重視するものであり，またムダは避けるべきだという効率性を重視するものであるが，手続の軽視を招き，法律が定めている手続の空洞化を招くおそれがある。他方，後説は，行政に対し手続を遵守させるという面では意味があるが，上記の再度同一処分の可能性が高くなり，効率性の見地からは行き過ぎとの批判が成り立つ。

結局，手続の持つ価値と効率性の両方に配慮した解決を探るのが穏当である。

(1) 広義の聴聞の違法

広義の聴聞（行政処分の相手方などの意見を聴くという手続）が違法である場合の取扱いについて参考になるのは，最高裁判所 1975（昭和 50）年 5 月 29 日判決＝群馬中央バス事件である。この事件で争われたのは，バス路線の免許の申請に対して運輸大臣が行った拒否処分であり，問題になったのは，この免許の許否を決定するに際して運輸審議会に諮問をし，同審議会が決定（答申）を行うに際して公聴会を行うという仕組みである[11]。

そして，判決は，仮に運輸審議会が公聴会審理において不備のない手続を行っても，原告であるバス会社が「運輸審議会の認定判断を左右するに足る意見及び資料を追加提出しうる可能性があったとは認めがたい」ので，公聴会手続の不備（違法）は「法の趣旨に違背する重大な違法」ではないとし，同審議会の決定（答申）には瑕疵がなく，運輸大臣の処分（免許の拒否処分）を違法として取り消す理由とはならない，と述べている。一般的に言うと，手続違法は，行政庁の処分の中身に影響しなかった場合には，「法の趣旨に違背する重大な違法」ではなく，取消理由にならない，ということである（実体影響説）。

最高裁判所は手続違法が行政処分の中身に影響したかどうかを重視しているが，もう少し手続を重視すると，行政処分の中身への影響を問わず，手続そのものに重大な違法性があった場合には取消しを認めるということも十分に考えられる（重大説）。

この考え方に従うと，例えば，聴聞手続を行うことが法律で定められている

---

[11] バス・タクシーなどの道路運送事業について運輸審議会への諮問とそれによる公聴会という仕組みは現行法上も存続している（道路運送法 88 条の 2，国土交通省設置法 23 条）。しかし，従来の免許（特許）制は規制緩和により現在は許可制になり，これについては運輸審議会への諮問は行われない（道路運送法 4 条以下・88 条の 2）。

のに行政庁がそれを行わなかったことや，聴聞の際の事前通知で処分原因事実 (225頁(エ)(オ)・229頁(i)を参照) を相手方に知らせないことは「重大な違法」であり（大阪地方裁判所1980（昭和55）年3月19日判決＝ニコニコタクシー事件），取消理由となる[12]。

(2) 理由提示の違法

理由提示が違法である場合については，判例は(1)の広義の聴聞が違法である場合とは少し異なる対処をしている。

(a) 理由の追完の許否

理由提示が違法になるのは，1つには法律上必要な理由提示が全く行われない場合や提示された理由が不十分なものである場合（以下，理由提示の不備という）である。例えば提示された理由の中で処分根拠規定は提示されたが，処分原因事実が提示されていないという事態を指す。この理由提示の不備があることを理由に行政上の不服申立てや取消訴訟が起こされた場合，行政庁がその不備を是正しようとすることがある。これが理由の追完である。

判例は，理由提示が不備である場合については，この行政処分を取り消しているので，理由の追完を認めていないと解される。例えば最高裁判所1972（昭和47）年12月5日判決は，税金の増額更正処分が争われた事件において，審査請求の裁決書での理由の附記（追完）によっては附記理由の不備は治癒されないとしている。そこでは，理由提示手続を重視しそこに違法があればそれだけで行政処分は取り消されるべきであるという考え方が採られていると言える。

(b) 理由の差替えの許否

次に，行政庁が形式的には理由提示義務を果たしているが，提示した理由の中身が適切ではない場合にも，行政庁が当初の理由に代えて（またはそれに加えて）別の理由を提示することがある。これが理由の差替えである。

最高裁判所1981（昭和56）年7月14日判決は，法人税更正処分の理由の追加主張につき，これを許しても納税者に「格別の不利益を与えるものではない」ことを理由にこの追加主張を許容している。理由の追完に比べ理由の差替

---

[12] もっとも，重大な手続違法は取消理由であるとしても，行政処分の中身への影響がないことが一見して明らかであるといった場合には，取消しは認められないと考える余地もあるだろう。

第17講　行政手続

えが緩やかに認められているのは，ここでは理由提示義務は一応は果たされていると考えられているためだろう[13]。

---

13) 最高裁判所1999（平成11）年11月19日判決は，情報公開条例上の非公開決定につき，条例中の理由通知の定めが理由の追加主張を許さない趣旨を含むと解すべき根拠がないことから，理由の追加主張を許容している。確かに，情報公開制度は行政文書について何人にも開示請求権を認めるものであり（240頁①を参照），例えばAが文書の不開示決定について起こした取消訴訟の判決は，以後のA以外の者による当該文書の開示不開示の判断の基準となるから，最初のAの訴訟において当該文書を開示すべきかどうかについて最終的に決着を付けておく必要がある。つまり情報公開訴訟では，理由の差替えを認めるべき固有の事情がある。従って，この判決を理由の差替許容の一般的な根拠にすることはできない。

第 18 講

情報公開と個人情報保護

　以下においては，情報公開制度と個人情報保護制度について説明する。本書の講立て（章立て）では，これらの制度は「行政統制の仕組み」として位置づけられているが，いずれの制度も，「情報」に関するものであるから，「行政情報の管理」または「情報管理行政」の一環として位置づけることもできる。

　以下ではまず情報公開制度を説明する。情報公開制度は，近年よく用いられ，また大いに注目を集めているものである。例えば，知事や市町村長の交際費の使途がこの制度を使って明らかにされ，結局はその使い方が是正されてきた。

　情報公開制度の整備は，まず1980年代から地方公共団体において行われ，国においては1999（平成11）年に「行政機関の保有する情報の公開に関する法律」（以下では，情報公開法と略称する）が制定され，2001（平成13）年4月1日から施行されている[1]。

　「行政情報の管理」には，情報の収集・作成・取得，利用，管理・保存・廃棄，開示の各段階ないし種類があるが[2]，情報公開は，その一段階である開示の一つの形態であるにとどまる。しかしながら，情報公開制度は公開請求をできる者やその対象となる文書を広く認めているため，この制度が果たす役割も大きなものとなっているのである。

　国の情報公開制度と地方公共団体の情報公開制度はよく似ているので，以下では，国の制度に即して説明をすることにする。両者の用語法は必ずしも一致

---

1) 国が設置した独立行政法人等の法人の情報公開については，情報公開法とは別に，「独立行政法人等の保有する情報の公開に関する法律」（平成13年法律第140号）が制定されており，2002（平成14）年10月1日から施行されている。
2) 第15講で説明した「行政調査」は，「情報の収集・取得」に当たる。なお，公文書管理制度では，さらに移管という段階がある（260頁の**付論 ⑱**を参照）。

していないが，以下の説明では，情報公開法の用語法に従うことにしたい。

Ⅰ 民主主義の制度としての情報公開制度

　情報公開制度とは，行政の保有している情報（以下では，「行政情報」と言う。なお，地方公共団体では議会の保有している情報を含めるところもある）の公開を求める制度である。行政情報の開示を求める制度としては，231頁(エ)で言及した文書閲覧制度（行手法18条）もある。しかし，この制度で文書閲覧の請求をできるのは，基本的には当事者つまり不利益処分を課されるおそれのある人である。これに対して，情報公開制度では，次の規定が示しているように，公開を請求できる人には限定がない（開示請求権者の無限定性）。

> **情報公開法3条（開示請求権）**
> 　何人も，この法律の定めるところにより，行政機関の長[3]（……）に対し，当該行政機関の保有する行政文書の開示を請求することができる。

　このように，情報公開法は，何人に対しても行政文書の開示の請求権を与えている。外国に居住している外国人も，開示請求権を有すると説明されている。地方公共団体では，当該地方公共団体の住民には広く開示請求権を与えるが，それ以外では，開示請求権を当該地方公共団体に通勤・通学をしている者など一定の利害関係を有する者に限定するところが多いようである。しかしそれでも，当該文書の開示について，他の人にはない何らかの特別の利害関係を有していることは必要ではないという点では，国の制度も地方の制度も共通している。冒頭で触れた知事などの交際費に関する情報公開の請求をした人は，知事などの交際費の支出により何か特別の不利益を被った人ではないのである。
　このようなことは，民事訴訟や通常の行政訴訟では考えられないことである。これらの訴訟制度においては，自己の権利利益を守る特別の事情がある場合にのみ訴訟を起こすことができる。ところが情報公開制度は，このような民事訴訟などと基本的性質が異なる。行政手続のところ（215頁(c)）で権利保護手続と民主的な参加手続を対比したが，これに対応させると，民事訴訟などは権利

---
[3]　情報公開法3条の「行政機関の長」とは，省庁などの長すなわち大臣・長官などを指す。この点については，40頁(7)を参照。

Ⅰ　民主主義の制度としての情報公開制度 ／ Ⅱ　情報公開制度の基本理念

保護のためのものであるのに対し，情報公開制度は民主主義のためのものであると言うことができる。また，民事訴訟などは，私的な利益の保護のための制度であるが，情報公開制度は，行政情報ないし行政文書を公開することが国民による行政の統制という公共の利益（公益）の役に立つという認識に基づくもので，公益のための制度と言うことができる。要するに，情報公開制度は，民主主義のための制度，公益のための制度ということができるのである。

> (コラム)　**文書と情報**　情報公開法は，開示請求の対象については，行政文書の語を用い，他方で，不開示情報の語を用いている。つまり，開示請求は文書単位で行うが（開示が行われる場合も同様である），開示・不開示の判断はその文書に記録されている情報について行われるという形で用語の整理をしている。従って，開示請求対象文書の中に不開示情報がなければ，当該文書は全面的に開示され，文書の一部に不開示情報があれば当該情報を除いた部分の開示が行われ（部分開示），文書全体が不開示情報で満たされていれば開示が全面的に拒否される。文書と情報の関係に関する判例として，最高裁判所 2005（平成 17）年 6 月 14 日判決があり，「〔公開を請求した者が〕記録されている情報の面から公開を請求する公文書を特定した場合であっても，当該公文書のうちその情報が記録されている部分のみが公開の請求の対象となるものではなく，当該公文書全体がその対象となる」と判示している。

Ⅱ　情報公開制度の基本理念

では，このような情報公開制度は，どのような理念に支えられているのであろうか。

> **情報公開法 1 条（目的）**
> 　この法律は，国民主権の理念にのっとり，行政文書の開示を請求する権利につき定めること等により，行政機関の保有する情報の一層の公開を図り，もって政府の有するその諸活動を国民に説明する責務が全うされるようにするとともに，国民の的確な理解と批判の下にある公正で民主的な行政の推進に資することを目的とする。

この規定は，情報公開法の基本理念を定めた規定であるが，同法の立案の過程では，ここに国民の「知る権利」を入れるかどうかが問題となった。結局は

「知る権利」は入らず，それに代えて「国民主権の理念」と「政府の有するその諸活動を国民に説明する責務」（説明責任）が謳われている。「知る権利」が定められなかった理由は，それがわが国では未だ確固たる内容を持つに至っていないことに求められている。「知る権利」は，いくつかの地方公共団体の情報公開条例に規定例があるだけである。

もっとも，情報公開制度の現状は，加工されていない第一次情報を開示するだけのものであり，それ以上に国民に対し説明を行うものではないから，「説明」責任の観念を情報公開制度の基礎におくことには疑問なしとしない。

Ⅲ 開示請求の対象になる行政文書

情報公開制度の1つのポイントは，開示請求の対象になる文書の範囲である。この点については，情報公開法2条2項に規定がある。

> **情報公開法2条（定義）**
> ② この法律において「行政文書」とは，行政機関の職員が職務上作成し，又は取得した文書，図画及び電磁的記録（……）であって，当該行政機関の職員が組織的に用いるものとして，当該行政機関が保有しているものをいう。
> 〔以下省略〕

(ア) 「行政機関の職員が職務上作成し，又は取得した」文書　　開示請求の対象になる行政文書は，まず行政機関の職員が職務上作成または取得したものでなければならない（「作成・取得の基準」）。

(イ) 「文書，図画及び電磁的記録」　　この規定により，開示請求の対象になる文書には，紙の文書だけではなく，行政情報を記録したテープや電子ファイルも含まれる。もっとも，テープやファイルの開示には技術上の問題がある。

(ウ) 「当該行政機関の職員が組織的に用いる」文書　　このような文書を「組織共用文書」または「組織的利用文書」と言う。この「組織共用（ないし組織的利用）の基準」は，情報公開法に基づく情報公開制度において開示請求の対象になる文書の範囲を示すものとして，重要視されているものである。情報公開法ができる以前の地方公共団体の情報公開条例では，いわゆる決裁または供覧ずみ[4]の文書のみが公開の対象になっていた。同法の立案の過程でも，当初はこの地方公共団体で用いられてきた基準を採用することが考えられてい

たようであるが，結局この基準を緩和し，組織共用文書を開示請求の対象とすることになった。

組織共用文書とは，「組織としての共用文書の実質を備えた状態，すなわち，当該行政機関の組織において業務上必要なものとして利用・保存されている状態のもの」である。この基準が用いられているのは，「組織として業務上の必要性に基づき保有しているとは言えないものまで含めることは，法の目的との関係では不可欠なものではなく，法の的確な運用に困難が生じたり，適正な事務処理を進める上での妨げとなるおそれもある」[5]からである。

「保有の基準」にこの「組織共用の基準」を加えることによって情報公開の対象となる文書に（決裁・供覧の基準よりは緩やかで，かつそれとは別の方向からの）限定が図られているのである[6]。

一般に，行政が保有している情報は職務上利用されておりあるいは利用される可能性のあるものであるから，「組織共用の基準」が問題になることはそう多くない。しかし，次のような形で問題になる可能性がある。

設問 審議会の会議について，まずテープレコーダーによりその模様が録音され，そのあと，そのテープをもとに会議録が作成されているとする。この場合，録音テープは開示請求の対象になるだろうか。

開示請求の対象になる行政文書の定義（前述）から言うと，行政が保有している以上，録音テープや会議録は，行政文書であり開示請求の対象になる。

しかし，通例，録音テープは会議録の作成のための手段であり，会議録作成後はそれが公式記録になり，職務上用いられるのはこの会議録である。この通例の扱いが行われている場合，会議録作成後には，録音テープは職務上利用されないので，「組織共用の基準」を適用すると，この基準は充たされておらず，開示請求の対象になる行政文書に当たらない，との解釈もあり得るだろう（参

---

4) 決裁とは，「市長その他の行政機関の意思決定の権限を有する者が承認に係る行為を行うことにより，その内容を当該行政機関の意思として決定し，又は確認」すること（神戸市公文書管理規程16条1項），「事案についての最終的な意思の決定」（横浜市行政文書管理規則6条1項）である。供覧とは，事務担当者が意思決定につき権限を有する者などの閲覧に供することのようである。
5) 行政改革委員会事務局監修『情報公開法制』(1997) 17頁。
6) 塩野宏『行政法Ⅰ』(第6版，2015) 360頁は，組織共用の基準は保有の観念を「修飾をしている」と表現している。

照，岡山地方裁判所 2003（平成 15）年 9 月 16 日判決）[7]。

(エ)「**行政機関が保有している**」**文書**　　開示請求の対象になる行政文書は，行政機関が保有しているものでなければならない。情報公開制度の運用上，この「保有の基準」は重要である（例えば，情報公開法 3 条を参照）。

> 設問　A 氏は，国のある省の職員であるが，自分の仕事に役立てるため，自宅で新聞やインターネットを使って資料を作成していた。ある時，同僚の B 氏から頼まれ，その資料を B 氏が閲覧することを認めた。B 氏は，この資料を利用してレポートを作成し，これを上司に提出した。A 氏が B 氏に閲覧を認めた資料は，情報公開法 2 条 2 項が定める開示請求の対象になる文書に当たるか。

問題の資料は，公務員である A 氏と B 氏の間でやりとりされているから，「組織共用の基準」を充たしており，情報公開の対象になると解する人もあるだろう。しかし，この資料は，「行政機関が保有しているもの」という「保有の基準」を充たすとは言えないだろう。B 氏がレポートに当該資料のコピーを添付していたのであれば，上司がそれを受け取ることによって「行政機関が保有している」状態になったと言えるが，そうではなく，A 氏が資料を保有していただけであるとすると，「保有の基準」は充たされず，開示請求の対象にならないと解される。

なお，「行政機関が保有している」文書には，情報公開法施行前に作成・取得された文書で行政機関が現に保有しているものも含まれる。つまり，同法施行前の文書も開示請求の対象になる[8]。

---

7) これに対し，最高裁判所 2004（平成 16）年 11 月 18 日判決は，録音テープも会議録と同様に決裁等の手続の対象となるものであるから，「会議録が作成され決裁等の手続が終了した後は，本件テープは，実施機関たる被上告人〔被告である町長〕において管理しているものである限り，公開の対象となり得」ると述べている。

8) これが，情報公開法の原案を提案した行政改革委員会の決断である。行政改革委員会事務局監修・前掲注 5) 13 頁・48 頁（もっとも，論理的に必ずこうなるわけではないので，地方公共団体の情報公開制度を見る際には注意が必要である）。情報公開制度の導入後の文書については開示請求に対応できるよう文書管理を行うのは当然であるが，導入前の文書についてはどこまでを情報公開制度の対象にするかという問題があったのである。

Ⅳ　行政機関の長の開示義務

　以上の意味での行政文書につき，情報公開法5条1項は開示義務を定めている。

> **情報公開法5条（行政文書の開示義務）**
> ①　行政機関の長は，開示請求があったときは，開示請求に係る行政文書に次の各号に掲げる情報（以下「不開示情報」という。）のいずれかが記録されている場合を除き，開示請求者に対し，当該行政文書を開示しなければならない。〔以下省略〕

　これは，前記の開示請求権に関する情報公開法3条に対応する規定である。前述のように，3条は，「何人」に対しても開示請求権を付与しており，行政文書との関係で特別の不利益を被っていない者にも開示請求権が認められる。そうであれば，開示請求権を有する者から適法な開示請求があったときには，行政機関の長は，不開示情報（後述Ⅴ）を除き開示する義務を負うはずである。このことを明示的に定めているのが5条1項の規定である。

　開示請求があったときは，不開示情報が記録されている場合を除き，当該行政文書を開示しなければならないという5条1項の規定には，「当該行政文書の内容を問わず開示しなければならない」との意味が含まれている。情報公開制度の根本には，すべての行政上の文書を公開するという理念がある（情報公開の対象の無限定性）[9]。

　「何人」に対しても開示請求権を付与し（開示請求権者の無限定性），行政文書の内容を問わず開示をする（情報公開の対象の無限定性）ということは，開示請求の目的ないし理由を問わないということでもある。これはまた，行政文書を公開することがどのような利益になるか，つまり「公開の利益」は何かを問わないということでもある。これらの点についても注意していただきたい。

---

9) もっとも，実際には，前述の「組織共用の基準」は開示請求の対象となる文書を限定するものであるし，次に述べる不開示情報の規定も同様の意味を持つものである。

第18講　情報公開と個人情報保護

Ⅴ　不開示情報

　上記のように，すべての行政上の文書ないし情報を公開するというのが情報公開制度の基本理念であるが，実際には開示できない情報もある。そこで設けられているのが，不開示情報の規定である。

(1)　不開示情報の概要

　情報公開法5条の開示義務の例外を成すのが，不開示情報であり，同条で列挙されている。その詳細は省略するが，同条は，行政文書に含まれる情報を①個人に関する情報（個人情報），②団体に関する情報（団体情報），③防衛や外交に関する情報，④警察に関する情報，⑤国や地方公共団体での審議や検討に関する情報（意思形成過程情報），⑥国や地方公共団体の事務や事業に関する情報（事務事業情報。③～⑥は社会公共情報に当たる。個人情報・団体情報・社会公共情報の区別については190頁(2)を参照）に区分し，それらを公開することが一定の不都合ないし不利益をもたらす場合には，それらの情報の不開示を認めている。

> コラム　**個人情報についての本人開示請求**　個人情報は，不開示情報の最たるものである。個人のプライバシーを守るためには，個人情報はみだりに公開されてはならない。このため，個人情報は，情報公開法においても情報公開条例においても，不開示情報のトップバッターとして挙げられていることが多い。
> 　では，個人が自分についての情報（本人情報）の開示を請求した場合には，この請求は認められるだろうか。この問題については，否定説と肯定説がある。否定説は，個人情報が不開示情報とされている以上，本人に対してもその例外は認められないとする。これに対し，肯定説によると，個人情報が不開示情報とされているのは個人のプライバシーの保護のためであり，個人情報を本人に開示してもプライバシーの侵害の問題は生じないので，この請求は認められるとする。最高裁判所2001（平成13）年12月18日判決は，情報公開条例に基づき自己情報の本人開示が請求された事件において，個人情報保護制度が採用されていないことなどを理由に，この本人開示請求を認めている。この理由づけに着目すると，個人情報保護制度が導入されると，本人開示請求は情報公開制度では認められず，個人情報保護制度によるべきだということになる。

これは，Ⅳで述べた「公開の利益」という表現に対応させて言うと，「公開の不利益」を考慮しての非公開が認められているということである。従って，情報公開制度とは，「公開の利益」は考慮せず，「公開の不利益」だけを考慮する制度だということができる。

情報公開の実務においては，この不開示情報に関する規定の解釈が争われることが多くなるであろう。その意味で不開示情報に関する規定は重要なものであるが，ここでは個々の不開示情報規定の説明は省略し，次のことだけを指摘しておく。

(2) 生命・健康等の利益のための開示

個人情報は不開示情報であるが，そのうちの「人の生命，健康，生活又は財産を保護するため，公にすることが必要であると認められる情報」が不開示原則の例外として定められている（情報公開法5条1号ロ）。また，団体情報についても，「人の生命，健康，生活又は財産を保護するため，公にすることが必要であると認められる情報」は，不開示情報から外されている（同法5条2号本文但書）。

これらの規定は，人の生命，健康，生活，財産を保護するためには個人情報や団体情報といえども公開することを認める点で，諸外国の制度と比べてもユニークなものではないかと言われている。また，これらの規定は，公開することに大きな利益があれば，個人情報や団体情報も公開することを認めるものだという点でも興味深いものである。つまり，(1)で指摘した「公開の不利益」だけを考慮し，「公開の利益」を考慮しないという情報公開制度の基本的建前を修正し，「公開の不利益」と「公開の利益」との衡量を要求しているのである。

Ⅵ 開示の過程

(1) 開示請求

次に，文書の開示に至る流れを見ておくと，情報公開法では，何人も，行政文書の開示を請求することができる（前述）。

(2) 開示等の決定

　この開示の請求があると，行政機関の長は，原則として30日以内に決定をしなければならない（情報公開法10条1項）。そして，これも前述したが，行政機関の長は，不開示情報を除き開示しなければならない。そこで，行政機関の長の決定としては，基本的には，3種類のものがあることになる。つまり，開示請求の対象になった文書に不開示情報が含まれていない場合の（全面）開示決定，文書の一部に不開示情報が含まれているためその部分を除いて開示する部分開示決定，および文書に含まれる情報がすべて不開示情報に該当する場合の開示拒否決定である（なお，開示請求の対象である行政文書が存在しない場合は，行政機関の長は不存在決定を行う）。

　これら3種の決定のうち，部分開示（決定）については，少し分かりにくい点があるので，次の(3)において説明する。

(3) 部分開示

　部分開示には，2つのものがある。

　1つは情報公開法6条1項が定めている部分開示である。この規定は，開示請求対象の行政文書中に不開示情報が記録されている場合に，これを除き，残りの部分を開示することを行政機関の長に義務づけている。不開示情報が記録されていることを理由に，それに当たらない情報まで不開示にすることは不合理であるから，この部分開示の義務づけは当然のことである（6条1項の意味は，部分開示義務を限定している点にあるが，その詳細は省略する）。

　もう1つの部分開示は同条2項が定めるものである。この規定は，開示請求対象の行政文書中に個人情報が記録されている場合に，個人識別情報を除き，一定の条件の下で，残りの部分を開示することを行政機関の長に義務づけている。これは，同法5条1号が個人情報を不開示情報とする際の個人情報の定義が広いため，不開示の範囲が広くなることによる弊害を取り除くという趣旨のものであり，不開示情報である個人情報について部分開示を命じるものである。

(4) 行政不服申立てと訴訟

　では，開示決定・部分開示決定・開示拒否決定に対して不服がある人は，どのような形でそれを争うことができるであろうか。開示請求をした人が不服を

持つのは，部分開示決定や開示拒否決定に対してである。他方，開示決定に不服を持つのは，行政文書の開示により自己のプライバシーや企業秘密を開示されることになる人である。以下では，主として開示請求をした人について，つまり部分開示決定や開示拒否決定について，争い方を見ていくことにしよう。

なお，これまで行政処分などの行政の行為に不服がある場合の争い方については，触れることがなかった。この点については，第19講以下で説明するが，情報公開制度においてはこの争い方に多少の特殊性があるので，ここで説明をしておきたい。

第7講以下で行政処分について説明したが，この行政処分を裁判所で争う場合は，取消訴訟や義務付け訴訟などの抗告訴訟を起こすことになっている（281頁Ⅱで説明する）。そして，これらの訴訟を提起する前に，その行政処分を行った行政庁やその上級行政庁などに対して，審査請求その他の行政上の不服申立て（第19講で説明する）[10]を行うことができるのが通例である。

そして，情報公開制度における開示請求に対する行政機関の長の決定は，この行政処分に当たる。従って，行政上の不服申立ておよび抗告訴訟とくに取消訴訟や義務付け訴訟が可能である[11]。また，この行政上の不服申立てについて，情報公開制度の場合には，次に述べる特別な仕組みが設けられている。

(a) 行政不服審査における情報公開・個人情報保護審査会への諮問

情報公開法19条1項は，次のように定めている。

> **情報公開法19条（審査会への諮問）**
> ① 開示決定等又は開示請求に係る不作為について審査請求があったときは，当該審査請求に対する裁決をすべき行政機関の長は，次の各号のいずれかに該当する場合を除き，情報公開・個人情報保護審査会（……）に諮問しなければならない。〔以下省略〕

---

10) (a)では「審査請求」の語が出てくるが，審査請求は行政上の不服申立ての一種であり，それに対する行政庁（審査庁）の判定行為は裁決と呼ばれる。以下では，審査請求に絞り込む必要がない場合は，より広い観念である「（行政上の）不服申立て」の語を用いる。

11) 2004年の行政事件訴訟法改正により義務付け訴訟が法定され，これ以降，部分開示決定・開示拒否決定に対しては，取消訴訟の他，義務付け訴訟（申請型義務付け訴訟）を提起し，開示決定の義務付けの判決を求めることも増えている。情報公開の分野では，裁判所が非開示決定につき非開示事由がないと判断すると，行政には開示の義務があるので，義務付け訴訟で請求が認められる余地が大きい。なお，取消訴訟および義務付け訴訟以外の訴訟については，ここでは取り上げない。348頁Ⅰ・351頁Ⅱ・357頁Ⅳの説明を参照。

第18講　情報公開と個人情報保護

「開示決定等」とは，部分開示決定や開示拒否決定，それに開示決定を含んでいるが，この開示決定等に対しては，国民は，裁判所に取消訴訟や義務付け訴訟を提起する前に，審査請求を提起することができる。そして，情報公開法19条1項によると，審査請求に対して裁決をする権限を有する行政機関の長は，情報公開・個人情報保護審査会に諮問しなければならない。もちろん，このことは，行政機関の長は，同審査会の答申をもらって裁決をしなければならないということを意味している（情報公開法上の開示決定等に対する不服申立てについては，行政不服審査法が設けている審理員および行政不服審査会の制度は適用されない（情報公開法18条1項を参照））。

この審査会への諮問のシステムは，地方公共団体において編み出されたものである。情報公開条例を定めている地方公共団体では，不服申立てに対して裁決を行う機関は地方公共団体の長などの行政機関とした上で，その諮問機関として審査会が設けられている。

国においては，法律で，不服申立てを審理して裁決をする権限を有する行政委員会を設けることも可能であったが，この方式は採用されず，地方公共団体に倣って諮問機関としての情報公開・個人情報保護審査会が設けられている（この審査会を設置する法律として，情報公開・個人情報保護審査会設置法（平成15年法律第60号）が制定されている）。行政委員会を設けることを嫌ったという事情もあるかもしれないが，地方公共団体において，諮問機関方式が十分に有効な機能を果たしているということも考慮されたのだろう。

このように，行政上の不服申立ての段階で，情報公開・個人情報保護審査会という諮問機関が設けられ，それへの諮問が義務づけられていることが，情報公開制度における不服申立ての第1の特徴である。

(b)　情報公開・個人情報保護審査会におけるインカメラ審理

次に，情報公開・個人情報保護審査会における審査にも，1つの大きな特徴がある。それを定めているのが次の規定である。

> **情報公開・個人情報保護審査会設置法9条（審査会の調査権限）**
> ①　審査会は，必要があると認めるときは，諮問庁に対し，行政文書等……の提示を求めることができる。この場合においては，何人も，審査会に対し，その提示された行政文書等……の開示を求めることができない。

この規定は，何を意味しているのであろうか。まず，情報公開・個人情報保

護審査会は，「諮問庁」すなわち諮問を行った行政機関の長に対して，開示すべきかどうかが問題となっている行政文書の提示を求めることができる。つまり，審査会は，問題となっている文書を見ることができるということである。ところが，2つ目の文章に書いてあることは，誰も，審査会に対して，その文書の開示を求めることができないということである。両方の規定を合わせると，開示すべきかどうかが問題となっている文書を，情報公開・個人情報保護審査会は，いわばこっそりと見ることができるのである。そして，文書の内容を見た上で開示すべきかどうかということを判断し，行政機関の長に答申することができる。

このように，審査会が開示すべきかどうかが問題となっている文書つまり現物を見て，しかし，当事者には見せず，審査を行うという方法を「インカメラ審理」と言う。この審理方式は，地方公共団体において実務上認められてきた。そしてまた，この審理方式が行われたからこそ，地方公共団体の情報公開・個人情報保護審査会（かつては公文書公開審査会などと呼ばれていた）が優れた実績を積み上げることができたのである。情報公開法は，国の情報公開制度について，このインカメラ審理を明文の規定により正式に認知した。このインカメラ審理という方法が認められていることが，情報公開制度における不服申立ての第2の特徴である。

なお，情報公開・個人情報保護審査会は諮問機関であるから，その答申は諮問を行った行政機関の長に対して法的拘束力を持たない。しかし，国においても地方公共団体においても，実際上は答申が尊重されてきている（但し，ごくわずかの例外があるようである）。

(c) **行政不服審査の任意性**

もう1点，不服申立てについて述べると，それは，開示請求をした人は，不服申立てをする義務はなく，それを行わないでいきなり取消訴訟や義務付け訴訟を提起することができることである。ただ，情報公開・個人情報保護審査会での審査は，情報公開の発展という点で積極的な役割を果たしているので，開示決定等を争う者は，たいていは不服申立てを行っている。

(d) **取消訴訟・義務付け訴訟**

不服申立てにより不服が解決されない場合には，開示請求をした人は，部分開示決定や開示拒否決定について，取消訴訟や義務付け訴訟を提起することに

なる。

訴訟において裁判所が上記のインカメラ審理を行うことはできるだろうか。法律にはこれを認める明文の規定はなく，他方で裁判の公開原則（憲法82条）があるので，従来この審理方法は用いられてこなかった。また，最近の最高裁判決は，「情報公開訴訟において証拠調べとしてのインカメラ審理を行うことは，民事訴訟の基本原則に反するから，明文の規定がない限り，許されない」としている（最高裁判所 2009（平成 21）年 1 月 15 日決定）。

VII 情報公開と情報提供

(1) 情報提供

ここで，これまで述べてきた情報公開制度とは区別される情報提供制度について触れておこう。

情報公開制度の基本的な特徴は，国民の請求に基づいて行政の保有する情報が公開される点にあるが，これに対し，情報提供制度とは，行政が国民の請求を待たず自発的にその保有する情報を国民に提供するものである。情報公開法 25 条は行政機関の保有する情報の提供の充実について定めているが，個別の法律で情報の提供が定められていることもある。例えば食品衛生法には，次のような規定がある。

> **食品衛生法 63 条【違反者の名称の公表】**
> 厚生労働大臣，内閣総理大臣及び都道府県知事は，食品衛生上の危害の発生を防止するため，この法律又はこの法律に基づく処分に違反した者の名称等を公表し，食品衛生上の危害の状況を明らかにするよう努めるものとする。

この規定は，「食品衛生上の危害の発生を防止する」という目的のために，厚生労働大臣・内閣総理大臣[12]・都道府県知事に対して，法律などに違反した者の氏名等の「公表」つまり国民全体への情報提供を努力義務として課するものである。例えば，食中毒の原因となった食品のメーカーに対する営業停止命令にこのメーカーが従わなければ，厚生労働大臣等は，食中毒の被害拡大を防止するため，メーカーの名称・氏名などを公表することができるのである。

---

12) 食品衛生法上の内閣総理大臣の権限は，政令で定めるものを除き，消費者庁長官に委任される（同法 70 条 3 項）。消費者庁は，内閣府の外局である。

情報提供は，特定の国民に対して行われることもあるが，国民全体に対して行われることがある。後者の情報提供が「情報提供としての公表」である（155頁Ⅳで触れたように，公表には制裁としての公表や実効性確保のための公表もある）[13]。

(2) 情報公開と情報提供の関係

まず，情報公開制度は，開示請求をする国民にとっては，請求対象となる文書を調べ特定し，請求の書類に記入して市役所などに提出し，場合によっては情報公開・個人情報保護審査会で意見を述べ，開示に際しては再び市役所などに出向き，金を払ってコピーをしてもらわなければならないなど，手間と時間と費用のかかるものであり，時には忍耐心も要求される。また，行政としても，法律・条例に従って開示すべきかどうかの審査を行わなければならず，この点でも手間暇がかかる。さらに，情報公開制度により開示される情報の量ないし範囲は，国民の請求をきっかけとするものだけに限りがある。

これに対し，情報提供は，前述のように行政が国民の請求を待たず自発的にその保有する情報を国民に提供するものである。また，情報提供においては，提供される情報の取捨選択においては行政に大きな裁量があるし，提供される情報は加工されていない第一次情報でなくともよい。

これらのことは情報提供のメリットとも言えるが，これにより提供される情報に国民が満足できないこともある。この場合，請求に基づく情報公開制度は，提供されなかった情報を入手するために，また提供された情報を裏づける第一次情報を取得する上において，独自の意味を持つことになる。

情報公開制度と情報提供制度は，国民の情報取得のための車の両輪であり，両者の均衡ある発展が望まれるところである。

---

13) この他，情報提供としての公表の身近な例としては，国や地方公共団体がウェブサイトを作りインターネットで行っている情報提供，国や地方公共団体の広報紙（または広報誌）の配布，気象庁によるマスメディアを通じての予報や警報といったものがある（気象業務法13条を参照）。近年では，法律が行政計画などにつき「インターネットの利用その他の（適切な）方法により公表しなければならない」といった規定をおくことが少なくない（10頁の注8）を参照）。民間事業者に対する公表の義務づけの例として，廃棄物処理法8条の3第2項がある。

Ⅷ 個人情報保護

　情報公開制度において，個人情報は不開示情報の1つとされ，原則非公開の取扱いをうけている。しかし，個人情報は，公開されないだけでは十分に保護されたことにはならない。個人情報については，収集等の管理のいずれかの段階でその取扱いを誤ると国民のプライバシーを侵害することがあるので，管理の各段階においてその保護を図る必要がある。

　個人情報の保護のために個人情報保護法制が整備されているが，行政が保有する個人情報については，「行政機関の保有する個人情報の保護に関する法律」が重要である。この法律は，2003（平成15）年に制定され（平成15年法律第58号），2005（平成17）年4月1日から施行されている[14]。以下では，この法律を「行政保有個人情報保護法」と略称し，その概要を紹介する。

(1) 個人情報の定義

　行政保有個人情報保護法において，個人情報は次のように定義されている。

> **行政保有個人情報保護法2条（定義）**
> ② この法律において「個人情報」とは，生存する個人に関する情報であって，当該情報に含まれる氏名，生年月日その他の記述等により特定の個人を識別することができるもの（他の情報と照合することができ，それにより特定の個人を識別することができることとなるものを含む。）をいう。

これは，情報公開法5条1号における個人情報の定義と同じである[15]。

---

14) 独立行政法人等における個人情報の保護については，「独立行政法人等の保有する個人情報の保護に関する法律」（平成15年法律第59号）がある。また，個人情報は民間事業者においても収集されているので，そこでの個人情報保護を図ることを1つの目的とした「個人情報の保護に関する法律」（平成15年法律第57号）が制定されている。これらも，2005（平成17）年4月1日の施行である（但し，「個人情報の保護に関する法律」のうちの総則および国・地方公共団体の責務や施策に関する規定（1条〜14条）は，公布の日（2003（平成15）年5月30日）から施行されている）。

15) 厳密に言うと，情報公開法では個人情報に含められている「特定の個人を識別することはできないが，公にすることにより，なお個人の権利利益を害するおそれがあるもの」というタイプの個人情報は，行政保有個人情報保護法の定義には入っていない。

(2) 個人情報保護の仕組み

「行政情報の管理」には、情報の収集・作成・取得、利用、管理・保存・廃棄、開示という種類ないし段階があることは前述の通りであるが（本講冒頭部分参照）、個人情報保護制度はこのいずれにも関わる制度である（259頁の**付論⑱**でこの点を図示する）。行政保有個人情報保護法は、個人情報保護を図るために、これらの各段階において行政機関が遵守すべき基準を定め（下記の個人情報保護の原則）、他方で、各個人に権利（下記の個人の請求権）を与えている。個人情報保護の原則が国民全体の個人情報の保護に資することはもちろんであるが、個人の請求権の行使によっても、当該個人の保護が行われるとともに、すべての国民の個人情報の保護が図られるのである。

(a) 個人情報保護の原則

行政保有個人情報保護法が定めている個人情報保護の原則で主なものは次の通りである。

(ア) 個人情報の保有の制限

> **行政保有個人情報保護法3条（個人情報の保有の制限等）**
> ① 行政機関は、個人情報を保有するに当たっては、法令の定める所掌事務を遂行するため必要な場合に限り、かつ、その利用の目的をできる限り特定しなければならない。
> ② 行政機関は、前項の規定により特定された利用の目的（以下「利用目的」という。）の達成に必要な範囲を超えて、個人情報を保有してはならない。
> ③ 〔省略〕

この規定は、個人情報の保有を「所掌事務を遂行するため必要な場合」と「特定された利用の目的の達成に必要な範囲」に限定するものである（所掌事務については、55頁および同頁の コラム を参照）。また、その前提として、「利用の目的をできる限り特定」することが必要である。

(イ) 個人情報の取得に際しての利用目的の明示

> **行政保有個人情報保護法4条（利用目的の明示）**
> 行政機関は、本人から直接書面（……）に記録された当該本人の個人情報を取得するときは、次に掲げる場合を除き、あらかじめ、本人に対し、その利用目的を明示しなければならない。〔以下省略〕

保有と同様、個人情報の取得も、「利用の目的」に制約される。また、利用の

第18講　情報公開と個人情報保護

目的の本人への明示は，行政による個人情報取得を本人に知らせるという手続的意味があるだろう。

「次に掲げる場合」とは，「人の生命，身体又は財産の保護のために緊急に必要があるとき」，「取得の状況からみて利用目的が明らかであると認められるとき」などである。

(ウ)　利用および提供の制限

> **行政保有個人情報保護法 8 条（利用及び提供の制限）**
> ①　行政機関の長は，法令に基づく場合を除き，利用目的以外の目的のために保有個人情報[16]を自ら利用し，又は提供してはならない。

行政機関が保有している個人情報の利用や他への提供も，利用目的に制約される。しかし，この原則には例外があり，法令に基づく場合，本人の同意があるとき，本人に提供するとき，相当の理由があるとき，明らかに本人の利益になるとき，その他特別の理由のあるときには，目的外の利用・提供が許される（行政保有個人情報保護法 8 条 2 項。この条文は 197 頁で紹介した）。

以上の(ア)〜(ウ)の諸制限について指摘できることは，行政保有個人情報保護法は，行政機関による個人情報の取得ないし収集・利用・提供をもっぱら目的の面から規制をしていることである。

付論 ⑰：マイナンバー法における特定個人情報の目的外利用と提供
　行政保有個人情報保護法（以下，保護法という）における個人情報の目的外利用および提供についての規制は，新たに制定されたマイナンバー法（正式名称は「行政手続における特定の個人を識別するための番号の利用等に関する法律」。以下では番号法という）により，特定個人情報（個人番号を含む個人情報（2 条 8 項）。同法別表第 1 に挙げられている事務（社会保障・税・災害対策に関する事務で主務

---

16)　「保有個人情報」は，行政保有個人情報保護法 2 条 3 項で定義されているが，この定義で注意をする必要があるのは，保有個人情報は行政機関が保有するすべての個人情報を指すのではなく，組織共用性（行政機関の職員が組織的に利用するもの）と行政文書記録性（行政文書に記録されているもの）の 2 つの絞りがかけられていることである。すでに説明した「保有の制限」および「利用目的の明示」の原則は，行政機関が個人情報を保有するに当たっての原則であるから，広く個人情報に適用されるが，「利用・提供の制限」は，行政機関が保有している個人情報についての原則であるから，保有個人情報に適用される。このあと説明する開示請求権などの「個人の請求権」も保有個人情報についてのものである（本文では説明していないが，5 条および 6 条の規定も保有個人情報に適用される）。

省令で定められるもの）について個人番号の利用が認められている。9条1項）について，以下のように修正を受けている。
① 特定個人情報の提供は，番号法19条が定めるところに委ねられ，同条の各号が定める場合にのみ，提供が許容される。
② 目的外の利用・提供を原則的に禁止する保護法8条1項は，「行政機関の長は，利用目的以外の目的のために保有個人情報を利用してはならない。」と読み替えられている（番号法29条1項）。これにより，保護法8条1項は，特定個人情報については，行政機関の長による目的外利用を禁じる規定となる。
③ ②で述べたことに対応して，保護法8条2項は，目的外利用の禁止の例外を定める規定になるが，その1号の「本人の同意があるとき」という文言は，特定個人情報については「人の生命，身体又は財産の保護のために必要がある場合であって，本人の同意があり，又は本人の同意を得ることが困難であるとき」と読み替えられ，目的外利用の要件が修正されている。また，同項2号～4号の目的外利用を許容する規定は特定個人情報については適用されない（番号法29条1項）。

(b) **個人の請求権**
個人には，開示請求権，訂正請求権および利用停止請求権が与えられている。
(ア) **開示請求権** 開示請求権については，次の規定がおかれている。

> **行政保有個人情報保護法12条（開示請求権）**
> ① 何人[17]も，この法律の定めるところにより，行政機関の長に対し，当該行政機関の保有する自己を本人とする保有個人情報の開示を請求することができる。

この規定は，保有個人情報について本人による開示請求を認めるものであるが，他方，情報公開制度では個人情報は不開示情報の1つである。では，この2つの取扱いはどう関係するのであろうか。

設問 A氏は宅地開発のために都市計画法上の開発許可を申請したが，これを拒否され，さらに開発審査会に不服の申立てをしたが，これも棄却された。そこで，開発審査会における審議において自己の申請がどのように評価されたかを知りたい。A氏は，個人情報保護制度により会議録を見ることができるだろうか。

---

17) 開示請求権が「何人」に対しても認められていることは情報公開法と同じである。しかし，ここでの「何人」とは，行政機関が保有している個人情報の本人を指している。この点は，情報公開法とは異なる。もっとも，その「本人」は，行政機関が自分の個人情報を保有することにより実際に不利益をうけなくても開示を請求できる。この点は，情報公開法と同じである。

第18講　情報公開と個人情報保護

　行政保有個人情報保護法および情報公開法における個人情報の定義は同じであるが（254頁(1)および注15)を参照)，両制度の運用上も個人情報の意味・範囲が同じであるとすると，個人情報保護制度においては開示請求人本人の個人情報が開示されるから，A氏は，まず個人情報保護制度を使って，会議録の中の同氏の申請に関する部分は見ることができるだろう。A氏がさらにその他の部分をも見たい場合には，情報公開制度を使って見ることができる（もっとも，他人の個人情報その他の不開示情報に当たる部分は見ることができない）。

　このような運用においては，会議録の全体を見ようとすると，個人情報保護制度と情報公開制度を別々に利用しなければならないが，これは二度手間であり，改善の余地があるのではないかという意見もあるだろう。

　(イ)　**訂正請求権**　　訂正請求権については，次の規定がおかれている。

> **行政保有個人情報保護法 27 条（訂正請求権）**
> ①　何人も，自己を本人とする保有個人情報（……）の内容が事実でないと思料するときは，この法律の定めるところにより，当該保有個人情報を保有する行政機関の長に対し，当該保有個人情報の訂正（追加又は削除を含む。……）を請求することができる。〔但書省略〕

　設問　A市は，国民健康保険の診療報酬の請求のため，医療機関から提出された診療報酬請求書および診療報酬明細書（レセプト）を保管している。B氏は，自分に関するレセプトに誤りがあるとして，訂正を求めた。このような請求は認められるだろうか（A市では，行政保有個人情報保護法と同内容の個人情報保護条例が制定されているとする）。

　同種の事案において，最高裁は，レセプトが「保険医療機関が請求した療養の給付に関する費用の内容等を明らかにする」ものであること等を理由に，訂正を認めていない（最高裁判所2006（平成18)年3月10日判決)。レセプトは，診療報酬請求書の明細を示すものであり，請求書とともに医療費支払に関する記録として保管されるべきものである。A市としては，これを黒塗りといった方法で訂正すべきものではあるまい[18]。

　これに対し，A市が，レセプト記載の情報を以後の行政に活用していく場

---

[18]　一般に，国民が申請に際して国や地方公共団体に提出した文書に記載された個人の情報に誤りがあることが判明した場合には，その文書は，国民が行った申請を記録するものであるから，その内容に訂正を加えることは必ずしも適切ではないのではないだろうか。

合，例えば市民全員について「健康に関するファイル」といったものを作成し，施策に利用しようとしている場合，レセプトから取り出した情報が間違っているのであれば，訂正請求が認められよう（もっともこれはレセプトの訂正請求の問題ではない）。

(ウ) **利用停止請求権**　利用停止請求権については，行政保有個人情報保護法 36 条に規定がある。これによると，行政機関が保有する保有個人情報が適法に取得されたものではないとき，利用目的の達成に必要な範囲を超えて保有個人情報が保有されているとき（前記の 3 条 2 項の規定を参照），利用目的以外の目的のために保有個人情報が利用または提供されている場合（前記の 8 条 1 項を参照）などにおいて，何人も，自己の保有個人情報の利用の停止・消去・提供の停止を請求できる。

(3) 争 い 方

個人情報の開示・訂正・利用停止の請求に対する行政機関の長の決定に対しては，行政不服審査法による不服申立てが可能であり，不服申立てがあった場合には，情報公開・個人情報保護審査会への諮問が行われ，そこでは，インカメラ審理が行われる。これらの点は，情報公開法と同じである。

付論 ⑱：情報公開制度と個人情報保護制度の関係

すでに説明した個人情報，団体情報，社会公共情報の区別（190 頁(2)を参照）を用いて，情報公開制度と個人情報保護制度の関係を図示すると，次のようになる。

図表 18-1　情報公開制度と個人情報保護制度

	収集・作成・取得	利 用	管理・保存	開 示
a. 個人情報				
b. 団体情報				
c. 社会公共情報				

情報公開制度は，情報の開示に当たり，a・b・c の各情報について開示が行われる（左下がりの斜線の部分）。他方，個人情報保護制度では，a の個人情報について各段階にお

事案によるが，正確な記載の文書の再提出を求めるとか，誤った情報の記載は残した上で職権により正しい情報を欄外に記入するといった方法などが考えられる。

いて保護の仕組みが設けられている（右下がりの斜線の部分）。
　両方の斜線が重なる部分は，個人情報が情報公開制度によっても個人情報保護制度によっても開示される可能性があることを示している（246 頁の コラム を参照）。
　またこの図を見ると，団体情報および社会公共情報については，開示の制度以外には法制度が存在しないことが分かる（斜線が入っていない部分）。

付論 ⑲：公文書の管理

　行政が保有している情報は国民の共有財産であるが，情報は文書の形で存在するのが通例であるから，行政が保有している文書もまた国民の共有財産である。行政が保有している文書を適正に管理することは，国民にとっても大変重要である。

　従来も国・公共団体ではこの文書管理は行われてきた。ただ，文書管理は行政の内部の事務であると考えられ，行政内部規範である文書管理規程が定められ，これに従って行われてきたのである。

　しかし，上述のように行政の保有する文書が国民の共有財産であるとすると，文書管理を行政内部規範に任せておくだけでは十分ではない。立法化を通じて文書管理の質の向上を図ることも必要である。

　このため，「公文書等の管理に関する法律」（平成 21 年法律第 66 号）が定められている。以下この法律の要点を説明する（本法では「公文書等」というように「等」の語が頻繁に使われているが，以下では「等」の語は省略する）。

(1) 情報公開法制では「文書」を開示請求の対象にし，開示するかどうかはそこに記載されている「情報」ごとに判断をする（241 頁の コラム を参照）。公文書管理法において管理の対象になるのは「文書」である。「情報」は「文書」に記載されているからである。

(2) 公文書管理法では，行政機関（省庁などを指す）において保有されている文書は「行政文書」と呼ばれる。また，独立行政法人において保有されている文書が「法人文書」であり，歴史資料として重要な公文書が「歴史公文書」である。「歴史公文書」のうち国立公文書館に移管されたものが「特定歴史公文書」である。以下では「行政文書」について説明する。

(3) 行政文書の定義
情報公開法におけると同じ定義であり，組織共用性の基準が採用されている（法 2 条 4 項。242 頁(ウ)をも参照）。

(4) 行政文書の管理には次の段階がある。
　① 作成・取得
　② 保存
　③ 廃棄（焼却や溶解による）
　④ 国立公文書館への移管・そこでの保存（これは保存の特別の形態である）
　なお，行政文書の管理の 1 つとして「利用」（例，行政文書を参照しながら行政計画を策定しあるいは行政処分の内容を決めるといったこと）がある。行政文書の活用とも言えるもので，重要なものであるが，本法では規律されてい

ない(行政文書に記載されている個人情報の利用の仕方は行政保有個人情報保護法で規律されている)。

(5) 作成・取得の段階では,本法は,行政機関の職員に一定の事項につき文書作成義務を課している。一定の事項とは,法令の制定・改廃およびその経緯,閣議・省議の決定・了解およびその経緯などである(法4条)。

(6) 利用・保存の段階では,行政機関の長(各省大臣など)に,行政文書の分類,保存期間満了日の設定,「行政文書ファイル」の作成,適切な保存が義務づけられている。また,行政文書ファイル管理簿への記載も義務づけられている(法5条~7条)。これらのことは,本法制定前から行政実務の中で行われていたことであるが,法律による義務づけが新たに行われている。行政文書ファイルの集中管理の努力義務(法6条2項)も新しい要素である。

(7) 行政機関の長は,保存期間の満了前のできる限り早い時期に移管または廃棄の措置を定めなければならず(法5条5項),また保存期間が満了した行政文書ファイルは,国立公文書館への移管または廃棄をしなければならない(法8条1項)。

(8) 歴史公文書のうち,国立公文書館において保存する必要があるものは,同館に移管される(法14条2項)。つまり,上記の「特定歴史公文書」になる。永久保存されるが(法15条1項),歴史的資料としての重要性を失った場合は廃棄できる(法25条)。

　　各行政機関での保存と国立公文書館での保存の関係づけが行われたことが本法の大きな意義である。

(9) 本法のもう1つの大きな意義は,各行政機関での文書管理の規律強化のため,内閣総理大臣に権限が認められたことである。すなわち,行政文書ファイルの廃棄の際の同意の権限(法8条2項),文書管理につき報告を受け実地調査などをする権限(法9条),各行政機関で文書管理規則を定める場合の同意の権限(法10条3項),歴史公文書の国立公文書館への移管の権限(法14条2項),各行政機関の長への勧告の権限(法31条)などである。

以上,行政文書の管理についての各種の義務づけ,行政機関での管理と国立公文書館での保存との関係づけ,および内閣総理大臣への権限の付与が本法によってもたらされた主な変化である。

第 19 講

行政不服審査（行政不服申立て）

　行政不服審査とは，行政活動について不服を持つ国民が，行政機関に対し申立てを行い，行政機関が審査判定し，その解決を図る制度である[1]。行政統制の制度の1つである。

　行政不服審査は，この点では前述の苦情処理と変わらない。しかし，その重要性に鑑み，行政不服審査制度は，戦前以来法律で制度化され（1890年制定の訴願法および1962年制定の行政不服審査法），法律において要件・効果・手続が定められている（行政不服審査制度を法律で定めることの意味については，205頁を参照）。また，行政不服審査を担当する行政機関は違法または不当の行為を是正することを義務づけられており，国民にとって，行政不服審査は「権利としての制度」である。これらの点において，行政不服審査制度は，行政訴訟制度と共通する。

　両者の基本的な違いは，行政訴訟では裁判所が審理判定を行うのに対し，行政不服審査では行政機関が審査判定を行うことである。しかも，この審査判定を行う行政機関は，処分等（この意味については後述）を行った行政庁（処分庁）や処分庁の上級行政庁であることが多い。これらは第三者機関であるとは言えない。このためもあって，行政不服審査は「権利としての法制度」ではあるが，従前はそれによる救済率（訴訟で言えば勝訴率）はあまり高いものではなかった。

---

1) 行政不服申立て（行政上の不服申立て）と呼ばれることもあるが，不服申立ては許認可制度で言うと申請に当たるものであり，許認可に当たるのはむしろ不服審査である。不服申立ては不服審査のきっかけにすぎない。従って，本書では，「行政不服審査」の用語をメインにし，両方の語を使い分けることにしたい。もっとも，行政不服審査法が用いている審査請求・再調査の請求・再審査請求の語（Ⅱ(1)を参照）はいずれも「申請」に対応する語である。

しかし，行政不服審査に関する一般法である行政不服審査法は，2014年に全面改正され（平成26年6月13日法律第68号），行政不服審査制度の公正性と利便性の向上が図られた。この改革によって救済率の格段の向上が大いに期待されるのである[2]。

　この一般法である行政不服審査法以外の法律で特別の不服審査制度が設けられていることがあるが，以下では，行政不服審査法上の制度について，かつその骨格を説明する[3]。

I　行政不服審査の基本的特質

(1)　行政不服審査制度の適用対象

> **行政不服審査法1条（目的等）**
> ①　この法律は，行政庁の違法又は不当な処分その他公権力の行使に当たる行為に関し，国民が簡易迅速かつ公正な手続の下で広く行政庁に対する不服申立てをすることができるための制度を定めることにより，簡易迅速な手続による国民の権利利益の救済を図るとともに，行政の適正な運営を確保することを目的とする。

　この規定が示しているように，行政不服審査の制度の適用があるのは，「行政庁の処分その他公権力の行使に当たる行為」（同法1条2項でもこれと同じ文言が使われている。以下では処分と言う）についてだけである。行政指導などについてはこの制度は適用されない。処分が適用対象である点は，行政訴訟のうちの抗告訴訟とほぼ同じである（「ほぼ」というのは，抗告訴訟においては，処分に加え，行政不服審査の裁決・決定もその対象になるからである。裁決・決定の意味については II (1)で説明する）。

　もっとも，処分について行政不服審査法による行政不服審査が認められずあ

---

[2]　以下で「行政不服審査法」とはこの改正後のものを指す。これを「改正法」と呼ぶこともある（平成28年4月1日施行）。また，この行政不服審査法の改正に伴い，多くの法律で行政不服審査に関する規定が改正されているが，以下で挙げる諸法律の条項は，すべてこの改正後のものである。

[3]　行政不服審査法は，審査請求人の他，総代・代理人・参加人などについても規定しているが（11条以下），以下では，同法の骨格描写のため審査請求人に着目して説明することにする。

るいは別の制度が設けられることがある（法1条2項・8条を参照。その詳細は省略する）。行政不服審査は権利救済上不可欠の制度ではないので、こうしたことも許される（憲法76条2項を参照）[4]。

(2) 事　後　性
　行政不服審査は、処分が行われたのちに行われるので（但し、申請に対する不作為（不応答）も行政不服審査の対象である）、事後的なものである。行政手続のうちの事後手続（事後行政手続）という表現は、行政不服審査手続を指す。

(3) 行政不服審査制度の目的・役割
(a) 国民の権利救済と行政運営の適正化
　前記の行政不服審査法1条1項が示しているように、行政不服審査制度の目的は、「（簡易迅速かつ公正な手続による）国民の権利利益の救済」と「行政の適正な運営の確保」である。同法は、戦前以来の行政不服審査制度（訴願制度）への反省に立ち、権利救済を独立の目的として宣言しているのである。また、後者の「行政の適正な運営の確保」とは行政統制と言い換えることができるが、行政不服審査制度は行政自身による統制であるから、「自己統制」の性格を持つということになる。

(b) 取消訴訟の前置手続
　前記のように、行政不服審査の適用があるのは「行政庁の処分その他公権力の行使に当たる行為」（処分）であるが、これは抗告訴訟の適用範囲とほぼ同じである。また、行政不服審査は、処分の取消しや義務付けなどを行うものである点で、抗告訴訟と共通性がある（事後性も両者に共通している）。
　この共通性が前提になるが、行政不服審査は、抗告訴訟の前の段階において行われるので、その前置手続の役割を持っている。

(c) 簡易迅速かつ公正な手続
　行政不服審査は、簡易迅速な手続（訴訟に比べて簡易迅速という意味だろう）により国民に救済を与える点に、訴訟とは異なる特色がある。
　ただ、2014年改正により、「公正な（手続）」の文言が追加された。手続の簡

---

4) 行政処分についての取消訴訟の排他性を前提にすると、行政処分について取消訴訟を制限した場合には、他に救済手段はないので、違憲の問題が生じる。

易迅速性とその公正さは必ずしも両立しないが，この文言追加は，上記改正において公正な手続の保障の比重を従前よりも大きくすることを宣言しているのである。具体的には，後述の審理員制度や行政不服審査会の設置などの不服審査手続の改革を指している。

II　行政不服申立ての種別と審査機関

(1)　行政不服申立ての種別

(a)　審査請求

従前は，異議申立て（処分庁・不作為庁に対して行われる不服申立て）と審査請求（原則として処分庁・不作為庁の直近行政庁に対して行われる不服申立て）が存在し，そのいずれを行うべきかについて複雑なルールが設けられていた。2014年改正は，この点を是正するものであり，審査請求への一元化を図った（もっとも，これから説明するように，それが完全に実現されたわけではない）。

審査請求とは，処分庁等（処分庁等とは，処分庁（処分をした行政庁）および不作為庁（不作為に係る行政庁）を指す）や上級行政庁に対して行われる行政不服申立てを指す（4条を参照）[5]。審査請求を審査判定する行政庁を審査庁といい，審査庁の判定行為を裁決という。

従前の異議申立ては，廃止されあるいは再調査の請求または審査請求に切り替えられる。例えば，従前は地方公共団体の長による過料の処分については，総務大臣または都道府県知事に対する審査請求が認められるとともに，長への異議申立てもできる旨の規定があったが（地方自治法255条の3第2項），2014年改正によりこの規定は削除され，改正法の一般原則により長への審査請求が認められる。再調査の請求に切り替えられた例は後述する。従来不服申立てと呼ばれていたものも，審査請求になる（例，国家公務員法90条，情報公開法19条）。

(b)　再調査の請求

再調査の請求とは，法律（個別法律）に再調査の請求をすることができる旨の定めがあるときに，することができるものである（法5条）。この請求は，処

---

[5]　なお，処分庁に上級行政庁がなく，処分庁に対して不服申立てが行われる場合，現行法は，この不服申立てを異議申立てとし，審査請求に含めていない。この点で，改正法は，審査請求の意味を広げている。

分庁に対して行う（従って，処分庁に対する不服申立てには，審査請求と再調査の請求の両方があり得ることになる）。再調査の請求についての処分庁の判定行為を決定という。

この再調査の請求については，処分庁が簡略な手続で審査判定を行う。この点で，それは従前の異議申立てに近い。他面，法律に再調査の請求の規定がある場合も，それをすることは義務づけられない。この点は従前の異議申立てと異なる点である（法5条を参照）。

従前の異議申立てが再調査の請求に切り替えられる1つの例は，税務署長の処分に対する税務署長への不服申立てである（国税通則法75条）。

(c) **再審査請求**

再審査請求とは，法律（個別法律）に再審査請求をすることができる旨の定めがある場合にすることができるものであり，審査請求の裁決または処分を対象として，法律に定める行政庁に対して行われるものである（法6条）。再審査請求について審査判定する機関は，再審査庁と呼ばれている（法63条以下）。再審査請求についての再審査庁の判定行為を裁決という。再審査請求は義務ではなく，直ちに訴訟を起こすこともできる（法6条1項）。

2014年の行政不服審査法改正では「不服申立ての一元化」が謳われたが，再審査請求の多くは存続することになった。例えば，健康保険などの社会保険の分野では，社会保険審査官への審査請求と社会保険審査会への再審査請求の仕組みが維持される（健康保険法189条1項，厚生年金保険法90条1項，国民年金法101条1項，「社会保険審査官及び社会保険審査会法」32条以下）。また，生活保護法では，市町村長のした保護の決定等について，都道府県知事への審査請求と厚生労働大臣への再審査請求のシステムが引き続き存続する（同法66条1項）。

(2) **審査機関**

再調査の請求および再審査請求の審査機関については，すでに説明した。以下では，審査請求の審査機関（審査庁）について説明する。

いずれの行政庁が審査庁になるかについては，法4条に規定がある。これを少しかみ砕くと，下記のようになる（法律・条例に特別の定めがある場合はそれによる）。

① 処分庁等に上級行政庁がない場合は，審査庁は当該処分庁である（1号。

例，行政委員会，地方公共団体の長)。

② 処分庁等が主任の大臣・宮内庁長官・庁の長(以下では，「大臣・長官」と呼ぶ)である場合も，審査庁は当該処分庁等である(1号)。なお，主任の大臣とは，行政事務を分担管理する大臣であり(内閣法3条)，内閣府設置法4条3項の事務を分担管理する内閣総理大臣を含む(同法6条2項を参照)。

③ 大臣・長官が処分庁等の上級行政庁である場合は，審査庁は大臣・長官である(2号・3号)。

④ ①～③以外の場合，審査庁は当該処分庁等の最上級行政庁である(4号)。

　④が基本原則である。従前は，原則として処分庁の直近上級行政庁が審査請求の審査庁とされていたが，④はこの点を変更するものである。他方，②の大臣・長官が処分庁等になる場合には上級行政庁は存在するし，③の大臣・長官の下級行政庁が処分庁等になる場合は，大臣・長官の上には更に上級行政庁が存在するが(大臣にとっては内閣が，庁の長にとってはそれが属する省の大臣が上級行政庁である)，これらの場合には，④の基本原則は貫かれず，審査権は大臣・長官に与えられている[6]。

Ⅲ 行政不服申立ての要件

(1) 不服申立ての対象(処分)

　行政不服申立ては，「行政庁の処分その他公権力の行使に当たる行為」つまり処分およびその不作為についてすることができる(法1条2項・2条1項・3条)。「処分」の中には，許認可・その拒否・営業停止命令等の実体的行政処分が含まれるが(もちろん，行政不服申立てに対する裁決・決定は含まない)，さらに公権力的事実行為が含まれる(法46条・47条を参照。感染症予防法19条3項による感染症患者の強制入院措置がその例である)[7]。

---

[6] 国の行政庁の処分や不作為について問題になることであるが，大臣・長官や最上級行政庁への審査権限の集中により，審査の手続がその所在地(東京)で行われることになると，地方居住の審査請求人が口頭意見陳述をすることのコスト(時間・費用)が現在よりも増大するという問題がある。なお，法31条1項但書をも参照。

[7] もっとも，公権力的事実行為により権利利益の侵害がある場合には，訴訟は必ず認められるべきものであるので，処分について不服申立ての制度を設けるとしても，公権力的事

(2) 不服申立資格

不服申立ての資格については，行政不服審査法は，「行政庁の処分に不服がある者」と定めるだけであるが（法2条），最高裁判所1978（昭和53）年3月14日判決＝主婦連ジュース不当表示事件によると，それは「当該処分について不服申立をする法律上の利益がある者，すなわち，当該処分により自己の権利若しくは法律上保護された利益を侵害され又は必然的に侵害されるおそれのある者」である（この判決については，308頁(3)でも取り上げる）。

不作為について不服申立て（審査請求）をできるのは，「法令に基づき行政庁に対して処分についての申請をした者」である（法3条）。

(3) 不服申立期間

取消訴訟の出訴期間と同様に，行政不服申立てについても期間制限がある。審査請求および再調査の請求は，処分があったことを知った日の翌日から起算して3ヵ月を経過したときは，することができない。また，再調査の請求をしたときの審査請求および再審査請求は，決定または裁決があったことを知った日の翌日から起算して1ヵ月を経過したときは，することができない（行審法18条1項・54条1項・62条1項）。つまり，1回目の不服申立ては3ヵ月以内，2回目の不服申立ては1ヵ月以内にしなければならない。

審査請求は，処分の翌日から起算して1年を経過したときは，することができない。再調査の請求および再審査請求も同様である（行審法18条2項・54条2項・62条2項）。

なお，これらの期間については，「正当な理由」があるときは「この限りではない」（上記各規定の但書）。

(4) 不服申立ての形式

不服申立ては，他の法律（条例に基づく処分については，条例）に口頭ですることができる旨の定めがある場合を除き，書面を提出してしなければならない（審査請求につき，法19条。口頭でする場合については20条にやり方の規定がある。これらの規定は再調査の請求・再審査請求にも準用される。法61条・66条1項）。

　実行為について不服申立てを認めることはどうしても必要なものではない。ただ，訴訟に加えて不服申立てを認めることは，簡易迅速な救済の機会の保障として有意義である。

(5) 自由選択主義と不服申立前置義務

すでに触れたが，行政不服申立てをするか直ちに取消訴訟を提起するかについては，自由選択主義がとられている（行訴法 8 条 1 項）。しかし，個別の法律で行政不服申立ての前置を義務づけることは許されている（同項但書）。従前，この例は僅少ではなかったが，2014 年改正に際して，前置義務を定める 96 法律の見直しが行われ，ほぼその半分の 47 法律で不服申立前置義務が全面廃止された（個別規定についてみると，120 規定中 63 規定で廃止）。他方，例えば国家公務員法・国税通則法・生活保護法においては，第三者機関が設けられていることや不服申立ての件数の多さを理由に，前置義務が引き続き存続する[8]。

(6) 不服申立てをすべき行政庁

不服申立てをいずれの行政庁に対して行うべきかという問題があるが，この行政庁は，不服申立ての審査機関である行政庁と一致する（審査機関については，266 頁(2)で説明した）。

不服申立人が不服申立てをすべき行政庁の選択を誤った場合，不服申立てが不適法になるのかという問題があるが，不服申立てをすべき行政庁は教示されるし（次に述べる教示を参照），また，審査請求は処分庁等を経由してすることもできる（法 21 条）。

(7) 教示制度

行政不服審査制度には，どの行政庁に不服申立てをなすべきかなどの点について分かりにくいところがあり，また，不服申立期間という時間的制約もあるので，行政不服審査法は，教示の制度を設け，不服申立てをなすべき行政庁や不服申立期間などについて情報提供をすることとしている。

(a) 教示の義務

(ア) 処分の相手方に対する教示（法 82 条 1 項）　行政庁は，審査請求若しくは再調査の請求又は他の法令に基づく不服申立て（「不服申立て」と総称）を

---

[8] 以上のことについては，総務省行政管理局「行政不服審査法関連三法案について」（平成 26 年 3 月。http://www.soumu.go.jp/main_content/000279329.pdf）および「不服申立前置の見直しについて」（http://www.soumu.go.jp/main_content/000281290.pdf）による。

することができる処分をする場合には，処分の相手方に対し，①当該処分につき不服申立てをすることができる旨，②不服申立てをすべき行政庁，③不服申立てをすることができる期間を，書面で教示しなければならない（当該処分を口頭でする場合は，この限りでない）。

(イ) **利害関係人からの請求に基づく教示（法82条2項・3項）** 　行政庁は，利害関係人から，不服申立てをできるかどうかなどについて教示を求められたときは，当該事項を教示しなければならない。教示を求めた者が書面による教示を求めたときは，行政庁は，当該教示を書面でしなければならない。

(b) **教示をしなかった場合の不服申立て（法83条1項）**

行政庁が教示をしなかった場合には，当該処分について不服がある者は，当該処分庁に不服申立書を提出することができる[9]。

IV 行政不服審査の手続・裁決

(1) 手　　続

(a) 審査の中身

審査の中身としては，行政不服審査では，処分の違法性だけではなく，不当性も審査される（法1条1項など）。不当性とは，裁量の範囲逸脱や濫用に至らない程度の裁量の不合理な行使を言う。行政不服審査においては，この不当な処分に対しても救済が与えられる。

(b) 審査の方式

審査請求は，原則として審査請求書を提出することによって行われるが（前述），そのあとの審査も書面によるのが原則である。しかし，審査請求人らの申立てがあった場合には，審理員は申立てをした者に対し，口頭で意見を述べる機会を与えなければならない（法31条1項。但し，それが困難である場合を除く）[10]。

---

9) この処分庁への不服申立書の提出があった場合の取扱いについては，同条2項以下に規定があり，また，誤った教示をした場合の取扱いについては，法22条・55条に規定がある。

10) 改正前の行政不服審査法25条は，「審査請求の審理は，書面による。」という明快な規定をおいていた。これに対し，これに対応する規定である改正法31条ではこの文言は削除されている。

Ⅳ　行政不服審査の手続・裁決

(c)　**審理員による審理**

　2014年改正によりもたらされた大きな変化のうちの1つは，審査請求の審査が審理員によって行われることになったことである。審理員は，「審査庁に所属する職員」であり，審査庁の指揮監督下にあるが，処分に関与した者などは除かれる。審査庁が委員会（行政委員会）等である場合等には，審理員による審理は行われない（法9条1項・2項。個別法による審理員審理の排除の例として，情報公開法18条1項）。

　審理員は，審理手続を終結したときは，「審理員意見書」を作成し，これを事件記録とともに，審査庁に提出しなければならない（法42条）。

(d)　**審査請求人の権利**

　審査請求人は，審理手続において，①処分庁等から提出された弁明書に対する反論書の提出（法30条1項），②口頭意見陳述の申立て（法31条1項），③口頭意見陳述における処分庁等に対する質問（法31条5項），④証拠書類・証拠物の提出（法32条），⑤書類等の物件の所持人に物件の提出を要求し，参考人に対し陳述・鑑定を要求し，検証を行い，審理関係人に対し質問することの申立て（法33条～36条），⑥書類等の閲覧・写し等の交付の請求（法38条1項）を行うことができる。

　以上のうち，書類等につき写しの交付が認められたことは2014年改正の1つの目玉とされているが，質問の権利が認められたことも重要な改善点である。

　質問の権利は，行政手続法の聴聞における質問の権利に倣うものである（同法20条2項）。審査請求人は，自ら質問をする他，審理員に対して，審理員が処分庁等に対して質問するよう申し立てることもできる（法36条）。

　審理員は，すべての審理関係人を招集して口頭意見陳述を行わせるが，審理関係人には処分庁等が含まれる（法31条2項・28条）。これにより，審査請求人が直接に処分庁等に対して質問をすることが可能になる。質問に対しては，処分庁等は誠実に応答すべきである（これは当然のことであるので，規定は置かれなかったようである）。

　以上の権利保障の反面として，口頭意見陳述につき，審査請求人（申立人）の口頭意見陳述を制限する規定が新設されたことにも注意したい（法31条1項但書・4項）。

(e) **審理手続の計画的進行**

　審理手続の全体的な進行に関わることとして，「審理手続の計画的進行」に関する一般的規定が置かれ（法28条），審査請求人・審理員その他の審理関係人に対して，審理手続の計画的な進行を図ることが求められ，さらに37条1項は，「審理手続の計画的遂行」についての規定を置き，審理員に「審理関係人を招集し，あらかじめ，これらの審理手続の申立てに関する意見の聴取を行う」権限を与えている[11]。

(f) **標準審理期間**

　審査庁となるべき行政庁は，審査請求につき標準審理期間を定めるよう努めるとともに，それを公にしておかなければならない（法16条）。これは，行政手続法6条の標準処理期間に倣い2014年改正により設けられた仕組みである。

(g) **執 行 停 止**

　審査手続においてまず行われるべきことは，執行停止をするかどうかの判断であろう。

　取消訴訟におけると同様，「審査請求は，処分の効力，処分の執行又は手続の続行を妨げない。」（法25条1項）。そこで，行政不服審査法も，執行停止の制度を設けている。以下では，取消訴訟のそれとの共通性は省略し，その特徴的な点だけを述べる（取消訴訟における執行停止については，371頁Ⅲでより詳しく説明する）。

① 　審査庁が処分庁の上級行政庁または処分庁である場合，審査庁は，必要があると認める場合には，審査請求人の申立てがある場合の他，職権でも，執行停止をすることができる（法25条2項）。

② 　①の場合の執行停止とは，処分の効力，処分の執行または手続の続行の全部または一部の停止の他，「その他の措置」をも含む（法25条2項）。

③ 　これに対し，審査庁が処分庁の上級行政庁または処分庁のいずれでもない場合，必要があると認める場合には，審査請求人の申立てにより，処分庁の意見を聴取した上，執行停止をすることができる。つまり，職権で執行停止はできず，審査請求人の申立てによる場合も処分庁の意見を聴取する必要がある（法25条3項）。

11）　法37条1項による手続は，民刑事訴訟における争点や証拠の整理手続に準じたものであるが，同項は，審理員に権限を与える規定である。

④ 執行停止について審査請求人の申立てがあった場合において，処分，処分の執行または手続の続行により生ずる重大な損害を避けるために緊急の必要があると認めるときは，審査庁は，執行停止を<u>しなければならない</u>。但し，公共の福祉に重大な影響を及ぼすおそれがあるとき，または本案について理由がないとみえるときは，<u>この限りでない</u>（法25条4項。下線部分が取消訴訟の執行停止についての規定と異なる点である）。

⑤ 審理員は，必要があると認める場合には，審査庁に対し，執行停止をすべき旨の意見書を提出することができ（法40条），この意見書が提出されたときは，審査庁は，速やかに，執行停止をするかどうかを決定しなければならない（法25条7項。執行停止の申立てがあった場合も同様である）。

(h) **審理員意見書**

審理員は，審理手続を終結したときは，遅滞なく，審査庁がすべき裁決に関する意見書（審理員意見書）を作成し，速やかに，これを事件記録とともに，審査庁に提出しなければならない（法42条）。

この審理員意見書は，審査請求人にも開示される。つまり，審査庁は，審理員意見書の提出を受けた時，行政不服審査会に諮問しなければならない場合は（この点は次に説明する），審査請求人に対し，諮問をした旨を通知するとともに審理員意見書の写しを送付しなければならない（法43条3項）。また，この諮問を要しない場合は，審査庁は，裁決書を審査請求人に送達する際に，審理員意見書を添付しなければならない（法50条2項。送達については，法51条1項）。

(2) 行政不服審査会への諮問と審査手続

(a) 行政不服審査会への諮問

審査庁は，審理員意見書の提出を受けたときは，審査庁が「大臣・長官」である場合にあっては，行政不服審査会に諮問しなければならない（法43条1項。以下，審査会という。地方公共団体については独自の附属機関の設置が予定されている。法81条）。この審査会への諮問の制度も2014年改正の目玉の1つである。その趣旨は審査手続や裁決の質，つまり公平性や客観性を向上させることにある。

(b) 諮問の省略

この諮問制度は，手続の質を向上させる点で意味のあるものであるが，他面，時間を食う結果審査請求人の救済を遅らせ，また，審査庁が請求を全面的に認

容する用意がある場合は諮問をすることはかえって権利救済を阻害するなどのマイナス面がある。

このため，この諮問を要しない場合が下記のように法律で列挙されている（法43条1項。例外の規定の説明は省略する）。

① 処分が，委員会などの議を経て行われたものである場合
② 裁決が，委員会などの議を経て行われるものである場合[12]
③ 審査請求人から，審査会への諮問を希望しない旨の申出がされている場合
④ 審査請求が，審査会によって，諮問を要しないものと認められたものである場合
⑤ 審査請求が不適法であり，却下する場合
⑥ 〔審査庁が〕処分の全部を取り消し，または事実上の行為の全部を撤廃すべき旨を命じ，若しくは撤廃することとする場合
⑦ 〔審査庁が〕法令に基づく申請の全部を認容すべき旨を命じ，または認容する場合

(c) **審査請求人の権利**

審査会での手続においては，審査請求人は，審査会に対し主張書面や資料を提出できるが（法76条），さらに申立てにより「口頭で意見を述べる機会」が与えられ（法75条1項），また資料等の閲覧・写し等の交付を請求できる（法78条1項）。他面，審査会は，口頭意見陳述につき「その必要がないと認める場合には」その機会を与えなくてよい（法75条1項但書）。また，審査請求人には質問の権利は認められていない。

(d) **審査会の答申**

諮問および答申の語が用いられており，これらの語の一般的な理解によると，審査会の答申は，法的拘束力を持たないと解される。しかし，審査庁が，審査会の答申書と異なる内容の裁決をする場合は，裁決書においてその理由を示さなければならない（法50条1項4号）。これによって，答申書には一定の拘束性が確保される。

---

[12] 以上の①②の場合において審査会への諮問が省略されるのは，処分や審査請求の裁決の際に委員会などの合議制機関での手続が別にあるので，手続の重複を回避するためである。

審査会は，審査庁に答申をするが（法44条），さらに答申書を審査請求人に送付するとともに，答申の内容を公表するものとするとされている（法79条）。

(3) 裁　　決
審査庁が審査請求を審査して行う判定行為を裁決と言う。

(a) 裁決の義務
審査庁は，審査会から諮問に対する答申を受けたとき（諮問を要しない場合にあっては審理員意見書が提出されたときなど）は，遅滞なく，裁決をしなければならない（法44条)[13]。

(b) 裁決の種類
裁決には，審査請求が不適法である場合の却下裁決，それに理由がない場合の棄却裁決および審査請求に理由がある場合の認容の裁決がある（法45条1項・2項。不作為についての審査請求の裁決も同じである。法49条1項・2項）。

(c) 認容裁決の形態
認容の裁決には種々のものがある。

(ア)　**取消し・変更の裁決**　処分（事実上の行為を除く）についての審査請求が理由がある場合には，審査庁は，裁決で，当該処分の全部もしくは一部を取り消し，またはこれを変更する。但し，審査庁が処分庁の上級行政庁又は処分庁のいずれでもない場合には，当該処分を変更することはできない（法46条1項。(エ)も参照）。

(イ)　**撤廃・変更の裁決**　事実上の行為についての審査請求が理由がある場合には，審査庁は，裁決で，当該行為が違法または不当である旨を宣言するとともに，処分庁以外の審査庁はその撤廃または変更を命じ，処分庁である審査庁は撤廃・変更を行う。審査庁が処分庁の上級行政庁以外の審査庁である場合は，変更を命じることはできない（法47条）。

(ウ)　**不作為についての審査請求の裁決**　不作為についての審査請求が理由がある場合には，審査庁は，裁決で，当該不作為が違法または不当である旨を宣言する（法49条3項。(エ)も参照）。

(エ)　**義務付けの裁決**　(ア)で申請を却下または棄却する処分を取り消す場合，

---

[13]　むろん，答申や審理員意見書は法的拘束力を持つものではないから，審査庁には，それらへの対処の仕方を検討をする時間は与えられるだろう。

第19講　行政不服審査（行政不服申立て）

図表 19-1　認容裁決の形態

判定対象 審査庁	処分			事実上の行為
	処分	拒否処分	不作為（申請に対する）	
処分庁または不作為庁	①取消し ＋変更	④取消し ＋自ら一定の処分	⑦違法または不当の宣言 ＋自ら一定の処分	⑩違法または不当の宣言 ＋自ら変更または撤廃
上級庁	②取消し ＋変更	⑤取消し ＋一定の処分の命令	⑧違法または不当の宣言 ＋一定の処分の命令	⑪違法または不当の宣言 ＋変更または撤廃の命令
それ以外の行政庁	③取消し	⑥取消し	⑨違法または不当の宣言	⑫違法または不当の宣言 ＋撤廃の命令

処分庁の上級行政庁である審査庁は，当該処分庁に対し一定の処分をすべき旨を命じ，処分庁である審査庁は，自ら当該処分をする（法46条2項）。また，(ウ)の場合，審査庁が，当該申請に対して一定の処分をすべきものと認めるときは，不作為庁の上級行政庁である審査庁は，当該不作為庁に対し，当該処分をすべき旨を命じ，不作為庁である審査庁は，自ら当該処分をする（法49条3項）[14]。

以上の(ア)～(エ)を整理すると，**図表 19-1** のようになる。

以上のように，義務付け裁決の権限が明示されたのは2014年改正の1つの大きな成果である。ただ，この権限は申請事件の枠内に留まっている。規制権限が行使されない場合については，行政手続法において手当てが行われている（232頁(3)を参照）。

(d)　**事 情 裁 決**

審査請求の裁決のうち前記(c)(ア)(イ)の取消し・撤廃の裁決との関係で，事情裁決が認められている（法45条3項）。これは，事情判決（345頁Ⅴを参照）と同趣旨のものであるので，その説明を参照していただきたい。

なお，事情裁決は，再審査請求に対する取消し・撤廃の裁決についても認められているが（法64条4項），審査請求・再審査請求に対するその他の裁決については，事情裁決は認められていない。再調査の請求に対する決定についても事情裁決に関する45条3項は準用されていない（61条を参照）。

14）　本文では，上級行政庁たる審査庁が処分庁に対し「処分をすべき旨を命じる」ことを裁決の内容として説明しているが，この措置を裁決とは別のものと解する見解もある。今後検討されるべき点である。また，この措置を義務付け裁決と見ても，処分庁や不作為庁が自ら処分をするのは，義務付け裁決とは言えないが，便宜上ここで取り上げておく。

(e) 不利益変更の禁止

審査庁は，審査請求人に不利益に処分を変更したり，事実上の行為を変更することを命じ，またはこれを変更することができない（法48条）。

(f) 裁決の方式

裁決は，裁決書の形式で行われる。そこには，主文，事案の概要，審査請求人や処分庁などの審理関係人の主張の要旨，理由が記載されるのは当然のことであるが，主文が審理員意見書や行政不服審査会の答申などと異なる内容である場合には，理由には，異なることとなった理由が含まれる（法50条1項）。これによって，審査庁は，審理員意見書および審査会の答申等を軽々に扱うことはできなくなる。これは重要な仕組みである。

(g) 裁決の効力

審査請求の裁決には，拘束力を認められるなど（裁決の拘束力については，行審法52条1項・2項を参照），抗告訴訟の判決に類似したところがあるが（取消訴訟における判決の拘束力については，341頁(4)で説明する），同時に一種の行政処分であり，それに対する不服があれば取消訴訟で争うことができる。

V 取消訴訟との関係——原処分主義

裁決・決定を経て取消訴訟を提起する場合，最初の処分（原処分）と裁決・決定のいずれを争いの対象とすべきだろうか。この点について，行政事件訴訟法10条2項は次のような規定をおいている。

> **行政事件訴訟法10条（取消しの理由の制限）**
> ② 処分の取消しの訴えとその処分についての審査請求を棄却した裁決[15] の取消しの訴えとを提起することができる場合には，裁決の取消しの訴えにおいては，処分の違法を理由として取消しを求めることができない。

原処分に不服があれば原処分について取消訴訟を提起しなければならず，裁決・決定そのものに不服があれば，裁決・決定の取消訴訟を提起しなければならない（原処分主義）。もっとも，法律において，原処分に不服がある場合で

---

[15] この行政事件訴訟法10条2項の「審査請求」とは，行政不服申立て全般（行政不服審査法以外の法律によるものも含む）を指し，「裁決」とは，この行政不服申立てについての判定行為全般を指す。行政不服審査法上の用語とは異なっている。

あっても，裁決・決定について取消訴訟を提起することが定められていることがある（裁決主義）。

　一般原則として原処分主義が採用されている以上，裁決主義は例外である。従って，原告である国民が原処分の取消訴訟を提起したのに対し，裁決主義によるべきである，というためには法律の明示の規定が必要であろう。

　では，処分に対して不服申立てが提起され，裁決によりその処分が修正されたという場合には，どのように考えるべきだろうか。

　国家公務員に対する停職6ヵ月の懲戒処分を人事院が裁決により6ヵ月間月額10分の1の減給処分に修正した事件につき，最高裁判所1987（昭和62）年4月21日判決は，原処分は当初から修正裁決による修正通りの法律効果を伴う懲戒処分として存在していたものとみなされるとして，原処分である懲戒処分の取消しを求める訴えの利益は失われないものとしている。この事件では原告は原処分である停職処分を争っていたのであるから，最高裁が原処分主義によりこれを是認したことは穏当である。

　しかし，最高裁の理屈は，原告が起こした停職処分の取消訴訟の訴えの利益を認めるためのテクニックである。人事院の裁決により原処分である停職処分は，減給処分によって取って代わられ，消滅していると見る方がむしろ素直である。この見方に立つと，修正裁決である減給処分についての取消訴訟も許容されるだろう。

第 20 講

行政救済と行政訴訟

　本講以下においては，行政救済に関する法制度や法理論について説明するが，本講では，まず行政救済についての全体的な説明を施し，次いで行政救済の中心である行政訴訟についても概観することにしたい。

I　行政救済

(1)　行政救済とは何か
　行政救済とは，行政活動により権利利益を損なわれた国民の救済を図ることである。この目的のための制度（行政救済制度）としては，例えば取消訴訟や国家賠償がある（定義および種別についてはあとでもう少し詳しく述べる）。
　行政の世界においても，民事上の救済制度が用いられることがある。例えば，道路の建設や供用の差止めは民事の差止訴訟によるし，国公立病院での医療事故に対する損害賠償は民事上の損害賠償の性質を持っている（これらの点については，305頁(ｳ)および384頁Ⅲで説明する。364頁Ⅶも参照）。
　しかし，行政活動は全体としては公益の実現を目的とするものであり，また，そこでは公権力が行使されることがある。この行政活動の特殊性に配慮して，行政に特有の救済制度が設けられている。これが，行政救済制度である。
　行政救済の定義を試みると，それは，行政活動による国民の権利や利益の侵害に対して，行政機関や裁判所により与えられる特別の救済である。「特別の救済」とは，民事上の救済を含まないという意味である。

(2)　行政救済制度の4つの柱
　(1)においては，行政救済の制度として取消訴訟と国家賠償を挙げたが，取消

訴訟は広くは行政訴訟の1つである。また，これらの他に，行政不服審査の制度および損失補償の制度がある。従って，行政救済制度は，行政訴訟，行政不服審査（すでに第19講で説明した），国家賠償，損失補償の4つの柱から成っていることになる。

(a) 行政訴訟は，民事訴訟に対応するものであり，行政活動に関する不服を裁判所に申し立て，裁判所に審理判定をしてもらうという制度である。それに関する一般法として行政事件訴訟法が定められている。

(b) 行政不服審査（行政上の不服申立て）は，行政活動に関する不服を行政機関に申し立て，行政機関に審査判定してもらうという制度である。一般法として行政不服審査法がある。

(c) 国家賠償は，民法上の損害賠償に対応するものであり，国家賠償法が中心的な法律である。なお，国家賠償訴訟は，民事訴訟として行われている。

(d) 損失補償は，適法に行われる権利（大ていは財産権）の侵害に対して与えられる金銭給付である。土地収用による公共用地の強制的な取得に際して土地所有者に与えられる補償がその代表例である。この損失補償については一般法は存在せず，個別法の定めるところに委ねられている。

以上のうち，行政訴訟と行政不服審査は，違法（または不当）に行われた行政活動の是正を図るものであり，あわせて行政争訟と呼ばれる。これに対し，国家賠償と損失補償は，金銭により救済を図るものであり，あわせて国家補償と呼ばれる[1]。

以上の各救済制度については，それらの相互関係はどのようになっており，それらをどのように使い分けるべきかという問題がある。行政訴訟と民事訴訟はどのように関係しているのか，また，国家賠償と民事上の損害賠償はどのように関係しているのか。これらの問題についてはこのあと追々説明していくことにしたい。

(3) 行政統制と行政救済

第16講から第19講で説明した行政統制とこれから述べる行政救済はどう関係しているのだろうか。

---

[1] 国家賠償や損失補償においては，金銭以外の形での救済がないわけではない（例えば，名誉信用の回復措置，現物給付）。しかし，この種の救済は多くはない。

行政統制のための諸制度のうち苦情処理・行政不服審査・行政訴訟は、行政救済のための制度であると言うこともできる。行政不服審査制度が両方の目的を持つものであることは、行政不服審査法自身が示している（1条1項。264頁(a)を参照）。行政事件訴訟法は、行政訴訟の目的を定めていないが、その目的は行政救済にあると言えよう。しかし、制度の機能としては、自己の権利利益を守るためではなく、違法行政を正すために行政訴訟が用いられることもある。

　また、情報公開制度は行政統制の制度と言うべきであるが、実際には、権利保護目的のために、つまり救済のために用いられることがある。

　行政訴訟は、本書では行政救済の制度として説明するが、後述のように、主観訴訟と客観訴訟とに大別される。このうち、主観訴訟には取消訴訟などが入るが、主観訴訟は権利保護の制度、つまり救済の制度である。これに対し、客観訴訟には民衆訴訟や機関訴訟が入るが、これらは、行政活動により権利利益を侵害された者が救済を求めるための制度ではなく、行政活動の適法性の確保などを目的とするものである。従って、客観訴訟を「行政救済」に含めることは厳密には正しいとは言えない。ただ、これらの訴訟は行政訴訟の一種であるので、説明の便宜上本講で取り上げることとしたい。

Ⅱ　行政訴訟の諸形式

　行政訴訟の制度について定めている法律は、行政事件訴訟法である。この法律において定められている訴訟の中心は、取消訴訟という訴訟である。取消訴訟とは、課税処分などの行政処分を取り消すための訴訟であることは、これまでにも何度か触れてきた。しかし、同法で定められている訴訟は、この取消訴訟だけではない。

　以下では、まず、行政事件訴訟法で定められている訴訟形式について概観する。

(1)　行政訴訟の概観

　行政訴訟は、**図表20-1**（次頁）のような構成になっている。

　主観訴訟と客観訴訟の区別、抗告訴訟と当事者訴訟の区別、抗告訴訟の概念の説明は後まわしにし（288頁Ⅲで説明する）、まずは行政事件訴訟法が定めて

第20講 行政救済と行政訴訟

図表20-1 行政訴訟の訴訟形式

行政訴訟	主観訴訟	抗告訴訟	取消訴訟
			無効等確認訴訟
			不作為の違法確認訴訟
			義務付け訴訟
			差止訴訟
			法定外抗告訴訟
		当事者訴訟	実質的当事者訴訟
			形式的当事者訴訟
	客観訴訟	民衆訴訟	
		機関訴訟	

いる各訴訟について説明しよう。

(2) 取消訴訟

取消訴訟とは、現に行われた行政処分を裁判所に取り消してもらう訴訟である。例えば、営業停止命令が出されたり、自動車運転免許の取消し（撤回）処分があれば、その相手方は、取消訴訟で争うことができる。また、風俗営業や廃棄物処理施設の設置についての許可が行われた場合、それによって迷惑を被る住民は、相手方ではなく第三者であるが、やはりこの取消訴訟を提起できる（処分の相手方ではない第三者が起こす訴訟は「第三者訴訟」と呼ばれる。この第三者訴訟については後述の原告適格などの難しい問題がある）。

取消訴訟は、行政訴訟のうちでも最も重要なものである。

取消訴訟について注意を要するのは、1つは、出訴期間の制限があることである。出訴期間は、処分のあったことを知った日から6ヵ月、処分があったことを知らなくても処分のあった日から1年である（行訴法14条。但し、正当な理由があるときはこの限りではない）。

もう1つ注意を要するのは、行政処分については原則として取消訴訟でのみ争うことができるという「取消訴訟の排他性」（「取消訴訟の排他的管轄」という表現も用いられる。近年は「利用強制」とも言われる）が認められていることである。

この「取消訴訟の排他性」を認める明文の規定はないが、公定力の観念に対応するものであり、違法であっても公定力があり一応有効な行政処分について認められる（取消訴訟の排他性と公定力の関係およびそれらによる訴訟の制限については、112頁(b)(c)を参照）。他方、公定力がなく当然無効の行政処分については、この排他性は働かず、無効確認訴訟や民事訴訟・当事者訴訟で無効の確認ないし認定を求めることができる（無効確認訴訟については、このあと説明する）。

付論 20：取消訴訟の3つのパターン

取消訴訟には、誰が、どのような行為を争うかにより、次の3つのパターンがあ

る。

　1つは，課税処分や営業停止命令のような侵害処分に対して，その処分の相手方が提起する取消訴訟である（第1パターン）。

　2つめは，許認可や社会保障の給付決定のような授益処分の拒否処分に対して，その処分の相手方が提起する取消訴訟である（第2パターン）。

　そして，第3に，許認可等の授益処分に対して第三者（周辺住民など）が提起する取消訴訟がある。上述の第三者訴訟がこれである（第3パターン）。

　取消訴訟について学習する場合，この3つのパターンの区別は有益である。

(3) 無効確認訴訟

　行政処分について，上記の出訴期間が経過した場合には，取消訴訟を提起することはできない。しかし，違法性が強い行政処分は無効（当然無効）とされ，この出訴期間の経過後においても，無効確認訴訟（行訴法3条4項）を提起して，裁判所に当該行政処分の無効を確認してもらうことができる。

　無効確認訴訟の提起には出訴期間の時間的な制限がないが，その反面，この訴訟で原告である国民が勝訴するためには，行政処分が当然無効でなければならず，当然無効が認められるためには，通例は重大かつ明白な違法性がなければならない。例外的に重大な違法性さえあれば勝訴できる場合もあるが，それでも，取消訴訟（単なる違法性があれば勝訴できる）の場合よりも勝訴可能性は限られている（当然無効については114頁Ⅲを参照）。

　このように，無効確認訴訟は，出訴期間の制限がないが，その代わりに，重大（かつ明白な）違法性がある場合にのみ原告が勝訴することのできる訴訟である。

　なお，行政事件訴訟法3条4項では，「無効等確認の訴え」と「等」が入っているが，その中で最も重要なものは無効確認訴訟である。

> コラム　**取消しと無効確認**　取消訴訟は，文字通りには行政処分を裁判所が取り消す訴訟である。そこには，違法の行政処分も一応は有効であるという観念がある。他方，無効確認訴訟とは，行政処分の無効を確認する訴訟であるが，そこには，重大かつ明白な違法性を持った行政処分は「一応は有効なもの」ではなく，当然に無効であるという観念がある（114頁Ⅲを参照）。無効の行政処分は法的な効力を持たないものであるから，取消しにはなじまず，無効を確認できるだけだという理屈である。こうした

> 区別は,「行政処分の公定力」の理論(110頁(2)を参照)と符合している。無効を確認するだけで権利救済上意味があるのかという疑問を持つ人もあろうが,無効の可能性があるが,適法であると行政側が主張し相手方である国民に服従を迫っている場合など,裁判所がその無効を宣言することは行政に対して大きな意味を持っていることは確かである。

(4) 不作為の違法確認訴訟

　以上の取消訴訟と無効確認訴訟とは,現に行政処分が行われた場合の訴訟であるが,これに対し,行政処分が行われるべきだが行われない場合の訴訟として,不作為の違法確認訴訟という訴訟が定められている(行訴法3条5項)。もっとも,この訴訟は,行政庁の不作為一般に関する訴訟ではなく,「法令に基づく申請」が行われたにもかかわらず行政庁が応答しない場合に認められる訴訟である。例えば,許認可の申請や社会保障の給付の申請をしたが,行政庁の応答がない場合,その違法の確認を求めるための訴訟がこの不作為の違法確認訴訟である。

　申請が行われたが「相当の期間」を経過しても行政庁が応答しない場合に,その不応答は違法になる。

　この訴訟は,たとえ原告が勝訴しても,裁判所は,行政庁の不作為を違法であると宣言するだけのもので,原告に対して許認可等が与えられるという保障はない。その意味で,この不作為の違法確認訴訟は「中途半端な訴訟」と言われている。

(5) 義務付け訴訟

　義務付け訴訟とは,行政処分をすべき旨を裁判所が行政庁に対して命ずることを求める訴訟である(行訴法3条6項)。

　義務付け訴訟は,行政庁に対して行政処分を義務づけるための訴訟であり,行政庁が国民の求める行政処分を行わない場合に用いられる。

　その1つの場面は,国民が許認可の申請や社会保障の給付の申請をしたが,これに対して行政庁が拒否処分を行った場合やこれらの国民の申請に対して行政庁が応答しない場合である。その申請人が拒否処分の取消判決や不作為の違法確認判決に満足せず,許認可や社会保障の給付の決定を得たいときには,許

認可や給付決定を行政庁に義務づける判決が必要である。このための訴訟が義務付け訴訟の1つの形態である。これに加え，公害を発生している工場などに対して，国民が行政庁に規制権限の行使を義務づける判決を求める義務付け訴訟も考えられる。行政事件訴訟法は，前者を申請型義務付け訴訟，後者を非申請型（または直接型）義務付け訴訟として制度化している（行訴法3条6項）。

　義務付け訴訟は，行政庁に対して行政処分を行うことを義務づけるものであるから，それが認められるための要件はかなり厳格である。このことは，とくに非申請型義務付け訴訟について当てはまる。

(6) 差止訴訟

　差止訴訟とは，行政庁が行政処分を行おうとしている場合において，行政庁がその行政処分をしてはならない旨を命ずることを求める訴訟を言う（行訴法3条7項）。この訴訟は，国民が，行政処分が行われる前にいわば先手を打って起こす訴訟である。それだけにこの訴訟が認められるための要件も厳格である。行政事件訴訟法は，行政処分に対する訴訟は，本来は行政処分が行われたのちに事後的に提起すべきもの（取消訴訟）と考えているのである。

　なお，この差止訴訟は，行政処分を差し止めるための訴訟であり，民事上の差止訴訟とは別のものであることに注意をされたい。

(7) 当事者訴訟

　当事者訴訟については行政事件訴訟法4条に定義があるが，2種類の当事者訴訟がある。

> **行政事件訴訟法4条（当事者訴訟）**
> この法律において「当事者訴訟」とは，①当事者間の法律関係を確認し又は形成する処分又は裁決に関する訴訟で法令の規定によりその法律関係の当事者の一方を被告とするもの及び②公法上の法律関係に関する確認の訴えその他の公法上の法律関係に関する訴訟をいう。

　この条文中の①および②は，私が入れたものである。②の方が分かりやすいので，こちらの方から先に説明する。

(a) 実質的当事者訴訟

　②の「公法上の法律関係に関する訴訟」を実質的当事者訴訟と言う。公務員

の身分の確認を求める訴訟や公務員の俸給の支払を求める訴訟などがこれに該当する。争いの内容，つまり実質が公法上の法律関係，公法上の権利義務であるので，この訴訟は実質的当事者訴訟と呼ばれる。

民事訴訟は私法上の法律関係または私法上の権利義務に関する訴訟であるから，②の実質的当事者訴訟と民事訴訟とは兄弟のような関係にある。行政事件訴訟法上の実質的当事者訴訟の取扱いも，民事訴訟とほとんど変わらない。

なお，実質的当事者訴訟を，行政訴訟のうちの抗告訴訟を除いたものと説明する説もある。

(b) 形式的当事者訴訟

①の訴訟を形式的当事者訴訟と言う。行政事件訴訟法の規定を読んだだけでは理解はまず不可能であるが，この訴訟の代表例は，土地収用の場合において土地所有者に支払われる損失補償に関する争いである。この損失補償は，都道府県に設けられている収用委員会の裁決によって定められるが，裁決は行政処分であり，行政処分については取消訴訟の排他性（(2)を参照）が認められている。従って，土地所有者がその損失補償に不服がある場合には，本来は収用委員会の属する都道府県を被告として取消訴訟を提起しなければならないはずである。ところが，土地収用法133条3項は，損失補償に関する訴訟は，損失補償の法律関係の当事者，つまり土地所有者と土地所有権を取得し補償の義務を負担する起業者（443頁Ⅴをも参照）との間で行われるべきものとしている。①の定義は，このような訴訟を指している。この損失補償に関する訴訟は，本来は取消訴訟であるべきところ，法律の規定により当事者訴訟とされているので「形式的当事者訴訟」と呼ばれている。

(8) 民 衆 訴 訟

民衆訴訟の定義は，行政事件訴訟法5条におかれている。

> **行政事件訴訟法5条（民衆訴訟）**
> この法律において「民衆訴訟」とは，国又は公共団体の機関の法規に適合しない行為の是正を求める訴訟で，選挙人たる資格その他自己の法律上の利益にかかわらない資格で提起するものをいう。

民衆訴訟とは，権利や利益の侵害を要件とせず，その意味で誰も（民衆）が

提起できる訴訟であり，また，権利救済のためではなく，国・公共団体の違法行為を是正し，その活動の適法性を確保することを目的とする訴訟である。選挙に関する訴訟や住民訴訟が代表的なものである。選挙に関する訴訟は，選挙権を有する者であれば誰でも提起できる。国会議員の選挙の選挙区の議員定数のアンバランスに関するものが有名である。住民訴訟は，地方公共団体の公金の支出や財産の管理などに違法な点があった場合に起こすことのできる訴訟で，地方公共団体の住民であれば誰でも提起できる。住民訴訟の実例は，知事や市町村長の交際費の支出に関するものをはじめとして極めて多く，新聞でもよく報道されている。

　選挙に関する訴訟は公職選挙法（203条以下）で定められ，住民訴訟は地方自治法（242条の2）で定められている。行政事件訴訟法5条の規定は，それらの訴訟を行政訴訟に組み込むという意味を持っている。

(9) 機関訴訟

機関訴訟の定義は，行政事件訴訟法6条におかれている。

> **行政事件訴訟法6条（機関訴訟）**
> この法律において「機関訴訟」とは，国又は公共団体の機関相互間における権限の存否又はその行使に関する紛争についての訴訟をいう。

　機関訴訟とは，行政機関相互間での訴訟である。例えば，国土交通大臣の決めた公共事業が貴重な自然環境を破壊するという場合に，それに対して，環境大臣が訴訟を起こすとすれば，それは機関訴訟に当たる。

　機関訴訟も，法律が認めている場合に限り，法律で認められた者だけが提起することができる。その理由は，行政機関が法人格を持たず，権利義務の主体ではないことにある。行政組織内部の紛争は，その内部で解決すべきであるという観念も作用しているのだろう。

　現行法上認められている機関訴訟としては，地方公共団体の長と議会との間での訴訟（地方自治法176条7項）などがある。地方公共団体に対する国の関与に関する国と地方公共団体の間での訴訟（地方自治法251条の5など）を機関訴訟だとする説もある（19頁(d)をも参照）。上記のような大臣相互間（省庁相互間）での訴訟は，現在の法律上は認められていない。

行政事件訴訟法6条の役割は，上記の民衆訴訟についての同法5条の役割と同じである。

Ⅲ 各行政訴訟の相互関係

以上の訴訟の相互関係ないし構成を次に説明する。

(a) **抗告訴訟**

行政事件訴訟法では，以上で説明した取消訴訟，無効確認訴訟（無効等確認訴訟），不作為の違法確認訴訟，義務付け訴訟，差止訴訟は，まとめて「抗告訴訟」と呼ばれている。抗告訴訟とは，「行政庁の公権力の行使に関する不服の訴訟」である（行訴法3条1項)[2]。「行政庁の公権力の行使」とは主には行政処分である。

(b) **各抗告訴訟の関係**

Ⅱにおいては，取消訴訟，無効確認訴訟，不作為の違法確認訴訟，義務付け訴訟，差止訴訟の順に説明したが，これは，各訴訟が法定された順番である。取消訴訟は戦前にすでに存在していたし，無効確認訴訟と不作為の違法確認訴訟は1962年制定の行政事件訴訟法で認められたものである。義務付け訴訟および差止訴訟は，2004年の同法改正により法定された。

別の見方をすると，取消訴訟，無効確認訴訟および差止訴訟は，侵害処分の相手方がその処分を取り除いたり，防止するための訴訟であって，同質のものである。他方，義務付け訴訟（申請型）および不作為の違法確認訴訟は，授益処分の申請人がその処分が行われない場合に利用する点で，共通性を有している。

第三者訴訟（この語の意味については282頁(2)を参照）の場合には，取消訴訟・無効確認訴訟・差止訴訟は，授益処分を争う場合に用いられ，義務付け訴訟（非申請型）は，侵害処分が行われることを求めるために用いられる（不作為の違法確認訴訟は，申請をした者にだけ許容されるので，第三者がこの目的のために用いることはできない）。

---

[2] 取消訴訟，無効確認訴訟（無効等確認訴訟），不作為の違法確認訴訟，義務付け訴訟，差止訴訟は，法定抗告訴訟である。抗告訴訟には，これら以外に，法定外抗告訴訟（無名抗告訴訟）があるかどうかという問題がある。

このように，抗告訴訟は，取消訴訟の系統のものと義務付け訴訟の系統のものに大別することができる（申請に対して拒否処分が行われた場合は，両方の系統の訴訟で争うことができる）。

(c) **抗告訴訟と当事者訴訟の関係**

行政訴訟のうちの主観訴訟（(d)を参照）は，抗告訴訟と当事者訴訟に大別できる。前者は，行政処分などの「行政庁の公権力の行使」を争う訴訟であり，後者は，「公法上の法律関係に関する訴訟」である。それぞれ，行政の権力性と公益性に対応している。

(d) **主観訴訟と客観訴訟**

以上の抗告訴訟および当事者訴訟は，いずれも原告である国民が自己の権利利益を守るために提起する訴訟であるので「主観訴訟」と呼ばれている。これに対し，民衆訴訟および機関訴訟は，行政の行為の適法性の確保ないし行政に関する法秩序の維持のための訴訟であるので，「客観訴訟」と呼ばれている。この主観訴訟・客観訴訟という観念は，法律上のものではなく，理論上のものである。

以上が行政訴訟の諸形式についての説明である。次講からはまず，これらの行政訴訟の諸形式のうち最も中心的なものである取消訴訟について説明することにする[3]。

---

3) 行政事件訴訟法は「取消訴訟中心主義」をとっていると言われることがある。その1つの意味は，同法が，まず取消訴訟について規定をおき，それ以外の訴訟について同様の取扱いをする場合には，取消訴訟に関する規定の準用をしていることを指している。この点は，今も変わりがない。もう1つの意味は，訴訟選択の場面で取消訴訟に優先的地位が与えられることを指す。すなわち，2004年の行政事件訴訟法の改正により義務付け訴訟が法定される前には，拒否処分については義務付け訴訟ではなく，取消訴訟で争うべきであるという解釈も行われたが，この点については変化が生じている。現在は，義務付け訴訟が法定されているので，義務付け訴訟と取消訴訟とは同格であり，両者の間には優劣関係はない。

第 21 講

取消訴訟の提起
―― 行政の責任と訴訟要件 ――

　前述のように，取消訴訟とは，裁判所に行政処分の取消しを求める訴訟である。この取消訴訟を提起する場合，原告（国民）としては，訴訟要件を備えていなければならない。訴訟要件が揃っていないと，訴えは却下され，裁判所としては中身の審理（本案審理）をしなくてもよい。従って，訴えの提起というテーマとの関係では，訴訟要件にいかなるものがあるかということが重要である。

　しかし，本講のタイトルを「取消訴訟の訴訟要件」とせず，「取消訴訟の提起」としたのは，取消訴訟の提起に関係して，行政事件訴訟法が，行政というものの性質ないし役割を考慮し，被告となる国・公共団体に特別の（つまり民事訴訟では課されない）義務ないし責務を課しているからである。

Ⅰ　行政の義務と責務

(1) 教示制度

　取消訴訟の訴訟要件には，民事訴訟にはないものがあり，また訴訟要件が充たされているかどうかの判断が必ずしも容易でないものがある。こうした事情から，従前は訴訟要件を欠いたために訴えを却下されることも少なくなかった。そこで 2004 年の行政事件訴訟法改正により，訴訟要件の教示の制度が新設されている（行訴法 46 条）。

　この制度によれば，行政庁は，取消訴訟を提起することのできる行政処分をする場合には，その相手方に対して，①取消訴訟の被告とすべき者，②取消訴訟の出訴期間，および③不服申立前置義務が定められている場合はその旨を，④書面で教示しなければならない（行訴法 46 条 1 項。行政処分を口頭でする場合は，

この限りではない)。裁決主義 (277 頁Ⅴを参照) が法定されている場合にはその教示も必要である (行訴法 46 条 2 項)。

訴訟の当事者となる行政が教示をするのは奇異なところもあるが，国民は行政訴訟に慣れていないことが多いことを考慮して，このような仕組みが設けられたのである。

教示の制度は不服申立ての仕方に関して行政不服審査法上も設けられているが，それと比較すると，行政事件訴訟法上の教示の制度には，利害関係人による教示の請求についての規定はないし，教示が行われなかった場合や教示に誤りがあった場合の救済規定もない (行審法上の教示制度については 269 頁(7)を参照)。こうした事態の取扱いは今後考えていく必要があるが，出訴期間については「正当な理由」があれば 6 ヵ月・1 年の出訴期間の緩和が図られているので (行訴法 14 条 1 項・3 項)，出訴期間についての教示に誤りがあった場合には，「正当な理由」があるとしてその経過後の取消訴訟の提起が認められる余地が大きい。

行政処分のうちの「処分」(不服申立てに対する決定・裁決を除くもの) においては，行政不服審査法上の不服申立てに関する教示と行政事件訴訟法上の取消訴訟に関する教示の両方が行われる。両者をうまくまとめた形の教示が行われることが望ましい。また，現にこうした教示が行われることも少なくないようである。その一例をコラムの形で紹介しておこう。

> (コラム) **行政不服審査法の教示と行政事件訴訟法の教示がまとめて行われている例** 「1　この決定に不服がある場合には，この決定があったことを知った日の翌日から起算して 60 日以内に，東京都知事に対して審査請求をすることができます (なお，この決定があったことを知った日の翌日から起算して 60 日以内であっても，この決定の日の翌日から起算して 1 年を経過すると審査請求をすることができなくなります。)。
> 　2　上記 1 の審査請求に対する裁決を経た場合に限り，当該審査請求に対する裁決があったことを知った日の翌日から起算して 6 箇月以内に，東京都を被告として (訴訟において東京都を代表する者は東京都知事となります。)，処分の取消しの訴えを提起することができます。ただし，次の①から③までのいずれかに該当するときは，審査請求に対する裁決を経ないで処分の取消しの訴えを提起することができます。①審査請求があった日の翌日から起算して 3 箇月を経過しても裁決がないとき。②処分，処分の

> 執行又は手続の続行により生ずる著しい損害を避けるため緊急の必要があるとき。③その他裁決を経ないことにつき正当な理由があるとき[1]。」

(2) 釈明処分による資料等の提出

　取消訴訟においては行政処分の違法性の有無が審理されるが，事実についての主張・立証は，民事訴訟と同様，原則として当事者（国民と国・公共団体）に委ねられている。これを弁論主義と言うが，この弁論主義のもとでは，裁判所は当事者が申し出た証拠について証拠調べを行い，事実を認定する。しかし同時に，行政訴訟の特殊性を考慮して，この弁論主義だけでは適切に紛争を解決できないとの判断の下に，職権証拠調べの規定が設けられている（行訴法24条）。職権証拠調べとは，当事者が主張している事実に関する証拠を裁判所が職権により収集することを言う。

　また，国・公共団体が保有している文書を法廷に提出させるために，原告は民事訴訟法上の文書提出命令の制度を用いることもできる（文書提出命令については，民事訴訟法220条以下を参照）。

　2004年の行政事件訴訟法改正では，これらに加えて，「釈明処分による資料等の提出」の制度が定められた。これは，裁判所が，訴訟関係を明瞭にするため，必要があると認めるときに，職権により，被告である国・公共団体に所属する行政庁等に対し，行政処分（処分または裁決）の理由を明らかにする資料や不服申立てに関する事件の記録（資料等）の提出を求めることができる旨の制度である（行訴法23条の2）。

　この制度が設けられた趣旨は，行政には行政処分の適法性について説明すべき責任があること，および裁判所としても迅速で充実した審理のためには行政処分の根拠になった資料等を入手することが有意義であることに求めることができる。

---

1) 東京都の「行政不服審査法及び行政事件訴訟法の規定に基づく教示の文の標準を定める規則」（平成16年規則第345号）による。この教示の文は，法律において処分についての審査請求に対する裁決を経た後でなければ処分の取消訴訟を提起することができない旨の定め（審査請求の前置義務の定め）がある場合のものである。同種の規則は他の地方公共団体でも制定されている。なお，コラムの文中の審査請求の提起期間は，2014年に改正された行政不服審査法が施行されると3ヵ月になる（268頁(3)を参照）。

なお，行政事件訴訟法は，この「釈明処分による資料等の提出」の制度を裁判所の権限として定めており，行政の義務として定めているのではない。このため，とりあえずここでは「責務」という表現を当てている。

II 訴訟要件

(1) 訴訟要件と本案勝訴要件

一般に訴訟には，訴訟そのものが認められるための要件つまり訴訟要件と，訴訟そのものが認められたことを前提として，原告の請求が裁判所により認められ訴訟に勝つための要件つまり本案勝訴要件とがある。

取消訴訟の訴訟要件と本案勝訴要件のうち，後者の本案勝訴要件は，行政処分に違法性があることであり，あまり問題がない。違法の行政処分については，原告である国民には取消請求権があり，裁判所には取消しの義務がある（但し，この点については，行訴法31条の定める事情判決の例外がある。事情判決については，345頁Ⅴで説明する）。

これに対して，訴訟要件は下記のようにいくつもある。しかも，裁判所が国民の起こした取消訴訟について，訴訟要件のレベルで訴訟を拒否することが少なくないという現実がある。従って，取消訴訟の訴訟要件の問題を考える必要性は大きい。

(2) 取消訴訟の訴訟要件

取消訴訟の訴訟要件は，次のようなものである。
① 争いの対象になる行政活動が行政処分に当たること（処分性）。
② 原告が取消訴訟の原告となり得るだけの利益を有していること（原告適格）。
③ 裁判所が裁判をするに値する客観的な事情ないし実益があること（訴えの客観的利益）。
④ 行政処分をした行政庁の所属する国または公共団体を被告とすること（被告適格）。事務が民間団体に委託または委譲されてその民間団体が行政処分を行う場合には，その団体を被告とする必要がある（行訴法11条2項）。
⑤ 当該行政処分について裁判管轄権を有する裁判所に取消訴訟を提起する

こと（裁判管轄）。取消訴訟について第1審の裁判管轄権を持つのは，若干の例外を除き，地方裁判所である。いずれの地方裁判所が裁判管轄権を持つかについてはⅢで述べる。
⑥　出訴期間内に訴訟を提起すること。出訴期間は，原則として行政処分があったことを知った日から6ヵ月であり，行政処分があったことを知らなければ，行政処分の日から1年である（行訴法14条）。
⑦　行政上の不服申立てを提起して，裁決を得ておくべきこと。取消訴訟の提起の前に不服申立てを提起し裁決を得るかどうかは原告の任意であるのが原則であるが（自由選択主義。行訴法8条1項），個別の法律で不服申立てをし裁決を得ておくことが要求されている場合がある（不服申立前置義務。269頁(5)をも参照）。この場合は，不服申立てをし裁決を得ておくことが取消訴訟の提起の要件になる（もっとも，不服申立てが不適法であり，却下の裁決が出た場合は，原則として不服申立前置義務が果たされたことにならない）。

以上の訴訟要件のうち，以下では，まず少しややこしい裁判管轄について説明し，そのあと，実際に問題になることが多い処分性・原告適格・訴えの客観的利益について説明する。

Ⅲ　裁判所の地域管轄

行政事件では，地方裁判所が第1審になるのが原則であるが，法律で高等裁判所が第1審になることが定められていることがある（さらに東京高等裁判所の専属管轄が定められていることもある）。地方裁判所や高等裁判所は全国の各地におかれているから（それぞれ50ヵ所，8ヵ所。この他に知的財産高等裁判所および裁判所支部がある），国民としてはいずれの裁判所に出訴できるかという問題がある。

　　設問　鹿児島県に住んでいるAさんが，熊本市にある国の出先機関に対して，同機関が保有していると目される行政文書について開示請求を行ったところ，同機関の長は不開示の決定を行った。Aさんは，どこの地方裁判所に出訴できるか。

開示請求を行ったAさんにとっては，自分の居住地である鹿児島の地方裁判所に訴訟を起こすことができることが望ましい。他方，被告となる国としては，出先機関のある熊本か本省の所在地である東京で応訴したいところであろ

う。そこで，行政事件訴訟法12条は，双方の便宜を考慮して，次のような選択肢を設けている（説明の便宜上，行訴法12条が挙げている順序通りではない）。
① 「被告の普通裁判籍の所在地を管轄する裁判所」
② 「〔行政処分を行った〕行政庁の所在地を管轄する裁判所」
③ 「原告の普通裁判籍の所在地を管轄する高等裁判所の所在地を管轄する地方裁判所」（特定管轄裁判所）
④ 「不動産又は場所の所在地の裁判所」
⑤ 「事案の処理に当たった下級行政機関の所在地の裁判所」

①の選択肢により，被告である国の所在地である東京の裁判所に出訴できる。Aさんにとって東京は近くはないのでこの選択肢は意味がないようであるが，東京地方裁判所には行政事件の専門部があるので，この選択肢は考え方次第では意味がある。

②の選択肢により，Aさんは，熊本地方裁判所に出訴できる。

③の選択肢によると，Aさんは福岡高等裁判所の所在地にある福岡地方裁判所に出訴できる。この選択肢は，従前は情報公開法制で採用されていたものであるが，2004年の行政事件訴訟法の改正により一般的制度として導入された。この 設問 ではこの選択肢は余り意味はないが，東京所在の行政庁の行政処分を争う場合には意味がある。

④および⑤の選択肢は，適用できる事件に限定がある。④の選択肢により，例えば土地収用の事業認定を争う場合，収用される土地の所在地の裁判所に出訴できる。⑤の選択肢により，例えば国土交通大臣の処分についても，実際上原告の居住する都道府県知事が処分案を作成していたという場合には，この地元の裁判所に出訴できる。

この 設問 の場合，Aさんは，①〜③の選択肢により，東京，熊本，福岡のいずれかの地方裁判所に出訴することが認められる。

IV 行政処分（処分性）

(1) 行政処分の意味

取消訴訟は，行政活動の取消しを求めるものであるが，行政活動一般が対象になるのではなく，行政処分のみを対象にできる。行政事件訴訟法では，「処

分又は裁決」と表現されているものである（行訴法3条5項以下など）。
　このうち，裁決とは，行政上の不服申立てに対する行政庁の裁決・決定などを指すものであり（裁決・決定の意味については265頁(1)および275頁(3)を参照），裁決の範囲はまず問題がない。議論があるのは，「処分」の意味内容であり，いかなる行政活動がこれに当たるのかということである。この点について手がかりとなるのは，行政事件訴訟法3条2項である。

> **行政事件訴訟法3条（抗告訴訟）**
> ②　この法律において「処分の取消しの訴え」とは，行政庁の処分その他公権力の行使に当たる行為（……以下単に「処分」という。）の取消しを求める訴訟をいう。

　この規定は，「処分の取消しの訴え」という場合の「処分」には「処分」（狭義）と「その他公権力の行使に当たる行為」があるとしているだけであり，「処分」（狭義）とは何かについては説明していない（この規定は「処分の取消しの訴え」の定義規定であり「処分」の定義規定ではないので，無理もないのであるが）。従って，取消訴訟の対象になる「処分」に当たるのがどのような行為であるのかという問題の解明は，解釈ないし理論の役割である。(2)以下でこの点について説明する。
　なお，取消訴訟の対象である行政処分に該当することは「処分性がある」と表現される。以下でもこの表現を用いる。

(2)　実体的行政処分

　行政処分の意味を考える上でしばしば参考とされているのは，次の最高裁判所の判例である。行政事件訴訟法が制定される前には行政事件訴訟特例法という法律があったが，この事件は，この法律の下でゴミ焼却場の建設が争われたものである。最高裁判所は次のように判示した。

> **最高裁判所1964（昭和39）年10月29日判決＝大田区ゴミ焼却場事件**
> 「行政事件訴訟特例法1条にいう行政庁の処分とは，……行政庁の法令に基づく行為のすべてを意味するのではなく，公権力の主体たる国または公共団体が行う行為のうち，その行為によって，直接国民の権利義務を形成しまたはその範囲を確定することが法律上認められているものをいうものである……。」

　ここで描かれている行政庁の処分は，講学上の行政処分ないし行政行為（98

頁⑪参照）と同じものであると考えられている。それは，権力性や対外性などの有無という実体的な面から捉えられた概念であるため，「実体的行政処分」と呼ばれるものである。

行政事件訴訟法上の「処分」の語は，同法制定までの学説・判例などの用語法に従ったものであろうから，そこに実体的行政処分が含まれることは確かである。問題は，この1964年最高裁判決のように，実体的行政処分以外のものは取消訴訟の対象となる行政処分に含まれないとする（処分性限定説）か，それとも，それ以外のものをも取消訴訟の対象として認める（処分性拡張説，形式的行政処分論）かどうかである。

処分性限定説は，1964年最高裁判決を1つの拠り所にしている。しかし，その後の最高裁判所の諸判決を仔細に見ると，実体的行政処分以外のものについて取消訴訟を認めている例も割とあり，また処分性なしとして訴えを退ける場合にも，1964年判決を基準に形式的に判断するのではなく，種々の利益衡量をしていることが分かる。従って，「生きた行政法を学ぶ」ためには，取消訴訟の対象になるのは実体的行政処分だけであるとの命題で満足するのではなく，それ以外の行政の行為の取扱いにも留意することが必要だろう。

(3) 公権力的事実行為と「法定の形式的行政処分」

この2つのものは，実体的行政処分ではないが，法律上取消訴訟の対象となる。この点は，処分性限定説に立っても否定されない。

まず，公権力的事実行為については，2014年の改正前の行政不服審査法2条1項は，不服申立ての対象になる処分には「公権力の行使に当たる事実上の行為で，人の収容，物の留置その他その内容が継続的性質を有するもの」が含まれることを定めていた。そして，行政事件訴訟法にはこれと同じ規定はないが，やはり継続的性質を有する公権力的事実行為は，取消訴訟の対象になると解されていた。2014年の改正後の行政不服審査法では，上記の規定は削除されたが，公権力的事実行為は不服申立ての対象とされているので（第19講Ⅲ(a)を参照），引き続き公権力的事実行為は取消訴訟の対象となると解することができる。

次に，例えば生活保護法は，「この法律の規定に基づき保護の実施機関又は支給機関〔都道府県知事，市長または福祉事務所を管理する町村長〕がした処分の取

第21講　取消訴訟の提起——行政の責任と訴訟要件

消しの訴えは，当該処分についての審査請求に対する裁決を経た後でなければ，提起することができない。」(69条)と定めているが，このような規定は，必ずしも取消訴訟の対象になる処分とは言えない生活保護の拒否・変更・停止・廃止の行為（契約上の行為と解することもできないわけではない）について不服申立てと取消訴訟という争い方を指定するもの，つまり処分性を認めるものであると解されている。このように法律の規定により取消訴訟の対象になる行為は「法定の形式的行政処分」と呼ばれる。

(4) 処分性の拡張

行政活動には，行政処分の他，政省令・条例などの制定行為（行政立法），行政計画，行政指導・公共施設の設置管理（公共工事）などの事実行為，行政契約，通達などの行政内部の行為といったものがある。処分性限定説では，これらの行為については，取消訴訟は認められない。しかし裁判例では，これらの行為について処分性が認められ，取消訴訟が許容されることがある。また，これらの行為について処分性を認める学説がある（処分性拡張説）。

本来は行政処分ではない行為について処分性が認められると，それは訴訟上行政処分として取り扱われるという意味で「形式的（形式上の）行政処分」と表現できる。また，形式的行政処分を積極的に認めようとする説は「形式的行政処分論」と呼ばれる。

以下では，実体的行政処分および(3)で説明した「法定の形式的行政処分」以外の行為の処分性に関する裁判例を紹介・検討する（行政組織内部での行為（内部的行為）および行政契約に関する訴訟については，以下では取り上げない。これらについては，18～19頁(b)～(d)および187頁(8)を参照されたい。通達の争い方については，362頁(2)で触れる）[2]。

---

[2] なお，処分性限定説をとる学説は，取消訴訟の認められない行為については当事者訴訟または確認訴訟（両者については360頁Ⅴ・362頁Ⅵで説明する）の活用を図ることとしているので，処分性拡張説との違いは，利用すべき訴訟の違いである。この違いが生じるのは，取消訴訟の仕組みや役割についての評価ないし解釈の違いがあるからである。処分性拡張説では，取消訴訟の役割（行政の行為の法令適合性を審査するという意味での適法性統制機能など）に着目しその活用を図ろうとするが，処分性限定説では，処分性を認めると取消訴訟に備わっている出訴期間などの仕組みが働くという面が重視される。この点には，処分性を認めると取消訴訟の排他性も認められることになるのではないかという

(5) 処分性についての個別的検討
(a) 政省令・条例などの制定行為（行政立法）
　法規範制定行為としてまず思い浮かぶのは国会による法律の制定であるが，法律制定行為が取消訴訟で争われることはほとんどないようである。また，政省令の制定のような国の行政機関による行政立法が取消訴訟で争われることも例がないわけではないが，ごくまれである。比較的目立つのは，地方公共団体の議会が制定する条例が取消訴訟で争われる事例である。以下では，条例に焦点を絞る（条例の位置づけにつき，91頁(1)を参照）。
　条例の制定行為が取消訴訟の対象になるかどうかを考えると，通例は，直接条例に対して取消訴訟を提起することは認められない。なぜなら一般に，条例は一般的抽象的な法規範であり，それを執行する行政処分においてはじめて誰にどのような権利義務が生じるかが決まるからである。
　もっとも条例の中には，その適用を受ける人の範囲が比較的に限定されており，かつ具体的な執行行為たる行政処分をまたず直接にその人たちの権利義務に影響を与えるものがある。このような条例は，形は行政立法であるが，実質的には行政処分に近い性質を持つと言える。そこでこのような条例については，処分性を認めることが可能である（地方公務員の昇給延伸条例につき，盛岡地方裁判所1956（昭和31）年10月15日判決）。
　小学校の統廃合を図る条例が取消訴訟で争われることも時々あるが，最高裁判所2002（平成14）年4月25日判決＝千代田区小学校廃校事件は，千代田区が区立の小学校14校を廃止し新たに8校を設置することを定めた条例につき，条例が一般的規範であることおよび児童の保護者が特定の小学校で教育を受けさせる権利ないし法的利益を有するとはいえないことを理由として，処分性を否定している。
　これに対し，最高裁判所は特定の保育所を廃止する条例について，次のように述べて処分性を肯定している。

> **最高裁判所2009（平成21）年11月26日判決＝横浜市保育所廃止条例事件**
> 「条例の制定は，普通地方公共団体の議会が行う立法作用に属するから，一般的には，抗告訴訟の対象となる行政処分に当たるものでないことはいうまでもな

問題が関係する。しかし，少なくとも政省令や条例に処分性を認めても，その実質的な性格は変わらないから，「取消訴訟の排他性」を認めることにはならないだろう。

> いが，本件改正条例は，本件各保育所の廃止のみを内容とするものであって，他に行政庁の処分を待つことなく，その施行により各保育所廃止の効果を発生させ，当該保育所に現に入所中の児童及びその保護者という限られた特定の者らに対して，直接，当該保育所において保育を受けることを期待し得る上記の法的地位を奪う結果を生じさせるものであるから，その制定行為は，行政庁の処分と実質的に同視し得るものということができる。」

　小学校や保育所などの廃止について，これを地方議会の意思によらせるために条例という形式がとられているのであるが（地方自治法244条の2第1項を参照），この廃止を定める条例は内容的には抽象的なものではなく具体的なものであるから，法令の執行であり行政処分の段階に位置づけられるものである。従って，この2009年判決の判断が適切だろう（なお，この判決は，取消訴訟の取消判決に認められる第三者効（338頁(3)で説明する）を処分性肯定のもう1つの根拠にしている）。

(b)　行　政　計　画

　行政計画とは，行政機関が行政活動を計画的に行うために作成・決定（策定）する計画である。都市計画法に基づく都市計画がその代表例である。行政計画が取消訴訟の対象になるかどうかがとくに問題となるのは，計画の策定により対外的に，すなわち国民に対して法的拘束力を持つ場合である（このような計画を「拘束的計画」と言う。174頁(b)を参照）。例えば，土地区画整理事業計画が決定され公告されると，区画整理事業の施行区域である私有地での建築などの土地利用が制限される（土地区画整理法76条1項）。また，都市計画法に基づき都市計画において用途地域が指定されると，各用途地域では，その性質に応じ土地の利用が制限される。用途地域は大別すると，住居系地域，商業系地域および工業系地域があるが，工業系地域の1つである工業地域では学校や病院を建築することはできないし，工業専用地域では住宅や飲食店すらも建築することはできない（各用途地域内での建築物の制限は，建築基準法の末尾の別表第二を参照）。

　このような行政計画については，民事訴訟や当事者訴訟を提起して争うことは考えにくいところである。やはり，取消訴訟が有力な候補の1つである。もっとも，行政計画には種々の類型があるから，計画の類型ごとに処分性の有無を考える必要がある。最高裁判所の判例もこの方向に沿っているようである。

Ⅳ　行政処分（処分性）

(ア)　**事業実施計画**　　まず，土地区画整理事業計画を取り上げる。土地区画整理事業とは，小規模建築物が密集し，道路などの公共施設も十分ではない地域において，土地の区画を整理するとともに，公共施設の設置のための土地を捻出するものであり，第2次大戦後の戦災復興事業の推進のための手段とされたものである。この土地区画整理事業のための計画（土地区画整理事業計画。以下では，事業計画と言う）の処分性に関する先例は，最高裁判所大法廷1966（昭和41）年2月23日判決＝高円寺土地区画整理事業計画事件であった。

判決は，次のように判示して，事業計画の処分性を否定した。

① 事業計画は，「長期的見通しのもとに，健全な市街地の造成を目的とする高度の行政的・技術的裁量によって，一般的・抽象的に決定するものであ」り，「特定個人に向けられた具体的な処分とは著しく趣きを異にし，事業計画自体ではその遂行によって利害関係者の権利にどのような変動を及ぼすかが，必ずしも具体的に確定されているわけではなく，いわば当該土地区画整理事業の青写真たる性質を有するにすぎない」。

② 事業計画の公告に伴って生じる土地利用の制限は，「当該事業計画の円滑な遂行に対する障害を除去するための必要に基づき，法律が特に付与した公告に伴う附随的な効果にとどまるものであって，事業計画の決定ないし公告そのものの効果として発生する権利制限とはいえない。それ故，事業計画は，それが公告された段階においても，直接，特定個人に向けられた具体的な処分ではなく，また，宅地・建物の所有者又は賃借人等の有する権利に対し，具体的な変動を与える行政処分ではない」。

③ 事業計画は，「いわば当該土地区画整理事業の青写真たるにすぎない一般的・抽象的な単なる計画にとどまるものであって」，「右事業計画の決定ないし公告の段階で，その取消又は無効確認を求める訴えの提起を許さなければ，利害関係者の権利保護に欠けるところがあるとはいい難く，そのような訴えは，抗告訴訟を中心とするわが国の行政訴訟制度のもとにおいては，争訟の成熟性ないし具体的事件性を欠くものといわなければならない」。

この大法廷判決はその後の裁判所の判断を長年にわたって支配したが，40余年を経て，最高裁判所は，次のように述べて，この先例を変更した。

第21講　取消訴訟の提起——行政の責任と訴訟要件

> **最高裁判所大法廷 2008（平成 20）年 9 月 10 日判決**
>
> 「施行地区内の宅地所有者等は，事業計画の決定がされることによって，前記のような規制を伴う土地区画整理事業の手続に従って換地処分を受けるべき地位に立たされるものということができ，その意味で，その法的地位に直接的な影響が生ずるものというべきであり，事業計画の決定に伴う法的効果が一般的，抽象的なものにすぎないということはできない。
>
> 　もとより，換地処分を受けた宅地所有者等やその前に仮換地の指定を受けた宅地所有者等は，当該換地処分等を対象として取消訴訟を提起することができるが，換地処分等がされた段階では，実際上，既に工事等も進ちょくし，換地計画も具体的に定められるなどしており，その時点で事業計画の違法を理由として当該換地処分等を取り消した場合には，事業全体に著しい混乱をもたらすことになりかねない。それゆえ，換地処分等の取消訴訟において，宅地所有者等が事業計画の違法を主張し，その主張が認められたとしても，当該換地処分等を取り消すことは公共の福祉に適合しないとして事情判決（行政事件訴訟法 31 条 1 項）がされる可能性が相当程度あるのであり，換地処分等がされた段階でこれを対象として取消訴訟を提起することができるとしても，宅地所有者等の被る権利侵害に対する救済が十分に果たされるとはいい難い。そうすると，事業計画の適否が争われる場合，実効的な権利救済を図るためには，事業計画の決定がされた段階で，これを対象とした取消訴訟の提起を認めることに合理性があるというべきである。
>
> 　以上によれば，市町村の施行に係る土地区画整理事業の事業計画の決定は，施行地区内の宅地所有者等の法的地位に変動をもたらすものであって，抗告訴訟の対象とするに足りる法的効果を有するものということができ，実効的な権利救済を図るという観点から見ても，これを対象とした抗告訴訟の提起を認めるのが合理的である。したがって，上記事業計画の決定は，行政事件訴訟法 3 条 2 項にいう『行政庁の処分その他公権力の行使に当たる行為』に当たると解するのが相当である。」

　この判決は，土地利用制限が付随的効果であるから土地区画整理事業計画が行政処分に当たらない，といった観念的な理屈をとらず，「実効的な権利救済を図るという観点」から事業計画の処分性を肯定したものである。

　すでに最高裁判所 1992（平成 4）年 11 月 26 日判決＝大阪阿倍野市街地再開発事件が，都市再開発法に基づく市街地再開発事業計画について処分性を認めていたところである。土地区画整理事業計画や市街地再開発事業計画は，いずれも事業実施のための計画（事業実施計画）であり，具体性があるとともに，対象となる地域もそう広大なものではない。こうしたことが処分性肯定の判断

の背後にある事情だろう[3]。

(イ) **用途地域指定**　これに対し，都市計画法に基づく用途地域指定については，最高裁判所は処分性を否定している。

> **最高裁判所 1982（昭和 57）年 4 月 22 日判決＝盛岡用途地域指定事件**
> 「〔都市計画区域内において工業地域を指定する決定〕が告示されて効力を生ずると，当該地域内においては，建築物の用途，容積率，建ぺい率等につき従前と異なる基準が適用され（……），これらの基準に適合しない建築物については，建築確認を受けることができず，ひいて〔は〕その建築等をすることができないこととなるから（……），右決定が，当該地域内の土地所有者等に建築基準法上新たな制約を課し，その限度で一定の法状態の変動を生ぜしめるものであることは否定できないが，かかる効果は，あたかも新たに右のような制約を課する法令が制定された場合におけると同様の当該地域内の不特定多数の者に対する一般的抽象的なそれにすぎず，このような効果を生ずるということだけから直ちに右地域内の個人に対する具体的な権利侵害を伴う処分があったものとして，これに対する抗告訴訟を肯定することはできない。……なお，右地域内の土地上に現実に前記のような建築の制限を超える建物の建築をしようとしてそれが妨げられている者が存する場合には，その者は現実に自己の土地利用上の権利を侵害されているということができるが，この場合右の者は右建築の実現を阻止する行政庁の具体的処分をとらえ，前記の地域指定が違法であることを主張して右処分の取消を求めることにより権利救済の目的を達する途が残されていると解されるから，前記のような解釈をとっても格別の不都合は生じないというべきである。」

この判決は，用途地域指定に対して訴訟の可能性を否定し，後続の処分，つまり建築確認が用途地域指定との関係で拒否された段階で，建築確認の拒否処分に対して取消訴訟を起こし，その訴訟の中で用途地域指定の違法を主張すればよいというのである。しかし，この最高裁判所の言い分は，説得力があるとは言いかねる。用途地域指定から 10 年経ってから建築確認を拒否された場合に，それに対して訴訟を起こし 10 年前に定められた用途地域指定の違法を主張しても，裁判所は耳を傾けてくれないであろう。その 10 年の間に用途地域指定は定着しているからである。もっとも，用途地域指定について取消訴訟を認めるとしても，誰に原告適格（Ⅴで説明する）を認めるかという問題が残る。

---

3) 国営および都道府県営の土地改良事業計画については，審査請求に関する規定がおかれている（土地改良法 87 条 6 項〜8 項）。

第21講　取消訴訟の提起——行政の責任と訴訟要件

(c) 事 実 行 為

行政処分は一種の権力的な法行為であるから，一般的には，事実行為は行政処分には当たらず，取消訴訟の対象にはならない。しかし最高裁判所の判例も，事実行為について一切処分性を否定しているわけではなく，処分性を認めることがある。その1つは，税関検査である。

(ｱ) 税関検査　　税関での輸入品に対する検査は，関税をかけるために行われるものであるが，麻薬や偽造通貨のような輸入禁制品のチェックもこの税関で行われることになっている。そして，ポルノグラフィーなど「公安又は風俗を害すべき書籍，図画，彫刻物その他の物品」も輸入禁制品であるので，税関での検査の対象になる。この仕組みには，憲法で禁止された検閲ではないかという問題があるが，訴訟法のレベルでは，ポルノグラフィーなどが輸入禁制品に当たるとの税関長の輸入申告者への通知が取消訴訟の対象になる行政処分であるかどうかがかねてから問題になっていた。次の最高裁判所判決は，この問題に決着をつけたものである。

> **最高裁判所1979（昭和54）年12月25日判決＝ポルノグラフィー税関長通知事件**
> 「税関長において，輸入申告者に対し，関税定率法21条3項の規定による通知をし，又は，更に，輸入申告者からの異議の申出にかかわらず先の通知に示された判断を変更することなく維持し，同条5項の規定による決定及びその通知をした場合においては，当該貨物につき輸入の許可〔関税法67条〕の得られるべくもないことが明らかとなったものということができると同時に，関税定率法21条の規定の趣旨からみて，税関長において同条1項3号〔輸入禁制品として上記の「公安又は風俗を害すべき書籍」等を挙げる規定〕に該当すると認めるのに相当の理由がある貨物について，税関長が同条3項及び5項に定める措置をとる以外に当該輸入申告に対し何らかの応答的行政処分をすることは，およそ期待され得ないところであり，他方，輸入申告者は輸入の許可を受けないで貨物を輸入することを法律上禁止されている（関税法111条参照）のであるから，輸入申告者は，当該貨物を適法に輸入する道を閉ざされるに至ったものといわなければならない。そして，輸入申告者の被るこのような制約は，……関税定率法21条3項の規定による通知又は同条5項の規定による決定及びその通知……によって生ずるに至った法律上の効果である，とみるのが相当である（……）。」

最高裁は，税関長が行った関税定率法による通知等を，申告にかかる貨物を適法に輸入することができなくなるという法律上の効果を申告者に及ぼすものと説明することによって，行政処分であると解しているのである[4]。

Ⅳ　行政処分（処分性）

　最高裁は，最近においても，食品の輸入の届出に対して空港検疫所長がした食品衛生法違反通知について処分性を認めている（最高裁判所 2004（平成 16）年 4 月 26 日判決＝食品衛生法違反通知事件）。

　(ｲ)　**行政指導**　　行政指導については，それは非権力的事実行為であるから，一般的には取消訴訟は認められない。相手方である国民にとって従うかどうかがまったく自由な行政指導であれば，そもそも裁判による救済の必要性がないと言える。問題は，このような自由のない強力な行政指導である。学説上は，強い規制的な力を持った行政指導については取消訴訟を認める見解が有力であるが，最高裁も，病院の開設の中止を求める医療法に基づく勧告について，処分性を認める判決を下した。

> **最高裁判所 2005（平成 17）年 7 月 15 日判決**
> 「医療法及び健康保険法の規定の内容やその運用の実情に照らすと，医療法 30 条の 7 の規定に基づく病院開設中止の勧告は，医療法上は当該勧告を受けた者が任意にこれに従うことを期待してされる行政指導として定められているけれども，当該勧告を受けた者に対し，これに従わない場合には，相当程度の確実さをもって，病院を開設しても保険医療機関の指定を受けることができなくなるという結果をもたらすものということができる。そして，いわゆる国民皆保険制度が採用されている我が国においては，健康保険，国民健康保険等を利用しないで病院で受診する者はほとんどなく，保険医療機関の指定を受けずに診療行為を行う病院がほとんど存在しないことは公知の事実であるから，保険医療機関の指定を受けることができない場合には，実際上病院の開設自体を断念せざるを得ないことになる。このような医療法 30 条の 7 の規定に基づく病院開設中止の勧告の保険医療機関の指定に及ぼす効果及び病院経営における保険医療機関の指定の持つ意義を併せ考えると，この勧告は，行政事件訴訟法 3 条 2 項にいう『行政庁の処分その他公権力の行使に当たる行為』に当たると解するのが相当である。後に保険医療機関の指定拒否処分の効力を抗告訴訟によって争うことができるとしても，そのことは上記の結論を左右するものではない。」

　最高裁判所は，この判決に続き，病床数の削減を求める医療法上の勧告についても処分性を認めた（最高裁判所 2005（平成 17）年 10 月 25 日判決）。

　(ｳ)　**公共施設の設置管理（公共工事）**　　道路などの公共施設の設置管理（公

---

4) この判決で挙げられている輸入禁制品に関する関税定率法 21 条は，現在は，関税法 69 条の 11 以下におかれ，さらに審査請求および取消訴訟に関する規定（同法 91 条 2 号・93 条）によって税関長の通知が行政処分であることが明示されている。

第21講　取消訴訟の提起——行政の責任と訴訟要件

共工事)のような非権力的な事実行為はどうであろうか。(2)で紹介したように、最高裁判所の判例では、ゴミ焼却場の設置について取消訴訟の提起は認められていない。

他方、歩道橋の設置について、東京地方裁判所1970 (昭和45) 年10月14日決定＝国立駅前歩道橋事件は、歩道橋の設置行為が高権的権力の行使ではないとしつつ、設置に関する諸行為を全体として公法的規制に服せしめるとともに、「公権力の行使に当たる行為」として抗告訴訟や執行停止の途を開くことが、現代社会の実情に即して法治主義の要請を貫く所以であり、また、行政事件訴訟法が抗告訴訟や執行停止の特殊の制度を設けた法意に適合する、と判示して、歩道橋設置行為の処分性を肯定している。

このような裁判所の判断は、一部の学説によって支持されもした。しかし、この種の施設設置行為、一般的に言うと公共工事は、私人が行う建築物などの施設設置行為と変わらない。ここでは、公共工事に反対する国民は、民事訴訟または当事者訴訟を提起し、権利侵害の蓋然性を証明することによって、十分に対抗できると考えられる。他面、ここでは、取消訴訟に出訴期間の制限などのデメリットがあることが問題となる。従って、この種の行為については、処分性を認めるべき必要性は乏しいだろう。

Ⅴ　原告適格

(1)　原告適格とは何か

次に、取消訴訟の第2の要件として、原告となりうる資格つまり原告適格について説明する。

当然のことであるが、何らかの行政処分が行われた場合、これに対して、誰でも取消訴訟を提起できるわけではない。取消訴訟を提起しようとする者つまり原告は、一定の資格を備えていなければならない。これを「原告適格」と言う。そして、取消訴訟は主観訴訟であるから、当該取消訴訟によって自己の権利利益の保護を図る者にのみ、取消訴訟の提起のための原告適格が認められることになる。

> **コラム** **原告適格・被告適格と当事者適格**　民事訴訟の分野では，原告や被告になる資格のことを当事者適格と呼び，原告適格・被告適格の語が用いられることは少ない。これに対して，取消訴訟においては，必ず国民が原告になり行政が被告になるので，立場の互換性がなく，このため当事者適格の語が用いられることはまれである。行政事件訴訟法も，原告適格と被告適格とを分けて規定している。このうち裁判例も多く，学説上も議論があるのは原告適格についてである。

(2) 原告適格の有無の判断基準

そこで，問題は，原告適格を根拠づける権利利益の範囲がどのようなものかということになる。

取消訴訟の原告適格について規定しているのは，行政事件訴訟法9条である。同条1項によると，取消訴訟は，行政処分の取消しを求めるにつき「法律上の利益」を有する者に限り，提起することができる。そこで問題になるのは，「法律上の利益」という文言をどのように解釈するかということである[5]。

この解釈に入る前に，次のことに注意していただきたい。すなわち，「法律上の利益」の有無が問題となるのは，多くは，原告が行政処分の第三者である場合つまり第三者訴訟の場合だということである。例えばマンションの建設についての建築確認に対し，第三者である近隣の住民が取消訴訟を起こす場合である。これに対し，相手方が特定している行政処分につきその相手方が取消訴訟を提起する場合，原告適格が否定されることはまずない[6]。

第9講において，第三者利害関係人の法的取扱いが今日の行政法の実務や理論にとっての重要問題であると述べたが（124頁の**付論⓬**を参照），原告適格

---

5) 民事訴訟法では，訴えには「訴えの利益」が必要であると言われる。この語を使うと，取消訴訟でも「訴えの利益」が必要である。行政事件訴訟法9条1項は取消訴訟の提起につき「法律上の利益」を要求しているが，これは「訴えの利益」の行政事件訴訟法上の表現である。そして，原告にこの「訴えの利益」ないし「法律上の利益」が認められる場合に，「原告適格がある」と言われる。

6) もっとも，行政処分の相手方についても訴えの提起時に「訴えの利益」が問題になることがある。近年の最高裁判決としては，自動車運転免許更新処分において交付された免許証に優良運転者の記載がなかった場合の「訴えの利益」に関する最高裁判所2009（平成21）年2月27日判決がある。また，最高裁判所1986（昭和61）年10月23日判決は，同一市内中学校間での市立中学校教員の転任処分についての「訴えの利益」を否定している。

の問題とは，この第三者利害関係人の法的取扱いの問題の一大重要場面なのである。

2004年の行政事件訴訟法改正により追加された同法9条2項は，「法律上の利益」の有無を判断する際の考慮勘案事項に関する規定であるが（この規定については(5)で後述する），「処分又は裁決の相手方以外の者について……法律上の利益の有無を判断するに当たつては」と述べ，原告適格の有無が問題になるのが特に行政処分の第三者についてであることを明らかにしている。

(3) 「法律上の利益」の解釈

行政事件訴訟法9条1項の定める「法律上の利益」の解釈としては，主には「法律上保護された利益」説と「法的な保護に値する利益」説とが対立していた。

「法律上保護された利益」説とは，法律の規定によって保護された利益をもって「法律上の利益」と解する説である。すなわち，「法律上の利益」の有無を法律の規定から，つまり「法律」の解釈によって決定しようとする説である。

「法的な保護に値する利益」とは，法的な保護つまり裁判上の保護に値すると考えられる利益をもって「法律上の利益」と解する説である。この説の特徴は，「法律上の利益」の範囲を「法律」によって判断するのではなく，利害の実態に着眼し「理論」によって決定しようとする点にある[7]。

> **コラム**　「法律上の利益」概念の読みかえ　行政事件訴訟法9条1項は，取消訴訟は，行政処分の取消しを求めるにつき「法律上の利益」を有する者に限り提起することができると定めている。この規定を素直に読むと，積極的に取消訴訟の提起につき「法律上の利益を有する者」に原告適格を認めていると読める。しかし，わが国の学説も裁判例も，この規定は，いわば消極的に「法律上の利益を侵害された者」に原告適格を認めるものと読み直している。

最高裁判所が以上の諸説のうちの「法律上保護された利益」説をとることを明確にしたのは，最高裁判所1978（昭和53）年3月14日判決＝主婦連ジュース不当表示事件である。この事件は，社団法人日本果汁協会などの定めたジュ

---

[7] この他，権利侵害をもって「法律上の利益（の侵害）」とする権利説や，行政処分の適法性の保障の見地から，適法性を回復することについて利益を有する者に原告適格を認めようとする適法性回復説もあった。これらの説については(8)・(9)で再度言及する。

ース類の表示方法に関する公正競争規約を公正取引委員会が認定したのに対し，主婦連合会などが公正取引委員会に対し不服申立てをしたところ，同委員会が同連合会などの不服申立資格を認めなかったため，同連合会などが訴訟を提起したという事件である。当時の「不当景品類及び不当表示防止法」(以下，景表法) 10条6項は「第1項……の規定による公正取引委員会の処分〔上記の公正取引委員会の認定を指す〕について不服があるものは，……公正取引委員会に対し，不服の申立てをすることができる。」と定めていたが，最高裁判所は，「不服があるもの」について次のように判示した。

> **最高裁判所 1978（昭和 53）年 3 月 14 日判決＝主婦連ジュース不当表示事件**
> 「景表法の右条項〔10条6項〕にいう『第1項……の規定による公正取引委員会の処分について不服があるもの』とは，一般の行政処分についての不服申立の場合と同様に，当該処分について不服申立をする法律上の利益がある者，すなわち，当該処分により自己の権利若しくは法律上保護された利益を侵害され又は必然的に侵害されるおそれのある者をいう，と解すべきである。」

この判決では，この基準は行政不服申立資格の基準として示されたのであったが（268頁(2)を参照），その後，下級裁判所のみならず最高裁判所自身によっても，行政事件訴訟法9条1項の「法律上の利益」の解釈を示すものとして適用されてきている。この主婦連ジュース不当表示事件の最高裁判決により，取消訴訟の原告適格について，「法律上保護された利益」説が確立したと見ることができる。

(4) 公益と個別的利益の区別

最高裁判所は，上に述べたように，「法律上保護された利益」説を採用したが，同時に「公益と個々人の個別的利益の区別」という理屈を使っている。これも，上記の主婦連ジュース不当表示事件の判決で打ち出されていたものであるが，その後も維持され，例えばもんじゅ訴訟の最高裁判所の判決では，以下のように述べられている。

> **最高裁判所 1992（平成 4）年 9 月 22 日判決＝もんじゅ訴訟**
> 「行政事件訴訟法9条は，取消訴訟の原告適格について規定するが，同条にいう当該処分の取消しを求めるにつき『法律上の利益を有する者』とは，当該処分により自己の権利若しくは法律上保護された利益を侵害され又は必然的に侵害さ

> れるおそれのある者をいうのであり，<u>当該処分を定めた行政法規が，不特定多数者の具体的利益を専ら一般的公益の中に吸収解消させるにとどめず，それが帰属する個々人の個別的利益としてもこれを保護すべきものとする趣旨を含むと解される場合には</u>，かかる利益も右にいう法律上保護された利益に当たり，当該処分によりこれを侵害され又は必然的に侵害されるおそれのある者は，当該処分の取消訴訟における原告適格を有するものというべきである（……）。」

この理屈を分解して説明すると次のようになる。
① 行政活動（特に規制行政。26頁Ⅶを参照）は，第一次的には公益（社会全体の利益）のために行われる。例えば警察によって行われる道路交通の規制により実現される利益（安全の利益や円滑な交通の利益）は公益としての性格を持つ。
② この行政活動による利益（公益）は個々の国民も享受するが，それが公益に止まる限り，国民は，享受している利益を侵害されても原告適格は認められない。
③ 国民が原告適格を認められるためには，その利益が「個々人の個別的利益」として保護されていなければならない。

では，「公益と個々人の個別的利益の区別」はどのようにして行われるのか，つまりいかなる場合に「個々人の個別的利益」が保護されていると言えるのか。上記最高裁判決によると，上記の下線部をご覧いただくと分かるが，それを決めるのは「当該処分を定めた行政法規」の「趣旨」である（この「趣旨」の判断の仕方については，次の(5)以下で説明する）。

原告の利益が，「法律上保護されている」のみならず，それが「個々人の個別的利益」として保護されている場合にはじめて，原告適格が認められるのである。

(5) 2004年の行政事件訴訟法改正による新規定

主婦連ジュース不当表示事件の最高裁判決が提示した「法律上保護された利益」説は，訴訟実務の中では，とくに地方裁判所や高等裁判所のレベルにおいてであるが，原告適格を否定するために用いられ，猛威を振るってきたと言ってもよいほどである。この状況を打破するため，2004年の行政事件訴訟法改正では，同法9条に次の規定が2項として付け加えられた（この変化をもたらす

上では最高裁判例の変化も重要なものであったが，この判例の変遷については省略する）。

> **行政事件訴訟法 9 条（原告適格）**
> ② 裁判所は，処分又は裁決の相手方以外の者について前項に規定する法律上の利益の有無を判断するに当たっては，当該処分又は裁決の根拠となる法令の規定の文言のみによることなく，当該法令の趣旨及び目的並びに当該処分において考慮されるべき利益の内容及び性質を考慮するものとする。この場合において，当該法令の趣旨及び目的を考慮するに当たっては，当該法令と目的を共通にする関係法令があるときはその趣旨及び目的をも参酌するものとし，当該利益の内容及び性質を考慮するに当たっては，当該処分又は裁決がその根拠となる法令に違反してされた場合に害されることとなる利益の内容及び性質並びにこれが害される態様及び程度をも勘案するものとする。

この規定を整理すると，裁判所は，原告適格の有無を判断する場合には，下記の諸要素を考慮（参酌・勘案の語も使われている）しなければならない。
① 根拠法令の趣旨および目的
② 当該処分において（行政庁によって）考慮されるべき利益（行政上の考慮利益）の内容および性質
③ 前記①との関係で，根拠法令と目的を共通にする関係法令の趣旨および目的
④ 前記②との関係では，当該処分または裁決がその根拠法令に違反してされた場合に害されることとなる利益（違法侵害利益）の内容および性質ならびにこれが害される態様および程度

これらをさらにまとめると，ⓐ行政処分の根拠法令と関係法令の趣旨・目的およびⓑ行政上の考慮利益と違法侵害利益とを考慮しなければならないということになる。

従前の裁判例では，原告適格の有無を判断する場合，争われている行政処分の根拠となる規定や要件を定める規定だけを見るという判断方法があった。これは必ずしも間違いではない。根拠規定ないし要件規定だけで原告適格が認められることもある（314頁で紹介するように「もんじゅ訴訟」の最高裁判決がその例であり，被害の性質等をも考慮している点で重要なものであるが，法律規定としては原子炉の安全性の要件の規定だけに着目している）。しかし，それだけでは原告適格

が認められないことが少なくなかった。そこで行政事件訴訟法9条2項は，根拠法令の趣旨目的を考慮すること，さらには関係法令の趣旨目的を参酌することを要求しているのである。

さらに行政事件訴訟法9条2項は，「法令」のみならず，「利益」を考慮することを要求している。これも新しい点である。この点では，行政事件訴訟法9条2項は，「法律上保護された利益」説に立ちつつ，「法的な保護に値する利益」説をも取り入れていると見ることができる[8]。

> **コラム　法律と法令**　行政事件訴訟法9条は，1項では従前通り「法律上の利益」の語を維持しつつ，新たに設けられた2項では「法令」の語を用いている。これは少し気になる点であるが，2項の「法令」が法律・政省令などの制定法を指していることは確かである。これに対し，1項の「法律上の利益」とは，英語で言えば legal interest のことだろう。従来の「法律上保護された利益」説の大きな支えは，この「法律上の利益」の用語であったと思われるが，同法の改正では，「法律」の語と「法令」の語が使い分けられることによって「法律上の利益」の語が上記の意味のものであることが明確になったと思われる。

(6) 「法令」の趣旨・目的の考慮

行政事件訴訟法9条2項が言うところの，原告適格の有無の判断において基準とすべき「法令」については，行政処分の根拠規定だけでなく，根拠規定を含む法律全体，さらにはこの法律について定められている政省令および関係法令を指すこと，またこれら法令を解釈する場合は，その文言解釈にとどまらず趣旨目的を考慮すべきことは，9条2項自身が定めているところである。一般的な解釈論として問題になるのは，「関係法令」の範囲であろう。

では，いかなる法令が行政事件訴訟法9条2項の言う「目的を共通にする関係法令」に当たるのだろうか。国会審議の中では，公有水面埋立法との関係で環境影響評価法が「関係法令」であるとされていた。最近の判例で今後の参考になると思われるのが，最高裁判所大法廷2005（平成17）年12月7日判決＝

---

[8]　それ故，現在では，個別事件での原告適格の有無の判断において「法律上保護された利益」説と「法的な保護に値する利益」説のいずれか一方のみに与することは適切ではない。行政事件訴訟法9条2項に即して判断すればよいのである。

小田急訴訟である。

この訴訟では都市計画事業の認可が問題になったが，これについて定めているのは都市計画法59条以下の規定である。判決は，まず都市計画事業の内容が都市計画に適合することが都市計画事業の認可の1つの要件であるところ（都市計画法61条1号）から，都市計画に関する都市計画法の規定に目を向ける。次に，判決は，都市計画の基準を定める同法13条において，都市計画が公害防止計画に適合したものでなければならないとされていることに着目し（この規定については，175頁を参照），ここから，「都市計画法13条1項柱書きが，都市計画は公害防止計画に適合しなければならない旨を規定していることからすれば，都市計画の決定又は変更に当たっては，上記のような公害防止計画に関する公害対策基本法の規定の趣旨及び目的を踏まえて行われることが求められるものというべきである。」との中間的結論を導いている。

このように，判決は，都市計画法61条1号から出発し，同法13条（とくに1項柱書）を媒介項にして，公害対策基本法という「関係法令」にたどり着いているのである（なお，現在は公害対策基本法に代って環境基本法が存在する）。そして，公害対策基本法において生活環境利益が保護されているところから，都市計画法61条1号の認可についても生活環境利益を保護することがその趣旨・目的とされている。

なお，原告の利益を保護していると解釈できる法令の規定があれば，それによって原告適格が承認される。しかし，この例は多くない（316〜317頁(8)②③で説明する）。このため，行政事件訴訟法9条2項が設けられ，考慮に入れるべき法令の範囲が広げられたのである。

(7) 「利益」の内容・性質等の考慮

前述の「公益と個々人の個別的利益の区別」の下では，原告適格が認められるためには，原告の主張する利益，例えば良好な環境を享受する利益が公益として保護されているにとどまらず，「個々人の個別的利益」（つまり私益）としても保護されていること（以下，「私益保護性」という）が必要である。そして，この私益保護性の有無の判断において，行政事件訴訟法9条2項は，法令（根拠法令および関係法令）の趣旨・目的に加え，利益（考慮利益および違法侵害利益）の内容・性質などを考慮することを要求しているが，法令の趣旨・目的の考慮

については(6)で説明したので，ここでは，利益の内容・性質等の考慮について説明する。原告の利益がどのようなものであれば，私益保護性が認められるのだろうか。

かねてから私益保護性があると認められてきたのは，原子炉の設置許可に関する安全性の要件の定めである。原子力発電所の設置のためには原子炉の設置許可が必要であり，この許可の要件は原子炉規制法24条1項で定められていた。その1つは「原子炉施設の位置，構造及び設備が……災害の防止上支障がないものであること。」(4号)という要件である[9]。原子炉が安全であり，事故を起こさないことはむろん公益に資するものであるが，周辺住民の原告適格の有無を判断する上では，この規定が公益と同時に周辺の住民の私益をも保護しているかどうかが問題となる。この問題につき，最高裁判所1992（平成4）年9月22日判決＝もんじゅ訴訟は，309〜310頁で引用した部分に続けて次のように述べている。

> **最高裁判所1992（平成4）年9月22日判決＝もんじゅ訴訟**
> 「当該行政法規が，不特定多数者の具体的利益をそれが帰属する個々人の個別的利益としても保護すべきものとする趣旨を含むか否かは，当該行政法規の趣旨・目的，当該行政法規が当該処分を通して保護しようとしている利益の内容・性質等を考慮して判断すべきである。」「〔原子炉規制法24条1項3号（原子炉を設置する者の技術的能力に関する部分）および4号〕の設けられた趣旨，右各号が考慮している被害の性質等にかんがみると，右各号は，単に公衆の生命，身体の安全，環境上の利益を一般的公益として保護しようとするにとどまらず，原子炉施設周辺に居住し，右事故等がもたらす災害により直接的かつ重大な被害を受けることが想定される範囲の住民の生命，身体の安全等を個々人の個別的利益としても保護すべきものとする趣旨を含むと解するのが相当である。」

一連の原発訴訟で，下級審裁判所は原子炉規制法の安全性規定の私益保護性を認め，周辺住民の原告適格を肯定してきたが，この最高裁判決は，この裁判例の流れを承認した。そしてまた，この判決は，上記の行政事件訴訟法9条2項の規定の形成に大きな貢献をしたものでもあった。

原子力発電所の事故は，その規模にもよるが，甚大な被害をもたらす可能性があるものであるから，最高裁判所がこの被害の中身を見て周辺住民に原告適

---

9) 原子炉規制法は2012年に改正されている。改正の内容については，82頁の**付論 ❾**を参照していただきたい。

格を認めることも当然であるとも言えるが、最高裁判所は、これほどシビアーではない事件においても、原告が被るおそれのある損害の中身を見て原告適格を認めている。その1つは、都市計画法上の開発許可について、その要件に関する同法33条1項7号の「〔崖崩れなどによる〕災害を防止するため、開発区域内の土地について、……安全上必要な措置が講ぜられるように設計が定められていること。」という規定の私益保護性を認め、「がけ崩れ等による直接的な被害を受けることが予想される範囲の地域に居住する者」について原告適格を承認する判決である（最高裁判所1997（平成9）年1月28日判決＝川崎市がけ崩れ事件）。

また、最高裁判所は、建築基準法上の総合設計の許可についても、その根拠規定たる建築基準法59条の2第1項が「当該建築物の倒壊、炎上等による被害が直接的に及ぶことが想定される周辺の一定範囲の地域に存する他の建築物についてその居住者の生命、身体の安全等及び財産としてのその建築物を、個々人の個別的利益としても保護すべきものとする趣旨を含むもの」と解し、総合設計許可に係る建築物の倒壊、炎上等により直接的な被害を受けることが予想される範囲の地域に存する建築物の居住者・所有者に原告適格を認めている（最高裁判所2002（平成14）年1月22日判決）。

以上の裁判例は実は2004年の行政事件訴訟法改正前のものである（次の(8)で挙げる裁判例も同じである）。改正後の裁判例としては、先ほども紹介した最高裁判所大法廷2005（平成17）年12月7日判決＝小田急訴訟は、「関係法令」のとらえ方の手本を示した点で1つの意味を持っているが、「利益」という点で言うと、「騒音、振動等によって健康又は生活環境に係る著しい被害を直接的に受けるおそれのある個々の住民」について原告適格を認めている点が注目される。「生活環境への被害」を挙げていることが新しい点である。

他方、最高裁判所は、競輪の場外車券発売施設の設置の許可が争われた事件において、「一般的に、場外施設が設置、運営された場合に周辺住民等が被る可能性のある被害は、交通、風紀、教育など広い意味での生活環境の悪化であって、その設置、運営により、直ちに周辺住民等の生命、身体の安全や健康が脅かされたり、その財産に著しい被害が生じたりすることまでは想定し難い……。そして、このような生活環境に関する利益は、基本的には公益に属する利益というべきであって、……当然に、法〔自転車競技法〕が周辺住民等にお

いて上記のような被害を受けないという利益を個々人の個別的利益としても保護する趣旨を含むと解するのは困難」だと述べ、周辺住民の原告適格を否認している（最高裁判所 2009（平成 21）年 10 月 15 日判決＝サテライト大阪事件）[10]。

(8) その他の判断方法

以上のように、行政事件訴訟法 9 条 2 項は、「法令」と「利益」を考慮して原告適格の有無を判断することを要求しているが、これは 1 つの判断方法であるにとどまる。この他に、次のような判断方法がある。

①権利が侵害されている場合は、そのことだけで原告適格を認めることが考えられる。権利とは、そもそも法的に保護されるべき利益であるからである。

②さらに、法律の規定だけを見て原告の私的利益を保護していること（私益保護性）が認められる場合には、それだけで原告適格が認められる。私益保護性が認められた規定の 1 つのタイプは、公衆浴場や風俗営業の距離制限規定（公衆浴場法 2 条 2 項・3 項および都道府県条例、風俗営業規制法 4 条 2 項 2 号および都道府県条例）である。

例えば風俗営業規制法をうけて制定されている条例で、医療機関から 30 メートル以内の区域では風俗営業が禁止されている場合で、その区域内（厳密に 30 メートル以内でなくてもよい）で風俗営業の許可が行われたときには、当該医療機関はこの規定により原告適格を認められる（最高裁判所 1994（平成 6）年 9 月 27 日判決。最高裁判所 2009（平成 21）年 10 月 15 日判決＝サテライト大阪事件も、医療施設等の開設者については、場外車券発売施設の位置基準は、健全で静穏な環境の下で円滑に業務を行うことのできる利益を、個々の開設者の個別的利益として保護する趣旨をも含む規定であると述べ、その原告適格を認めている[11]）。

---

10) さらにもっと上質の生活環境に目をやると、眺望、静穏さらには景観の利益の侵害を理由に原告適格が認められないか、という問題が出てくるが、この問題については裁判例も少ない。参考になる最近の下級審判決として、広島地方裁判所 2009（平成 21）年 10 月 1 日判決がある。

11) もっともこの判決は、医療施設等の開設者の原告適格を認めるに当たっては、形式的に位置基準に依拠するだけではなく、実質的に「著しい業務上の支障が生ずるおそれがあると位置的に認められる」ことをも要求している。これは、位置基準を定める自転車競技法施行規則 15 条 1 項が同趣旨のことを併せて挙げていることに対応している。なお、この事件の差戻し後の控訴審判決として、大阪高等裁判所 2012（平成 24）年 10 月 11 日判決が出ている。

③法律の規定だけで原告適格が認められる規定のもう1つのタイプは，手続参加規定である。最高裁判所1982（昭和57）年9月9日判決＝長沼ナイキ基地訴訟判決は，国有林の保安林指定の解除処分に対し周辺住民が取消訴訟を提起した事件において，森林法が保安林の指定・解除につき「直接の利害関係を有する者」に申請および意見書提出の資格を認め，また意見書についての公開の聴聞の実施を定めていることなどを主な理由に（27条1項・32条1項・2項），結論的には原告である周辺住民に原告適格を認めている。法律が事前手続への参加資格を認めている場合に訴訟でも原告適格を認めるというのは，1つのあり得る判断方法である[12]。

(9) 行政の適法性保障のための訴訟

原告適格の問題の最後に，行政の適法性保障のための訴訟の問題について考えておくことにしよう。

(a) 団体訴訟

設問 (3)で挙げた最高裁判所1978（昭和53）年3月14日判決＝主婦連ジュース不当表示事件の事例においては誰が原告になって訴訟をすることができるか。

主婦連ジュース不当表示事件では，ジュース類の表示方法に関する公正取引委員会の認定が問題になったのであるが，この表示方法が人を欺く可能性のあるものであっても，この認定の段階では被害はまだ発生していない。認定された表示方法のジュースを飲む可能性のあるのは日本にいる人すべてであるから，日本に居住する者のほとんど全員が潜在的被害者である。一般に消費者行政という場合の「消費者」とはこのように極めて広範囲の人々を指している。

では，この消費者行政上の措置についてこの多数の「将来の消費者」に原告適格が認められるかというと，多分わが国ではそうはならないであろう。「将来の消費者」は誰も他の人と区別される特別の事情（つまり不利益）を持っていないからである。そうすると消費者行政上の措置については訴訟の機会がないことになるが，これは，国民の側から言うと困ったことである。取消訴訟（広くは行政訴訟）は，権利救済のためのものであるが，同時に行政の適法性の

---

[12] 理論的に考えると，事前手続への参加資格と訴訟の原告適格の関係をどう理解するかは難しい問題である。なお判決当時の森林法32条2項は「聴聞」の語を用いていたが，現行の同項は「意見の聴取」の語を用いている。

確保にも役立っており，この訴訟の可能性がないということは行政の適法性を確保するための1つの手段がないということになるからである。

そこで消費者行政の適法性確保のために考えられているのは，一定の消費者団体に原告適格を認めるという制度である。団体訴訟と呼ばれている。

団体が起こす訴訟であっても，例えば企業が自己の利益を侵害された場合，原告となって訴訟を起こすことができることは当然である。これを団体訴訟と呼ぶ必要はない。団体訴訟とは，団体が自己の利益のためではなく，公益など他人の利益を守るために起こす訴訟である。団体訴訟の利用が考えられているのは，消費者行政や環境行政の分野である。

この意味での団体訴訟を認める上でまず問題になるのは，他人の利益を守るための訴訟が現在の訴訟法のルールの下で認められるかどうかということである。学説上はこの点を肯定する見解もあるが，裁判例では認められていない。そうすると，団体訴訟は現行法の枠内では認められる可能性は乏しく，立法により認めていく必要があるだろう[13][14]。

(b) **代表者出訴資格**

設問 新幹線の車輌基地を建設するため，県の史跡の指定が解除された。これに対して考古学の研究者は，取消訴訟を提起するための原告適格を認められるか。

これは，実際にあった訴訟であり，静岡県の伊場遺跡の史跡指定の解除に対し，考古学の研究者などが起こしたものである。この訴訟で，原告側は，文化財の学術研究者には，県民あるいは国民から文化財の保護を信託された者として，それらを代表する資格において，文化財の保存・活用に関する処分の取消しを求める出訴資格（代表者出訴資格）があると主張した。文化財行政上の措置によっては，一般の国民・住民は特別に権利利益を侵害されるわけではない。そこで，その適法性保障を図る上では，考古学の研究者が原告として最も適任

---

13) 現在，消費者契約法により「適格消費者団体」が事業者などに対して消費者契約の締結の勧誘等に関し差止訴訟を提起することが認められている。これは民事訴訟の分野での団体訴訟である。

14) 例えば公有水面埋立免許に対して沿岸の住民が取消訴訟を起こすというケースにおいて，いきなり「団体訴訟はできないか」と考えることは適切ではあるまい。住民に「法律上の利益」が認められる可能性をすべて吟味し，それが無理な場合にはじめて団体訴訟が問題となりうるものであろう。この点で，団体訴訟を肯定する立場に立っても，その役割は補完的なものではないだろうか。

であるというわけである（伊場遺跡訴訟で，最高裁判所 1989（平成元）年 6 月 20 日判決は，「法律上保護された利益」説を適用して，原告適格を否定した）[15]。

代表者出訴資格という考えは，団体訴訟と同じく，行政の適法性を確保するための訴訟を可能にする工夫である。また，それは，国民を代表して訴訟をする者は，団体に限らず，個人であってもよいということを示した点で意味がある。団体訴訟の思想の基礎には，個人よりも団体の方が恣意による影響をうけにくく，主張の内容の客観性を確保する上では適切であるという判断があるのであろうが，個人に代表者としての訴訟を認めるという考え方も 1 つの選択肢として意味があるのである。

「研究者による訴訟」という点では，ある研究者が長年研究してきた研究対象が行政処分や公共事業により破壊されあるいは滅亡させられるという場合には，その研究者自身の研究上の利益が侵害されているので，それに対して訴訟を提起する資格があると解することはできないかという問題も考えてみる価値があるだろう。

(10) 最近の判決

最近の興味深い判決をいくつか挙げておこう。

まず，東京地方裁判所 2010（平成 22）年 4 月 16 日判決は，墓地の経営許可に対しその周辺住民が取消訴訟を提起した事件において，次のように述べて周辺住民の原告適格を認めている（墓埋法とは，「墓地，埋葬等に関する法律」を指す。また，条例とは，この墓埋法の執行のためにその委任をうけて制定された条例である）。

「墓埋法は，各地方の実情に応じて，条例において違法な墓地の経営による墓地周辺の衛生環境の悪化による健康又は生活環境に係る著しい被害を受けないという具体的利益を墓地の周辺住民等の個別的利益として保護することも予定しているというべきであり，墓埋法 10 条 1 項は，第 1 次的には公益的見地からの規制を予定しているものの，それとともに周辺住民等の健康又は生活環境に係る著しい被害を受けないという利益を個々人の個別的利益としても保護すべきものとする趣旨を有すると解するのが相当である。

---

[15] 「法律上保護された利益」説の立場に立つと，文化財保護法などの法律，さらには条例には，学術研究者の利益を「個々人の個別的利益」として保護した規定はないから，いとも簡単に原告適格は否定されてしまうことになる。

したがって，周辺住民等のうち，違法な墓地経営に起因する墓地周辺の衛生環境の悪化により健康又は生活環境の著しい被害を直接的に受けるおそれのある者は，墓地経営許可の処分の取消しを求めるにつき法律上の利益を有する者として，その取消しの訴えにおける原告適格を有するというべきである。」

墓埋法および条例が公益に加え「個々人の個別的利益」をも保護しているという結論に至る上において重視されているのは，条例において墓地等の周辺地域の飲料水の汚染等の衛生環境の悪化を防止することを目的とする規定や隣接住民に対して墓地経営許可に係る手続への関与を認める規定がおかれていたこと，および条例の規定に違反した違法な墓地の経営が許可された場合には周辺住民等が地下水の汚染等の衛生環境の悪化による被害を直接受けるおそれがあり，それは周辺住民等の健康や生活環境に係る著しい被害に至りかねないということである。

次に，東京地方裁判所 2013（平成 25）年 3 月 26 日判決＝北総鉄道運賃変更認可事件は，私鉄の運賃の上限の変更についての認可処分に対し，沿線の住民が取消訴訟などを起こしたものであるが，判決は，次の 3 つの理由で，通勤・通学等のために同鉄道を反復継続して日常的に利用している者につき，原告適格を肯定している。

① 鉄道事業法の目的規定（1 条）において「利用者の利益の保護」が謳われていること，
② 鉄道事業法上，運賃認可処分については運輸審議会への諮問が行われるが，関係法令では利用者は「特に重大な利害関係を有すると認める者」とされ，公聴会の開催を請求することおよび公聴会において公述人として公述できることが認められていること（鉄道事業法 64 条の 2 第 1 号，国土交通省設置法 15 条 1 項・23 条，運輸審議会一般規則 5 条・35〜37 条），
③ 「少なくとも居住地から職場や学校等への日々の通勤や通学等の手段として反復継続して日常的に鉄道を利用している者については，違法な旅客運賃認可処分が行われ，違法に高額な旅客運賃設定がされるならば，……経済的負担能力いかんによっては，当該鉄道を利用することが困難になり，日々職場や学校等に通勤や通学等すること自体が不可能になったり，住居をより職場の近くに移転せざるを得なくなったりするなどの日常生活の基盤を揺るがすような重大な損害が生じかねない」こと。

ここでは，鉄道事業法の目的規定における「利用者の利益の保護」の宣言および原告が被るであろう損害の重大性の認識が原告適格の有無の判断において大きな役割を果たしている。

　3つ目の判決は，最高裁判所2014（平成26）年7月29日判決である。この訴訟では，産業廃棄物処分業（以下，産廃処分業という）の許可等が争われたが，判決は次の理屈により住民の原告適格を認めている。

　①まず廃棄物の処理及び清掃に関する法律（以下，法という）では，産業廃棄物処理施設（以下，産廃処理施設という）の設置の許可については，「周辺地域の生活環境の保全……について適正な配慮がなされたものであること」が要件の1つとされているが（15条の2第1項2号），産廃処分業の許可の要件の規定（14条10項）には，同種の定めがない。②そこで，最高裁判所は，まず法施行規則が産廃処分業を行おうとする者が埋立処分を業として行う場合については最終処分場等の施設を有すべきことを定めていること（同規則10条の5第2号イ(1)など）に着目する。③次に，産業廃棄物の最終処分場を含む産廃処理施設の許可については，法が上記のように「周辺地域の生活環境の保全について適正な配慮がなされたものであること」を要件としていることおよび法が産廃処分業の許可には生活環境の保全上必要な条件を付すことができるものとしていること（14条11項など）などを理由に，産廃処分業の許可等に関する法の規定は「住民の健康で文化的な生活を確保し，良好な生活環境を保全することも，その趣旨及び目的とするもの」と解し，④結論としてそれらの規定は「健康又は生活環境に係る著しい被害を直接的に受けるおそれのある個々の住民に対して，そのような被害を受けないという利益を個々人の個別的利益としても保護すべきものとする趣旨を含む」と述べている。②③のところで柔軟な法解釈を行うことにより住民の原告適格を認めている点が興味深い。

VI　訴えの客観的利益

(a)　「訴えの客観的利益」の意味

　前述のように，取消訴訟の提起については「訴えの利益」（行政事件訴訟法では「法律上の利益」。以下同じ）が必要であるが，この訴えの利益は，訴訟の最中もつまり訴訟が終わるまで，存在していなければならない。訴えの利益が何ら

かの理由で訴訟の途中で消滅すると，裁判所としては，裁判をするに値する事情ないし実益がなくなるから，訴えを却下することになる。この訴えの利益の消滅の問題は，「訴えの客観的利益」の問題として論じられることが多い。

原告適格のところでも言及した行政事件訴訟法9条1項がこの「訴えの客観的利益」に関する規定である[16]。

(b) 訴えの利益の消滅

設問 A氏はレストランを営業しているが，食中毒事故を起こしたため，市長から30日間の営業停止命令を受けた。そこで直ちにこの営業停止命令に対し取消訴訟を提起した。30日の営業停止期間を過ぎても，この取消訴訟を続けていくことができるか。

この事例では，30日の営業停止期間を過ぎると，営業停止命令はもはや存在しなくなるので，裁判所としては，それを取り消すべきかどうかを審理する実益がなくなる。このため訴えの利益が消滅したということになり，訴えは却下される[17]。

訴えの利益は，この例のように，一定の存続期間を持った行政処分については，その期間の経過とともに消滅するのが通例である。またメーデー開催のために皇居外苑の使用許可申請をしたが不許可とされたので，相手方がそれに対して取消訴訟を提起したという事件があるが，この事件では，メーデーの期日（5月1日）を過ぎたので，訴えの利益は消滅したとされた（最高裁判所大法廷1953（昭和28）年12月23日判決）。

また，一般に争いの対象である行政処分が職権取消し・撤回などにより効力を失った場合にも，争いの対象である行政処分がなくなるわけであるから，訴えの利益は消滅する。

---

16) 原告適格を根拠づける「訴えの利益」とは別にこの「訴えの客観的利益」が存在するわけではない。両者は同じものである。「訴えの利益」（「法律上の利益」）があって原告適格が認められ，また「訴えの利益」が引き続き存在する場合に訴訟が継続し本案判決が下される。「訴えの利益」および「法律上の利益」は，2つの局面で問題になるのである。

17) 設問の事例では，30日の営業停止期間が過ぎても，営業停止命令を受けたことにより名誉や信用を傷つけられたという不利益は残るから，その後もこの不利益を除去するために取消訴訟を続けることはできないかという問題がある（この点については，327頁の**付論㉒**を参照）。

(c) 事業の完了による訴えの利益の消滅(1)

設問 A氏の自宅の隣にマンションが建つことになり，建築確認が下りた。A氏は，この建築確認に対し取消訴訟を起こしたが，裁判所での審理中にマンションが完成してしまった。この場合，訴えの利益は消滅するだろうか。

　建築工事の完了後に建築確認を取り消す実益があるだろうか。建築確認が違法であることを理由に取り消された場合，行政庁が，問題の建築物に対して，違法な点を是正するよう是正命令（建築基準法9条1項）を出さなければならないとすると，建築確認の取消しを求めることには実益があるということになる。ところが，建築確認に対する取消訴訟が提起された事件で，最高裁判所1984（昭和59）年10月26日判決は，建築工事が完了した場合には建築確認の取消しを求める訴えの利益は消滅するとした。その判決内容を整理すると，次のようになる（少し分かりにくいところがあるので，判決文の引用は避ける）。

① 是正命令は，建築物が法律・条例等に適合しているかどうかを基準とする。
② また，是正命令を発するかどうかは，特定行政庁の裁量である。
③ それ故，建築確認が存在していても，それは，是正命令を発する上での障害にならない。また，建築確認が取り消されても，是正命令を発すべき法的拘束力は生じない。
④ 従って，建築物の工事完了後は建築確認の取消しを求める訴えの利益は失われる[18]。

　建築基準法の仕組みの理解としては，是正命令は建築物が違法であれば建築確認が存在していても発することができるものであり，また建築確認が取り消されれば当然に発されるものではないから，建築確認の取消しが是正命令を発することに直接につながらないことは確かであろう。裁判所からすると，この仕組み故に，建築確認を取り消すことは違法建築物を除去する上では意味がない，ということになる。他方，国民の側から見ると，建築基準法の仕組みがそうであるとしても，裁判所が「建築確認は間違っていた」と違法の確認をして

---

18) 本文で紹介した最高裁判決の骨格を成しているのは，①③および④である。②は，「たとえ建築確認の取消しにより是正命令の権限が生じるとしても，それを行使するかどうかは行政庁の裁量である」という意味であり，判決は①③でこの是正命令の権限は生じないと述べているのであるから，②は念のための補充的なものである。

くれさえすれば，そのことが行政の実務に対して何らかの意味を持つはずだということだろう。また，最高裁判決の論理からすると，是正命令を求めるためには義務付け訴訟によることになるが，この場合に用いられるべき非申請型の義務付け訴訟（284頁(5)および352頁(2)・353頁(3)を参照）は，訴訟要件が厳しく使いにくいものであることにも留意が必要である[19]。

付論 ㉑：許認可の取消訴訟と訴えの利益

図表 21-1　営業活動の法的基盤

建築確認の取消訴訟では上記のように訴えの利益が消滅するとされているのであるが，こうしたことは，許認可の取消訴訟につき必ず当てはまるというものではない。

まず例えば風俗営業の許可では，許可に対して第三者が取消訴訟を提起した場合，営業開始後であっても，許可が取り消されると，営業はできなくなる。訴えの利益が消滅するということはない。これは，許可が営業活動の法的な基盤であるからである（図表 21-1。許可の法的基礎である法律をも含めて図示している）。

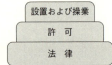

図表 21-2　原子炉の設置・操業の法的基盤

同様のことは，原子炉の設置許可を第三者が争った場合についても当てはまる。ここでは，設置（工事）と操業という2段階が存在するが，設置許可は操業の法的基盤でもあり，それ故，設置工事が完成しても訴えの利益は消滅しないと考えられる（図表 21-2）。裁判所が設置許可を取り消すと，操業も法的基盤を失い，操業の継続はできなくなる（原子炉規制法43条の3の20第1項を参照）。

これに対し，建築確認の場合は，最高裁判所の判決によると，図表 21-3 のように，建築工事が完了すると訴えの利益が消滅する。これは，建築基準法が建築確認に与えてい

図表 21-3　建築確認の法的基盤

---

[19] この事件で建築確認が取り消された場合に行政がとるべき措置として違法建築物の全部または一部の取壊しが考えられるが，これを行う権限が行政にあるかどうかは疑問である。むしろ，行政自らの手による取壊しよりは，建築主に取壊しを命じる方が穏当だろう。しかし，これは建築基準法9条の是正命令の話ではないか，それは建築確認が残っていても出せるのではないか，という疑問がある。このように，たとえ建築確認の取消判決を出しても，その後の措置が不明確なことも，訴えの利益が否認される1つの理由だろう。

る役割による。つまり，建築確認は，違法建築物の発生の防止のための仕組みであり，建築計画の法令適合性を確認し建築行為を正当化するだけのものである。建築工事完了後のできあがった建築物の存在は法律に適合していれば正当化される。建築確認が適法に存在したかどうかは問われない。つまり建築確認はその役割を終えているのである。

違法建築物の是正なども重要なことではあるが，それは是正命令の役割であり，建築確認とは切り離されているのである。

(d) 事業の完了による訴えの利益の消滅(2)

設問 A市長は，B氏の家の塀が道路にはみ出していたので，除却命令を発したが，B氏はこれに従わず，取消訴訟を提起した。これに対し，A市長は，訴訟の係属中に，行政代執行によりこの違法建築物を除却した。この場合，この訴訟はどうなるだろうか。

この種の事件について，裁判例は，代執行が完了すると除却命令の取消訴訟の訴えの利益は消滅するという考え方をとっている。この考え方によると，訴えは却下される。除却命令がたとえ違法であっても，取消判決が出されることはない。

では，訴えの利益が消滅するとされる理由は何だろうか。最高裁判所1973（昭和48）年3月6日判決は，違法建築物の除却命令の取消訴訟につき，代執行が完了すると，原状回復が事実上不可能であることを理由に，訴えの利益は消滅するとしている。他方，東京高等裁判所2000（平成12）年10月18日判決は，「新東京国際空港の安全確保に関する緊急措置法」（現在は，「成田国際空港の安全確保に関する緊急措置法」）3条8項の除去処分が完了すると，原状回復義務を認める規定がないので，訴えの利益が消滅するとしている（原状回復義務については，344頁(エ)で説明する）。このように，裁判例では，代執行が完了すると訴えの利益が否認される理由は一致していない。原状回復の事実上の不可能性を理由とするのであれば，代執行が完了していても，原状回復が実際上可能である（少なくとも容易である）場合には，訴えの利益を認める余地があるということになるだろう（この点についても，344頁(エ)で説明する)[20]。

---

20) 以上の建築確認に関する事件および代執行に関する事件の他，公有水面埋立免許の取消訴訟について，埋立工事が完了すると訴えの利益を否認する判決がある。この点については，347頁(3)で取り上げる。

(e) 訴えの利益の延長

【設問】 A氏は、違法な自動車運転を行ったため、90日間の運転免許停止処分を受けた。この処分に対して、A氏が取消訴訟を提起したとしても、90日の免許停止期間を過ぎると「訴えの利益」は消滅するか。

(b)の 設問 で検討した営業停止命令の例に従うと、この設問では、免許停止期間が過ぎれば、訴えの利益は消滅することになりそうである。しかし、裁判例では、免許停止処分後1年以内であれば、訴えの利益が認められている（最高裁判所1980（昭和55）年11月25日判決）。その理由は、この免許停止処分後1年以内に、道路交通法違反を犯し、それに対する行政処分が行われる場合には、過去3年以内の免許停止処分の前歴が考慮され、普通よりも不利益な取扱いを受けるという仕組みが道路交通法にあることである。

このような取扱いが認められるのは、行政処分の法効果が消滅しても、なおその「取消しによって回復すべき法律上の利益」があれば、訴えの利益は失われないという行政事件訴訟法の規定があるからである（9条1項カッコ書）。この規定によって、行政処分の取消しそのものが意味を失っても、他に取消しを求めるべき何らかの実益（「派生的効果」あるいは「付随的効果」と呼ばれる）があれば、訴えの利益が認められることになる。つまり、この規定は、行政処分本体の法的効力がなくなり、処分そのものを取り消す実益がなくなっても、他に何らかの理由があれば訴えの利益を認める規定、言い換えると訴えの利益を延長するための規定である。

この訴えの利益の延長を認めることは、一応意味のあるものと言える。しかし、このような訴えの利益の延長という発想は、結局そのための名目探しを促すだけではないかという問題がある。例えば、自動車運転免許停止処分の取消訴訟について言えば、交通安全協会の優良運転者の表彰制度において過去10年～15年の間に処分歴のないことが要件となっていることが訴えの利益の延長を認めるべき根拠として持ち出されたりする。もう1つの問題は、同じく自動車運転免許停止処分について言えば、処分の期間経過後1年間について訴えの利益が認められても、その間に判決が下されることはほとんど期待できないことである。訴えの利益の延長の意味があまりないのである（もっとも、1年以内に判決が出ることも多くなりつつあるようである）。

そもそも、自動車運転免許停止処分や営業停止処分をそこで定められた期間

の経過後にも争おうとする人がいるとすれば，その目的は，それらの処分によって損なわれた名誉や信用を回復しようとすることにある。そうであるとすれば，名誉・信用の利益の侵害がある場合に，その回復のために取消訴訟を認めることが，問題解決の1つの方法である。

> **付論 ㉒：名誉・信用の侵害と取消訴訟**
>
> 　営業停止命令の営業停止期間が経過し，あるいは自動車運転免許停止処分の免許停止期間が経過すると，取消訴訟の訴えの利益はなくなるというのがわが国の裁判所の考え方である（もっとも前述のように運転免許停止処分は1年間は争える）。しかしそうすると，営業停止命令や運転免許停止処分が違法であってもそれらの処分をうけたという事実は残ってしまう。これは，実害がなくても，本人としては不本意なことだろう。そこで，これら行政処分によって名誉や信用を毀損されたことを理由に，それを回復するために取消訴訟を提起することが考えられる。しかし最高裁判所は，名誉や信用の侵害があるだけでは取消訴訟を認めていない。確かに，名誉や信用の侵害があるというだけで取消訴訟を認めると，例えば公務員の懲戒免職処分に対して，家の名誉が傷つけられたという理由で公務員の家族が訴訟を起こすことにもなりかねない。これは不合理だろう。そこで，自動車運転免許停止処分や営業停止処分の相手方のように，もともとは原告適格がある者については，処分期間の経過後も補完的に名誉・信用の侵害を理由に取消訴訟の継続を認めるということが考えられる（この場合には行政処分は消滅しているので，その違法の確認が行われるだけである）。もちろんこうした工夫をしなくても，現在でも行政に対して損害賠償（国家賠償）訴訟を起こし裁判所に処分の違法を認めてもらえれば，名誉・信用は回復される。しかし，この場合には処分に関わった公務員ないし行政機関の故意・過失がないと勝訴できない（国賠法1条1項を参照）。また，賠償金は欲しくないという人もいるだろう。

第 22 講

取消訴訟の審理と判決

　これまで説明してきたのは，取消訴訟の訴訟要件である。論理的な順序としては，裁判所は，まず訴訟要件が揃っているかどうかを審理し，訴訟要件が揃っていると，次に本案について，つまり争われている行政処分に違法性があるかどうかを審理する。そしてこの審理を経て，裁判所は判決を下すことになる[1]。

　そこで以下では，まず審理について少し説明し（審理については多くの問題があるが，Ⅰ・Ⅱの説明にとどめる），そのあと判決について説明する（Ⅲ～Ⅴ）。

Ⅰ　審理の対象と手続

(1) 行政処分の違法性

　取消訴訟は，行政処分が違法であるときに，その行政処分を取り消すものであるから，取消訴訟において審理の対象になるのは，違法性の有無である。

　では，違法性とは何か。それは，法令などの法規範に対する違反を指す。また，違法性の問題の一環としての裁量の濫用の問題もある。これらについてはすでに説明したところである（57 頁Ⅴ・68 頁Ⅳ・73 頁Ⅴを参照）。

(2) 自己の「法律上の利益」に関係のない違法性

　原告は，取消訴訟において，争いの対象である行政処分の違法性を主張する

---

[1] 訴訟要件の審理をまず行い，その上で本案審理を行うことを定めた規定は，行政事件訴訟法にも民事訴訟法にもおかれていない。実際には，訴訟要件のみならず本案についてもある程度審理した上で，訴訟要件が揃っていないことを理由に訴えを却下するということもあるだろう。

必要があるが、どのような違法でも主張できるのだろうか。この点について、行政事件訴訟法は次の規定を置いている。

> **行政事件訴訟法 10 条（取消しの理由の制限）**
> ① 取消訴訟においては、自己の法律上の利益に関係のない違法を理由として取消しを求めることができない。

この規定によると、原告は「自己の法律上の利益」に関係する違法だけを主張できるのであるが、この違法の主張に当たっての制限はどのようなものだろうか。具体的内容を見てみよう。

まず取消訴訟のうち侵害処分について相手方が提起した取消訴訟（取消訴訟の第1パターン。282頁の付論 20 を参照）では、原告である相手方は、「自己の利益」を保護する規定だけでなく、「公共の利益」（公益）を保護する規定違反も主張できる。例えば、鉄道事業法23条によると、国土交通大臣は、鉄道事業者の事業について輸送の安全、利用者の利便その他公共の利益を阻害している事実があると認めるときは、鉄道事業者に対し、旅客運賃の上限の変更、列車の運行計画の変更、鉄道施設の改善などを命じることができる。この規定は公共の利益のための規定であるが、命令をうけた鉄道事業者がこの命令を取消訴訟で争う場合には、この規定違反を取消しの理由として主張できる。

また、許認可等の要件等に関する規定の多くは公益のために定められているのであるが、許認可等の拒否処分に対して相手方が提起した取消訴訟（取消訴訟の第2パターン）では、原告である相手方は、その許認可等の要件に関する規定違反を主張できる。

侵害処分に関する規定も、許認可等の授益処分に関する規定も、公益を達成するために設けられたものであるが、同時に処分の相手方の利益を保護するものである。このため、相手方が原告になった場合には、違法の主張は広く認められるのである。

原告が主張できないのは、「他人の利益」を保護する規定である。例えば国税徴収法96条1項は、税務署長が差押財産の公売の公告をしたときは、（税金の）滞納者のほか賃借権などを有する者にも通知をすることを義務づけているが、滞納者は、滞納処分の取消訴訟において、賃借権などを有する者への通知が行われなかったことを取消しの理由として主張することはできない。この通

知の義務づけ規定は賃借権者らの「他人の利益」の保護のためのものであり，滞納者の「自己の利益」に関係がないからである。もう少し一般的に言うと，一定の利害関係人に対して一定の手続（権利保護手続）をとることが定められている場合，この手続が違法に行われたとの主張をできるのは，その利害関係人だけであり，それ以外の者はそうした主張をすることはできない。

難しいのは，許認可等を第三者が争う第三者訴訟（取消訴訟の第3パターン）の場合である。最高裁判所1989（平成元）年2月17日判決＝新潟空港訴訟は，新潟空港発着路線の免許を周辺住民が争ったもので，航空機騒音により著しい障害を受ける者に対し「法律上の利益」ありとして原告適格を認めた点で有名なものであるが，しかし，原告である住民が取消理由として主張した滑走路・着陸帯の供用の違法，需要・供給バランス規定の違反などは「自己の法律上の利益」に関係がないとして，訴えを棄却した。他方，周辺住民が原子炉設置許可を争う訴訟においては，原子炉規制法24条1項3号・4号（現在の43条の3の6第1項2号・4号）の安全性に関する規定（82頁の**付論 ❾** を参照）により「法律上の利益」ありとして原告適格が認められ，従ってまた安全性規定違反を違法として主張することも認められているが，同項1号の「原子炉が平和の目的以外に利用されるおそれがないこと」という要件の規定の違反を主張できるかどうかについては，下級審の裁判例では両説がある（肯定説として東京高等裁判所2001（平成13）年7月4日判決＝東海第二原発訴訟）。

(3) 先行行為の違法性

25頁の**付論 ❺**「行政の流れ（行政過程）」の**図表2-2**を思い出していただきたいのであるが，行政処分は行政の過程における1つの節目であり，それに至るまでには政省令が制定され，通達が発され，あるいはまた行政計画が策定される。また，行政手続や行政調査のための種々の行為も行われる（例えば，報告の徴収や資料提出の請求，正式聴聞を公開にする旨の決定，文書閲覧の拒否の決定。191頁(3)・230頁(v)・231頁(エ)を参照）。これらの先行行為が違法である場合の争い方がここでの問題であるが，これらを直接に争うことは許されず，これらの違法性はその後に行われる行政処分の取消訴訟において主張すべきである，というのが取消訴訟を念頭においた場合の基本的枠組みである（政省令の制定や行政計画の策定についての訴訟可能性については，299頁(a)・300頁(b)を参照）。

また，行政手続や行政調査のための行為が違法であれば，行政処分が必ず取り消される，というわけではない。これらの行為については，違法性が重大なものなどである場合に，行政処分が違法なものとして取り消されるだけである（調査行為の違法については196頁(6)を，手続の違法については，235頁Ⅴを参照）[2]。

(4) 違法性の承継

　以上のように，行政過程上の種々の行為の違法性はそのあとで行われる行政処分に収れんする。この点で注意をしていただきたいのは，1つの行政過程では行政処分は1つだけ存在するというわけでは必ずしもなく，複数の行政処分が存在することもあるということである。

　この場合の基本原則は，各行政処分についてそれぞれ取消訴訟を提起できるが，各取消訴訟で主張できる違法性は各行政処分の違法性だけだということである。例えば，課税処分と滞納処分とは同一の行政過程のものであり，いずれについても取消訴訟を提起できるが，それぞれの取消訴訟において原告である国民が主張できるのは，各処分の違法性だけである。

　これに対し，土地収用の過程では，事業認定と収用裁決という2つの行政処分が存在するが，後続行為である収用裁決の取消訴訟においては事業認定の違法も主張でき，裁判所は，その違法を理由に収用裁決を取り消すことができる。このように，行政処分が連続して行われる場合において，先行行為の違法が後続行為にも受け継がれ，その違法を理由に後続行為の取消しが認められることを「違法性の承継」という。

　違法性の承継は，2つの行政処分が同一の行政過程にあることがそもそもの前提になるが，2つの行政処分が相結合して1つの効果の実現を目指しこれを完成するものである場合に，認められるといわれる。確かに土地収用の場合，事業認定と収用裁決とは起業者による所有権の取得（および土地所有者側での土地所有権の消滅）という1つの法効果を目指しており，それ故に両者の間での違法性の承継が認められると説明できる。また，違法性の承継を認めると先行の行政処分に対する訴訟のチャンスが増えるので，それを認めるかどうかの判

---

[2] 行政処分の前に情報公開が請求され，開示拒否決定や部分開示決定が行われることがあるが，それらが違法であってもあとで行われる行政処分は違法にならない。また，それらについては行政処分とは別に取消訴訟で争うことができる（248頁(4)を参照）。

断においては，この点の配慮がなされることもあるだろう（この救済の要素を重視する見解もある）。

「違法性の承継」の理論は国民の権利救済の機会を増やすものであるが，それが認められることはそう多くない。たいていは「違法性の不承継」である。土地収用の事業認定と収用裁決は「違法性の承継」が認められる代表例である（近年，最高裁判所 2009（平成 21）年 12 月 17 日判決は，安全認定と建築確認との間での違法性の承継を認めている。安全認定とは，条例上の接道義務（建築基準法 43 条は，原則として建築物の敷地は道路に 2 メートル以上接していなければならないとし，さらに条例による規制を認めている）を免除する条例上の仕組みである）。

(5) 違法判断の基準時

取消訴訟では行政処分についてその違法性の有無が争われるが，その判断に当たり行政処分が行われた時点の法状態や事実関係（以下，「法や事実」と表現する）を基準にするか，判決の時点での法や事実を基準にするかについては争いがある。処分時と判決時の間に，法や事実が変化することがあるからである。例えば，許可の拒否処分の取消訴訟の最中に法律が改正され，許可の要件が厳格になることがある。この基準時の問題については，処分時説が有力である。

もっとも，2004 年の行政事件訴訟法改正で法定された義務付け訴訟や差止訴訟については，判決時説が当てはまるだろう。義務付け訴訟は行政処分が行われていないときにも用いられるし，差止訴訟は行政処分が行われる前において意味を持つものであるからである。取消訴訟と義務付け訴訟との間での違法判断基準時のズレは今後の検討が必要な点である[3]。

II 審理の原則と手続

取消訴訟の審理にはどのような原則があり，またそれはどのような手続で進むのだろうか。

---

[3] 許認可については，許認可を与えるかどうかを判断する基準は申請の時点かそれとも許認可を行う時点かという問題がある。これは，行政庁の判断の基準時の問題であり，本文で述べる裁判所が判決を下す時の基準時の問題とは異なる。前者の基準時は許認可の時点と考えられている。

Ⅱ 審理の原則と手続

(1) 弁論主義

　公務員Ａが飲酒運転を行い人身事故を起こしたため懲戒免職処分をうけ，それに対してＡが，処分の原因となる非行の事実がないことを理由に取消訴訟を起こしたという例を考えると，むろん原告のＡは，非行の事実の不存在を理由に処分の違法性を主張しなければならない。これに対し，被告の行政は，これを否定する事実（つまり非行があったということ）を主張するだろう。

　裁判所は，この両当事者の主張とその立証（証明。これについては後述する）に基づいて事実認定を行い，判決を下す。裁判所は，自ら事実を探索するということはしない。事実の探索と裁判所への提出は，両当事者に委ねられている。こうしたやり方を弁論主義という（裁判所が自ら事実を探索するやり方は職権探知主義という）。民事訴訟と同じである。

(2) 証明責任

(a) 侵害処分を相手方が争う場合（取消訴訟の第１パターン）[4]

　上記の公務員の懲戒免職処分の事例では，その処分の違法を主張する原告の公務員が非行の事実が存在しなかったことを証明すべきか，それとも，その処分が適法であることを主張する被告の行政が非行の事実が存在することを証明すべきだろうか。これが証明責任の問題である[5]。

　原告と被告は，それぞれ自己に有利な法効果の発生の法律上の要件となる事実が存在することについて証明責任を負う，というのが民事訴訟法理論において支配的な「法律要件分類説」の考え方である。この基本的な原則によると，上記の事例では，処分を行った被告である行政の側に証明責任があり，Ａに非行の事実が存在したことについて行政が証明しなければならない。行政がこの証明をできなかった場合には，処分をすべき根拠となる要件事実が存在しなかったことになり，処分は取り消される。

---

[4]　取消訴訟の３つのパターンについては，282頁の**付論 [20]** を参照。
[5]　訴訟の中で原告・被告の双方により主張立証された事実が真偽不明（ノンリケット）の場合に裁判官は当該事実がなかったものとして判決を下す。このことによって一方の当事者が不利益を被るが，この不利益ないし負担が証明責任である（外国では，「責任」ではなく，「負担」の語が用いられることが多いようである。この方が分かりやすい）。ある事実について証明責任を負う当事者は，審理手続においても当該事実について立証をする必要があるが，これは証拠提出責任と呼ばれる。

行政は，行政処分により国民の権利利益を侵害した場合には，その処分の適法性について説明する責任があるということ（この直接の表れが292頁(2)で説明した「釈明処分による資料等の提出」の制度である）からもこの結論は根拠づけることができる。また，ある事やある物が存在し̇な̇い̇ということを証明することは往々にして簡単ではないという，法律の世界だけには限られない「この世の道理」からも納得できる。

(b) 授益処分の拒否処分を相手方が争う場合（取消訴訟の第2パターン）

許認可等の授益処分の申請に対し行政庁が拒否の処分を行い，これに対して申請人である国民が訴訟を提起した場合，許可を行うための要件となる事実が存在しなかったことについて行政に証明責任があるのか，当該事実が存在したことについて原告である国民に証明責任があるのか。上記の基本原則に従うと，原告である国民に証明責任があるということになるだろう[6]。

(c) 授益処分を第三者が争う場合（取消訴訟の第3パターン）

許認可等の授益処分を第三者が争う訴訟すなわち第三者訴訟は数々の解決困難な問題を提起しているが，証明責任の所在もその1つである。原子炉の設置の許可を周辺の住民が争ったという事件において，最高裁判所は次のように述べている。

> **最高裁判所 1992（平成4）年10月29日判決＝伊方原発訴訟**
> 「原子炉設置許可処分についての取消訴訟においては，右処分が前記のような性質〔略〕を有することにかんがみると，行政庁〔内閣総理大臣〕がした判断に不合理な点があることの主張，立証責任は，本来，原告〔住民〕が負うべきものと解されるが，当該原子炉施設の安全審査に関する資料をすべて行政庁の側が保持していることなどの点を考慮すると，被告〔国〕の側において，まず，その依拠した……具体的審査基準並びに調査審議及び判断の過程等，行政庁の判断に不合理な点のないことを相当の根拠，資料に基づき主張，立証する必要があり，被告が右主張，立証を尽くさない場合には，行政庁がした右判断に不合理な点があることが事実上推認されるものというべきである。」〔原文の文言を少し修正した〕

---

[6] 以上は，基本的な考え方にとどまる。この他，侵害処分の免除の理由（例えば，税金の免除の理由）については国民の側に証明責任がある，授益処分の欠格事由については行政の側に証明責任がある，警察許可の拒否は権利の侵害であるから侵害処分と同様に行政に証明責任がある，といったことが言われている。

この判決で重要なのは，安全性審査[7]に関する資料をすべて行政庁の側が保持していることなどの点を考慮して，国が原子炉の安全性を立証しない場合は原子炉設置許可の違法性が「事実上推認される」と述べていることである。これは，証明責任の転換とも言われているもので，原子力発電所に関する情報が事業者と国に偏在している実態に即した適切な判断といえる[8]。

　また，第三者訴訟には種々のものがあるから，この最高裁判所の説示を他の第三者訴訟に軽々に適用すべきものではあるまい。例えば情報公開制度において，企業の情報の開示決定に対し当該企業が開示を阻止するために提起する取消訴訟も第三者訴訟の1つであるが，ここでは「資料・情報の偏在」という事態は存在しない。「事実上の推認」の理屈は当てはまらないだろう。

(3) 職権証拠調べ

　以上のように，取消訴訟でも弁論主義が採用されており，裁判所は，当事者（原告と被告）が主張する事実について，当事者が提出した証拠に基づいて事実認定を行うのが原則である。ただ，行政事件訴訟法は「裁判所は，必要があると認めるときは，職権で，証拠調べをすることができる。」と定め，例外を認めている（24条）。

　この規定は，行政処分を取り消すかどうかは公益に関わるものであるから，事実の証明を当事者に任せてしまうのは必ずしも適切ではない，という考慮から設けられている（もっとも，職権証拠調べは実際には行われていないようである）。

III　判決の種類

　取消訴訟における終局判決（当該裁判所での訴訟手続を終了させる判決を言う。ふつう判決と言うとこの終局判決を指す。このほか中間判決と言われるものがあるが，説明は省略する）には，次のような種類がある。

---

[7]　原子炉の安全性審査については，82頁の**付論 ❾**を参照。
[8]　現行法上は，発電用原子炉の設置許可の制度においては，法律の規定をうけて原子力委員会規則で安全性について審査基準が定められ，許可の申請人は設置予定の原子炉がこの審査基準を充たしていることを申請において説明ないし証明するという仕組みがある（法律の規定については，82頁の**付論 ❾**を参照）。こうした行政上の制度のあり方が訴訟における証明責任にどう反映するのかも1つの問題である。

(a) 却下判決

訴えが訴訟要件を欠き不適法なものである場合に，訴えを退ける判決である。裁判所は，却下判決を下す場合，原告の請求の内容についての審理（本案審理）を行うこともあれば，行わないこともある。

(b) 請求認容判決

訴えが訴訟要件を充たしていることを前提に，裁判所が本案審理を行い，原告の請求に理由がある場合，つまり行政処分に違法性がある場合に，請求を認容して行政処分を取り消す判決である。取消訴訟における請求認容判決は，「取消判決」と呼ばれる。

(c) 請求棄却判決

訴えが訴訟要件を充たしていることを前提に，裁判所が本案審理を行ったが，原告の請求に理由がない場合に，つまり行政処分に違法性がない場合に，訴えを退ける判決である。

なお，取消訴訟における請求棄却判決の特殊の類型として，事情判決（行訴法31条）がある。これは，行政処分が違法であるが，公共の福祉を守る見地から原告の請求を棄却する判決である（事情判決については Ⅴ を参照）。

Ⅳ 判決の効力

取消訴訟における判決には，次のような効力がある。

(1) 既判力

(a) 既判力の概念

取消訴訟の終局判決が確定すると，判決には，民事訴訟の判決と同様に（民事訴訟法114条1項），既判力が認められる。既判力とは，当該訴訟の当事者および裁判所が，後の訴訟の裁判において，同一事項について，先の判決の内容と矛盾する主張や判断を行うことを拒む力である。従ってそれは，当事者および裁判所に対する効力である。既判力については行政事件訴訟法に規定がないが，同法に規定のない事項については民事訴訟の例によるので（行訴法7条），既判力は取消訴訟の判決についても認められる。取消訴訟の判決の既判力については次のような問題がある。

(b) **訴訟の繰り返しの禁止**

　取消訴訟の判決の既判力の直接の効果は，同一原告が，同一処分について再度取消訴訟を提起することが禁止されるということである。これは，敗訴したのとは別の理由による再度の取消訴訟が禁止されるか否かの問題であるが，最初の訴訟の判決が出るときには，当該行政処分についての取消訴訟の出訴期間が経過しているだろうから，実際にこの問題が生じることはあまりないだろう。

(c) **先行処分の取消訴訟の判決の既判力**

　複数の行政処分が連続して行われる場合，それぞれの行政処分ごとに取消訴訟を提起して争うのが原則である。しかし，例外的に「違法性の承継」が認められることがある。例えば，土地収用の事業認定と収用裁決との間では「違法性の承継」が認められる（331頁(4)を参照）。そうすると，先行処分である事業認定について取消訴訟を提起しなかった場合にも，後続処分である収用裁決に対して取消訴訟を提起し，事業認定の違法性を理由にこの収用裁決の取消しを求めることができる。

　しかし，最高裁判所の判決によると，事業認定の取消訴訟の請求棄却判決が確定した場合，この判決の既判力が働くので，後続の行為である収用裁決の取消訴訟で事業認定の違法を主張することはもはやできない（最高裁判所1997（平成9）年10月28日判決）[9]。

(d) **取消訴訟の判決の既判力と国家賠償請求訴訟**

　取消訴訟の判決の既判力に関するもう1つの問題は，国家賠償請求訴訟（以下，国賠訴訟と言う）との関係である。すなわち，裁判所は取消訴訟の判決において行政処分の違法性の有無を判断するが，行政処分による損害についての国賠訴訟においても違法性が賠償を認められるための1つの要件であるため，この訴訟の当事者や裁判所が，取消訴訟における裁判所の違法性についての判断に従わなければならないかどうかが問題になる。この問題は，取消訴訟と国賠訴訟とにおいて審理認定される違法性という実体的な問題にも関係するので，国賠訴訟における違法性を取り上げる393頁(e)でまとめて説明することにしたい。

---

[9] この事件では，事業認定をした行政庁は建設大臣であったが，収用裁決をした行政庁は県収用委員会であった。この判決は，被告を行政庁とする制度のもとで，判決の既判力を被告が異なる訴訟にも及ぼしたものである。

(2) 形 成 力

　原告の請求を認容する取消判決があると（厳密には，判決が確定すると），行政処分はその効力を失う。つまり，行政庁の手による取消しを必要としない。このような取消判決の力を「形成力」と言う。形成力については行政事件訴訟法に規定はないが，取消訴訟の仕組みないし性質から判断して，取消判決にはこのような効果があると考えられる。

　また，違法とされた行政処分はその成立時に遡って効力を失う。つまり，形成力には遡及効がある。例えば，公務員の免職処分に対して取消訴訟が提起され，裁判所がこの処分を違法と認め，それを取り消した場合，免職処分はなくなり，処分の相手方は公務員としての身分を回復する。しかも，免職処分は最初からなかったことになり，処分の相手方は，最初から処分を受けていなかったことになる。形成力により，免職処分は完全に取り除かれるのである。

　許認可などの申請を拒否する拒否処分についても，取消判決の形成力により拒否処分は処分時に遡ってその効力を失う。しかし，これだけでは，申請人は許可をもらえるわけではない。行政庁が申請を改めて審査し直し，新たな処分をする必要がある。これは，(4)で説明する取消判決の拘束力によるものである。拒否処分に対する権利救済のためには，形成力だけでは足りず，新たな処分を義務づける拘束力が不可欠である。

(3) 第 三 者 効

(a) 第三者効の概念

　取消判決には，第三者効（「対世効」とも言う）と呼ばれる効力がある。これについては，行政事件訴訟法に次のような規定がある。

> **行政事件訴訟法 32条（取消判決等の効力）**
> ①　処分又は裁決〔要するに行政処分〕を取り消す判決は，第三者に対しても効力を有する。

　例えば，農地の元の所有者が農地買収処分に対して起こした取消訴訟における取消判決の効力は，国とその所有者との間だけではなく，第三者であるその農地の売渡処分の相手方にも及び，その者は農地の返還や土地の登記の抹消などの義務を負う（登記抹消義務につき，最高裁判所1967（昭和42）年3月14日判決）。

この第三者効,すなわち第三者に対する効力という場合の効力とは,前述の形成力であるというのが通常の理解である。つまり形成力を第三者との関係においても認めるのがこの規定である。

(b) **第三者効の役割**

上記の最高裁判決は,第三者効が認められるべき理由として「行政上の法律関係はその性質上画一的に規制されるべきものであること」を挙げている。もし第三者効がなければ,農地買収処分の取消判決があっても,農地の売渡しをうけていた第三者に農地の返還などの義務は生じず,買収処分の取消訴訟で勝訴した原告は,農地を返してもらえないことになる。これでは,取消判決の意味がない。取消判決の第三者効は,取消判決に実効性を与えるために認められていると考えられる。

なお,この第三者効が認められるのであれば,第三者にも自己の権利利益の防御の機会が与えられる必要がある。そこで行政事件訴訟法上,第三者の訴訟参加および第三者の再審の訴えが認められている(行訴法22条・34条)。

(c) **第三者効の意味**

このように,取消判決には第三者効が認められているのであるが,その意味は必ずしも明確ではない。

設問 厚生労働大臣による健康保険の医療費(診療報酬)の値上げの告示に対して,ある健康保険組合(健康保険を取り扱う組合)が取消訴訟を提起した。もしこの値上げの告示が違法であるとして,告示の取消判決が出た場合,その効力は第三者である他の健康保険組合にも及ぶだろうか(そもそもこの事件では,大臣の告示が取消訴訟の対象になる行政処分であるかという問題があるが,ここでは告示が行政処分であることを前提にする)。

この問題に関する1つの見解は,告示の取消判決の第三者効を,原告との関係で告示が取り消されたことを第三者も争い得なくなることを意味すると解し,告示がすべての人との関係で取り消されたことになることまでも意味しないと解する(東京地方裁判所1965(昭和40)年4月22日決定)。このような考え方を相対的効力説と言う。

他方,取消判決があると,行政処分はすべての第三者との関係で効力を失うという絶対的効力説も学説上は有力である。この説によると,告示を取り消す判決の効力は,すべての健康保険組合に及ぶことになる。

(b)で紹介した「行政上の法律関係はその性質上画一的に規制されるべきものであること」という理念から言うと、絶対的効力説が適切と言えそうであるが、しかし相対的効力説の穏当さも捨て難い。

(d) 利益相反第三者

前記の農地買収の事件では第三者効が認められ、保険医療費の告示の事件では第三者効のあり方について意見が分かれている。これはなぜだろうか。

この2つの事件の違いの1つは、第三者の数の違いである。保険医療費の事件の第三者である健康保険組合の数は多い[10]。この多数の健康保険組合に簡単に絶対的効力説の言うような第三者効を認めるわけにはいかないという裁判所の悩みは理解できる。

もう1つの両事件の違いは、問題となる第三者と原告との利害関係が異なるということである。農地買収の事件での第三者とは、原告と利益が対立する第三者である（利益相反第三者）。これに対し、保険医療費の事件での第三者とは、原告と利益が同方向の第三者である。

利益相反第三者には取消判決の第三者効を及ぼすべき必要が大きい。例えば、私鉄の運賃や特急料金などの上限の認可（鉄道事業法16条）を鉄道利用者が原告になって争うという事件を考えてみると（この種の事件の代表例は最高裁判所1989（平成元）年4月13日判決＝近鉄特急料金訴訟である）、原告が勝訴し取消判決が出た場合、その効力は利益相反第三者である鉄道会社に及ぶと考えなければならない。さもなければ、取消判決が出ても、鉄道会社は認可された上限つまり値上げ枠を維持できるから、取消判決の意味はなくなるだろう。

この理屈を保険医療費の告示の事件に当てはめると、膨大な数の保険医療機関の存在に気づく。前記の東京地方裁判所の決定は、大臣、原告である健康保険組合、その他の健康保険組合という三面関係の中で判決の効力を考えているのであるが、健康保険医療費の告示に関しては、もう1つ、保険医療費を請求し受け取る保険医療機関という一群の利害関係者が存在している。これも第三者である。そして、原告の実効的な権利救済という点から言うと、取消判決があった場合、その効力はこの保険医療機関のすべてにも及ぶと考えるべきであ

---

10) 健康保険組合連合会のウェブサイトでの説明によると、2015（平成27）年4月1日現在で、同連合会は1403の健康保険組合で構成され、被保険者とその家族を合わせると、約3000万人が加入している。

ろう。さもなければ，原告は，訴訟に勝っても値上げ前の医療費で自分が治療を受けたいと考える医療機関にかかることができないからである。

原告と利益が同方向の第三者に対する第三者効についてはなお問題が残るが，利益相反第三者に対しては，第三者効が及ぶのではないだろうか。

(4) 拘束力
(a) 拘束力の概念

取消判決は，行政庁を拘束するという意味の拘束力を与えられている。これについては，行政事件訴訟法 33 条に規定がある。

> **行政事件訴訟法 33 条（取消判決等の効力）**
> ① 処分又は裁決〔行政処分〕を取り消す判決は，その事件について，処分又は裁決をした行政庁その他の関係行政庁を拘束する。

前述のように，取消訴訟では，違法の行政処分は直接判決によって取り消される。行政庁による取消しを必要としない。しかし，行政庁は何もしなくてもよいというわけではなく，また余計なことをしてはいけない。そこで，取消判決には，行政庁との関係で拘束力が認められているのである。

この拘束力には，次の 2 つの内容がある。すなわち，①行政庁が，取り消された行政処分と同一事情のもとで，同一理由，同一内容の処分を行うことの禁止の効果（拘束力の消極的効果）[11]，および②行政庁が，取消判決の趣旨に従って改めて措置をとるべき義務である（拘束力の積極的効果）。

このように取消判決の拘束力には 2 つの内容があるが，とくに問題があるのは後者の積極的効果の方であり，その具体的内容である。では行政庁は，この拘束力により，どのような措置をとることを義務づけられるのであろうか。

(b) 拘束力の意味
(ア) **拒否処分の取消判決の拘束力**　　許認可などの申請を拒否する処分（拒否処分）が取消訴訟において取り消された場合（取消訴訟の第 2 パターン），行政庁はどのような措置をとるべきだろうか。結論的に言うと，取消判決により拒

---

[11] 拘束力の消極的効果の説明として通例は本文掲記の 3 つの要素が挙げられるが，「同一の相手方に対して」ということ（相手方の同一性）が挙げられることもある。もっとも通例の説明でも，「相手方の同一性」の要素は含まれていると考えられる。

否処分が取り消されると，その拘束力（の積極的効果）により，行政庁はもう一度申請を審査して処分をやり直さなければならない（行訴法33条2項）。

この点を順序立てて言うと，次のようになる。

① まず，取消判決があると，338頁(2)で述べた取消判決の形成力により拒否処分は過去に遡って消滅する。

② そうすると，申請人（原告）が行った申請が残っている状態になる。

③ そこで行政庁は，取消判決の拘束力により，この申請について改めて審査し，処分をしなければならない。

(イ) 別の理由による拒否処分の繰り返しの許否

●設問● A氏は，パチンコ屋を開業するため風俗営業規制法上の許可を県公安委員会（以下では，「委員会」という）に申請したところ，委員会は，Aがアルコール中毒者であることを理由に（同法4条1項4号），申請を拒否する処分をした。A氏は，これに対し取消訴訟を提起して勝訴した。ところが，委員会は，今度は，店舗（営業所）が県条例の設置制限地域にあることを理由に（同条2項2号），再度の拒否処分を行った。こうした拒否処分のくり返しは許されるだろうか。

まず取消判決の拘束力の積極的効果により，委員会はパチンコ屋の営業の許可をするかどうかの審査をやり直し，もう一度処分を行う義務がある。また拘束力の消極的効果により，委員会は，元の処分と同一事情のもとで，同一理由，同一内容の処分を行うことはできない。しかし拘束力の効果はここまでである。そうすると，別の理由により再度の拒否処分を行うことは拘束力の効果に反せず，拒否処分を繰り返すことは形式論理としては許されるようである。

しかし，別の理由による拒否処分の繰り返しを認めると，原告である国民としては，せっかく最初の拒否処分を取り消してもらっても，その意味がないことになる。行政庁が敗訴したあと，新たな事実が見つかり，それを理由に再度拒否処分をすることはやむを得ないかもしれないが，訴訟において提出することができた理由を，あとから持ち出して再度の拒否処分を行うこと（拒否の理由を小出しにすること）は許されるべきことではないだろう。

実際の行政を見ると，拒否処分が裁判所により取り消されると，申請を認容する処分，つまり許可や認可の処分が行われることが多いようである。実際上，拒否処分の取消判決は，申請を認容する処分をもたらすという役割を果たしていることになる。これは，訴訟において行政が考えうる拒否理由をすべて主張

したため，再度の処分の段階ではもはや拒否理由がなくなっているためか，または行政事件訴訟法33条2項の「判決の趣旨に従い」改めて処分をしなければならないという規定があるためであろう（再度の拒否処分を許容した判決として，大阪高等裁判所1998（平成10）年6月30日判決がある）。

(ウ) **許認可処分の取消判決の拘束力**

　設問　ある海域での公有水面の埋立免許に対して，沿岸の住民が取消訴訟を提起したところ，裁判所は，原告である住民の請求を認め，この免許を取り消した。この場合，行政庁はどのような措置をとるべきか。

　この設問は，第三者が免許に対し取消訴訟（取消訴訟の第3パターン）を起こし，取消判決が下された場合のものである。この場合も，免許の申請があり，それに基づいて行われた免許という行政処分が取り消されているのであるから，免許は過去に遡って消滅し，申請だけが残る。そうすると，拒否処分の取消判決があった場合と同様，行政庁は，再度申請を審査し直し，改めて処分をしなければならないということになりそうである。しかし，免許などの許認可処分については，行政庁に再度の審査と処分の義務があるかどうかは，裁判所が免許を取り消した理由により異なる。

　まず，免許に必要な手続[12]を行わなかったというような手続面に違法（手続の違法）がある場合には，行政庁には再度の審査と新たな処分の義務が生じる（行訴法33条3項）。なぜなら，行政庁が手続をもう一度きっちりと行えば，免許が再び認められる可能性があるからである。結果がいずれになるにせよ，この場合には，行政庁が再度の審査とそれをうけた新たな処分を行う意味がある。

　これに対して，そもそも適法に免許を行うための法律上の実体的要件が欠けていること（実体の違法）を理由に裁判所が免許を取り消した場合，再度の審査，新たな処分の義務は生じない。例えば埋立免許の申請が「国土利用上適正且つ合理的ナルコト」（公有水面埋立法4条1項1号）という要件を充たしていないと裁判所が判断した場合がそうである。このように，裁判所が取消判決で，免許を行うための実体的要件が存在しないことを認定すると，行政庁としては免許を行う余地がなくなるので，再度の審査，新たな処分の義務は生じない。このため，行政事件訴訟法にはこの場合についての規定はおかれていない[13]。

---

[12] 一定規模以上の公有水面埋立事業については，環境影響評価法（環境アセスメント法）により，環境影響評価のための手続が必要である（2条2項1号ト）。

(エ) **原状回復の義務**　取消判決により行政処分が取り消された場合，その行政処分によって生じていた事態がどうなるかという問題がある。

設問　都市公園である某城跡の濠に違法に係留されたボートについて，公園の管理者である市長が除却命令を発したので[14]，これに対してボートの所有者は取消訴訟を提起した。その係属中に，市長は代執行を行い，ボートを濠につながっている河川の区域に移動させた。この措置が違法であるとすると，市長には原状回復義務があるだろうか。

325頁(d)で見たように，違法建築物などの除却命令については，代執行が完了すると，たとえ後でその除却命令が違法であるとして取り消されても行政庁に原状回復義務はないとされ，このことを理由に訴えの利益を否認する裁判例がある。これに従うと，上記 設問 の場合も，原状回復義務はないということになる。他方，名古屋高等裁判所1996（平成8）年7月18日判決＝桑名城跡レジャーボート事件は，設問 類似の事件において，原状回復の義務を認め，訴えの利益を認めている。

では，この違いはどう説明できるだろうか。1つの可能性は，原状回復が容易であるかどうかによるという説明である。違法建築物を代執行により除却した場合，その原状回復とはその建築物と同じ建築物を建て直すことであるが，建て直しのためには損害賠償の方が合理的解決策であると考えると，除却命令を取り消す必要性は乏しくなる。これに対し，ボートを元の位置に戻すことはそう難しいことではない。

確かに，課税処分があったのでとりあえず税金を納めたが，不服だったので取消訴訟を提起して争ったところ，裁判所は課税処分を違法と認め取り消したという事件では，税務署は納められた税金を納税者に返還すべきであろう。こ

---

13)　以上，拒否処分や許認可が取り消された場合（282頁の**付論⓴**で説明した取消訴訟の第2・第3パターン）について説明したが，営業停止命令のような侵害処分が裁判所により取り消された場合（取消訴訟の第1パターン），行政庁が再度行政処分を行うことができるかどうか，あるいはいかなる内容の処分を行うことができるかといった点については，行政事件訴訟法は規定をおいていない。確かに侵害処分について行政庁に再度の処分を義務づけることは適切ではない。この場合の再度の処分の許容性や内容は「拘束力の消極的効果」によって制約されると考えられる。

14)　都市公園であると，都市公園法が適用され，同法が定めている除却命令などの公園管理の権限が行政に与えられる（同法27条を参照）。

れは当然のことと言ってよいが，税金の返還という原状回復措置が容易であることにもよるのだろう[15]。

(オ) **不整合処分の取消しの義務**　取消判決の拘束力の効果としては，以上の他に「不整合処分の取消しの義務」が挙げられることがある。例えば，税務署長が，課税処分を行い，相手方の納税者が税金を払わないので，さらに差押処分を行っていた場合において，課税処分の取消判決があると，税務署長には差押処分を取り消す義務がある。差押処分は，課税処分が有効に存在することを前提にしているからである。もっとも，課税処分が取り消されて効力を失うと差押処分も無効となるから，税務署長に義務があるとすれば，それは取消しの義務ではなく，無効確認の義務だろう。

Ⅴ　事情判決

(1) 事情判決とは

最後に，事情判決と言われるものについて触れておく。これは，裁判所が，行政処分が違法であることを認めながら，行政処分を取り消すことが公共の福祉に適合しない場合に，原告の請求を棄却するという判決である。従って，請求棄却判決の一種であるが，特殊なものである。行政事件訴訟法31条に規定がある。

行政事件訴訟法31条1項によると，裁判所は，「〔違法の行政処分〕を取り消すことにより公の利益に著しい障害を生ずる場合において，原告の受ける損害の程度，その損害の賠償又は防止の程度及び方法その他一切の事情を考慮したうえ，処分又は裁決を取り消すことが公共の福祉に適合しないと認めるとき」に，事情判決をできる。

---

[15] この設問の事件で，行政庁が代執行でボートを移動させたあと，職権で除却命令を取り消したとすると，行政庁には，やはりボートを元に戻す義務（原状回復義務）があると考えることができる。また，課税処分を行政庁が職権で取り消せば，すでに納付された税金の返還の義務（原状回復義務）があるだろう。つまり，原状回復義務は，取消判決の拘束力によってはじめて認められるものではなく，行政処分の取消しや消滅という法状態の変更によって生じるものである。これは，次に説明する不整合処分の取消義務にも当てはまる。いずれも実体法上生じる義務であるが，取消判決の効果と位置づけることは原告の権利救済上，多少の意味があるだろう。

この事情判決は，行政処分が違法であるけれども公共の福祉のためにそれを取り消さないもので，もともと例外的な制度であるから，事情判決が行われることはそう頻繁にあるわけではない。事情判決が行われる1つのケースは土地区画整理事業である。

土地区画整理事業とは，街づくりの1つの方法で，一定の地域において，土地の区画を整理することを本来の目標とするものである。その過程で換地処分というものが行われる。これにより，例えばAさんは，それまで持っていた土地とは別のところに土地を取得することになる。Aさんがこの換地処分に不服があり，取消訴訟を提起したとする。その後，判決までには何年かの時間がかかることがあるが，その間も土地区画整理事業を終えた土地で新しい街づくりが進んでいることであろう。その場合，裁判所が，Aさんに対する換地処分が違法であると考えても，もしその換地処分を取り消すと，せっかく進んでいる街づくりをご破算にしなければならない。そのようなことはあまりにもったいない，公共の福祉に適合しないと考えられる場合，裁判所は，事情判決を下すことが許されるのである。

(2) 事情判決の役割

事情判決では，裁判所は，行政処分を取り消さないが，判決の主文で，それが違法であることを宣言しなければならない（行訴法31条1項）。この違法の宣言に着目すると，事情判決は，違法確認判決の役割を果していることになる。

事情判決の主文で違法宣言が行われているから，事情判決を受けた原告が損害の賠償（国家賠償）を請求する訴訟を提起した場合，事情判決の既判力が働き，裁判所や被告である国・公共団体は，行政処分が違法であることを否認できない。

なお，国家賠償法1条1項では，行政処分の違法性のほか，公務員の故意または過失も国家賠償責任が認められるための要件であるが，事情判決があった場合の損害賠償は，取消判決を出さないことに対する代償であるから，故意過失の要件は要らないのではないだろうか[16]。

---

[16] 事情判決があった場合の金銭的補塡の性格については，これを損失補償と見る見解も存在する。

(3) 訴えの利益の否認と事情判決

設問 公有水面の埋立免許に対して住民が起こした取消訴訟が裁判所にかかっている間に埋立事業が完了したとする。この場合，訴えの利益の否認と事情判決のいずれの解決方法をとるべきだろうか。

原告の立場からは，埋立免許が違法であるのであれば，裁判所が取消判決を出し，行政庁が原状回復のための措置をとってくれるのが好ましい。しかし，いったん埋立てをしてしまった海を元に戻せとは簡単には言えないだろう。埋め立てられたところを原状回復するには巨額の費用がかかることもあれば，土砂を取り除いたところでもう元の海は戻らず，かえって自然破壊を広げるだけだと考えられる場合もある。こうした場合には，原状回復は適切ではあるまい。

この問題について，下級審の判決であるが，埋立事業の完了後には，訴えの利益が消滅するとする判決がある（那覇地方裁判所1975（昭和50）年10月4日判決）。他方，この判決に対しては，事情判決によって対処すべきである，という批判がある（最高裁判所1992（平成4）年1月24日判決は，土地改良事業の施行認可の取消訴訟において，訴えの利益が消滅したとはせず，事情判決を下している）。

確かに，訴えの利益の否認は「門前払い」であるが，事情判決では本案審理が行われる。同じ敗訴であっても，本案審理が行われ，その上で敗訴になる方が原告である国民は納得できるだろう。また事情判決では，行政処分の違法の判断が行われる。このことも，原告である国民には意味がある。

もっとも，例えば行政庁が原状回復の権限を持っていないなどの理由で原状回復が法的に不可能である場合には，裁判をする意味がないから，訴えの利益がないという形で訴訟を終わらせることは許されないことではないだろう。上記の那覇地裁判決も，「埋立工事が竣功しその原状回復が法律上不可能か若しくは著しく困難であ」ることのほか，知事が公有水面埋立法35条1項所定の原状回復義務を埋立権者に対して免除する義務を負うことをも理由に，訴えの利益を否認している。

なお，建築確認に対して取消訴訟が提起されたが，その係属中に建築工事が完了した場合，最高裁は訴えの利益を否認しているが（323頁(c)を参照），このケースでは原告と建築主の私益が対立しているだけであり，事情判決により保護すべき公益はないので，事情判決の可能性はないことに注意したい。

第 23 講

その他の行政訴訟

　本講では，前講までにおいて説明した取消訴訟以外の行政訴訟について説明するが，それに加えて，（行政事件に関わる限りにおいてであるが）民事訴訟についても説明する。

I　無効確認訴訟

　行政事件訴訟法は，「無効等確認の訴え」について定めているが（3条4項），そのうちで最も重要なものが無効確認訴訟であること，無効確認訴訟とは，取消訴訟の出訴期間の経過後に行政処分の無効の確認を求めて提起される訴訟であること，無効は行政処分に原則として重大かつ明白な違法性がある場合に認められるものであること，無効確認訴訟は取消訴訟の補充の意味を持つものであること，こうしたことはすでに述べた（283頁(3)を参照）。
　無効確認訴訟は抗告訴訟の1つであるから，対象が行政処分であることなど，取消訴訟と共通の訴訟要件も多い。以下では，無効確認訴訟についてとくに問題となる点について説明する。

(1)　無効の行政処分と取消訴訟の排他性

　行政処分を違法だと考え，それを争おうとする者は，取消訴訟によらなければならないのが本則である（取消訴訟の排他性。282頁(2)を参照）。しかし，取消訴訟には出訴期間の制限があり，また不服申立ての義務が法律で定められていることもある。そこで，こうした制限を受けない「（当然）無効の行政処分」というものが認められ，この無効の行政処分については，取消訴訟によらず，他の訴訟によっても無効の確認を求めることができる。（単なる）違法と区別さ

れる無効の観念は，取消訴訟以外の訴訟で行政処分の効力を争うことを可能にするために考え出されたものである。

(2) 無効の行政処分の争い方

では，無効の行政処分についてはどのような形で争うことができるか。

違法の行政処分は一応有効であるから，取消訴訟によりこれを取り消す必要があるが，無効の行政処分はそもそも効力を持たないものであるから，取り消すまでもなく，無効の認定をすればよいだけである。では，無効認定はどのようにして行われるか[1]。

> **設問** A氏は，国道の拡幅のための収用委員会の裁決により土地所有権を収用されたが，その審理の過程で意見書提出の機会が全然設けられなかったので，この裁決は重大かつ明白な違法性を持ち，無効であると考えている。A氏の判断が正しいとして，A氏は，どのような方法で土地所有権を取り戻すことができるか。

A氏が土地所有権を取り戻すための1つの方法は，裁決の無効認定を求めて無効確認訴訟を提起して争うことである（被告は，収用委員会が属する都道府県）。裁判で裁決の無効が認められると，土地所有権を取得している起業者（この設問の場合は通常は国。道路法12条を参照）は，その返還のための措置を講じる必要がある[2]。

もう1つの方法は，土地所有権の確認・土地の引渡しなどを求める民事訴訟を提起することである（被告は土地所有権を取得した起業者である国）。民事訴訟においても，裁判所は行政処分の無効を認定できる。そして，裁決についてこの認定が行われると，起業者である国には土地所有権を保持している法的根拠はないことになるから，上記の民事上の請求が認められることになる[3]。

---

[1] 一応有効であることとそもそも効力を持たず無効であることの区別が実際上意味を持つのは，訴訟のレベルにおいて，取消訴訟によらなければならないか，それとも無効確認訴訟・民事訴訟・当事者訴訟でも争うことができるか，という問題との関係においてである。実際には，訴訟で無効が認められない限り，行政庁は，行政処分が無効であることを認めず，その遵守を国民に対して要求するであろう。

[2] これは，無効確認判決の第三者効による。無効確認訴訟の判決の効力についての詳細は省略する。

[3] これらの方法で無効の認定を求める必要があるのは，通例は，取消訴訟の出訴期間が経過したあとである。その経過の前であれば，無効の行政処分であっても，取消訴訟による救済を求めることができると考えられている。無効の行政処分の取消し，というのは論理

また，公務員の免職処分が行われたが，それが無効である場合には，無効確認訴訟ができるし，公務員の身分の確認を求めることもできる。公務員の身分は公法上の地位であるから，この公務員の身分の確認訴訟は，当事者訴訟に当たる。

行政処分が無効であれば，無効確認訴訟と民事訴訟または当事者訴訟という2つの選択肢が存在するのである。

(3) 無効確認訴訟か民事訴訟・当事者訴訟か

行政処分が無効である場合，無効の確認のために提起できる訴訟としては，無効確認訴訟と民事訴訟または当事者訴訟とがあるが，原告がこの選択を随意に行うことができるのだろうかというと，現行法上はそうではない。この問題について，行政事件訴訟法36条は次の規定をおいている。

> **行政事件訴訟法36条（無効等確認の訴えの原告適格）**
> 無効等確認の訴えは，当該処分又は裁決に続く処分により損害を受けるおそれのある者その他当該処分又は裁決の無効等の確認を求めるにつき法律上の利益を有する者で，当該処分若しくは裁決の存否又はその効力の有無を前提とする現在の法律関係に関する訴えによって目的を達することができないものに限り，提起することができる。

この規定の終わりの方の「現在の法律関係に関する訴え」とは，民事訴訟および当事者訴訟を指している。この規定は，無効確認訴訟を抑制し，この民事訴訟・当事者訴訟に一定の優先性を与えていると見ることができる[4]。

しかし，他方で，次に見るように，無効確認訴訟が許容される余地を広げようとする流れも生まれている。

設問 原子炉設置許可に対する取消訴訟の出訴期間が経過してしまった場合，無効確認訴訟と民事訴訟（差止訴訟）のいずれを提起すべきか。

この問題は，原発訴訟である「もんじゅ訴訟」において争われたが，最高裁

的にはおかしいのであるが，取消訴訟であれば，原告としては行政処分に違法性があることを主張すれば足り，重大かつ明白な違法性があることを主張する必要はないので，国民の権利救済にとっては取消訴訟の方がはるかに有効である。

4) 行政事件訴訟法36条は，過去の事実や法律関係に関する確認訴訟は補充的にのみ認められるという民事訴訟法理論によったものである。この規定についてはいくつかの解釈があるが，その紹介は省略する。

判所 1992（平成 4）年 9 月 22 日判決は，無効確認訴訟の許容性につき，行政処分の無効を前提とする当事者訴訟・民事訴訟（このような民事訴訟は争点訴訟と呼ばれる。行訴法 45 条 1 項を参照）との比較において，無効確認訴訟が「より直截的で適切な争訟形態である」かどうかという基準を立て，この事件での無効確認訴訟を適法としている。

Ⅱ 不作為の違法確認訴訟

284 頁(4)で説明したように，不作為の違法確認訴訟（以下では，不作為違法確認訴訟という）とは，国民からの許認可などの申請に対して行政庁が応答（許認可の処分または拒否処分）をしない場合にその不作為が違法であることの確認を求める訴訟である（行訴法 3 条 5 項）。

(1) 訴訟要件

不作為違法確認訴訟の提起が認められるためには，「法令に基づく申請」が行われていることが要件である（行訴法 3 条 5 項）。「法令に基づく申請」とは，「正規ないし制度上の申請」という意味である。裁判例でも，要綱で申請の手続が定められており，「要綱に基づく申請」が行われた場合も，この要件が充たされているとされることがある。

(2) 本案勝訴要件

不作為違法確認訴訟で原告が勝訴するためには，不作為が違法であることが必要であり，それは，不作為が「相当の期間」続いている場合に認められる（行訴法 3 条 5 項）。

(3) 不作為違法確認訴訟と義務付け訴訟

不作為違法確認訴訟は，裁判所が行政庁の不作為を違法だと確認するだけの訴訟であり，原告がこの訴訟に勝訴しても，許認可などをもらえるわけではない。原告としては，許認可を得るためにはさらに義務付け訴訟を起こすことが必要である。この点で不作為違法確認訴訟は「中途半端な訴訟」である。また，不作為違法確認訴訟が提起された場合，行政庁が拒否処分をすれば，不作為状

態はなくなり，訴えは意味を失う（この場合は，国家賠償請求訴訟に訴えを変更できる）。このせいであろうか，不作為違法確認訴訟はあまり用いられていない。

2004年の行政事件訴訟法改正により義務付け訴訟が法定されたので，不作為違法確認訴訟を廃止することも考えられたが，現在は，義務付け訴訟を提起するときには不作為違法確認訴訟を併合提起することになっている（この趣旨については後述する）。

Ⅲ 義務付け訴訟

(1) 定　　義

284頁(5)で説明したように，義務付け訴訟とは，行政庁が行政処分（「処分又は裁決」）をすべき旨を命ずることを裁判所に求める訴訟を言う。次に述べるように，許認可や社会保障給付の決定を行政庁に義務づけることを求める義務付け訴訟と行政庁に規制権限の行使を義務づけることを求める義務付け訴訟がある（行訴法3条6項）。

(2) 類　　型

義務付け訴訟は，「行政庁が一定の処分をすべきであるにかかわらずこれがされないとき」（A）および「行政庁に対し一定の処分又は裁決を求める旨の法令に基づく申請又は審査請求がされた場合において，当該行政庁がその処分又は裁決をすべきであるにかかわらずこれがされないとき」（B）に認められる（行訴法3条6項1号・2号）。

Aの場合に認められる義務付け訴訟は，行政処分を求める国民の申請を前提にしないので，非申請型義務付け訴訟または直接型義務付け訴訟と呼ばれる。行政庁が公害防止のための規制権限を行使しない場合にその行使を求める義務付け訴訟がその代表的なものである。

Bの場合とは，国民が許認可の申請や不服申立てを行ったにもかかわらず，行政庁が応答しない場合（以下では申請不応答という表現を用いる。不服申立てに対する不応答も含む）および許認可等の申請に対して拒否処分が行われた場合を指す（行訴法37条の3第1項）。この場合の義務付け訴訟は，申請型義務付け訴訟と呼ばれる。つまり，この申請型義務付け訴訟には，申請不応答があった場合

の義務付け訴訟および拒否処分があった場合の義務付け訴訟とがある。

　行政庁が規制権限を行使しない場合，従来は法律上訴訟手段が定められていなかったので，非申請型義務付け訴訟の法定は，訴訟手段を創設したという意味を持っている。これに対し，申請不応答に対しては不作為違法確認訴訟を使うことができたし，拒否処分があれば取消訴訟により救済を得ることができた。ただ，不作為違法確認訴訟は，前述のように「中途半端な訴訟」である。また，拒否処分が取消訴訟で争われ，取消判決があると，その拘束力により行政庁が改めて申請を審査して許認可を行うという形で救済が図られる。これで一応足らざるところはないのであるが，取消判決があっても再度の拒否処分が行われる可能性は皆無ではない（以上のことにつき，341頁(4)を参照）。こうした点に鑑み，申請型義務付け訴訟が法定されたのである。

　以上のような2種類の義務付け訴訟の使い方について考えてみよう。

　設問　A氏は，足腰が弱り日常生活にも支障が生じてきたので介護保険制度による給付を受けるために要介護認定の申請をし，審査を受けたところ，市において「要介護1」の認定が行われ，その旨の通知があった。しかし，A氏は，「要介護3」に該当するはずだと考えている。この場合，義務付け訴訟を起こすとすると，いずれの義務付け訴訟を提起すべきか。

　もしA氏の認定の申請に対し，市が「非該当」という認定をしたとすると，これは申請を拒否する処分であるから，これに対して申請型義務付け訴訟を提起できる。これは異論のないところである。ところが，設問のケースでは，要介護の認定を求めるA氏の申請は充足されており，拒否処分は存在しない。従って，法律を厳格に適用すると，このケースで申請型義務付け訴訟を提起できるとすることには多少疑問がある。しかし，介護の認定に関する争いは「申請の世界」のものであるから，申請型義務付け訴訟が許されると解するのが穏当だろう。

(3)　訴訟要件

(a)　非申請型義務付け訴訟については，その提起に関し強い制限がある。

　行政事件訴訟法37条の2（義務付けの訴えの要件等）
　①　〔非申請型〕義務付けの訴えは，一定の処分がされないことにより重大な損

害を生ずるおそれがあり，かつ，その損害を避けるため他に適当な方法がないときに限り，提起することができる。

(ｱ)　まず，非申請型義務付け訴訟は，「一定の処分がされない」場合にのみ提起することができる。工場から法定基準以上のばい煙が出ているのに行政庁が何もしないから住民が義務付け訴訟を提起しようとする場合,「一定の処分」を決めるのは原告である住民である。つまり，「一定の処分」の問題とは，原告が義務付け訴訟を提起するときに行政庁に義務づけてほしい行政処分をどこまで絞り込むべきか，という問題である。

「一定の処分」という概念は一定の幅を持つものであり，従って原告としては，義務づけを求める処分の内容を一義的に特定する必要はないだろう。原告が施設改善命令の義務付け訴訟を提起するときには，原告としては改善箇所や改善内容を特定する必要はない。また，法律が「行政庁は，施設改善命令または操業停止命令を発することができる」と定めている場合は，「施設改善命令または操業停止命令の義務付け」を求めることができると思われる。

(ｲ)　非申請型義務付け訴訟は，「重大な損害を生ずるおそれ」がある場合にのみ提起できる。非申請型義務付け訴訟では，原告は第三者に対する規制権限の行使を行政庁に求めるのであるが，他面，原告には当該規制権限行使を請求する権利は与えられていないのであるから，「重大な損害」が生じる場合に限って訴訟提起が認められると説明されている。重大な損害が生じるかどうかの裁判所の判断においては，損害の回復の困難の程度，損害の性質・程度および処分の内容・性質が考慮勘案される（行訴法37条の2第2項）。

(ｳ)　「その損害を避けるため他に適当な方法」があるときは非申請型義務付け訴訟を提起することはできない。この制限の例として，税の過大申告をした場合においては，その減額を求めるために更正の請求の制度があるので，減額更正処分を求める義務付け訴訟を提起することはできないことが挙げられている。なお，上記の例では，住民は，基準を上回るばい煙を排出している工場に対して，操業の差止めなどを求める民事訴訟を提起できるが，民事訴訟は，「他の適当な方法」ではないと解されている。

(ｴ)　以上の他，非申請型義務付け訴訟を提起するためには，「法律上の利益」が必要である（行訴法37条の2第3項）。これは，取消訴訟とも共通の要件であ

る（同条4項を参照）。

　(b)　申請型義務付け訴訟については，上記の非申請型義務付け訴訟のような強い制限はない。

　(ｱ)　しかし，申請型義務付け訴訟を提起する場合には，不作為違法確認訴訟（申請不応答の場合），取消訴訟（拒否処分が違法だと主張する場合）または無効等確認訴訟（拒否処分が無効あるいは不存在だと主張する場合）を併合提起する必要がある（行訴法37条の3第3項。裁判所の対処の仕方については，次頁(b)で説明する）。

　(ｲ)　また，非申請型義務付け訴訟の「一定の処分」の要件に対応させて考えると，いかなる行政処分の義務づけを求めるべきかという問題がある。この点については行政事件訴訟法に規定がない。許認可の申請について応答がなくまたは拒否処分があったため義務付け訴訟を提起する場合には，許認可の義務づけを求めることになるが，これは問題がない。これに対し，年金などの金銭の給付の申請が拒否された場合，訴えの提起のときに金額を特定する必要があるかどうかが問題となるが，申請の際に金額を特定する必要のないものについては義務付け訴訟提起の場合にも金額を特定する必要はないだろう。要するに，申請人（原告）が申請した行政処分の義務づけを求めればよいと考えられる。

(4)　本案勝訴要件

　(a)　非申請型義務付け訴訟の本案勝訴要件については，次のように定められている。

> **行政事件訴訟法37条の2（義務付けの訴えの要件等）**
> ⑤　……義務付けの訴えに係る処分につき，行政庁がその処分をすべきであることがその処分の根拠となる法令の規定から明らかであると認められ又は行政庁がその処分をしないことがその裁量権の範囲を超え若しくはその濫用となると認められるときは，裁判所は，行政庁がその処分をすべき旨を命ずる判決をする。

　「法令の規定から明らかである」との規定は羈束行為を，裁量の範囲逸脱・濫用の規定は裁量行為を念頭においたものである。

　(b)　申請型義務付け訴訟の本案勝訴要件についても，ほぼ同じ規定がある（行訴法37条の3第5項。但し，「処分」のところが「処分又は裁決」となっている）。

また，この訴訟については，「〔併合提起された〕訴えに係る請求に理由があると認められ」ること，つまり申請不応答または拒否処分が違法または無効（または不存在）であることも要求されている[5]。

(5) 判　決

(a) 請求認容の判決では，行政庁に対し，原告が求めた行政処分を義務づけることになる。すなわち，非申請型義務付け訴訟では「一定の処分」であり，申請型義務付け訴訟では申請不応答の行政処分または拒否された行政処分である。裁判所は，例えば施設改善命令や社会保障の給付決定を，細部まで特定することなく義務づけることになる。細目の決定は行政庁の判断に委ねられる。

(b) 申請型義務付け訴訟においては，前述のように，不作為違法確認訴訟，取消訴訟または無効等確認訴訟を併合して提起しなければならないが，「裁判所は，審理の状況その他の事情を考慮して，第 3 項各号に定める訴え〔不作為違法確認訴訟，取消訴訟または無効等確認訴訟〕についてのみ終局判決をすることがより迅速な争訟の解決に資すると認めるときは，当該訴えについてのみ終局判決をすることができる。」(行訴法 37 条の 3 第 6 項)。

これは，不作為違法確認判決，取消判決または無効等確認判決を出すことは可能であるが，義務付け判決を出すにはなお時間がかかるといった場合についての規定である。この規定は義務付け判決を回避するものであり，濫用されると，義務付け訴訟の意味が乏しくなっていくおそれがないわけではない。

この規定をおくに当たり想定されていた状況の 1 つは，社会保障の給付についての申請が拒否され，給付決定の義務づけが求められているが，給付額の算定に時間を要するという事態である。しかし，前述のように，給付決定の義務

---

[5] 一般に，取消訴訟の違法判断の基準時は処分が行われた時であり，義務付け訴訟のそれは判決の時であると解されている（332 頁(5)を参照）。このことを前提にすると，処分時には，許認可の要件が揃っておらず，申請拒否処分は適法であったが，その後事情の変更があり，判決時には許認可の要件が揃っている，という場合には，取消請求は認められないが，義務付け請求は認められるべきものであろう。この考え方は，本文で説明した行政事件訴訟法 37 条の 3 第 5 項の規定と合わないが，義務付け訴訟と取消訴訟などとの併合提起の仕組みは，いかにうまく国民の権利救済を図るかという観点から設けられたものであり，ハードルを 2 つ作ることを目的としたものではない。法律の文言と国民の実質的救済の要請との折合いを付ける必要がある。

づけの請求やそれを認容する判決において金額の特定は要らないとすると、この規定を適用すべき事態は少なくなるだろう。

(c) 原告の請求を認める義務付け判決には、行政庁に対する拘束力がある（行訴法33条・38条1項）。つまり、義務付け判決があると、行政庁はその義務付け判決で義務づけられた行政処分を行わなければならない。これは当然のことである。

設問 A氏は、自宅近くの工場からの排煙がひどいので、操業停止命令の義務づけを求める義務付け訴訟を提起したところ、この請求が認められ、操業停止命令を発することを行政庁に義務づける判決が出て、確定した。工場を経営する事業者は、この義務付け判決に従わなければならないか。

これは、判決の第三者効の問題であるが、取消判決の第三者効に関する行政事件訴訟法32条1項は、義務付け判決に準用されない（行訴法38条1項）。この結果、義務付け判決をうけて行政庁が行う操業停止命令は、事業者との関係では、判決の執行的なものではなく、本来の行政処分と同質のものであり、事業者は、この命令に対して訴訟により対抗することもできると考えられる。

IV 差止訴訟

(1) 定 義

差止訴訟とは「行政庁が一定の処分又は裁決をすべきでないにかかわらずこれがされようとしている場合において、行政庁がその処分又は裁決をしてはならない旨を命ずることを求める訴訟」（行訴法3条7項）である。実際にあった例としては、刑務所での受刑者に対する丸刈りの差止訴訟、公務員に対する懲戒処分の差止訴訟、課税処分の差止訴訟がある。今後は許認可を第三者が差し止めようとする訴訟も出てくる可能性がある。

(2) 訴訟要件

差止訴訟は、行われることが予測される行政処分を事前に差し止めるものであるが、行われることが予測される行政処分については必ず差止訴訟が許容されるかというと、そうではない。この問題については、行政事件訴訟法で次の規定がおかれている。

第23講 その他の行政訴訟

> **行政事件訴訟法37条の4（差止めの訴えの要件）**
> ① 差止めの訴えは，一定の処分又は裁決がされることにより重大な損害を生ずるおそれがある場合に限り，提起することができる。ただし，その損害を避けるため他に適当な方法があるときは，この限りでない。

(ｱ) まず，行政処分の内容が一定程度具体化している必要がある。図式的に言えば，行政処分は行政の内部において抽象的な形をとる段階から次第に具体化される。行政処分の相手方が決まらず，あるいはその内容がまったく具体化していない段階では，差止訴訟は許されない。他面，行政処分の内容の最終的な確定を待っていては差止訴訟が無意味になることもある。そこで，行政処分がどの程度具体化した段階で差止訴訟を提起することができるかが問題になる。この点につき，上記の規定は，「一定の処分又は裁決」という観念を使い，「一定の行政処分」について差止訴訟を提起できるものとしている。

「一定」の意味が問題になるが，行政処分の違法性の有無の判断が可能になった段階で，差止訴訟を提起できるとの解釈が考えられる。例えば公務員に対する懲戒処分について言えば，その種類と内容（例えば1ヵ月の停職処分）が確定しなければ差止訴訟を提起できないというわけではない。何ら非行を行っていない公務員に対して懲戒処分が行われようとしている場合には，その種類と内容が決まらなくても，その違法性の存在を明らかにしうる段階で差止訴訟を提起できると考えられる。

(ｲ) 行政処分が行われることについての蓋然性（高い可能性）も必要である。最高裁判所2012（平成24）年2月9日判決は，公立学校での入学式等の式典の際に国歌を斉唱すること等を命ずる校長の職務命令（教育委員会の教育長の通達により校長はこの職務命令を出すことを命じられている。役割の点では職務命令よりも通達の方が重要である）に従うことを潔しとしない教職員が懲戒処分の差止めを求めた訴訟において，懲戒処分（停職・減給または戒告）についてはそれらがなされる蓋然性があるとしてそれについての差止訴訟を適法とし，他方免職処分については行われる蓋然性がないとしてそれに対する差止訴訟を不適法としている[6]。この蓋然性の要件の法律上の根拠は「おそれ」という文言に求めるこ

---

6) この判決の事件では，教育委員会の教育長の通達が今後も変わらないとすると，各式典ごとに校長の職務命令が出され，それに従わない教職員が現れ，彼らに対して懲戒処分が

IV 差止訴訟

ともできるが，上記の最高裁判所判決はこの根拠を「これ〔一定の処分又は裁決〕がされようとしている場合において」という行政事件訴訟法3条7項の文言に求めている。

(ウ) さらに，これらの要件に加えて，差止訴訟を提起するためには，「重大な損害を生ずるおそれがある」ことが必要である。行政処分が行われるのを待ち，それに対して取消訴訟を起こすというやり方をとらず差止訴訟によることが例外的なものであることを示すために，この要件が定められているのである。

そして裁判所がこの要件の充足の有無を判断するに当たっては，損害の回復の困難の程度，損害の性質・程度および処分の内容・性質を考慮勘案するものとすると定められている（行訴法37条の4第2項）。また，最高裁判所2012（平成24）年2月9日判決は，「重大な損害を生ずるおそれ」の要件を「処分がされることにより生ずるおそれのある損害が，処分がされた後に取消訴訟等を提起して執行停止の決定を受けることなどにより容易に救済を受けることができるものではなく，処分がされる前に差止めを命ずる方法によるのでなければ救済を受けることが困難なものである」ことと解している。

もっとも，行政処分が行われることに蓋然性があり，かつ違法性を確実に認識できる場合に差止訴訟を制限すべき理由はないようにも思われる。

(エ) 「その損害を避けるため他に適当な方法」があるときは差止訴訟を提起することはできない。先行の行政処分に対し取消訴訟を提起すれば後続の行政処分をすることができないことが法令で定められている場合（例，国税徴収法90条3項），後続処分による損害を避けるための適当な方法は先行処分の取消訴訟であり，後続処分に対して差止訴訟を提起することはできない。

(オ) 以上の他，差止訴訟を提起するためには，「法律上の利益」が必要である（行訴法37条の4第3項）。これは，取消訴訟とも共通の要件である（同条4項を参照）。

行われるという事態がすでに生じており，またこの事態が今後も起こることが確実であるという特別の事情がある。そして，最高裁判所は，各懲戒処分の蓋然性の有無を従前の実績（停職・減給・戒告については例があったが，免職については例がなかった）で判断している。しかし，通例は従前の実績はないから，この最高裁判所の判断方法は一般化できない。また，この実績があっても免職処分が行われる余地はゼロになるわけではない。

(3) 取消訴訟との関係

差止訴訟を提起したが行政処分が行われたという場合には，差止訴訟から取消訴訟への訴えの変更の許否の問題があるが，許容されるべきものであろう。

(4) 本案勝訴要件

差止訴訟の本案勝訴要件は，「差止めの訴えに係る処分又は裁決につき，行政庁がその処分若しくは裁決をすべきでないことがその処分若しくは裁決の根拠となる法令の規定から明らかであると認められ又は行政庁がその処分若しくは裁決をすることがその裁量の範囲を超え若しくはその濫用となると認められる」ことである（行訴法37条の4第5項）。

これと同様の文言は義務付け訴訟の勝訴要件の規定においても用いられている（355頁(a)を参照）。

(5) 判　　決

(ｱ)　差止判決には，行政庁に対する拘束力も認められ（行訴法33条・38条1項），行政庁は差止判決で差し止められた行政処分をしてはならない。

(ｲ)　取消判決の第三者効に関する行政事件訴訟法32条1項は，差止判決に準用されない（行訴法38条1項）。従って，差止判決があり，例えば許認可が行われなくなっても，許認可の申請人は，この許認可を訴訟により求めることができる。

Ⅴ　当事者訴訟

(1) 当事者訴訟とはどのような訴訟か

当事者訴訟については，行政事件訴訟法4条に定義規定があり，そこでは形式的当事者訴訟と実質的当事者訴訟とが区別されている（この2種類の当事者訴訟については，285頁(7)を参照）。ここでは実質的当事者訴訟（以下，単に当事者訴訟と言う）だけを取り上げるが，それは「公法上の法律関係に関する訴訟」であり，私法上の法律関係に関する訴訟である民事訴訟とは兄弟のような関係にある。法律や条例で公務員の俸給の切下げがあった場合のもとの額との差額の支払を求める訴訟がその例である[7]（以上の点については，285頁(a)をも参照）。

(2) 当事者訴訟に対する注目度の変化

　当事者訴訟は，従来あまり注目されていなかった。その理由として挙げられたのは，行政事件訴訟法24条の職権証拠調べに関する規定が当事者訴訟には準用されるが，民事訴訟に対する当事者訴訟の独自性はこの点くらいであることである。また，公法上の法律関係と私法上の法律関係の区別が必ずしも明確ではないことも当事者訴訟があまり重視されなかった理由であろう（公法性が明確な上記の公務員に関する争いが当事者訴訟であることは異論がない）。

　このため例えば道路などの公共施設の設置管理に対する差止訴訟も，民事訴訟と考えられてきた。この種の事件での当事者訴訟利用説は一部で唱えられたにとどまる（365頁(2)を参照）。

　しかし，2004年の行政事件訴訟法改正のあり方を議論した行政訴訟検討会が，「行政訴訟制度の見直しのための考え方」(2004年1月6日に公表)[7]において，従来取消訴訟や民事訴訟で争うことが困難であった行政指導などについて確認訴訟（これについては後述する）の活用を推奨し，その後の行政事件訴訟法改正において，立法担当者が，この主張を同法において表現するために，同法4条の当事者訴訟の定義において確認訴訟を例示する形で明示した。このことによって，確認訴訟の存在がアピールされるとともに，副次的効果として当事者訴訟の地位向上がもたらされているような気配がある。「当事者訴訟としての確認訴訟の活用」を説く者もある。

　そこで，以下では，確認訴訟について説明しよう。

[7) もっとも，公務員が免職処分を受け俸給を受けることができなくなった場合，俸給の支給停止の原因は免職処分にあり，免職処分は行政処分である。従って，通説的見解に従うと，俸給の支払を求めるためにも取消訴訟を起こす必要がある。俸給の支払を求める当事者訴訟は認められない（但し，免職処分が当然無効であれば，当事者訴訟で俸給の支払を請求できる。349頁(2)を参照）。
8) この文書は，改正後の行政事件訴訟法の各種の解説書にも収録されているが，首相官邸のウェブサイト（http://www.kantei.go.jp/jp/singi/sihou/kentoukai/gyouseisosyou/siryou/040106kangaekata.html）においても見ることができる。

第23講　その他の行政訴訟

VI　確認訴訟

(1)　確認訴訟とは何か

　確認訴訟は，上記のように，近年注目されるようになった訴訟の１つの形式である。しかし，行政事件訴訟法の中に，確認訴訟の提起の要件などを定めた規定があるわけではない。

　行政事件訴訟法の改正などの新たな立法措置がなくても，民事訴訟の中には確認訴訟があり，これを行政事件について用いることが可能である（例，国に対する私法上の債務の不存在の確認訴訟）。また，当事者訴訟の中にも確認訴訟がある（例，免職処分を受けた公務員の身分の確認を求める訴訟）。さらに，抗告訴訟として，行政立法や行政計画の違法の確認を求める確認訴訟が考えられる。

　これらの３種類の確認訴訟のうち特に「当事者訴訟としての確認訴訟」が注目されているが，これは，確認訴訟の活用論と当事者訴訟の活用論の２つの要素を持っている[9]。

(2)　確認訴訟の活用方法

　行政処分が存在しないか無効の場合，法律関係ないし権利義務の確認訴訟を用いることができる。これは，確認訴訟の利用が従来から考えられてきた場面である。例えば，水道料金のような私法上の債務の不存在確認訴訟（民事確認訴訟），免職処分が無効である場合の公務員の地位の確認訴訟（当事者訴訟），条例で俸給を切り下げられた場合のもとの金額の俸給請求権の確認訴訟（当事者訴訟）といったものがある（なお最後の例では，条例そのものを争うことはできないか，当事者訴訟によるとしても給付訴訟が優先するのではないかという問題がある）[10]。

　自己の所有地が河川区域に該当しないことの確認訴訟や，市町村との間でゴミの収集が問題になった場合のゴミ収集義務の確認訴訟も，行政処分が存在し

---

[9]　当事者訴訟が活用されるとすると，実際には確認訴訟よりも給付訴訟が用いられることも多くなるだろう。それ故，「当事者訴訟としての給付訴訟」にも関心を払う必要がある。
[10]　ゴミ焼却場の設置などの公共施設の設置管理行為については，前述のように，当事者訴訟を活用すべきだという説もあるが，その当事者訴訟とは，民事差止訴訟に対応する差止訴訟つまり給付訴訟である。

ない状況でのものであり，認められるものだろう。また，これらは，公行政上の争いであるので，当事者訴訟たる確認訴訟であると解することが可能である。

確認訴訟の活用が新しく推奨されているのは，従来民事訴訟（当事者訴訟はあまり重視されていなかった）では争いにくくまた取消訴訟を起こせば行政処分ではないとされていた通達・行政指導・行政立法（政省令制定行為）・行政計画といった行為である。今やこれらを「当事者訴訟としての確認訴訟」で争うことを認めようというのが１つの考え方である。

もっとも，行政指導や行政計画については取消訴訟を許容する判例もある（300頁(b)・305頁(イ)を参照）。また，行政立法との関係では，公職選挙法という法律の規定が争われた最高裁判所大法廷2005（平成17）年９月14日判決＝在外日本人選挙権事件が参考になる。この訴訟では，国外に居住している日本国民につき国政選挙の選挙権の行使を制限する公職選挙法の規定（附則８項）が問題になった[11]。この判決は，「〔公職選挙法附則８項が〕上告人ら〔原告ら〕に衆議院小選挙区選出議員の選挙及び参議院選挙区選出議員の選挙における選挙権の行使を認めていない点において違法であることの確認を求める訴え」は，他により適切な訴え（下記の権利の確認訴訟）があるから，確認の利益を欠き不適法だとしたが，「〔上記の〕各選挙につき選挙権を行使する権利を有することの確認をあらかじめ求める訴え」を「公法上の当事者訴訟としての確認訴訟」として許容している。

最近の確認訴訟に関する判例を紹介すると，薬事法施行規則（省令）が改正され医薬品のインターネットによる通信販売を制限する規定が置かれたのに対し，これを行ってきた事業者が，省令の改正規定は委任の範囲外の規制を定めるもので違法・無効であるとして，①医薬品の通信販売ができる権利（地位）の確認，②改正規定の無効の確認等を求めた事件において，東京高等裁判所

---

[11] 在外日本国民の選挙権の行使については，従前は公職選挙法42条１項本文で「選挙人名簿に登録されていない者は，投票をすることができない。」と定められていたが，この規定は，平成10年法律第47号により「選挙人名簿又は在外選挙人名簿に登録されていない者は，投票をすることができない。」と改められた。しかし，同法附則８項により，投票をすることができる選挙は，当分の間は，衆議院比例代表選出議員の選挙および参議院比例代表選出議員の選挙に限られ，衆議院小選挙区選出議員の選挙および参議院選挙区選出議員の選挙では投票できなかった。この附則８項は，本件判決をうけて平成18年法律第62号により削除され，この限定はなくなった。

2012（平成24）年4月26日判決[12]は，「本件規制によって，控訴人ら〔原告ら〕は，本件改正規定が控訴人らに適用されるとすると，営業活動の制限を受け，その営業活動によって得ていた利益を得ることができなくなり，継続的に損害が拡大していくこととなるから，本件確認の訴えは，その不利益を排除しかつ予防することを目的とする公法上の法律関係に関する確認の訴えとして，その目的に即した有効適切な争訟方法であるということができるから，本件においては，その確認の利益を肯定することができるというべきである。」と述べ，①を求める当事者訴訟を許容し，他方②を求める当事者訴訟は許容しなかった。

　法律にしろ行政立法にしろ，行政処分などの執行行為がなくても国民の権利を具体的に制限するものについては，「紛争の成熟性」があるから，権利義務の確認訴訟が認められやすいのであろう。

VII 民事訴訟

　ここで民事訴訟について触れておこう。むろん，民事訴訟は行政訴訟には当たらないが，しかし，行政上の争いにおいて用いられることがある。従って，どのような行政上の争いの解決のために用いられるものであるかを整理しておくことが行政法の学習上も有益である。

(1) 私法事件における民事訴訟の利用

　行政の分野においても，私法上の法律関係ないし私法上の権利義務が争われる場合には（このような争いをここでは私法事件と言う），その解決は民事訴訟による。例えば，水道料金に関する争い，国公立病院での治療費に関する争い，公営住宅の利用関係に関する争いがその例である。また，公共施設の設置管理に関する争いも民事訴訟で解決されることが多かった（ゴミ焼却場の設置につき，最高裁判所1964（昭和39）年10月29日判決＝大田区ゴミ焼却場事件は，ゴミ焼却場の設置行為が「行政庁の処分」に当たらないとした。296頁(2)を参照）。国家賠償訴訟

---

[12] この事件の上告審判決である最高裁判所2013（平成25）年1月11日判決は，確認訴訟のあり方には触れず，問題となった薬品の郵便等販売をすることができる権利ないし地位を有することを確認した控訴審判決の判断を是認している。

は民事訴訟であると解されている。

公立病院での診療に関する債権の消滅時効については，次の判決がある。

> **最高裁判所 2005（平成 17）年 11 月 21 日判決**
> 「公立病院において行われる診療は，私立病院において行われる診療と本質的な差異はなく，その診療に関する法律関係は本質上私法関係というべきであるから，公立病院の診療に関する債権の消滅時効期間は，地方自治法 236 条 1 項所定の 5 年ではなく，民法 170 条 1 号により 3 年と解すべきである。」

この判決は，公立病院の診療債権の消滅時効について民法の適用を受けるものとしているのであるから，それに関する争いは民事訴訟だということになる。

以上のように，行政上の争いであっても民事訴訟が用いられる場合がある。しかし，民事訴訟の利用には次のような制限がある。

(2) 大阪空港訴訟・最高裁判決における民事訴訟の否認

今述べたように，公共施設の設置管理は民事訴訟で争うという理解がわが国では支配的であったが，最高裁判所大法廷判決＝大阪空港訴訟は，国営空港の供用の差止めにつき，次のように述べて，民事訴訟を不適法とした[13]。

> **最高裁判所大法廷 1981（昭和 56）年 12 月 16 日判決＝大阪空港訴訟**
> 「〔被上告人ら＝原告である空港周辺の住民〕は，本件空港の供用に伴う騒音等により被害を受けているとし，人格権又は環境権に基づく妨害排除又は妨害予防の請求として，毎日午後 9 時から翌日午前 7 時までの間本件空港を航空機の離着陸に使用させることの差止めを求めるものであつて，その趣旨は，本件空港の設置・管理主体たる上告人〔国〕に対し，いわゆる通常の民事上の請求として右のような不作為の給付請求権があると主張してこれを訴求するものと解される……。」
>
> 「しかしながら，……本件空港の離着陸のためにする供用は運輸大臣の有する空港管理権と航空行政権という二種の権限の，総合的判断に基づいた不可分一体的な行使の結果であるとみるべきであるから，右被上告人らの前記のような請求は，事理の当然として，不可避的に航空行政権の行使の取消変更ないしその発動を求める請求を包含することとなるものといわなければならない。したがつて，右被上告人らが行政訴訟の方法により何らかの請求をすることができるかどうかはともかくとして，上告人に対し，いわゆる通常の民事上の請求として前記のよ

---

[13] 民事訴訟が不適法であれば，いかなる訴訟を起こすことができるかという問題があるが，最高裁判所はこれには答えていない。当事者訴訟を起こすべきだというのが 1 つの解決策である。

うな私法上の給付請求権を有するとの主張の成立すべきいわれはないというほかはない。」

(3) 行政処分をうけて行われる事業と民事訴訟

次に，公共施設や民間施設の設置管理のような活動が行政処分（許認可）をうけて行われる場合，行政処分についての取消訴訟の排他性（282頁(2)を参照）との関係で，民事訴訟が制限されるかどうかという問題がある[14]。

> **設問** 次の各行為をうけて工事や事業が行われる場合，周辺の住民がこれを阻止するためにはどのような訴訟を起こすことができるか。
> ① 建築確認
> ② 原子炉設置許可
> ③ 公有水面埋立免許

これらの行為は行政処分であるから，これらについては取消訴訟を提起できる。そして，取消訴訟でそれらの行為の違法性が認められ原告が勝訴すれば，建築主や事業者は後続の工事や事業を行うことはできない。問題は，この取消訴訟に加えて，工事や事業について権利侵害を理由とする民事訴訟を提起することが認められるのか，それとも取消訴訟の排他性が工事・事業に及び民事訴訟の提起が認められないのか，ということである。

まず，建築確認をうけて行われる建築については民事訴訟（差止訴訟。被告は建築主）ができることには異論はないだろう。建築確認は建築計画の適法性（建築基準関係規定適合性）を認定するだけのもので，建築主と周辺住民との間に存する私法上の法律関係に触れるものではなく，周辺住民の私法上の請求権は残っていると考えられるからである。

また，原子炉の設置許可があると，これをうけて原子力発電所の建設と操業が行われるが，裁判例は，それについての民事訴訟（被告は事業者）を許容している[15]。つまり，建設・操業に関する事業者と住民の間の民事訴訟には，

---

14) 公共施設の設置管理については当事者訴訟を起こすべきだという説によると，ここではその当事者訴訟が制限されるかどうかの問題になる。
15) 仙台地方裁判所1994（平成6）年1月31日判決＝女川原発訴訟は，個人の生命・身体の安全を内容とする人格権の侵害を理由とする民事訴訟（差止訴訟）の許容性について比較的詳細に説示しているが，取消訴訟との関係については言及していない。

原子炉設置許可についての取消訴訟の排他性が及ばないと考えられている。その根拠づけとしては、この民事訴訟は原子炉設置許可の効力を争うものではないということが考えられる。

公有水面埋立てについても、同じ理由で工事について民事訴訟が認められる余地はあるだろう（仮処分の許容性については、380頁(3)で説明する）。

VIII 客観訴訟とくに住民訴訟

以上においては、行政訴訟のうちの主観訴訟について説明をしてきたが、行政訴訟には、他に客観訴訟と呼ばれるものがある。客観訴訟には、民衆訴訟と機関訴訟がある（以上については、286〜289頁(8)(9)・IIIを参照）。これらの訴訟の定義と準用されるべき規定については行政事件訴訟法に定めがあるが、これらの訴訟の性質を持つ訴訟を許容し、具体的な制度の中身について定めているのは、地方自治法や公職選挙法などの法律である。行政事件訴訟法には、上記の定めはあるものの、それ以上の一般的な規定はおかれていない。以下では、これらの法律で規定されている各訴訟制度の説明をすることは避け、民衆訴訟の1つであり、国民の関心も大きい住民訴訟の概要について説明するにとどめる。この住民訴訟に関する規定は、地方自治法242条の2におかれている（国については、この種の訴訟は設けられていない）。

住民訴訟を起こすためには、まずは監査委員に対して住民監査請求を行っておく必要があるが、これについての説明は省略する。

(a) **出訴の資格**

出訴の資格を有するのは当該地方公共団体の住民で、住民監査請求をした者である。個人であるか法人であるかを問わない。外国人も出訴できる。住民訴訟の原告は自己の固有の利益を守るためではなく、「住民全体の利益のために、いわば公益の代表者として」（最高裁判所1978（昭和53）年3月30日判決。最高裁判所大法廷1997（平成9）年4月2日判決＝愛媛玉串料判決も同旨）訴訟を提起・遂行する。

(b) **目　　的**

住民訴訟の目的につき、最高裁判所は繰り返し、「地方自治法242条の2の定める住民訴訟は、普通地方公共団体の執行機関又は職員による同法242条1

項所定の財務会計上の違法な行為又は怠る事実……の予防又は是正を裁判所に請求する権能を住民に与え，もって地方財務行政の適正な運営を確保することを目的とするものであ」ると判示している（最高裁判所 1978（昭和 53）年 3 月 30 日判決）。すなわち，住民訴訟の究極の目的は，「地方財務行政の適正な運営を確保すること」にあり，そのために，財務会計上の行為または「怠る事実」（後述）の統制が認められているのである。

(c) 対　　象

次の行為が住民訴訟の対象になる（地方自治法 242 条 1 項）。

① 公金の支出およびその賦課・徴収の懈怠（「怠る事実」という文言が使われている）
② 財産の取得・管理・処分およびその管理の懈怠
③ 契約の締結・履行
④ その他の債務負担行為

これらはまとめて，財務会計上の行為あるいは財務会計行為と呼ばれる。それが，その本来の性質においてもっぱら公金・財産の管理を目的とする行為に限られるのか，より広く，公金・財産の管理ではなく住民への便益の提供を目的とするが財産の管理を伴う行為（例えば，道路，都市公園などの一部の占用許可）をも含むのかについては争いがある。

(d) 請求の類型

上記の住民訴訟の対象になる行為・懈怠（以下では，前記の①～④の諸行為を「行為」，「懈怠」と表現する）について，次のような請求をすることが認められている（地方自治法 242 条の 2 第 1 項）。

① 行為（公有水面の埋立工事の費用の支出など）の全部または一部の差止めの請求（1 号請求）
② 行政処分たる行為（補助金の交付決定など）の取消または無効確認の請求（2 号請求）
③ 懈怠（税の賦課徴収の懈怠など）の違法確認の請求（3 号請求）
④ 職員や行為・懈怠の相手方に損害賠償または不当利得返還の請求をすることを求める請求など（4 号請求）

④は，例えば，元 A 県知事の間違った判断により A 県に損害が生じているが，A 県が元知事に損害賠償請求をしない場合に，住民が行政機関としての

A県知事を被告として私人である元知事に賠償を請求することを求める訴訟である。この訴訟で住民の請求が認められた場合には，A県知事は，元知事に対して損害賠償金の支払を請求しなければならず，その支払が行われない場合には，A県は，元知事に対して損害賠償請求の訴訟を起こさなければならない（地方自治法242条の3第1項・2項）。この第2段階の訴訟は，住民訴訟の判決をうけて行われるのであるが，民事訴訟である。

(e) **審査の範囲**

住民訴訟では，裁判所が審理するから，違法性の有無が審理される。住民訴訟で審理される違法性については，会計や財産管理に関する法規違反だけを指すのか，一般の行政法規違反をも含むのかという問題がある。政教分離原則に違反した公金支出に関する最高裁判例では，宗教団体への公金の支出などを定める憲法89条のみならず，政教分離原則を定める憲法20条3項（これは一般行政法規に当たる）も違法判断の基準とされている（最高裁判所大法廷1977（昭和52）年7月13日判決＝津地鎮祭訴訟，最高裁判所大法廷1997（平成9）年4月2日判決＝愛媛玉串料判決）。事案により一概には言えないが，一般的には，一般行政法規違反を住民訴訟における違法性から除外することは正しくないだろう。

第 24 講

行政事件における仮の救済

I 「仮の救済」とは何か

本講で説明する「仮の救済」とは，裁判所の判決が確定するまでの間，原告の権利利益を暫定的に保護することである。「仮の救済」が必要になるのは，裁判所の判決が確定するまでの間，救済措置がなければ，原告はいわば無権利の状態におかれてしまうからである。例えば公務員が免職処分をうけた場合，それに対して取消訴訟を起こしても，判決が確定するまでには何年かの時間がかかるのが通例である。また，事件が最高裁判所にまで上がると，訴訟の最終的決着までに 10 年を超えることもある。この間，免職された公務員は仕事をできるのだろうか，また給料はもらえるのだろうか。IIIで述べるように，わが国では，本来的には，つまり仮の救済の措置を裁判所に認めてもらわない限り，仕事はできず給料ももらえない。しかし，免職処分が違法ではないことが明白であるような場合はともかく，免職処分が違法である可能性が高い場合に，判決が確定するまでの何年もの間，原告である公務員が無権利の状態で放置されるというのは，第三者の目から見てもバランスを欠いたことだろう。このため，「仮の救済」の制度が設けられることになるのである。

II 行政事件における仮の救済の制度

民事訴訟における仮の救済の手段は，仮処分と仮差押えである。行政訴訟においてもこれらが仮の救済手段であるが，仮処分については，行政事件訴訟法 44 条に次の規定がある（仮差押えが裁判で問題になったことはないようである）。

> **行政事件訴訟法 44 条（仮処分の排除）**
> 　行政庁の処分その他公権力の行使に当たる行為については，民事保全法（……）に規定する仮処分をすることができない。

　この規定が，いかなる範囲において，いかなる仮処分を排除しているのかは明瞭ではない。しかしいずれにしても，取消訴訟においては，仮の救済手段として執行停止制度が設けられており，無効等確認訴訟においてはこの制度が準用されている。また，義務付け訴訟および差止訴訟については，仮の救済手段としてそれぞれ仮の義務付けおよび仮の差止めの制度が設けられている。つまり，これらの抗告訴訟においては仮の救済手段が設けられている。不作為違法確認訴訟については仮の救済手段は定められていないが，併合提起される義務付け訴訟には仮の義務付けの制度がある。

　そこで，以下では，まず取消訴訟・義務付け訴訟・差止訴訟における仮の救済の制度について説明する。行政事件訴訟法44条による仮処分の制限については，379頁 Ⅴ で検討することにしたい。

Ⅲ　取消訴訟における仮の救済——執行停止

(1)　執行不停止原則

　Ⅰ で，免職された公務員は，取消訴訟を起こしても，訴訟が最終的に決着がつくまでは仕事はできず給料はもらえないと述べた。これは，自明のことではなく，行政事件訴訟法25条1項に以下の規定があることによる。

> **行政事件訴訟法 25 条（執行停止）**
> ①　処分の取消しの訴えの提起は，処分の効力，処分の執行又は手続の続行を妨げない。

　この規定は，行政処分に対する取消訴訟の提起があっても，行政処分は効力を保持し続け，行政庁は強制執行をすることができ，また手続を引き続き進めることができるということを意味している。例えば，マンションの建築確認に対して近隣の住民が取消訴訟を提起しても，建築確認は効力を保持し続けるので，建築主は建築工事を進めることができる。また，違法建築物であることを

第24講　行政事件における仮の救済

理由とする除却命令に対して取消訴訟を提起しても，行政庁はその訴訟の最中に強制執行（代執行）をすることができる。さらに，土地収用法に基づく土地収用は，事業認定と収用裁決という2つの行政処分によって行われるが，事業認定に対して取消訴訟を提起しても，行政庁（収用委員会）は収用裁決への手続を進めていくことができる。

　このように，取消訴訟を提起しても，処分の効力，執行，手続は停止しないことになっているが，これを「執行不停止の原則」と言う（ここでは，執行という語は，広い意味で用いられている）。

　この執行不停止原則の下では，取消訴訟を提起しても，行政処分は効力を保持し，行政処分をめぐる行政過程は展開を止めないから，前述のように，判決が確定するまでは，原告の権利利益は保全されない。そこで，判決が確定するまでの間，原告の権利利益を暫定的に保全するために，「仮の救済」の制度が必要になるのである。

(2)　執行停止制度

　取消訴訟における「仮の救済」のために，民事訴訟においても用いられる仮処分制度を用いることが考えられる。しかし前述のように，行政事件訴訟法44条は，行政処分について仮処分を制限している。そこで，取消訴訟の分野では，この仮処分の禁止の代償として執行停止制度が設けられている。執行停止制度とは，原告である国民が裁判所に執行停止を申し立て，一定の要件をみたす場合に裁判所が執行停止の決定をするという制度である。

(a)　執行停止の要件

執行停止の要件は次のように定められている。

> **行政事件訴訟法25条（執行停止）**
> ②　処分の取消しの訴えの提起があった場合において，処分，処分の執行又は手続の続行により生ずる重大な損害を避けるため緊急の必要があるときは，裁判所は，申立てにより，決定をもって，処分の効力，処分の執行又は手続の続行の全部又は一部の停止（以下「執行停止」という。）をすることができる。〔以下省略〕
> ④　執行停止は，公共の福祉に重大な影響を及ぼすおそれがあるとき，又は本案について理由がないとみえるときは，することができない。

III 取消訴訟における仮の救済——執行停止

従って、まず、①「処分の取消しの訴えの提起があ」ること、すなわち本案訴訟である取消訴訟が適法に裁判所に提起されていることが必要である。これは形式上の要件である。

次に、②「〔執行停止が行われないと生じる〕重大な損害を避けるため緊急の必要がある」ことが必要である。

さらに、③執行停止が「公共の福祉に重大な影響を及ぼすおそれがある」こと、または④「本案について理由がない〔すなわち行政処分に、取消理由に当たる違法性がない〕とみえる」ことが消極要件である。

従って、①および②の要件があり、③および④の要件がなければ、執行停止が認められる（つまり裁判所による執行停止の決定が行われる）。

> **コラム** **積極要件と消極要件** 上記の①および②の要件の定め方と③および④の要件の定め方との間には違いがある。前者は積極要件方式、後者は消極要件方式と呼ぶことができる。このうち④の本案理由要件を取り上げると、それは、消極要件であるとともに、「本案について理由がない……」と否定形を用いて書かれている。これと「執行停止は、……本案について理由があると見えるときは、することができる」と定める積極要件方式（仮の義務付けおよび仮の差止めについてはこの方式がとられている。行訴法37条の5第1項・第2項）とを比較すると、下図のようになる。
>
> **図表 24-1　消極要件方式と積極要件方式**
>
> | | A. 本案に理由があると見える場合 | B. 本案に理由があるともないとも言えない場合 | C. 本案に理由がないと見える場合 | 要件の存在について疎明責任を負う者 |
> |---|---|---|---|---|
> | 消極要件方式 | ○ | ○ | × | 行　政 |
> | 積極要件方式 | ○ | × | × | 国　民 |
>
> ＊○印……執行停止が認められる　×印……執行停止が認められない
> ＊執行停止が認められる・認められないという表現は、他の要件を度外視したものである。
>
> 　AおよびCの場合はいずれの方式でも差はないが、Bの場合では消極要件方式の方が権利救済に手厚くなる。また、疎明責任（疎明とは、ある事実につき一応確からしいとの推測を裁判官が行ってよい状態、またはそのような状態に達するように証拠を提出する訴訟当事者の行為を言う。証明では事実が真実であることの蓋然性が要求されるが、疎明ではそこまでは要求されない）の点でも、国民にとっては消極要件方式の方が優れている。

(b) 「重大な損害」要件と利益衡量

③執行停止が「公共の福祉に重大な影響を及ぼすおそれがある」場合や、④「本案について理由がな」く、原告に勝ち目がないと見えるときには、執行停止を認めないという立法政策は、それぞれの要件の認定の微妙さを別にすると、納得できないわけではない。

これに対し、②の「重大な損害」の要件は、2004年の行政事件訴訟法改正において、従前の「回復の困難な損害」の要件に代え、執行停止の要件を緩和するために採用されたものである。しかし、なお厳格であることは否定し難い。

執行停止を簡単に認めるわけにはいかないのは、執行停止をすると行政による公益の実現に支障が生じる可能性があるからであろう。そうすると、執行停止を認めるかどうかの判断に当たっては、「執行」によって損われる国民の側の利益（私益。例えば、道路建設のために土地を収用される者の利益）のあり方のみならず、執行停止により阻害される行政上の利益（公益。例えば、収用によって実現される道路建設の利益）をも考慮すること、つまり私益と公益を比較衡量することが適切だろう。執行停止をしても公益が阻害されない場合やその程度が軽微である場合は、国民の側の損害が重大なものである必要はあるまい。執行停止による公益の阻害の程度が相当程度のものになるときにはじめて、国民の側の損害が重大であることが必要になるのである。

しかし、行政事件訴訟法は、公益の阻害の程度については触れず、執行停止のために一律に国民の側の「重大な損害」を要求している[1]。

この点は解釈上何とかする必要がある。参考になるのは、東京地方裁判所2003（平成15）年10月3日決定＝圏央道あきるのIC代執行事件である。この決定は、前記③の「公共の福祉に重大な影響を及ぼすおそれ」の要件の規定について、「この〔規定の〕趣旨は、本案判決前の暫定的措置としてなされる執行停止をなすべきか否かについては、単に処分によって申立人の受けた損害のみならず、公共の福祉に及ぼす影響をも考慮してなされるべきことを明らかにしたものである」と述べている。

また、2004年の行政事件訴訟法の改正により新たに設けられた同法25条3

---

1) 「重大な損害」要件は差止訴訟についても定められている。つまり、行政処分によって「重大な損害」が生じる場合、国民としては、行政処分が行われる前に差止訴訟を提起する方法と、行政処分が行われてから執行停止を申し立てる方法があることになる。

項は,「重大な損害」の有無の判断において,損害の性質などの他「処分の内容及び性質の勘案」を要求しているが,この規定が公益の支障の程度の考慮をも要求していると解する説もある。

いずれにしても,国民の権利を最大に尊重すべきという憲法の要請(憲法13条)からすると,公益上の支障もないのに,国民の側に重大な損害がないから仮の救済を与えないといったことは,バランスを失している。執行停止をするかどうかの判断においては,執行停止をしない場合の国民の側の損害の程度と執行停止をした場合の公益上の支障の程度を比較衡量することが必要なことだろう。

この利益衡量をする場合には,さらに前述の④の「本案について理由があるかどうか」も衡量の中に加えることが考えられる。本案について理由があると見える場合は執行停止をすべき必要性が大きいし,他方,そうでない場合は,執行停止をすべき必要性は小さい。そうすると結局,国民の損害,公益上の支障および本案理由の有無の3つの要素の比較衡量という枠組みが浮かび上がる。

(c) 執行停止制度の問題点

(ア) 強制執行の許容　原告の権利の保全という点からすると,取消訴訟の提起があると,執行を停止することが望ましい。しかし,そうすると,執行を止めるためにおよそ勝ち目のない取消訴訟が提起される可能性もある。従って,執行不停止の原則をとるか,執行停止の原則をとるかということが根本的な問題であるが,この点はともかくとして,現行法上とくに問題なのは,行政事件訴訟法25条1項についての先ほどの説明で明らかなように,行政処分に対する取消訴訟の最中であっても,行政上の強制執行が認められていることである(371頁(1)を参照)。このため,例えば,違法建築物の除却命令に対して取消訴訟が提起された場合,この取消訴訟の最中に,除却命令が違法かどうかの裁判所の判断を待たずに,代執行により当該建築物を取り壊すことが許される。しかも,建築物が取り壊されてしまうと,現在の裁判例では,「訴えの利益」が消滅するとされる(325頁(d)を参照)。

執行不停止の原則を認めるとしても,行政上の強制執行まで認めると,権利救済のチャンスがなくなってしまうのである。

(イ) 「重大な損害」の要件について　前述のように,「重大な損害」の要件は,2004年の行政事件訴訟法改正により文言が緩和されたが,なお厳格である。国民の損害と行政上の不利益との比較衡量によりこの要件を弾力的に解釈

し運用することが必要であることは先に述べた。

　ここではさらに，執行停止による行政上の不利益が生じないか，軽微であることが十分にありうることを指摘しておきたい。例えば，生活保護の廃止処分について取消訴訟が提起された場合，この保護の廃止処分の執行停止を認め保護を続けても，（金額にもよるが）公益上の支障は大きなものではないだろう。また，建築確認に対して周辺住民が取消訴訟を提起した場合，この建築確認について執行停止を認めても行政上の不利益は生じないのではないか。そうだとすると，これらの事案において執行停止のために「重大な損害」を要件として要求することは適切ではあるまい。

(ウ)　拒否処分に対する機能不全

　設問　生活保護の申請をしたところ拒否の処分が行われた。この場合，執行停止を裁判所に求めることができるか。

　結論を言うと，社会保障給付の拒否処分や許認可の拒否処分については，執行停止は認められず，従って拒否処分については仮の救済がない。

　拒否処分については，取消判決があると判決の拘束力が働き，行政庁は判決の趣旨に従った措置をとらなければならない（行訴法33条2項。341頁(ア)を参照）。そして，この規定によって実際には，判決後に社会保障の給付決定や許認可の処分などの原告が求めている行政処分が行われることが多いようである。

　ところが，執行停止の決定には行政事件訴訟法33条2項の準用がない（行訴法33条4項を参照）。このため，たとえ拒否処分について裁判所が執行停止の決定をしても，行政庁は仮の救済として決定の趣旨に従った措置をとることを義務づけられないので，裁判所としては拒否処分について執行停止の決定を行う意味がなく，結局，執行停止の申立ての利益がないということになる（生活保護却下処分につき，東京地方裁判所1970（昭和45）年12月24日決定。入学不許可処分につき，大阪高等裁判所1991（平成3）年11月15日決定＝筋ジストロフィー症患者入学不許可事件）。

　もっとも，2004年の行政事件訴訟法改正により，義務付け訴訟が法定され，拒否処分については取消訴訟と義務付け訴訟を併合提起でき，仮の救済である「仮の義務付け」を用いることができるようになった（「仮の義務付け」については，Ⅳで説明する）。従って，拒否処分についても仮の救済手段があると言えるが，後述のように，「仮の義務付け」が認められるための要件は厳格である。

(エ) **内閣総理大臣の異議の存在**　執行停止制度に関する第4の問題は，内閣総理大臣の異議の制度が設けられ，執行停止をするか否かの最終的決定権限が内閣総理大臣，すなわち行政権に留保されている点である。

そこで，次に，内閣総理大臣の異議の制度について見ておくことにする。

(3)　内閣総理大臣の異議

内閣総理大臣の異議とは次のようなものである。

> **行政事件訴訟法 27 条（内閣総理大臣の異議）**
> ①　第25条第2項の申立て〔原告による執行停止の申立て〕があつた場合には，内閣総理大臣は，裁判所に対し，異議を述べることができる。執行停止の決定があつた後においても，同様とする。
> ②・③〔省略〕
> ④　第1項の異議があつたときは，裁判所は，執行停止をすることができず，また，すでに執行停止の決定をしているときは，これを取り消さなければならない。
> ⑤・⑥〔省略〕

繰り返しになるが，原告から裁判所に執行停止の申立てがあった場合，裁判所の決定の前後を問わず，内閣総理大臣は裁判所に対して異議を述べることができ，この異議があると，裁判所は執行停止をすることができず，またすでに執行停止の決定をしているときは，これを取り消さなければならない。各省の大臣ではなく，内閣総理大臣にこの異議の権限が与えられているのは，裁判所の判断をも覆すというこの権限の強力さのためだろう。

この内閣総理大臣の異議の権限に対しては，①理由を付さなければならない，②理由の中では公共の福祉に重大な影響を及ぼすおそれのある事情を示す，③やむを得ない場合でなければ異議を述べてはならない，④異議を述べたときは国会にこれを報告しなければならないという歯止めが設けられている（行訴法27条2項・3項・6項）。

これらの歯止めは多分政治的にはかなりの効果を持っているが，訴訟では裁判所は，せいぜい①の理由が付されているかどうかくらいしか審査できないだろう。

Ⅳ 義務付け訴訟および差止訴訟における仮の救済
──仮の義務付けと仮の差止め

　2004年の改正の前の行政事件訴訟法では，義務付け訴訟および差止訴訟は法定されていなかったので，裁判所によってこれらの訴訟が認められたとしても，仮の救済手段が欠けているという問題があった。この行政事件訴訟法の改正では，これらの訴訟が法定されるとともに，仮の救済制度として「仮の義務付け」および「仮の差止め」の制度が法定された。
　仮の義務付けの積極要件として次のことが定められている（行訴法37条の5第1項）。
　① 義務付けの訴え（義務付け訴訟）の提起があったこと
　② 義務付けの訴えに係る処分または裁決がされないことにより生ずる償うことのできない損害を避けるため緊急の必要があること
　③ 本案について理由があるとみえること
　そして，消極要件として次のことが定められている（行訴法37条の5第3項）。
　④ 仮の義務付けが公共の福祉に重大な影響を及ぼすおそれがあること
　仮の差止めについても，同じ諸要件が定められている（行訴法37条の5第2項・3項）。
　これらの要件のうちでは，②で「償うことのできない損害」という厳格な要件が定められていること，および取消訴訟の執行停止の場合は消極要件であった本案理由要件（「本案について理由がないとみえるとき」）が③では積極要件になっていることが気になる。
　仮の義務付けに関する「償うことのできない損害」の要件について言うと，仮の許可や仮の免許が簡単に認められると，社会的に不都合な事態が生じるおそれがないわけではないし，わが国では仮の義務付けは初めての制度であるので，このような慎重な表現が用いられたことはやむを得ないかもしれない。しかし，その解釈次第では，仮の義務付けの余地はかなり狭くなろう[2]。

---

2) 判例データベースに収録されている裁判例を概観すると，仮の義務付けの申立てを認容するものと却下するものの比率はほぼ同じである。認容の裁判例では，「償うことのできない損害」要件に「原状回復ないし金銭賠償による填補が不能である」損害のみならず

仮の差止めについては,「償うことのできない損害」の要件は仮の差止めによる行政上の支障が相当に大きいことを想定したものであるが,違法行政は許されないから,少なくとも予測される行政処分の違法性が確実に認められる場合には,仮の差止めを認める方向での解釈が必要だろう。

V 行政事件における仮処分の制限

(1) 仮処分の制限が問題になる訴訟

これまで述べてきたように,行政事件訴訟法は,その44条において仮処分の制限を定めており,「行政庁の処分その他公権力の行使に当たる行為」(以下,単に行政処分と言う)については仮処分が許されない。そして,この仮処分制限の代償として,抗告訴訟について執行停止,仮の義務付け,仮の差止めという仮の救済制度が設けられている。これらの制度における仮の救済が認められるための要件は厳格であるが,しかしともかくも制度は設けられている。行政事件訴訟法44条による仮処分の制限が問題になるのは,これらの制度が適用される抗告訴訟ではなく,当事者訴訟や民事訴訟において仮処分が行政処分の効力と抵触する場合である[3]。

(2) 無効の行政処分と仮処分の制限

公務員が免職処分をうけたが,それが(無効ではなく)違法であると考えられる場合,公務員としての地位の保全を求める仮処分を申請しても(この場合,本案訴訟は当事者訴訟である),これは認められない。免職処分は行政処分であるから,取消訴訟の排他性の原則により,取消訴訟を提起する必要があるし,仮の救済を得るためには,執行停止を求めなければならない。これに対し,免職処分が無効であると考えられる場合,取消訴訟の排他性は働かず,本案訴訟としては,無効確認訴訟により免職処分の無効の確認を裁判所に求める方法と,

---

「金銭賠償のみによって損害を甘受させることが社会通念上著しく不合理な」損害も含められている(この文言は,大阪地方裁判所2014(平成26)年9月16日決定による)。

[3] 執行停止・仮の義務付け・仮の差止めについては,取消訴訟などの本案訴訟により,申し立てるべき仮の救済の種類が決まるが,仮処分の申立てでは,本案訴訟をあらかじめ提起しておく必要はない。

当事者訴訟を提起し，公務員としての身分の確認を求める方法がある（349頁(2)を参照）。

ここでの問題は，仮の救済である。無効確認訴訟の場合は，執行停止制度を利用できる（行訴法38条3項を参照）。これに対し，本案訴訟としては当事者訴訟を選択するつもりの場合は，仮の救済は仮処分によることになる。ところが，この仮処分は，行政事件訴訟法44条により認められないとされる可能性が多分にあるのである。

だがこれでは，行政処分が関係する事件で当事者訴訟や民事訴訟を選択する事例では，仮の救済がなくなってしまうという不合理がある。この不合理を取り除き，仮の救済を可能にするため，行政事件訴訟法44条について，行政処分が無効であれば，仮処分により妨げられる公権力の行使は存在しないのであるから，仮処分が許されるという解釈が考えられる。しかし実際の訴訟では，裁判所は，行政処分が無効であるかどうかを審査せずに44条を適用して仮処分申請を却下してしまう可能性もある[4]。そうすると，行政事件訴訟法36条は無効確認訴訟の提起に制限を設けているのであるが，仮の救済を求めるのであれば無効確認訴訟を選択できるとこの規定を解釈するのが残された途ということになろうか。

(3) 事業差止めと仮処分

行政事件訴訟法44条による仮処分制限が問題になるもう1つの事件類型は，許認可などが行われ，それをうけて事業が行われるというものである[5]。例えば，公有水面埋立免許をうけて行われる埋立事業について，行政事件訴訟法44条により仮処分は制限されるだろうか。

この問題については，仮処分はできないとする裁判所の決定もあるが，国民の権利救済という点で興味深いのは，公有水面埋立事業に対する仮処分申請を許容した次の判決である。

---

[4] 行政事件訴訟法44条の解釈については，他にもいくつかの解釈があるが，その詳細は省略する。

[5] 許認可をうけて行われる事業について本案の民事訴訟が許されるかどうかの問題については，366頁(3)で説明した。これは，取消訴訟の排他性ないし行政処分の公定力により民事訴訟が許されないのではないかという問題である。これに対し，ここで説明するのは，行政事件訴訟法44条という法律による仮処分制限の問題である。

> **熊本地方裁判所 1980（昭和 55）年 4 月 16 日判決＝水俣湾水銀ヘドロ埋立事件**
> 「行訴法 44 条の趣旨が，行政処分の効力を否定することになるような民事訴訟法〔当時〕上の仮処分を許さないということにあることは明かであり，しからば公有水面埋立法所定の埋立工事差止仮処分が許されるか否かは，同法に定められた埋立免許処分の効力如何にかかっていると考えられる。すなわち，同法の解釈上，埋立免許処分に，例えば，埋立地付近住民の人格的利益等に基づく埋立工事の差止請求権を剥奪してまで埋立工事の施行を許すという効力が付与されていると解されれば，右のごとき差止請求権を根拠として埋立工事差止の仮処分を命ずることは埋立免許処分の効力を否定することになるから許されないことになり，これに反し，埋立免許は免許取得者に公有水面の埋立権限を付与する効力を有するに止まり，付近住民の右差止請求権を剥奪したものではないと解されれば，右差止請求権を根拠として埋立工事禁止の仮処分を許しても，同仮処分は埋立免許処分の効力を否定することにならないと考えられるからである。」
> 「〔公有水面埋立法 4 条 1 項 2 号による〕『当該埋立が付近環境に及ぼす影響』についての審査及び認定業務は，埋立の付近環境に及ぼす影響を一種の公益保持という見地から一般的，抽象的に審査，認定するに止まり，環境被害を受ける個々の住民の差止請求権の存否といった点にまで立入って個別的，具体的に審査，認定することまで要求されていると解することはできず，他に同法には付近住民の右差止請求権を剥奪したことを窺わせるに足る条項は設けられていない。しからば，同法所定の埋立免許は，免許取得者に公有水面の埋立権限を付与する効力を有するに止まり，付近住民の右差止請求権を剥奪する効力を有するものではないと解され〔る〕……。したがつて，仮に，本件債権者らの主張する各差止請求権に基づく埋立工事禁止の仮処分を命じても，埋立免許処分の効力を否定することにはならないといわなければならない。」

　この判決は，公有水面埋立免許に際しての環境影響についての審査の質を問い，それが住民の差止請求権を奪うものではないことを理由に，差止請求権の行使としての仮処分を許容しているのである。
　この他，道路建設を公権力の行使と見てそれを不可能にするような仮処分は許されないが，正当な公権力の行使を妨げることのない仮処分（例えばその行使方法の是正を求める仮処分，それが正当に行使されるべきことの保障を求める仮処分，ごく短期間に限ってその行使を停止する仮処分。例，防音壁の設置）は禁止されないとする裁判所決定もある（神戸地方裁判所尼崎支部 1973（昭和 48）年 5 月 11 日決定）。

第 25 講

公権力の行使と国家賠償責任

　行政救済制度には4つの柱があるが（279頁(2)を参照），そのうちの国家賠償制度について一般的に定めているのは，国家賠償法である。この法律は，全部で6ヵ条からなる簡単な法律であるが，2つのタイプの賠償責任を定めている。1つは，国・公共団体の公権力の行使に起因する損害の賠償責任であり，同法1条で定められている。もう1つは，国・公共団体の公の営造物の設置・管理に起因する損害の賠償責任であり，同法2条で定められている。前者は「公権力行使責任」，後者は「営造物管理責任」と呼ぶことができる。本講では，公権力行使責任について説明し，営造物管理責任については，第26講で説明する。

I 公権力無責任原則と国家賠償法

　戦前，明治憲法下においては，今日の国家賠償法のような国・公共団体の損害賠償責任について定めた一般的な法律は存在せず，民法に損害賠償に関する規定がおかれていただけであった。他方，行政裁判法（1947（昭和22）年廃止）は，行政裁判所が「損害要償ノ訴訟ヲ受理セス」と定めていた（16条）。そこで問題は，行政活動により損害を被った国民が国・公共団体に損害賠償を求めた場合において，民刑事の裁判を行う司法裁判所（大日本帝国憲法61条。旧裁判所構成法は「通常裁判所」の語を用いていた）が，民法の損害賠償に関する規定を適用して国・公共団体の責任について判断することができるかどうかということであった。

　まず，私行政[1]については，明治時代においてすでに民法を適用して，国・公共団体の責任が認められていた。例えば，国の鉄道の敷設工事の設計の

誤りによる損害につき，国の賠償責任が認められていた。

また，大正時代に入ると，公行政のうちの非権力的な活動（非権力的公行政）による損害についても，民法が適用され，国・公共団体の責任が認められるようになった。徳島市立の小学校での遊動円木という遊具による事故について市の責任を認めた1916（大正5）年6月1日の大審院判決（＝徳島市・小学校遊動円木事件）が画期的な判決である[2]。

しかし，公行政のうちの権力的な活動，例えば租税滞納処分や行政代執行による損害については，国・公共団体の責任は認められなかった。

従って，戦前においては，「公権力無責任の原則」が妥当していたということになる（「国家無責任の原則」という表現が使われることもあるが，上述のように，私行政および非権力的公行政については，損害賠償責任が認められていたから，この表現は正確ではないだろう）。

戦後，新しい憲法は，公務員の不法行為による損害について，法律の定めるところにより，国・公共団体に損害賠償を求めることができる旨を定めているが（憲法17条），この規定をうけて国家賠償法が制定され，その1条1項において，公権力の行使に起因する損害についても国・公共団体の賠償責任が認められた。国家賠償法1条1項は，次のような規定である。

> **国家賠償法1条【公権力の行使に基づく損害の賠償責任，求償権】**
> ① 国又は公共団体の公権力の行使に当る公務員が，その職務を行うについて，故意又は過失によって違法に他人に損害を加えたときは，国又は公共団体が，これを賠償する責に任ずる。

この規定によって，違法な公権力の行使についての国・公共団体の損害賠償責任が認められ，戦前の「公権力無責任の原則」がようやく否定されたのである。

---

1) 私行政および後述の非権力的公行政については，16頁①を参照。
2) この判決は，「〔市立〕小学校校舎其他ノ設備ニ対スル占有権ハ公法上ノ権力関係ニ属スルモノニアラス純然タル私法上ノ占有権ナルノミナラス……全ク私人カ占有スルト同様ノ地位ニ於テ其占有ヲ為スモノ」と判示した。

Ⅱ 公権力行使責任の性質——代位責任説と自己責任説

国家賠償法1条1項の規定の解釈においてまず問題となるのは、この規定が定める公権力行使責任の性質である。この問題については、代位責任説と自己責任説が対立している。

代位責任説とは、公権力行使責任を、もともとは加害者である公務員が負うべき賠償責任を国・公共団体がその公務員に代位して負っているものだとする説である。この説は、加害者である公務員が民法に基づいて損害賠償責任を負うことを想定し、その公務員の賠償責任を国・公共団体が引き受けるのだと考える。

これに対し、自己責任説とは、公権力行使責任を本来的に国・公共団体が負うべき責任として理解する説である。加害者である公務員の損害賠償責任という観念を媒介としない[3]。

Ⅲ 国家賠償法1条1項の適用範囲——「公権力の行使」

国家賠償法1条1項の解釈において次に問題となるのは、「公権力の行使」という文言である。同条1項は、加害行為が「公権力の行使」に当たる場合にのみ適用される。つまり、「公権力の行使」という文言は、同条1項の適用範囲を示すものである。では、この「公権力の行使」という文言は、どのような意味を持つのだろうか。

設問 次のような場合、「公権力の行使」があるとして、国家賠償法1条1項の適用があるだろうか。
① 食中毒の発生を理由に弁当会社に営業停止命令が出されたが、それが違法であった場合
② 公立中学校での体育の授業中、教員の不注意により、生徒が骨折した場合
③ 国公立病院での医師の手術の誤りにより、患者に後遺障害が発生した場合
④ 食中毒の発生を理由に弁当会社に営業停止の勧告が出されたが、それが違法であった場合
⑤ 市が、食中毒の原因を公表したが、それが誤りであった場合

---

3) 代位責任説と自己責任説の対立の実益については、398頁(h)および405頁(a)を参照。

⑥　国の職場で上司や同僚にいじめられた場合

　まず，①の営業停止命令のように，本来の意味での「公権力の行使」が国家賠償法1条1項の「公権力の行使」に当たることは問題がない。従って，①の営業停止命令には，同条1項の適用がある。

　問題になるのは，②〜④に挙げられているような本来の意味での「公権力の行使」に当たらない行為である。一般的に表現すると，非権力的公行政の性格を持つ行為である。

　このうち，②の国公立学校での学校事故については，最高裁判所は，そこでの教育活動を「公権力の行使」と見て，同条1項の適用があるとしている。最高裁判所1987（昭和62）年2月6日判決は，理由を示していないが，このことをきっぱりと明言しているので，おそらく国公立学校での学校事故に同条1項を適用するという実務は今後も変わらないだろう（但し，学校事故のうち物的設備の欠陥による事故については，同法2条が適用される）[4]。

　他方，③の国公立病院での医療事故については，民法の規定を適用するという実務が，最高裁判所1961（昭和36）年2月16日判決＝東大病院梅毒輸血事件をはじめとして定着している（但し，予防接種被害については，国家賠償法1条1項が適用されている。例，東京高等裁判所1992（平成4）年12月18日判決）。

　④の営業停止の勧告，一般的に言うと行政指導（第12講を参照）については，「公権力の行使」として国家賠償法1条1項が適用されることがある（例えば，最高裁判所1993（平成5）年2月18日判決＝武蔵野市教育施設負担金事件）。ただ，民法の規定が適用されることもある。

　⑤の事実の公表についても，行政指導について述べたことが当てはまる。公表が「公権力の行使」に当たるとして国家賠償法1条1項を適用する裁判例（最高裁判所1979（昭和54）年7月10日判決，最高裁判所1981（昭和56）年4月14日判決）もあるが，民法を適用する裁判例（東京地方裁判所1979（昭和54）年3月12日判決＝洗剤パニック事件）もある。比較的最近の東京高等裁判所2003（平成15）年5月21日判決＝大阪O-157食中毒事件は，国家賠償法1条1項によっ

---

[4]　本文では国公立学校という表現を用いたが，それらの設置者は現在は，大学について言うと，国公立大学法人になっている。これらについても，事故があった場合，国家賠償法と民法のいずれを適用するかという問題がある。なお，次に触れる国公立病院も現在は独立行政法人になっている。

第25講　公権力の行使と国家賠償責任

図表 25-1　行政の種別と適用法律について

行政の種別		適用法律
公行政	権力的行政	国家賠償法1条
	非権力的公行政　営造物の設置・管理	同法2条
	非権力的公行政　その他の行政	同法1条または民法
私行政		民法

ている[5]。

⑥の国・公共団体の職員相互間でいじめやセクシュアルハラスメント行為があり，被害者が国・公共団体の責任を問う場合，従前は民法が適用されることが多かった。公権力の行使は国・公共団体の対外的活動に見られるものであり，職員間でのいじめなどは公権力行使の関係ではないということがその理由だろう。しかし近年は，国家賠償法1条1項が適用される場合もある（例，横浜地方裁判所2004（平成16）年7月8日判決）。

ここで学説について見ておくと，同条1項の「公権力の行使」を本来の意味での「公権力の行使」と同じ意味に解する説（狭義説）もあるが，非権力的公行政も「公権力の行使」と解する説（広義説）があり，どちらかというと，広義説の方が有力であるようである。つまり，同条1項の「公権力の行使」は，広く解釈されている。

なお，立法権および司法権の行使も国家賠償法1条1項の「公権力の行使」に当たる。また，公権力の不行使もこれに含まれる。公権力の不行使のうち規制権限の不行使に起因する損害についての国・公共団体の賠償責任の問題に関しては，近年重要な裁判例が蓄積されているので，後に説明する（400頁Ⅴを参照）。

この他，私行政には民法が適用されること，および非権力的公行政であっても，公の営造物の設置・管理に当たる行為については，国家賠償法2条1項が適用されることにも注意していただきたい（**図表25-1**を参照）。

---

[5]　国家賠償法1条1項による国家賠償責任の基本的要件は違法性と故意・過失であるが，民法の不法行為責任の基本的要件は権利・法律上の利益の侵害と故意・過失であり，両者はほぼ同じである。このため，両者の適用関係については理論的にはうまく説明できないところがあるが，是正が図られないのであろう。

Ⅳ 公権力行使責任の要件

次に，国家賠償法1条1項に基づく公権力行使責任の要件について見ることにする。

(1) 公務員・公務

国家賠償法1条1項を見ると，「公権力の行使に当る公務員が，その職務を行うについて」と規定されている。従って，加害者が正規の公務員であることが公権力行使責任が認められるための要件であるように見える。しかし，裁判例では，そうは考えられていない。例えば，県が社会福祉法人の児童養護施設に児童の養育監護を委託し，その施設においてその児童が他の児童から暴行を受けたという事件で，社会福祉法人の職員は正規の公務員ではないが，児童の養育監護は本来都道府県が行うべき事務であることを根本的理由にして，県の賠償責任が認められている（最高裁判所2007（平成19）年1月25日判決＝児童養護施設入所児童暴行事件。この判決については，409頁(3)で紹介する）。

そうすると，加害者が正規の公務員であることは公権力行使責任が認められるための要件ではない。そうではなく，加害行為が行政の仕事，つまり公務であればよいと考えることができる。国家賠償法1条1項の「公務員が，その職務を行うについて」という文言は，「公務を行うについて」と読めばよいのである。

このように，公務について国家賠償責任が認められるが（もちろんそれが違法であるなどの他の要件が充たされる必要がある），注意を要するのは，公務の範囲が狭く解されてはならないということである。それが狭く解されると，違法な行為は公務ではない，ということにもなるが，国家賠償法1条はまさに違法な行為についてそれを公務として扱い，国家賠償責任を認めているのである。では，公務遂行中の行為はすべて公務として，国家賠償法の適用をうけるのだろうか。

設問 警察官が，花火大会で警備中に，見物人の一人を私的怨恨で殴りつけた場合，この行為は公務として国家賠償法1条の適用をうけるだろうか。

この行為は，公務遂行中のものではあるが，加害者である警察官の私的感情

に起因するものであり，あまりに公務からかけ離れたものであるから（このような行為を逸脱行為と呼ぶことにする），もはや国家賠償法の適用のある公務ではないと見る余地がある（この場合，加害者個人に対して民法により賠償を求めることはできる。なお，(2)で述べるように外形主義により国家賠償責任が認められることがある）。

では，国・公共団体が責任を負う行為と負わない行為との境界線はどこにあるのだろうか。

この問題については定説はないが，加害行為が国・公共団体の活動に内在する危険，リスクの表れと見ることができるかどうかということを基準にできるのではないかと思う。加害行為が違法なものであっても，国・公共団体の職務の遂行上のやむを得ないものであれば，国・公共団体が賠償責任を負うべきである。これに対し，加害行為がこのようなものではなく，むしろ公務担当者の個人的な感情や意思のような主観的な事情に起因するものである場合には，逸脱行為であり，国・公共団体の賠償責任を認める必要はないだろう。

(2) 外形主義

設問 A県の警察官が，非番の日に，制服・制帽を着用し，隣接のB県において，通行人に職務質問を行うふりをして金品を奪おうとし，逃げようとしたその通行人を拳銃で射殺した。この場合，A県は，賠償責任を負うか。

この 設問 は要するに，警察官が強盗殺人を犯した場合に，A県の賠償責任が認められるかということである。(1)で述べた加害行為が国・公共団体の活動に内在する危険，リスクの表れと見ることができるかどうかという基準を当てはめると，A県には賠償責任はないということになる。警察官が職務の遂行においてつい市民に手を出すという程度のことは，警察官の職務に内在する危険の表れであると言えなくはない。しかし，強盗殺人になると，そうは言えないだろう。

ところが，この 設問 に類似の事件において，最高裁判所1956（昭和31）年11月30日判決は，都道府県（設問で言えばA県）の賠償責任を認めた。その理由は，加害行為が「客観的に職務執行の外形をそなえる行為」であったことである。このように，国・公共団体の活動に内在する危険の表れとは言えなくても，「客観的に職務執行の外形をそなえる行為」について国・公共団体の賠償責任を認める考え方を「外形主義」と言う。もちろん，外形主義の狙いは，

国・公共団体の賠償責任の範囲を拡張することにある。もし，外形主義をとらないとすると，加害者である公務員個人が民法に基づいて賠償責任を負うことになるが，公務員の賠償能力には限界がある。このため，外形主義により，国・公共団体の賠償責任が認められることになるのである。

なお，この外形主義による国・公共団体の賠償責任が認められるためには，加害公務員が正規の公務員でなければならないし，また加害行為はその公務員の職務の範囲内でなければならないとするのが定説である。この設問に即して言えば，正規の公務員でない者が警察官を装って私人に損害を与えても，都道府県の責任は認められないし，また公務員ではあるが警察官でない者が警察官を装って損害を与えた場合も同様である。

(3) 違法性

国家賠償法1条1項は，「国又は公共団体の公権力の行使に当る公務員が，……違法に他人に損害を加えたときは，国又は公共団体が，これを賠償する責に任ずる。」と定めているので，公権力の行使が違法であることが公権力行使責任が認められるための1つの要件である。

では，違法とはどのような事態を意味するのだろうか。取消訴訟においては，違法とは法令などの法規範に対する違反を意味すると考えてまず問題がなかった。しかし，国家賠償法1条1項に言う違法の意味は，もっと多様であり，またいくつかの議論すべき問題がある。

(a) 行為違法説とくに法規違反説

国家賠償法1条1項の違法性については，大別すると行為違法説と結果違法説とがある。

まず行為違法説とは，加害行為に着目し，それが違法であるかどうかを判断するものである。この説の1つは，違法を客観的な法規範に対する違背と解する（法規違反説と呼ぶことにする）。それは，法治主義や取消訴訟で言うところの違法性と同質であり，憲法・法律・条例その他の成文の法規範や条理などの不文の法規範に対する違背を意味する。また，裁量の範囲逸脱・濫用も含まれる（なお，義務違反的構成や職務行為基準説も，加害行為に着目するものであるから，行為違法説の一種であるが，便宜上後述する）。

国家賠償法1条1項の適用を受ける国・公共団体の行政活動は，法治主義の

原則の下で，法規範に従って行われなければならない。従って，行政活動が法規範に従って適法に行われているか，それともこれに違背して違法に行われているかは，行政活動の最も重要な法的評価基準である。国家賠償法における違法判断においても，この意味での違法性を基本とすべきであろう。つまり，法規違反説が正しいと考えられる。国家賠償制度には行政の適法性統制機能があるが，この機能を考慮すれば，このことはより容易に肯定できる。

> コラム　**国家賠償制度の機能**　国家賠償制度は，まず被害者に対して金銭的な償いをするという被害者救済機能がある。しかし，それと並んで，適法性統制機能ないし違法行為抑止機能がある。国家賠償訴訟において，行政の行為が違法と判定されると，行政ないし公務員はエリを正し，今後は違法な行為をしないように従来以上に努力をするであろうからである。国家賠償に関する裁判例を見ていると，被害者は，単に賠償を得ることを目的とするだけではなく，今後違法なことが繰り返されないこと，他の人が自分と同じような被害にあわないことを願って訴訟をすることも少なくないようである。さらに，取消訴訟を補完するという機能がある。例えば，行政の行為により名誉・信用が害された場合，取消訴訟は認められないので（327頁の**付論 ㉒**を参照），被害者としては，賠償は要らなくても，国家賠償訴訟で行政の行為が違法であることの認定を請求することになる。その狙いは，加害行為の違法の確認である。

(b) 結果違法説

結果違法説とは，被害者の受けた被害という結果に着目して，そこから加害行為が違法であるかどうかを判断するものである。もう少し具体的に言うと，「加害行為の性質・態様と被害の種類・内容を相関的に考慮して」違法性を判断するという説である。相関関係説とも呼ばれる[6]。

上記のように，法規違反説が妥当であると思われるが，国家賠償訴訟では，金銭的な償いが行われるだけで，行政の行為は取り消されないのであるから，相関関係説の趣旨を生かすとすると，行為違法説の意味での違法性があるとは断定できないが，被害が重大である場合には，この点を加味して国家賠償法1条1項の意味での違法性を判断することが考えられる。

---

[6] 結果違法説には，被害という結果のみから違法性を判断する説（純粋結果違法説）も考えられるが，国家賠償法の世界では，「公権力の行使の違法性」が要件になっているので，この純粋結果違法説は成り立たないだろう。

(c) 行政内部規範の違反と違法性判断

設問 警察官が，夜間，パトカーで町中をパトロールしていたところ，ライトをつけずに走行している不審な自動車を見つけ，スピーカーを用いて停車を命じた。しかし，その自動車は逃走を企て，パトカーの追跡を振り切るためますますスピードを上げ，パトカーもサイレンを鳴らしながらこれを追った。自動車は，結局繁華街に逃げ込み，通行人を次々とはね，重軽傷を負わせた。このような追跡行為は，国家賠償法上違法となるか。

この設問では，1つの前提がある。それは，警察官の追跡行為が警察内部において作られている追跡の基準に違反していたということである。そうすると問題は，この基準違反が国家賠償法1条1項の違法に当たるかどうかである。

この点，(a)で述べたように，違法とは，法律・条例などの法規範に違反することを指す。この理屈を堅持すると，上記の基準のような行政の内部で作られた対外的拘束力を有しない規範（行政内部規範）に対する違反は，国家賠償法1条1項に言う違法ではない。

ところが，国家賠償法の分野ではかねてから，同法上の違法性は行政の措置が客観的ないし社会的正当性を欠く場合をも含むと言われてきた。厳密な意味での違法性がなくとも，同法上の違法性が認められることがあるというわけである。もっとも，客観的ないし社会的正当性を欠く場合とはどのような場合かははっきりしていない。行政内部規範に対する違反もこれに含まれると考えると，設問の警察官の追跡行為は違法だということになるだろう。

この点で参考になるのは，最高裁判所1986（昭和61）年2月27日判決である。この判決は，パトカーにより追跡された自動車が事故を起こしたため，被害者がパトカーの属する県に対し賠償を求めたという事件である。この事件において，最高裁判所は次のように判示している。

> **最高裁判所1986（昭和61）年2月27日判決**
> 「追跡行為が違法であるというためには，右追跡が当該職務目的を遂行する上で不必要であるか，又は逃走車両の逃走の態様及び道路交通状況等から予測される被害発生の具体的危険性の有無及び内容に照らし，追跡の開始・継続若しくは追跡の方法が不相当であることを要する」。

この判決は，行政内部的規範の違背をもって違法とするものではないが，法規範違反ではなく，追跡行為の不必要性・不相当性をもって違法としている点，つまり厳密な意味での違法性がなくても，国家賠償法上の違法性を認めている

点で、ここでは参考となる。
(d) 義務違反的構成と職務行為基準説
　以上の説明では、行為違法説とくに法規違反説に立ち、その上で違法性を広く捉える余地を探ってみたのであるが、裁判例では、次に述べるように、義務違反的構成ないし職務行為基準説という考え方がとられている。いずれも、行政の行為に着目する点では行為違法説に属するものであるが、違法性が認められる余地が狭くなっている。

　(ア)　**義務違反的構成**　　義務違反的構成とは、国家賠償法1条の違法性を法的義務違反と解する考え方である。この考え方の先駆は、次の判決である。

> **最高裁判所1985（昭和60）年11月21日判決＝在宅投票制度廃止違憲訴訟**
> 「国家賠償法1条1項は、国又は公共団体の公権力の行使に当たる公務員が個別の国民に対して負担する職務上の法的義務に違背して当該国民に損害を加えたときに、国又は公共団体がこれを賠償する責に任ずることを規定するものである。」

　この判決は、国家賠償法1条1項が「故意又は過失によつて違法に」と書いているところを、「個別の国民に対して負担する職務上の法的義務に違背して」と読んでいるのである。つまり、この義務違反的構成は、故意過失と違法性を一体的に判断する考え方である。

　この判決は、立法の不作為に関するものであり、また取消違法との関係には触れていないが、その後、この義務違反的構成は一般の行政活動についても適用され、かつ取消違法があっても国賠違法を認めない場合に用いられている（例えば、東京地方裁判所1989（平成元）年3月29日判決）。

　(イ)　**職務行為基準説**　　国賠違法を限定するもう1つの考え方は、いわゆる職務行為基準説である。この説は、例えば検察官の公訴の提起・追行について適用されるもので、「無罪の判決が確定したというだけで直ちに……違法となることはな」く、「起訴時あるいは公訴追行時における検察官の心証は、その性質上、……起訴時あるいは公訴追行時における各種の証拠資料を総合勘案して合理的な判断過程により有罪と認められる嫌疑があれば足りる」（最高裁判所1978（昭和53）年10月20日判決＝芦別国家賠償請求事件）というものである。

　この職務行為基準説も、通常の行政活動に適用されることがある。次の判決は、所得税の確定申告に対する更正処分についてこの説を適用している。

> 最高裁判所 1993（平成 5）年 3 月 11 日判決＝奈良民商事件
> 「税務署長のする所得税の更正は，所得金額を過大に認定していたとしても，そのことから直ちに国家賠償法 1 条 1 項にいう違法があったとの評価を受けるものではなく，税務署長が……職務上通常尽くすべき注意義務を尽くすことなく漫然と更正をしたと認め得るような事情がある場合に限り，右の評価を受けるものと解するのが相当である。」

この職務行為基準説も，違法判断において，注意義務を（十分に）尽くしたかどうかを問題にするもので，やはり故意過失と違法性を一体的に判断する考え方である。

(ウ)　**義務違反的構成と職務行為基準説の違いと共通性**　義務違反的構成は公務員の義務違反をもって違法（かつ故意または過失あり）と判断するものである。ここでは，そこで言う義務とは何かという問題がある。これに対し，職務行為基準説は，公務員が注意義務を尽くさなかったことをもって違法とするもので，問題となる義務は注意義務であり，かつ注意義務を職務上要求される程度に尽くしたかという程度を問題にするものである（従って，両者は違うものであろうと思うが，裁判例では区別されておらず，区別しない学説も多い）。

いずれの説も，故意過失と違法性とを一体的に判断するものであり，結果的には，違法性が認められる余地を狭めるものである。そうであるとすると，この判断の透明性と説得性を高める必要があり，そのためには，話は出発点に立ち帰ることになるが，違法性と故意過失とを別々に判断する方がよいのではないだろうか（検察官の公訴提起は，無罪判決が出ても，通常適法であると考えられるので，職務行為基準説が適合的である)[7]。

(e)　**国賠違法と取消違法**

以上で説明したように，国家賠償法 1 条 1 項の違法（以下では国賠違法という）の理解の仕方については複数の説がある。この国賠違法に関し議論があるのは，取消訴訟でいう違法（以下では取消違法という）との関係である。取消違法が法規範に対する違反であることはまず問題がないところであるが，取消訴訟でそれが認められあるいは認められなかった場合に，この判断は国家賠償訴

---

[7]　職務行為基準説は，従来は国民の国家賠償請求を否認する場合に用いられるものであった。しかし近年，職務行為基準説を採るが国家賠償請求を認める判決も出るようになっている（最高裁判所 2007（平成 19）年 11 月 1 日判決＝在韓被爆者国家賠償請求事件）。

訟にどう影響するのだろうか。国賠違法の捉え方により，次の3つの場合に分けることができる（ここでは，取消訴訟の判決が出たあとで国家賠償訴訟の判決が出るという事態を想定している。取消訴訟には出訴期間があるから，この順序になることが多いだろう）。

① 国賠違法につき行為違法説のうちの法規違反説を採ると，国賠違法と取消違法は一致するから（違法性一元説），取消訴訟の勝ち負けで国家賠償訴訟での勝ち負けが決まる。この事態は，取消訴訟の判決の既判力を使って説明できる。

② 国賠違法につき法規違反説を採るが，損害が重大である場合や内規違反がある場合にも違法性を認める余地があるとの説を採ると，国賠違法が取消違法よりも広い場合があることになる（一種の違法性相対説）。そうすると，取消訴訟で違法が認められなくても，国家賠償訴訟で違法が認められる可能性が生まれる。

③ 国賠違法につき義務違反的構成や職務行為基準説を採ると，国賠違法は取消違法よりも狭い（これも一種の違法性相対説である）。そうすると，取消訴訟で違法が認められても，国家賠償訴訟で違法が認められないことがあり得る[8]。

訴訟が異なればそこで問題になる違法性の意味内容も異なるという点（「違法の相対性」という表現が使われる）で参考になるのは，最高裁判所1995（平成7）年7月7日判決＝国道43号線訴訟である。この事件は，大阪と神戸の間の国道43号線の沿道の住民が，騒音・振動・排気ガスなどの被害を理由に，国と阪神高速道路公団（当時）に対し，国家賠償法1条・2条に基づく損害賠償と道路の供用の差止めを求めたものである。この事件で，最高裁判所は，差止訴訟と損害賠償訴訟とでは「〔それぞれにおける〕違法性の有無の判断に差異が生じることがあっても不合理とはいえない。」と判示している。

この判示は，取消違法ではなく民事差止訴訟における違法（差止違法）と国賠違法の関係に関するものだが，取消違法と国賠違法の関係を考える上でも参考になる（もっとも，この理屈は差止請求を退けるに当たり用いられたものだった。

---

8) 前記の最高裁判所1993（平成5）年3月11日判決＝奈良民商事件がその例である。比較的最近の判決としては，最高裁判所2008（平成20）年2月19日判決＝メイプルソープ事件がある。

(4) 故意・過失

(a) 故意・過失の意味

国家賠償法1条1項は，「国又は公共団体の公権力の行使に当る公務員が，……故意又は過失によって違法に他人に損害を加えたときは，国又は公共団体が，これを賠償する責に任ずる。」と定めているので，加害者である公務員に故意または過失のあったことが公権力行使責任が認められるための1つの要件である。違法性と同様，故意または過失も公権力行使責任の1つの基幹的要件である。

もともとは，故意とは，損害を与えることを知りながらあえてある行為を行い，他人に損害を与えることであり，過失とは，損害を与えることを知るべきであったが不注意でそれを知らずある行為を行い，他人に損害を与えることである。

故意・過失という概念は，刑法においても登場する。刑法では，故意の行為のみが罰せられ，過失の行為は罰せられないのが原則であるが，損害賠償責任は，民法による場合も，国家賠償法1条による場合も，故意の行為のほか過失の行為についても生じる。実際には，故意を理由に損害賠償責任が認められることは少なく，過失を理由に損害賠償責任が認められることが多いので，以下では，過失について説明する。

(b) 過失責任主義

損害賠償の世界では，過失の行為のみならず，無過失の行為についても，賠償責任が認められる場合があり，またこの無過失責任を広く認めるべきであるという主張もある。しかし，国家賠償法1条1項は，過失責任主義を採用している。その理由としては，次の3つのことが考えられる。

① 過失を要件とする民事不法行為責任とのバランスをとること。

② 過失を要件にしない場合の国・公共団体の財政上の負担の増大が考慮されたこと。

③ 代位責任説に立つと，国・公共団体は本来公務員が負うべき不法行為責任を引き受けることになるが，この不法行為責任の成立のためには，民法の不法行為に関する規定により故意・過失が要件となること（民法709条を参照）。

(c) 過失の客観化

過失があるかどうかは，本来は加害者の心理状態という主観的な事情によって決まるものであるが，民法上も，近年は客観的に捉えられるようになっている。すなわち，過失は客観的な注意義務または行為義務に対する違反と捉えられ，注意義務の程度は，個々の行為者の主観的な能力ではなく，標準人を基準にして決せられるものとされている。国家賠償法の過失判断の場合の注意義務の程度は，当該職務に従事する標準的・平均的な公務員に対して社会通念上要求される能力が基準になる。

(d) 過失の有無の判断基準

過失とは，前述のように，客観的な注意義務違反であるが，裁判例を整理すると，それは，損害発生についての予見可能性と回避可能性があった場合に認められている。つまり，この予見可能性と回避可能性の両方が揃っていてはじめて過失があると認められる。いずれかがなければ，過失は認められない[9]。

もっとも，損害の回避可能性が問題となることは実際にはあまりない。これは，国家賠償法1条1項の適用対象である権力的活動（公権力の行使に当たる行為）においては，予見可能な損害である限り，公務員が注意をすれば，これを回避することが可能なことが多いからであろう。

設問 市立小学校で，教員が，いじめの中心的役割を果たしていた児童に叱責を加えたところ，その児童が精神的ショックで登校拒否に陥った。叱責を行った教員には過失が認められるか。

前述のように過失が認められるためには，被害発生についての予見可能性と回避可能性がなければならない。この事件で言うと，叱責による精神的ショックのために登校拒否が生じるということについて予見可能性と回避可能性があったかどうかということが問題になる。この判断は個々のケースに即して行う必要があり，結論は個々のケースによって異なるものであるから，この設問について，そこで示されている事実関係だけで，予見可能性と回避可能性

---

9) 過失は，結果（損害）発生の予見可能性がある場合における結果回避義務の違反と理解されることも多いが，結果回避義務は，予見可能性と回避可能性があってはじめて認められるものであろう。また，予見可能性と回避可能性に関する本文の説明は，これらについての証明責任が必ず原告にあることを意味するものではない。予見可能性と回避可能性の証明責任については，国家賠償法2条による営造物管理責任との関係で，419頁(ウ)で触れるので，それを参考にしていただきたい。

の有無を断定することはできない。ただ少なくとも，同じ学校で過去において同様の事件があったとか，他校で同様の事件があったことが広く知られていたというような事情があれば，予見可能性が認められることになろう。そして，予見可能性があれば，この事件では，回避可能性は認められるだろう。被害を予見できる場合には，教員としては，叱責のやり方を工夫することによって被害の発生を回避できるからである。

(e) 誰について過失が認定されるか

過失の認定は，基本的には，加害公務員に過失があったかどうかという形で問題になる。では，加害公務員とは誰かという問題がある。この問題は，行政処分のような法行為と警察官の取締行為のような事実行為とに分けて考えることができる。前者の場合，加害公務員は，行政処分などの行為を行う権限を持った行政庁である。他方，後者の事実行為の場合，加害公務員は，当該事実行為を行った公務員である。もう少し分かりやすく言うと，行政処分の場合には，法律上それについて権限を持っている大臣や地方公共団体の長などが加害公務員であり，彼らについて過失の認定が行われる。これに対して，事実行為の場合は，直接に国民と接する第一線の公務員が加害公務員であり，彼らについて過失の認定が行われる。

(f) 組 織 過 失

設問　宅地建物取引業を営んでいるＡ氏が同法に反する行為を繰り返したことを理由に，県知事は，Ａ氏に対し営業停止を命じる行政処分を行った。しかし，その後，県の職員による調査に誤りがあったことが判明した。Ａ氏が，事実誤認を理由に営業停止処分が違法であったと主張して国家賠償訴訟を起こした場合，県知事には過失が認められるか。

この設問の論点は，加害行為である行政処分（営業停止命令）を行ったのは県知事であるが，ミスは部下の職員が犯していたという点である。見方によっては，県知事には過失はないということになるが，近年は，部下つまり補助機関に過失があれば国家賠償法1条1項の過失の要件は充たされると理解されるようになっている。このように捉えられる過失を「組織過失」と言う。

この組織過失という考え方の具体的な表れをもう少し見ておこう。

まず，デモ隊を取締中の警察の機動隊員がデモの参加者に暴行を加えたという事件につき，機動隊の隊長について過失を認めた例がある（東京地方裁判所

1964（昭和39）年6月19日判決＝安保教授団事件）。これは，事実行為について直接の加害者の上司に着目して過失の有無を判断するものである。

　もう1つ例を挙げると，国公立学校でのクラブ活動中の事故については，通例は顧問の教員に過失があったかどうかということが問題になるが，例えば野球部とハンドボール部が同じグラウンドで練習していたところ，野球部員の打った打球がハンドボール部員に当たり負傷したという事件では，ある判決は，校長は「事故防止のための人的物的な仕組みないし体制の確立と実行を具体的に指示し，もって事故の発生を未然に防止すべき注意義務を負担している」が，校長は「不充分且つ危険な練習体制をその儘放置した」として，校長の過失を認めている（福岡地方裁判所小倉支部1984（昭和59）年1月17日判決）。

　このように，国家賠償法1条1項の過失の有無の判断は，直接の加害公務員についてのみならず，上司や部下についても行われる。このことをもっと一般化して言うと，過失の判断は組織全体について行われるのである。

　(g)　**大臣の過失**

　過失の有無は，通例は上記のように，行政庁・直接の加害公務員・部下・上司について判断される。ところが，予防接種被害に関する訴訟では，これとは異なる過失判断が行われた。

　予防接種被害に対しては，いくつかの大規模な訴訟が提起されたが，地方裁判所段階では損失補償が認められた（429頁(c)で説明する）。これは，予防接種被害については，接種担当者の過失を認定することができなかったからである。これに対し，控訴審の諸判決は，予防接種行政の最終の責任者である厚生大臣（当時）について過失を認め，国に損害賠償を命じるとともに，損失補償の余地を否定した（東京高等裁判所1992（平成4）年12月18日判決，福岡高等裁判所1993（平成5）年8月10日判決，大阪高等裁判所1994（平成6）年3月16日判決）。

　予防接種は全国各地で市町村により実施されていたものであるが，大臣ないし中央官庁の責任部局が定めていた予防接種の実施体制に誤りがあり，それが被害発生の原因になっていたのであれば，大臣の過失を認めることは間違いではない。この大臣の過失は上記の組織過失の極限にあるものと言えよう。

　(h)　**加害公務員の特定の要否**

　前述したように（384頁Ⅱ），公権力行使責任の性質については，代位責任説と自己責任説とがあるが，代位責任説は，公権力行使責任を，加害者である公

務員が負うべき賠償責任を国・公共団体が代位したものと捉える。この説によると，国・公共団体の賠償責任が認められるためには，加害公務員を特定しその公務員に過失があったことを証明する必要があると言えそうである。他方，自己責任説に立つとこの必要性はない。ここに，代位責任説と自己責任説の対立の1つの意味があると言える。

もっとも今日では，上述のように，過失は客観的に捉えられ，組織過失や「大臣の過失」が認められるようになっているので，たとえ代位責任説に立っても，加害公務員を特定してその公務員に過失があったことを証明する必要はないだろう。

裁判例を見ると，デモ隊を取締中の警察の機動隊員がデモの参加者に暴行を加えたという事件につき，自己責任説に立ってこの法理を認めた下級審判決があるが（前掲の東京地方裁判所判決＝安保教授団事件），その後，最高裁判所は，両説の対立にはふれず次のように述べてこの法理を認めるに至った。

> **最高裁判所 1982（昭和 57）年 4 月 1 日判決**
> 「国又は公共団体の公務員による一連の職務上の行為の過程において他人に被害を生ぜしめた場合において，それが具体的にどの公務員のどのような違法行為によるものであるかを特定することができなくても，……国又は公共団体は，加害行為不特定の故をもって国家賠償法又は民法上の損害賠償責任を免れることができないと解するのが相当であ」る。
> 〔……の部分では，国・公共団体が責任を負うための条件が書かれているが，分かりにくいので省略した。〕

(5) 過失と違法性との関係

本来，違法性とは客観的な法規範違反であり，過失とは公務員の主観的な事情にかかわるものであるから，両者は異質のものである。しかし，396 頁(C)で述べたように，過失が客観的な注意義務違反として捉えられるようになっているため，過失と違法性との間には，次のような関係が生じている。

第1に，違法性と過失のいずれかが存在すれば，国・公共団体の賠償責任が認められることがある。例えば，警察官による暴行事件などでは，違法性があれば賠償責任が認められ，他方，学校事故では，過失があれば賠償責任が認められている。裁判例は，この点については理由を述べていないが，学校事故に

ついて言うと,学校での教育活動のやり方については法律の規定がないので,違法性が問題にならないという事情があるのではないかと思われる。ちなみに,体罰に関する事件では,原告がその違法を主張するようである。これは,学校教育法11条但書に体罰禁止規定があるためであるのかもしれない。

　第2に,違法性があることから過失の存在が認定されたり,あるいは逆に,過失があることから違法性の存在が認定されたりすることがある。違法性と過失のいずれかが存在すればよいと言うことができるのであれば,違法性があれば過失があるとか,過失があれば違法性があるという理屈もそう無理なものではないということになる。

　例えば最高裁判所1997(平成9)年8月29日判決＝家永教科書検定国賠訴訟は「文部大臣が右修正意見……を付した過程に看過し難い過誤〔つまり違法性〕があること前示のとおり……であるから,文部大臣は,その職務を行うについて,上告人〔教科書の執筆者〕に対し,故意又は過失によって違法に損害を加えたものというべき」だと述べている。

Ⅴ　規制権限の不行使による国家賠償責任

　1970年代後半くらいから,規制権限の不行使によって損害を被った人たちによる訴訟の判決が注目を浴びるようになった。例えば,「スモン訴訟」と呼ばれる訴訟がある。これは,整腸剤であるキノホルム製剤の大量投与により重大な後遺症被害を受けた6000人を超える人たちが全国各地で起こした訴訟である。各地方裁判所は,厚生大臣(当時)が被害の発生を回避するための規制権限(製薬会社に与えた薬品の製造承認の撤回などの権限)を行使しなかったことが違法であるとして,国の賠償責任を認め,1978年から1979年の2年間で国は9連敗を喫した。

　以下,この規制権限の不行使による国家賠償責任(以下では,規制権限不行使責任と言う)について説明する。

(1)　問題となる規制権限の不行使

　規制権限の行使とは,例えば公害を発生させる工場に対する操業停止命令や施設改善命令などである。こうした権限は,もともと特定の個人の権利利益の

V 規制権限の不行使による国家賠償責任

保護のためではなく，国民・住民全体の利益つまり公益の保護のために認められているものであるが，近年その不行使に対しては訴訟による救済が認められているのである。

規制権限の不行使に対する行政訴訟としては非申請型義務付け訴訟（352頁(2)を参照）があるが，これは行政庁が行使しようとしない規制権限の行使を求めるための訴訟である。これに対し，規制権限の不行使により国民の側に損害が発生した場合には，国家賠償責任を問うことができる。これが，今から述べる規制権限不行使責任の問題である。

なお，規制権限の不行使がある場合には，国民は上記の両方の救済手段に訴えることができる。両方を同時に利用することも考えられるが，義務付け訴訟はうまくいかなかったので，あとから損害賠償を求めたいということもあるだろう。

規制権限不行使責任については，国家賠償法に特別の規定があるわけではなく，本講ですでに説明した公権力行使責任を定める国家賠償法1条が適用される。ただ，規制権限不行使責任については，公権力の積極的行使による国家賠償責任とは異なる法的取扱いが学説や裁判例で認められている。以下では，この点を説明する。

(2) 違法性
(a) 規制権限行使の裁量性

規制権限不行使責任についてまず問題となるのは違法性である。つまり，法律は，規制権限の行使を行政庁に授権する場合，「営業停止を命じることができる」というように，権限は与えるが義務づけはしないのが通例である。この場合，その権限を行使するかどうかについての裁量が行政庁に認められ，行政庁が権限を行使しなくても，通例は違法ではない。しかし，行政庁が権限を行使していれば国民は損害を被らなくてもすんだというような場合には，権限を行使しなかったことが違法ではないとは必ずしも言えない。そこで，いかなる場合に規制権限の不行使が違法になるかということが問題になる。

この問題については，最高裁判所と地方裁判所・高等裁判所の下級審とでは異なる判断基準を示しているので，分けて説明する。

(b) 最高裁判所の判例

最高裁判所は，次のような違法性の判断基準を提示している。

> **最高裁判所 2004（平成 16）年 10 月 15 日判決＝関西水俣病訴訟**
> 「国又は公共団体の公務員による規制権限の不行使は，その権限を定めた法令の趣旨，目的や，その権限の性質等に照らし，具体的事情の下において，その不行使が許容される限度を逸脱して著しく合理性を欠くと認められるときは，その不行使により被害を受けた者との関係において，国家賠償法 1 条 1 項の適用上違法となるものと解するのが相当である（……）。」
> 〔最高裁判所 2004（平成 16）年 4 月 27 日判決＝筑豊じん肺訴訟も同じである〕

最高裁判所は，従前よりこの抽象的な基準を用いてきた。また，この基準は最高裁判所が被害者である原告の賠償請求を退ける場合に用いてきたものであった（もっとも，この最高裁判決自身は，この基準をとりつつも原告の請求を認めた点において意味がある）。

(c) 下級審の裁判例における違法性判断基準

下級審の裁判例では，より具体的な基準が用いられることが多い。例えば，豊田商事事件に関する大阪地方裁判所の判決は，次のように違法性判断基準を整理している。

> **大阪地方裁判所 1993（平成 5）年 10 月 6 日判決＝豊田商事事件**
> 「(1) 当該個別の国民の生命，身体，健康，並びにこれらに匹敵するほど重要な財産等に具体的危険が切迫していたといえるか（危険の切迫），(2) 当該公務員が右危険を知り又は容易に知りうる状態にあったといえるか（予見可能性），(3) 当該公務員が当該規制権限の行使により容易に結果を回避しえたといえるか（結果回避可能性），(4) 当該公務員が当該規制権限を行使しなければ結果発生を防止しえなかったといえるか（補充性），(5) 国民が当該公務員による当該規制権限の行使を要請ないし期待している状況にあったといえるか（国民の期待）等の諸点を総合考慮すべきものと解するのが相当である。」

この判決中の(1)の基準については，スモン訴訟など規制権限不行使責任が問題となり始めた時期の裁判例は，生命・身体・健康への危険のみを挙げていた。また，財産に対する危険を挙げるが重大なそれに限定するものもあった。この判決もそのような考え方に立つものである。しかし，近年は，「重大な」という限定は外されるようになってきている。財産といっても，生命・身体・健康

といったものに劣らず国・公共団体の保護を必要とするものがあるから，当然のことだろう。

(2)・(3)の基準は，予見可能性と回避可能性であるが，判決は，いずれについても「容易に」という付加的制約を加味しており，慎重である。しかし，事案によっては，この付加的制約を外すことも考えられるところである。この点では，前記の関西水俣病訴訟・最高裁判決が，一般論は先例に従いつつも，具体的判断においては，該当部分の紹介は省略したが，付加的制約を加えず予見可能性と回避可能性の枠組みを適用して国などの権限不行使を違法としていることが参考になる。

(3) 反射的利益

規制権限不行使責任が認められるかどうかに関して，もう1つ問題となるのは反射的利益論である。すなわち，スモン訴訟などにおいて，国は，規制権限の行使は公の利益のために認められたものであり，個々人の利益のために認められたものではないから，国の規制権限の行使により被害者が被害を受けることがなかったであろうとしてもその利益は反射的利益であると主張した。

反射的利益とは，権利と対をなす概念であり，権利が法的保護を受ける利益であるのに対し，反射的利益とは法的保護を認められない利益を指す。権利と反射的利益の区別は，もともと取消訴訟などの原告適格との関連でその役割を果たしてきたものである。すなわち，権利を侵害される者には原告適格が認められるが，反射的利益を侵害されるにすぎない者には原告適格が認められない。

この反射的利益の観念を国家賠償法の世界に持ち込むことを拒否する説がある。理由は，反射的利益の観念がもともと取消訴訟などの原告適格との関係で用いられてきたものであることである。

しかし，国家賠償法の世界でもこの反射的利益の観念の存在の余地を認めることができるのではないだろうか。例えば，道路利用の利益は反射的利益の古典的な例であるが（次頁の コラム を参照），それが侵害されても，取消訴訟においてはもちろん，国家賠償訴訟においても保護を受けることができないだろう。つまり，反射的利益は，取消訴訟においても国家賠償訴訟においても，意味のある概念である。一般的に言っても，取消訴訟という法的手段によって保護されない利益を反射的利益と言うのであれば，国家賠償訴訟という法的手段

によって保護されない利益を反射的利益と言うこともできる。

　もっとも，反射的利益の観念を国家賠償訴訟において用いることは間違いではないだろうが，両訴訟の機能は違うから，それぞれにおける反射的利益の観念の意味に違いがあってもおかしくはない。

　国家賠償訴訟では，濫訴の弊は問題にならないだろうから（国家賠償訴訟を起こすためには現に損害を被っている必要があるからである），法的保護利益は取消訴訟におけるよりも広く認められるだろう。また，反射的利益であるか否かが最もよく問題になっている人の生命・身体・健康の利益は，行政活動において常に考慮・尊重されるべきものであるから，国家賠償法上，法的保護利益と解されなければなるまい。関西水俣病訴訟・最高裁判決（前掲）は，旧工場排水規制法に基づく特定施設の使用の一時停止を命ずるなどの規制権限を「当該水域の水質の悪化にかかわりのある周辺住民の生命，健康の保護をその主要な目的の一つとして，適時にかつ適切に行使されるべきもの」と解している。これはこの趣旨のものであろう。

> **コラム**　**名勝指定によるみやげ物屋の利益と反射的利益**　広島県の三段峡は戦前以来「名勝」（1953年からは文化財保護法上の「特別名勝」）に指定されていたが，1953年，電力会社がその上流部にダムを造るため現状変更の許可の申請をした。これに対し地元住民が取消訴訟を提起し，観光地としての利益が侵害されると主張した。この事件で，東京地方裁判所1955（昭和30）年10月14日判決は，特別名勝の指定により特産物等の販売店や旅館の営業主に売上げ増加の利益を来すことがあってもそれは指定による反射的利益である，と判示した。この「みやげ物屋の利益」は，反射的利益の例としてよく挙げられる。類型的に反射的利益とされるものとしては，道路の通行などの公共施設の自由使用の利益，警察許可の１つである営業許可（これらの許可については99頁**付論❿**を参照）による利益および公的規制による利益がある。営業許可の１つである公衆浴場業の許可について既存業者の営業上の利益を法的利益として認めた判決として最高裁判所1962（昭和37）年１月19日判決がある。また，公的規制の１つである犯罪の捜査および検察官による公訴権の行使により被害者の受ける利益が法律上保護された利益ではないことについては，最高裁判所1990（平成2）年２月20日判決がある。

VI 公務員個人の賠償責任

　国・公共団体の公務遂行上国民が被った損害については，IVで述べたような要件の下で国・公共団体が賠償責任を負うが，加害者である公務員も賠償責任を負わないわけではない。加害者である公務員が負うべき賠償責任には，次の2つのものがある。

(1) 内部的責任（求償権）

> **国家賠償法1条【公権力の行使に基づく損害の賠償責任，求償権】**
> ② 前項の場合において，公務員に故意又は重大な過失があったときは，国又は公共団体は，その公務員に対して求償権を有する。

　「前項の場合」とは，国家賠償法1条1項により国・公共団体が賠償責任を負う場合である。この場合に，加害者である公務員に故意または重大な過失があれば，国・公共団体は，被害者に支払う損害賠償金の全部または一部を加害者である公務員に支払うよう求めることができる。
　しかし，この求償権の制度は，実際上あまり用いられていないようである（求償権に関する事件として，浦和地方裁判所1996（平成8）年6月24日判決)[10]。

(2) 被害者に対する直接の賠償責任
(a) 否定説と肯定説

　では，加害者である公務員が直接に被害者に対して損害賠償責任を負うことがあるだろうか。裁判例では，この公務員個人の賠償責任を否定するものが多数を占めている（最高裁判所1978（昭和53）年10月20日判決＝芦別国家賠償請求事件など）。

---

[10] この他，旧防衛庁の職員が，同庁に対して情報公開請求をした人の個人情報をリストにまとめ，庁内で配布したことに対し，国民がプライバシーの侵害などを理由に国家賠償請求訴訟を提起し，賠償が認められたので，国は，判決をうけて，リストを作成した職員に対して求償権を行使し，賠償金相当額を支払わせたという事件がある（朝日新聞2008年8月14日朝刊による）。

これに対し，学説上はこの問題について，肯定説と否定説が併存している。

まず，Ⅱで述べたように，国・公共団体の賠償責任の性質については，代位責任説と自己責任説とがあるが，代位責任説をとる説においては，公務員個人の賠償責任は，国・公共団体の賠償責任に吸収されるので，もはや存在の余地がないことになる。他方，自己責任説をとる説においては，この国・公共団体の賠償責任とは別の次元で，公務員個人の賠償責任を考えることが可能である。

(b) **公務員個人の賠償責任の要件**

では，この肯定説に立つと，公務員はいかなる要件があれば，被害者に対して賠償責任を負うことになるのか。

公務員個人の賠償責任を肯定する場合，その法的根拠は民法709条なので，故意または過失がその要件になりそうである。しかし，(1)で説明したように，内部的な求償権の要件が故意または重過失であることを考慮し，また個人責任の制度を求償権の制度の機能不全を補完するものと見ると，個人責任の要件も，公務員の故意または重過失とする考え方が成り立つ。また，「故意による職権濫用行為」がある場合に限って個人責任を認める説も主張されている。

いずれにせよ，個人責任肯定説をとる場合においても，個人責任が認められるのはごく限られた場合（とりあえず故意重過失領域と言う）である。つまり個人責任の成否をめぐって肯定説と否定説が対立しているのは，この限られた故意重過失領域においてである。

▶設問　公立中学校の教員Ｙは，生徒Ｘに対し，喫煙を続けるなど素行が悪いことを理由に，殴る蹴るの体罰を加え，その結果Ｘは，骨折をするなどの重傷を負った。この場合，Ｙは，Ｘに対して損害賠償責任を負うか。

公務員個人の賠償責任を肯定する説に立つと，この事件でＹが賠償責任を負うかどうかは，体罰という名の加害行為が故意または重過失あるいは「故意による職権濫用行為」に該当するかどうかにかかることになる。

(c) **個人責任否定説と公務員の個人責任**

では，公務員個人の賠償責任を否定する説に立つと，上記の 設問 でＹはまったく賠償責任を問われることがないかというとそうではない。つまり，Ｙの行為が職務を逸脱した行為であると考えると（この 設問 ではそうは言えないようであるが），国家賠償法1条1項の適用がなく，国・公共団体の賠償責任は生

じないが（387頁(1)を参照），その代わりに，民法が適用され，故意または過失があればYに賠償責任が生じることになる。個人責任否定説においても，このような形での個人責任の追及の仕方があることに注意すべきである。

この点で，東京高等裁判所1986（昭和61）年8月6日判決＝警察官不当逮捕偽証工作事件は，興味深く参考になる。事件は，警察官が，違法運転者の逮捕に関し，①自分の友人を目撃者に仕立て虚偽の供述をさせ，②逮捕手続書に虚偽の事実を記載し，また，③他の捜査機関（警察・検察）や裁判所でも虚偽の供述をしたというものである。判決は，①および②については「職務を行うについてした不法行為」として都道府県の責任を認め，他方，③は，「職務を行うについてした行為」には該当しないとして，国家賠償法1条1項を適用せず，民法を適用して警察官個人の責任を認めた。

この判決は，一連の行為を職務行為（公務）とそれに当たらない行為とに分け，前者については国家賠償責任を認めて被害者の救済を図るとともに，後者については民法の適用により個人責任を認めて公務員に対して制裁を加えているのである。まことに「苦心の判決」である（今村成和（畠山武道補訂）『行政法入門』（第9版，2012）190頁）。

なお，逸脱行為（387頁(1)を参照）について国家賠償責任が肯定されることがある。最高裁判所1956（昭和31）年11月30日判決（388頁(2)を参照）がその代表例である。ところが，逸脱行為については本来個人責任が認められるのであるから，一般的には国家賠償につき個人責任否定説をとるとしても，逸脱行為についてあえて国家賠償責任を認める場合には同時に個人責任を認める余地があるのではないかと思われる。

逸脱行為については個人責任否定説を採っても個人責任が認められるとすると，個人責任の肯定説と否定説が対立するのは，前記の故意重過失領域であって，かつ逸脱行為と言うほどには悪質ではない行為についてであるということになる。

Ⅶ 公権力行使責任の主体

(1) 国家賠償法3条1項

公権力行使責任を誰が負うかということは，通例は問題にならない。国や地

方公共団体の公務員が違法に国民に損害を与えた場合，責任を負うのは公務員が帰属する国・地方公共団体である。ただ，以下で述べるように，公立小・中学校の教員による事件などについては，少しややこしい問題がある。また，権限が国民（民間事業者）に移譲され私人によって行使された場合にも問題がある。

まず，この問題について定めている国家賠償法3条1項を見ておこう。

> **国家賠償法3条【賠償責任者】**
> ① 前2条〔国家賠償法1条および2条〕の規定によって国又は公共団体が損害を賠償する責に任ずる場合において，公務員の選任若しくは監督……と公務員の俸給，給与その他の費用……を負担する者とが異なるときは，費用を負担する者もまた，その損害を賠償する責に任ずる。

この規定は，公務員の選任・監督者と公務員の俸給等の費用負担者が異なる場合は，そのいずれもが損害賠償責任を負うことを定めている。被害者としては，いずれに対しても賠償を求めることができる。

なお，後述のように，公務員の選任者と監督者が異なることもある。

(2) 市町村立小・中学校における事件

市町村立の小・中学校で，教員の落ち度により児童・生徒がケガをするなどの事故があった場合，市町村と都道府県とが責任を負う。これは，次のような仕組みがあるためである。

まず，加害行為を行った市町村立小・中学校の教員は，市町村教育委員会の監督をうけ，市町村教育委員会その他職務上の上司の職務上の命令に従わなければならない（地方教育行政法43条1項・2項）。従って，市町村は，市町村立小・中学校での事故については，監督者として賠償責任を負う。

しかし，被害者は，都道府県に対しても責任を問うことが可能である。市町村立の小・中学校等の教職員は県費負担教職員と呼ばれ，その給料その他の給与は都道府県の負担であり（市町村立学校職員給与負担法），その任命権は，都道府県教育委員会に属する（地方教育行政法37条1項。43条3項も参照）。従って，都道府県も，費用負担者かつ選任者として賠償責任を負うのである。

なお，この都道府県の賠償責任に関し，最高裁判所2009（平成21）年10月23日判決は，市立中学校での事故につき賠償金を支払った県が国家賠償法3

条2項に基づく求償権の行使として市に対しその全額の支払を求めた事件において，損害を賠償するための費用も事務を行うために要する経費に含まれること，および学校教育法によると市町村が設置する中学校の経費については当該市町村が原則としてこれを負担すべきものとされていることなどを理由に，都道府県は，賠償した損害の全額を中学校の設置者である市町村に対して求償できるとしている。

(3) 私人に移譲された権限の違法行使

国・公共団体が行ってきた事務・事業が民営化されあるいは民間委託されることがある（事務の委託については，41頁(3)を参照）。では，私人に委託ないし委譲された行政権限が違法に行使され国民が損害を受けた場合，誰に対して責任を追及できるのであろうか。

県が社会福祉法人の児童養護施設に児童の養育監護を委託し，その施設においてその児童が他の児童から暴行を受けたという事件では，最高裁判所2007（平成19）年1月25日判決＝児童養護施設入所児童暴行事件は，次のように判示し，結論において，受託者である社会福祉法人の責任は認めず，委託者である県の賠償責任を認めている。

> **最高裁判所2007（平成19）年1月25日判決＝児童養護施設入所児童暴行事件**
> 「上記のような法〔児童福祉法〕の規定及び趣旨に照らせば，3号措置〔児童福祉法27条1項3号の措置〕に基づき児童養護施設に入所した児童に対する関係では，入所後の施設における養育監護は本来都道府県が行うべき事務であり，このような児童の養育監護に当たる児童養護施設の長は，3号措置に伴い，本来都道府県が有する公的な権限を委譲されてこれを都道府県のために行使するものと解される。〔原文改行〕したがって，都道府県による3号措置に基づき社会福祉法人の設置運営する児童養護施設に入所した児童に対する当該施設の職員等による養育監護行為は，都道府県の公権力の行使に当たる公務員の職務行為と解するのが相当である。」

また，建築基準法上の建築確認は指定確認検査機関（以下，検査機関と言う。民間企業である）によって行われることも認められているが，この検査機関による建築確認が違法であった場合，検査機関と本来建築確認の権限が帰属する地方公共団体とのいずれが責任を負うかという問題がある。

第 25 講　公権力の行使と国家賠償責任

　この問題に多少関係する判決として，最高裁判所 2005（平成 17）年 6 月 24 日決定がある。この決定は，建築確認に対する取消訴訟（被告は検査機関。行訴法 11 条 2 項を参照）を，行政事件訴訟法 21 条 1 項により，本来建築確認の権限が帰属する地方公共団体（市）に対する損害賠償請求訴訟に変更すること（訴えの変更）を認めたものである。これにより，この判決は，検査機関による違法な建築確認についての賠償責任が地方公共団体にあることを認めたもののようにも見える。他方，この判決は単に原告が要求した訴えの変更を認めただけで，地方公共団体に賠償責任があることまでは含意していないと解することもできるだろう。

第26講

営造物の設置・管理と国家賠償責任

I　営造物管理責任

　国家賠償法は，2つの賠償責任の類型を定めている。その1つが第25講で説明した「公権力の行使についての賠償責任」（公権力行使責任）であり，もう1つが本講で説明する「営造物の設置・管理についての賠償責任」（営造物管理責任または営造物責任）である。

　公権力行使責任とは異なり，営造物の設置・管理の分野では，戦前においても，工作物責任に関する民法717条を適用して，国・公共団体の賠償責任が認められていた（382頁①を参照）。国家賠償法2条1項は，改めて営造物の設置・管理の分野での国・公共団体の賠償責任を確認したものである。

II　営造物管理責任の性質——無過失責任

　営造物管理責任について，国家賠償法2条1項は，次のような規定をおいている。

> **国家賠償法2条【公の営造物の設置管理の瑕疵に基づく損害の賠償責任，求償権】**
> ①　道路，河川その他の公の営造物の設置又は管理に瑕疵があつたために他人に損害を生じたときは，国又は公共団体は，これを賠償する責に任ずる。

　この規定によると，営造物管理責任は，営造物の設置・管理に「瑕疵」がある場合に認められる。そして，この営造物の設置・管理の瑕疵について，最高

第 26 講　営造物の設置・管理と国家賠償責任

裁判所は，次のように述べている。

> **最高裁判所 1970（昭和 45）年 8 月 20 日判決＝高知落石事件**
> 「国家賠償法 2 条 1 項の営造物の設置または管理の瑕疵とは，営造物が通常有すべき安全性を欠いていることをいい，これに基づく国および公共団体の賠償責任については，その過失の存在を必要としない」。

　この最高裁判決に従うと，営造物の設置・管理の瑕疵とは，「営造物が通常有すべき安全性を欠いていること」，つまりそのような安全性が欠けているにもかかわらずそれを放置することを指すことになる。そして，この最高裁判決によると，この意味での瑕疵が認められるためには，営造物の設置・管理者である国・公共団体の過失を要件としない。すなわち，営造物管理責任は，過失を要件としない無過失責任だということになる[1]。このことは，この最高裁判決以来の確立した法原則になっているということができる。

　しかし，他方において，国家賠償法 2 条 1 項に関する裁判例を見ると，この瑕疵の有無の判断において，危険または損害発生の予見可能性と回避可能性があったかどうかを基準としている（この点は後述する）[2]。ところが，予見可能性と回避可能性は，過失の有無の判断基準である（396 頁 (d) を参照）。従って，同条 1 項の定める営造物管理責任は，無過失責任と言われるが，過失責任に類似した面がある。

　とはいえ，同条 1 項の定める営造物管理責任は，過失責任だと言うべきではないだろう。過失は要件ではないけれども，瑕疵の有無の判断においては，予見可能性と回避可能性があったかどうかが基準になると考えればよいのである。これらのいずれかが欠ければ損害の発生は不可抗力ということになるが，国家賠償法 2 条は，瑕疵を要件としているので，この不可抗力の場合にまで国・公共団体に賠償責任を負わせるものではあるまい。

---

1)　民法 717 条も「工作物の設置又は保存〔の〕瑕疵」を工作物責任が認められるための要件としているが，この工作物責任も（異説もあるようだが）判例・学説上無過失責任とされている。
2)　瑕疵を義務違反と構成する説もあるが，問題は瑕疵認定の具体的基準である。

III 国家賠償法 2 条 1 項の適用範囲——「公の営造物」

　営造物管理責任は，「公の営造物」の設置・管理に起因する損害について認められる。つまり，国家賠償法 2 条 1 項は，国・公共団体の活動のうちの「公の営造物」の設置・管理に当たるものについて適用される。それ故，「公の営造物」は，同条 1 項の適用範囲を示す基準である。

　では，営造物とはどのような物を指すのだろうか。一般的には，国・公共団体によって設置・管理され公の目的に供されている物，つまり講学上の公物（公共施設と言われる物を含む）を指す[3]。

　具体的には，次のような物が営造物として認められている。すなわち，道路・河川（これらは，同条 1 項で営造物の例として挙げられている），国公立学校の教育施設，旧国鉄時代の新幹線，国営空港，自衛隊機，公用車，警察官のピストルといったものである。動産であるか不動産であるか，人工公物であるか自然公物であるかを問わない。また，国・公共団体がこれらについて所有権や管理の権限を有しているかどうかも問わない。

> **設問** 70 年以上も前の戦争中に国有地に国が作った防空壕がその後放置されていたが，小学生がその防空壕あとの洞穴に入って遊んでいたところ崩れて生き埋めになり，重傷を負った。この場合，このかつての防空壕は営造物と言えるか。

　営造物は，正確に言うと「公の営造物」であり，公の目的のために用いられているものと解されるので，現在は公の目的のために用いられていないかつての防空壕のような物は，営造物には当たらない（東京高等裁判所 1993（平成 5）年 2 月 24 日判決）。一般的に言うと，公の目的のために用いられていない国公有の財産，つまり普通財産は営造物に当たらない。

　と言っても，普通財産に関して，国・公共団体は賠償責任を負わないわけではない。民法 717 条の工作物に当たる物による損害については，同条により賠償責任を負う。この場合も，工作物についての設置または保存の「瑕疵」の

---

[3] 行政法学上，伝統的に，国公立の学校・病院や刑務所のように，人的手段と物的手段の総合体を営造物と呼んできたが，国家賠償法 2 条 1 項の公の営造物の観念は，これとは異なり，人的手段を要素としない。従って，同条 1 項の公の営造物の観念は，伝統的な講学上の営造物の観念よりも広く，これを含むと言うことができよう。

あったことが賠償責任が認められるための要件である。

　このように，営造物に当たらなくても，工作物に当たれば，民法717条により損害賠償責任が認められ，しかも要件はいずれの場合も瑕疵であるので，営造物に当たるかどうかの問題にはそう大きな実益はない。

> **設問**　市立小学校で授業中，児童に配布した工作用のカッターの刃が折れ，児童がけがをした。工作用のカッターは営造物に当たるか。当たらなければどのような形で賠償責任を問うことができるか。

前述のように警察官のピストルが営造物に当たるとすると，配布された工作用のカッターも営造物であると解釈できる可能性がある。ただ，営造物とは道路や河川のような不動産を指すという解釈をとり，警察官のピストルはそれに当たらないという学説もある。この説に従うと，カッターも営造物とは言えないことになる。しかも，この場合は，民法717条の「工作物」とも言えない。そうすると，民法の不法行為責任規定の適用も考えられるところであるが，最高裁判所1987（昭和62）年2月6日判決（385頁を参照）に従うと，国家賠償法1条1項が適用されることになるだろう[4]。

Ⅳ　「設置・管理の瑕疵」

　国家賠償法2条1項は，国・公共団体の賠償責任の要件として，「公の営造物の設置又は管理の瑕疵」を挙げている。この他，相当因果関係の存在のように，同法では定められていないが民法上の損害賠償の要件とされているものも，同条に基づく国・公共団体の賠償責任の要件である。しかし，「設置又は管理の瑕疵」が最も重要な要件である。

(1)　「設置・管理の瑕疵」の意味
(a)　行為瑕疵説と営造物瑕疵説
　「設置・管理の瑕疵」という文言の意味については，営造物の設置・管理という行為に瑕疵がある場合を指すという説（行為瑕疵説）があるが，他方では，

---

[4]　国家賠償法1条1項を適用すると，故意または過失が要件になる。それよりも，無過失責任を定める同法2条1項を適用する方が被害者に有利ではないかという問題がある。ピストルも営造物だという説は，この点を配慮したものであろう。

営造物それ自体に瑕疵がある場合に営造物管理責任が認められるという説（営造物瑕疵説）もある。

　営造物瑕疵説は，営造物の設置・管理者の行為に落ち度がなくても，営造物自体に物的瑕疵があれば営造物管理責任を認めようとするもので，営造物管理責任が認められる範囲を広げるという狙いを持っている。しかし，営造物に物的欠陥はあるがその設置・管理上の措置に落ち度がないということはあまりないだろう。管理されず放置されていた山の中のつり橋が年月の経過により自然と腐朽したといっても，それは管理という行為が不十分であったためである。

　他方，営造物に物的欠陥はないがその設置・管理に落ち度があるという事態は十分に考えられる。例えば，交通信号機の機械そのものは正常に作動するが，青（赤）信号の時間設定が適切でなかったという場合（道路の幅が広いのに青信号の時間が短いなど）や洪水時にダムの水門の操作にミスがあったという場合である（操作ミス・運転ミス）。従って，行為瑕疵説の方が，国家賠償法の文言に忠実である上，被害者救済を広く認めるという点でも優れていると言える。

(b) **機能的瑕疵**（社会的営造物瑕疵，供用関連瑕疵）

　営造物の設置・管理の瑕疵の被害者としては，その営造物の利用者と利用者でない者＝非利用者とを分けることができる。

　道路に穴凹があり，通行人がケガをしたため道路の設置・管理に瑕疵が認められることがあるが，このケースでは通行人は道路の利用者である。営造物の利用者としての立場において損害を受けた場合，（他の要件が揃っていれば）賠償は従来から認められてきている。これに加え，道路それ自体には瑕疵はないが，そこを走る自動車の騒音や排気ガスにより沿道住民に健康上の被害が発生した場合，ここでは，沿道住民は非利用者としての立場において損害を被っているのであるが，この場合も，道路の設置・管理に瑕疵があるとして賠償が認められている。

　このような非利用者としての立場との関係で認められる瑕疵は「機能的瑕疵」，「社会的営造物瑕疵」あるいは「供用関連瑕疵」と呼ばれている。国家賠償法2条1項にいう営造物の管理は，非利用者との関係での管理をも含んでいるのである（同旨，最高裁判所大法廷1981（昭和56）年12月16日判決＝大阪空港訴訟，最高裁判所1995（平成7）年7月7日判決＝国道43号線訴訟）。

(c) 「設置又は管理」と公権力の行使

　違法な公権力の行使に起因する損害については国家賠償法1条1項の適用があり、営造物の設置・管理の瑕疵に起因する損害については、同法2条1項の適用があるというこれまでの説明には、次のような前提がある。つまり、営造物の設置・管理の行為は、「公権力の行使」ではないという前提である。しかし、この前提は必ずしも正しいとは言えない。次のような問題があるからである。

　●設問● 山間部の国道をバスが走行中、豪雨のため土砂崩れが発生し、バスは崖下の川に転落し、死傷者が出た。被害者側は、国家賠償法2条1項に基づき国に賠償を請求し、その理由の1つとして国が国道の通行禁止の措置をとらなかったことを挙げた。この主張にはどのような問題があるか。

　この 設問 における被害者の考えは、国道の管理はまさに営造物の管理であるから、国家賠償法2条1項の適用があるということである。しかし、国道の通行禁止の措置は「公権力の行使」であるから、同法1条1項が適用されるのではないか、という疑問がある。

　確かに、「公権力の行使」に関する事件には、あくまで同法1条1項を適用すべきであるというのは1つのありうる考え方である。この考え方によると、国道などの営造物の管理が問題になった場合でも、「公権力の行使」に当たる管理行為については同法1条1項を適用し、その他の管理行為については同法2条1項を適用することになる。これに対し、もう1つの考え方は、国道などの営造物の管理行為については、たとえその中に「公権力の行使」に当たる行為が含まれていても、同法2条1項を適用するという考え方である。

　前者のような考え方では、営造物の管理行為を「公権力の行使」に当たるものとそうでないものに分けるという作業がいつも必要になるという問題がある。むしろ、営造物の管理行為である以上、「公権力の行使」に当たるものであっても、同法2条1項を適用するという考え方（後者の説）が穏当ではないだろうか。

(2) 「設置・管理の瑕疵」の判断枠組み

　前述のように、最高裁判所1970（昭和45）年8月20日判決＝高知落石事件は、「国家賠償法2条1項の営造物の設置または管理の瑕疵とは、営造物が通

Ⅳ 「設置・管理の瑕疵」

常有すべき安全性を欠いていることをいい」と述べている。では，いかなる場合に，営造物は，「通常有すべき安全性を欠いている」ことになるのか。

(a) 危　　険

(ア) **危険の存在**　「営造物が通常有すべき安全性」の存否を問うに当たって前提となるのは，営造物に関する危険の存在である。すなわち，そもそも危険が存在しなければ，安全性の有無を問う論理的前提が欠けることになり，従って国・公共団体の賠償責任を問う余地も存在しない。裁判例においても，危険の存否が問われ，それが存在しなかったことを理由に，賠償責任が否定されることがある。

> **設問**　幅約1メートル前後，護岸壁の高さ50センチメートル，水深15センチメートルで，日頃は板を渡し，洗濯や野菜洗いなどに利用されている用水溝に幼児が転落して水死した。この事件で，営造物の管理の瑕疵は認められるか。

この設問は，実際にあった事件をモデル化したものであるが，最高裁判所は，このような用水溝はそもそも危険なものではなかったということを理由に，原告の請求を退けている（最高裁判所1978（昭和53）年12月22日判決）。

(イ) **容易に回避できる危険**　危険が存在していても，被害者（幼児の場合は親など）が少し注意すれば容易に回避できたものである場合は，やはり瑕疵の存在は否定される。上記の用水溝での水死の危険はそのようなものであると説明することもできる。

容易に回避できるかどうかの判断においては，安易に若年・壮年の健常者を基準にしてはいけない。営造物は，老人などにとっても安全なものでなければならないからである。

(ウ) **被害者自らが招いた危険および被害者自らが近づいた危険**

> **設問**　9歳の小学生が某城跡の外濠の石垣を降り，ザリガニとりをしていたところ，濠に転落し水死した。その父母が，濠に沿って設けられていた有刺鉄線の柵や生垣の設置・管理に瑕疵があったとして，公園の管理者であるA市に対し損害賠償を請求した。この請求は認められるだろうか。

この事件では，小学生は，有刺鉄線の柵や生垣が完全なものでなかったとはいえ，それらをすり抜けて石垣を降りたのであるから，無謀・無軌道な行動ということになり，A市の賠償責任は認められないことになるだろう（参照，最高裁判所1983（昭和58）年10月18日判決＝大阪城外濠転落事件）。石垣の高さや濠

の深さにもよるが，濠端への接近を不可能にするような大規模な柵は無粋であるから，城跡の景観を損なわず，不注意による転落事故を防止し得る程度の柵ないし生垣で足りると考えられる。

> **設問** すでに一般の利用に供されている国道の近くに転居した人が自動車の騒音・振動・排気ガスに悩まされている。この人は，この道路の設置・管理者である国に対して損害賠償を請求できるだろうか。

この事例のように，人が自ら危険に接近した場合にも，国・公共団体の賠償責任は否定される（最高裁判所大法廷1981（昭和56）年12月16日判決＝大阪空港訴訟）。これを「危険への接近の理論」と言う。ただ，道路近くに移り住んだときには自動車通行量も少なく静かであったが，その後通行量が増えたというような場合には，「危険への接近の理論」の適用はなく，賠償が認められる可能性がある。

(b) 予見可能性と回避可能性

危険が存在することを前提とすると，従前の裁判例は，危険または被害の発生についての予見可能性とその回避可能性とが存在する場合に営造物の設置・管理の瑕疵，つまり賠償責任を認め，これらのいずれかが存在しない場合には賠償責任を否定してきている。確かに，予見可能性や回避可能性がなければ，損害の発生は不可抗力であると言わざるを得ず，国家賠償法は，このような場合にまで国・公共団体に賠償責任を課するものではあるまい。

(ア) **予見可能性**　予見可能性とは，「通常予測することができる」ことを言う。いかなる事態がそれに当たるか。

> **設問** 3歳7ヵ月の幼女が高さ1.8メートルの金網のフェンスを乗り越えてプールサイドに立ち入りプールに転落した。この事件で，予見可能性は認められるだろうか。

この事件で問題なのは，プールサイドに立ち入れば転落し水死の危険があるような危険回避能力の不十分な幼児が，高さ1.8メートルの金網のフェンスをよじ登り乗り越えることを予見できるかどうかということである。この判断は人により異なるところだろうが，最高裁判所1981（昭和56）年7月16日判決は，予見可能性を肯定している。

(イ) **回避可能性**　裁判所が回避可能性があったことを認定することは少ない。その理由は，営造物の多くは人間が作り，人間が管理しているものである

から，損害発生の予見可能性があれば，損害回避のための措置をとることは容易であることが多いからであろう。しかし，回避可能性がなかったことが証明されれば，営造物管理責任は認められないことになろう。

　回避可能性の意味を，裁判例に即して少し説明する。

　(i)　回避可能性の有無は，科学技術の最高水準によって判断されるとする裁判例がある（名古屋高等裁判所1974（昭和49）年11月20日判決＝飛驒川バス転落事件）。

　(ii)　損害回避の措置を講じる上での予算の制約は，賠償責任を免れる理由にはならない。この点についての先例は，次の最高裁判所判決である。

> **最高裁判所1970（昭和45）年8月20日判決＝高知落石事件**
> 「本件道路における防護柵を設置するとした場合，その費用の額が相当の多額にのぼり，上告人県としてその予算措置に困却するであろうことは推察できるが，それにより直ちに道路の管理の瑕疵によって生じた損害に対する賠償責任を免れうるものと考えることはできない……旨の原審〔高等裁判所〕の判断は，……正当として是認することができる。」

　(iii)　もっとも，回避可能性の有無の判断において回避措置のための費用の問題の考慮がまったく許されないかというと，必ずしもそうではない。「いくら技術的に可能であっても，あまりにも不相当で非常識に厖大な費用を要する安全施設までは社会通念上要求されないであろう」（遠藤博也『実定行政法』（1989）291頁）。例えば，高々とした堤防を築けば水害の危険性は小さくなるが，そのための費用も膨大になるから，そうした堤防を築かなくても必ずしも責任を問われることはないだろう。投入すべき費用については，期待可能性ないし社会的相当性の見地からの判断が許されるものと考えられる[5]。

　(ウ)　**証明責任**　　回避可能性については，最高裁判所1995（平成7）年7月7日判決＝国道43号線訴訟は，「回避可能性があったことが本件道路の設置又は管理に瑕疵を認めるための積極要件になるものではない」と判示している。この判決に従うと，被害者である原告は回避可能性が存在したことを積極的に立証する必要はなく，被告である国・公共団体がその不存在を立証することによって責任を免れることができるのだろう[6]。

---

5)　(ii)(iii)で述べたことについては，424頁の**付論㉓**でもう少し詳しく説明する。
6)　さらに，下級審判決の中には，予見可能性の不存在または回避可能性の不存在を抗弁事

(c) 「本来の用法」論

　危険または損害の発生についての予見可能性と回避可能性が存在するような場合であっても，営造物管理責任を否定する裁判例が近年見られるようになっている。その根拠づけとなっているのが，「本来の用法」論とも言うべき考え方である。この考え方によると，被害者が営造物を「本来の用法」以外の方法で使った場合に生じた損害については，営造物の管理者は賠償責任を負わない。幼児が，町立中学校のテニスコートの審判台の後部から降りようとしたところ，その審判台が転倒し，幼児がその下敷きになって死亡した事件において，最高裁判所は次のように判示している。

> **最高裁判所 1993（平成5）年3月30日判決＝テニスコート審判台転倒事件**
> 「公の営造物の設置管理者は，本件の例についていえば，審判台が本来の用法に従って安全であるべきことについて責任を負うのは当然として，その責任は原則としてこれをもって限度とすべく，本来の用法に従えば安全である営造物について，これを設置管理者の通常予測し得ない異常な方法で使用しないという注意義務は，利用者である一般市民の側が負うのが当然であり，幼児について，異常な行動に出ることがないようにさせる注意義務は，もとより，第一次的にその保護者にあるといわなければならない。」

　この判決は，安全策を講ずべき危険の範囲を「本来の用法」から生じるものに限っているのであるが，子供がこの審判台に乗って遊ぶことがよくあった場合，つまり事故発生の予見可能性が十分にあった場合にも同様に考えることができるかという問題は残るだろう。

Ⅴ　水害と国家賠償責任

(1) 水害について国・公共団体は賠償責任を負うか

　水害は一種の天災であり営造物管理責任を問うことはそもそもできないという考え方も成り立つ。しかし，国家賠償法2条1項は，河川を公の営造物の1つとして例示している。そして，学説・裁判例上，水害についても，同法2条1項の適用があると考えられてきている。つまり，わが国では，水害の危険は，

実として主張立証した場合には営造物管理者は責任を免れるとするものがある（東京地方裁判所2002（平成14）年10月29日判決＝東京大気汚染第1次訴訟）。

V 水害と国家賠償責任

国・公共団体が対処すべき危険であり，水害が発生すれば，責任の問題が生じると考えられているのである。

他面，水害の防止のための河川管理には，後述のように多大の費用を必要とするという財政的制約その他の制約がある。このため，水害に対する賠償責任の要件をどのように考えるかということが問題となる。

(2) 予見可能性と回避可能性を基準とする瑕疵判断

水害については，河川管理上の瑕疵があったかどうかということが問題になるが，この瑕疵の有無の判断について，初期の裁判例は，Ⅳで述べた一般原則に従い，予見可能性と回避可能性とがあれば賠償責任を認める傾向にあった（例えば，大阪高等裁判所1977（昭和52）年12月20日判決＝大東水害訴訟，岐阜地方裁判所1982（昭和57）年12月10日判決＝長良川水害訴訟〔安八町〕）。

(3) 裁判例の転換＝大東水害訴訟・最高裁判決

しかし，最高裁判所1984（昭和59）年1月26日判決＝大東水害訴訟は，「通常予測し，かつ，回避しうる」水害について，賠償責任の成立の可能性を限定することによって，このような裁判例の流れを大きく修正した。

> **コラム** **大東水害訴訟** 1972（昭和47）年7月，豪雨のため，大阪府大東市を流れる寝屋川水系の一支川谷田川（一級河川）の未改修の狭窄部分で溢水があり，周辺の住民が被害を受けた事件。河川の改修は下流から行われるのが鉄則で谷田川についても下流から改修工事が行われていたが，他方，JR片町線（学研都市線）の高架化工事に伴い上流部分についても改修工事が行われていた。未改修の狭窄部分が残ったのは，谷田川をまたぐ形で家屋が存在していたからである。国は，それまでの水害訴訟の流れを変えるべく，この訴訟に大きなエネルギーを投入したと言われている。

この判決は，まず河川の管理に次のような制約のあることを強調する。すなわち，①治水事業が一朝一夕にして成るものではないという時間的制約，②それには莫大な費用を要することによる財政的制約，③治水事業は原則として下流から上流に向けて行うことを要するなどの技術的制約，④治水用地の取得難などの社会的制約，および⑤簡易・臨機的な危険回避の手段（道路について言えば危険区間の一時通行止めなど）をとることができないという制約の存在である。

判決は，このような理由から，河川管理を道路などの管理とは区別し，これに基づいて，次のように河川管理の瑕疵の判断につき特別の基準を定立している。

> **最高裁判所 1984（昭和 59）年 1 月 26 日判決＝大東水害訴訟**
> 「我が国における治水事業の進展等により前示のような河川管理の特質に由来する財政的，技術的及び社会的諸制約が解消した段階においてはともかく，これらの諸制約によっていまだ通常予測される災害に対応する安全性を備えるに至っていない現段階においては，当該河川の管理についての瑕疵の有無は，過去に発生した水害の規模，発生の頻度，発生原因，被害の性質，降雨状況，流域の地形その他の自然的条件，土地の利用状況その他の社会的条件，改修を要する緊急性の有無及びその程度等諸般の事情を総合的に考慮し，前記諸制約のもとでの同種・同規模の河川の管理の一般水準及び社会通念に照らして是認しうる安全性を備えていると認められるかどうかを基準として判断すべきであると解するのが相当である。そして，既に改修計画が定められ，これに基づいて現に改修中である河川については，右計画が全体として右の見地からみて格別不合理なものと認められないときは，その後の事情の変動により当該河川の未改修部分につき水害発生の危険性が特に顕著となり，当初の計画の時期を繰り上げ，又は工事の順序を変更するなどして早期の改修工事を施行しなければならないと認めるべき特段の事由が生じない限り，右部分につき改修がいまだ行われていないとの一事をもって河川管理に瑕疵があるとすることはできないと解すべきである。」

この大東水害訴訟・最高裁判決の論理を整理すると次のようになる。
① 河川管理には，道路の管理にはない種々の制約がある（前述）。
② 河川管理の瑕疵の有無の判断においては，諸般の事情を総合的に考慮すべきである。
③ 河川管理の瑕疵の有無は，「同種・同規模の河川の管理の一般水準及び社会通念」に照らして判断すべきである。
④ 改修計画が定められ，これに基づいて改修中の河川については，〔計画に従って改修が行われている限り〕計画が格別不合理なものでなければ，特段の事由が生じない限り，河川管理に瑕疵があるとすることはできない。つまり，裁判では，(i)改修計画の格別の不合理性の有無，および(ii)改修計画によらず早期に改修工事を施行すべき特段の事由の有無の 2 点が審理される。

この最高裁判決の法理は，その後，長良川や多摩川のような未改修ないし改修途上とは言えない河川に対しても適用されるようになり（岐阜地方裁判所

1984（昭和59）年5月29日判決＝長良川水害訴訟〔墨俣町〕，東京高等裁判所1987（昭和62）年8月31日判決＝多摩川水害訴訟），水害に対する国家賠償責任についての裁判の流れは一変した。

(4) 河川管理の瑕疵の判断基準
(a) 大東水害訴訟・最高裁判決の問題点

　大東水害訴訟・最高裁判決が言うように，河川管理には様々な制約や特殊性があることは否定できない。しかし，この判決が言うように，裁判所が「諸般の事情を総合的に考慮」することは不可能に近いし，「同種・同規模の河川の管理の一般水準」を認識することもおそらく不可能である。例えば，かつて水害があり訴訟があった長良川と「同種・同規模の河川」とは，いずれの河川であるのだろうか。

　そこで，河川管理には様々な制約や特殊性があることを認めた上で，大東水害訴訟・最高裁判決が提示したものとは異なる河川管理の瑕疵の判断基準を立てる必要がある。

　水害には，大別すると，水が堤防を超えてあふれる溢水（越水）型と堤防が決壊する破堤型があるので，分けて考えることにする。

(b) 溢水型水害における予見可能性

　水害が溢水型のものである場合，その原因は洪水量にあるから，予見可能性と回避可能性の基準を適用すると，水害時の洪水量を予見することができたかどうか，およびその洪水量に対応できる水害回避措置，つまり治水事業を行うことができたかどうかが問題になる。

　ところが，洪水量の予測は，50年に1度の豪雨を想定するか100年に1度の豪雨を想定するかによって異なってくる。未曾有の豪雨も1000年に1度の豪雨の枠内で考えれば予見可能性があるということにもなる。従って，溢水型水害の場合には，予見可能性という基準は役に立たない。むしろ，河川管理者が想定した洪水量が合理性を持つものか否かという合理性の基準を用いるべきではないだろうか。

(c) 破堤型水害における予見可能性

　破堤型の水害においては，破堤箇所の決壊についての予見可能性があったか否かが問題となる。破堤箇所の決壊の危険は，一見して予見できるというよう

なことはまずなく，通例は破壊の危険性についての調査・研究によってはじめて予見可能性が生まれるものであろう。ところが，最高裁判所1994（平成6）年10月27日判決＝長良川水害訴訟〔安八町〕は，堤防の基礎地盤については，特段の事情のある場合を除き，「あらかじめ安全性の有無を調査」すべき義務を否定している。この判決に従うと，予見可能性が認められることは少なくなるだろう。

なお，濁流に家々が流されていく様子がテレビで放映されたことで有名な多摩川水害（1974（昭和49）年9月）とその訴訟について触れておくと，この水害は，堤防ではなく，取水用の堰とその取付部護岸に欠陥があり，このために破堤をしたというものであり，訴訟では，予見可能性はこの欠陥から破堤が生じる危険を予測できたかどうかという形で問題となった（最高裁判所1990（平成2）年12月13日判決。控訴審判決は(3)で言及した）。

(d) 回避可能性と河川管理上の諸制約

洪水量が前述の合理的に想定された洪水量以下のものである場合，または破堤箇所の決壊の危険について予見可能性があったと解される場合，賠償責任が認められるためには，次に回避可能性が存在しなければならない。つまり，想定洪水量に対処できる堤防の建設や破堤の危険のある箇所の改修工事を行うことが可能であったことが必要である。

だが，治水工事は多額の費用を要することがあり，また一朝一夕には実施することはできない。ここで，最高裁判所が挙げている前述の河川管理上の諸制約が意味を持つことになる。つまり，純粋技術的には水害の危険を防止するための措置をとることが可能であり，この意味で回避可能性がある場合であっても，河川管理上の諸制約からこの措置をとることができないことがあることは認めざるを得ない。この場合には，回避可能性はなく，瑕疵は認められないことになるだろう。

付論 ㉓：自然現象と予算・財政の制約

豪雨・水害などによる自然の猛威との関係でよく問題になることであるが，国・公共団体は危険防止のためにどこまで公金を投入すべきかという問題がある。逆に言えば，公金の投入についてはどこかに限界があり，賠償責任はその範囲内でのみ生じるのではないか，ということである。

まず，予算・財政の制約には，次の3つの意味がある。

① 最高裁判所1970（昭和45）年8月20日判決＝高知落石事件（422頁を参

照）では，県が予算措置に困却することがあってもそれによって直ちに賠償責任を免れない，としている。ここでは，具体的な危険防止策を講じるための行政の予算不足が問題となっている。
② 最高裁判所 1984（昭和 59）年 1 月 26 日判決＝大東水害訴訟（425 頁を参照）では，全国に多数存在する河川の改修には莫大な費用が必要であるという河川管理の財政的制約が国家賠償責任の否定につながっている。ここでの財政的制約とは，国全体で見た場合の危険防止費用の巨大さである。
③ 419 頁(ⅲ)で触れた意味での制約がある。つまり，個々の営造物の危険防止対策との関係でも，不相当に多額の費用を要する措置を講じる必要はない，という意味での財政的制約（公金支出の限界）である（最高裁判所 2010（平成 22）年 3 月 2 日判決＝北海道高速道路キツネ侵入事件で国家賠償責任否定の理由として挙げられている「多額の費用を要すること」というのも，この③の意味でのもののようである）。

これら 3 つの問題のうち判断が難しいのは，③だろう。費用の相当・不相当の判断においては，ⓐ当該危険が実際に発生する確率，ⓑ発生する損害の性質と程度，ⓒ安全策に要する費用の大きさ（維持改修費用も入る），ⓓ安全策によってもたらされる利益の大きさ（安全策の有効性），ⓔ当該安全策により損なわれる利益（例えば，産業の利便，人々の日々の生活上の利便（通勤・通学・買い物などの利便），自然環境や景観の保全）の内容などの種々の要素を総合して判断されることになると考えられる。

Ⅵ 営造物管理責任の主体

営造物の設置・管理に起因する損害については，戦前は工作物責任に関する民法 717 条を適用して国・公共団体の責任が認められていたが，その責任を誰が負うかという問題については，費用負担者と解する説と管理者と解する説とがあった。この問題について，国家賠償法 3 条 1 項は次のような規定をおいている（この規定の公権力行使責任に関する部分は，407 頁(1)において示した）。

> **国家賠償法 3 条【賠償責任者】**
> ① 前 2 条〔国家賠償法 1 条および 2 条〕の規定によって国又は公共団体が損害を賠償する責に任ずる場合において，……公の営造物の設置若しくは管理に当る者と……公の営造物の設置若しくは管理の費用を負担する者とが異なるときは，費用を負担する者もまた，その損害を賠償する責に任ずる。

この規定は，公の営造物の設置・管理者と費用負担者とが異なる場合には，

被害者はいずれに対しても賠償を請求することができることを定めたものである。例えば国道の管理は，国土交通大臣と都道府県が分担して行い（道路法12条・13条），その費用については，国と都道府県が一定の比率で負担することが多い（同法50条）。この場合，国土交通大臣が行う管理に瑕疵があれば，被害者は，国に対してだけでなく，都道府県に対しても賠償（国家賠償）を請求することができる。

では，地方公共団体の活動に対し国が補助金を交付している場合に，この国を費用負担者と見ることができるだろうか。最高裁判所によると，次の3つの要件を満たす場合には，補助金を交付する国も国家賠償法3条1項の費用負担者に当たる（最高裁判所1975（昭和50）年11月28日判決＝鬼ヶ城転落事件）。

① 法律上の費用負担義務者と同等もしくはこれに近い設置費用を負担していること
② 実質的には法律上の費用負担義務者と当該営造物による事業を共同して執行していること
③ 当該営造物の瑕疵による危険を効果的に防止しうること

この3つの要件を全体的に理解することは難しいが，この3つの要件が揃っていなければ補助金を交付した国の責任が認められないというのは少し厳しすぎるようである[7]。

---

7) この他，最高裁判所は，国立公園（吉野熊野国立公園・大台ヶ原の大杉谷）の吊り橋での転落死亡事故に関して，複数の個別的な営造物からなる複合的施設については，補助金を交付する国が費用負担者に当たるか否かの判断は，施設全体に即してではなく個別的な施設に即して行うものとしている（最高裁判所1989（平成元）年10月26日判決）。この事件では，国は，登山道全体について見ると県と同程度の額を補助していたが，吊り橋についてはあまり費用を補助していなかった。

第 27 講

損 失 補 償

I 損失補償とは何か

(1) 国家賠償との比較

　損失補償とは，国民が国・公共団体の活動により損失を被った場合の金銭による補塡（但し，例外的に現物によるものがある）である。この点では，損失補償は，国家賠償と共通している。両者の違いは，国家賠償が違法性・故意・過失・瑕疵といった何らかの落ち度ないし過誤を要件としているのに対し，損失補償はこのような過誤を要件としないことである。そこで，損失補償は，国・公共団体の適法な行為による損失について与えられるものであると説明される。

　もっとも，適法であれば損失補償が認められる行為が違法に行われた場合，賠償を請求せず，損失補償を請求することもできるから，厳密には，損失補償は「国・公共団体の行為による損失について，違法性その他の過誤を要件とせず与えられるもの」と言うべきだろう。ただ以下では，表現の便宜上，損失補償の原因となる行為としては適法行為を想定した表現をすることがあるので，ご了解をお願いしたい。

　これまでの取消訴訟や国家賠償の説明では，違法な行為あるいは瑕疵ある行為が問題であった。これに対し，損失補償は，違法性や瑕疵を要件としないものであるから，権利救済の手段であるといっても，取消訴訟や国家賠償とは質を異にしており，非難の意味を持っていないことに注意する必要がある。

(2) 損失補償の概念
(a) 損失補償の概念を限定する必要性

今述べたように，損失補償は，国・公共団体の適法な行為による損失について認められるものであるが，この点で注意をする必要があるのは，損失補償の認められる範囲を限定しておかないと，国・公共団体の損失補償責任が莫大なものになるということである。国家賠償の場合，違法性・故意・過失・瑕疵といった落ち度ないし過誤が要件となるので，国・公共団体の賠償責任の範囲は自ずと限定される。日々行われている国・公共団体の活動で，このような落ち度ないし過誤のあるものはそう多くないはずである。大半は適法なものだろう。

ところが，損失補償は，この大半の活動について問題になる。しかも，国・公共団体の活動には，直接にあるいは間接に我々国民に損失を与えるものが少なくない。例えば，市バスが時刻表通りに来ないためにタクシーを使わざるを得なくなり，余分な出費を強いられることがある。ある道路が一方通行の道路に指定されると，自動車を運転している人は回り道をしなければならなくなり，やはり余分の出費を強いられる。ある地域が都市計画法上の低層住居専用地域に指定されると，環境がよくなると喜ぶ人がいる反面，予定していた建物を建てられなくなり，損失を被る人が出てくる。これらの例は，損失の程度が様々であることをも示している。

このように，国・公共団体の日々の活動のうちの大半を占める適法な活動も，国民に損失を与えることが少なくない。この損失のすべてについて国・公共団体が補償をしなければならないとすると，その財政はパンクしてしまう。そもそもそんなことは不合理である。そこで，損失補償については，まず概念の面で限定が図られてきた。

(b) 権力的行為

損失補償の概念の1つの限定は，加害行為を権力的行為に限るというものである。この考え方によると，非権力的行為による損失については，損失補償は認められない。では，次のような場合，損失補償は認められないのだろうか。

設問 文化財保護法によると，文化庁長官は，重要文化財の所有者などに対し，国立博物館などへの出品や公開を勧告することができる（48条1項・51条1項）。この出品・公開により，重要文化財が損傷をうけた場合，損失補償が認められるか。

文化庁長官の勧告は強制力を持たない非権力的行為，つまり行政指導である。

もし損失補償を権力的行為による損失に限定する考え方に従うと、この文化庁長官の勧告により出品・公開したところ損傷をうけた場合の損失は補償されないことになる。しかしこれでは、重要文化財の所有者は、文化庁長官の勧告があっても、うっかり出品や公開をできないことになってしまう。勧告のような行政指導による損失であるからといって、補償を認めないことは合理的ではない。

確かに、国民に適法に損失を与える行為の多くは権力的なものである。しかし、行政指導などの非権力的な行為による損失、従ってその補償も十分に考えられるのである（この設問のような場合については、現行法では、文化財保護法52条が補償を認めている）[1]。損失補償の原因となる行為を権力的な行為に限定することは正しくないだろう。

(c) 財産上の損失

損失補償の概念のより重要な限定は、財産上の損失への限定である。この考え方によると、財産上の損失についてのみ補償が認められ、その他の損失、例えば生命・身体・健康に関する損失については、補償は認められないことになる。このような考え方は正しいだろうか。この問題は、予防接種による被害をめぐって議論された。

> **設問** A氏は、幼児のころ予防接種を受けたところ、重い後遺症が残り、日常生活も他人の介護なしには営むことができなくなった。この場合、国に対し、損失補償を請求できるだろうか。

この予防接種被害に対する1つの救済策は、国の損害賠償責任を認めることである。しかし、予防接種被害は、発生の確率はきわめて低いが、接種担当者の過失や接種行為の違法性が見当たらない場合にも生じる（過失や違法性があれ

---

[1] 予防接種被害者に損失補償を認める裁判例があるが（(c)で説明する）、被害者の中には勧奨（つまり行政指導）による予防接種の被害者も含まれている。また、工場誘致政策を変更した場合には補償により救済を与えることが考えられる。政策変更に関するリーディングケースである最高裁判所1981（昭和56）年1月27日判決は、「損害を補償するなどの代償的措置を講ずることなく施策を変更することは、それがやむをえない客観的事情によるのでない限り、……信頼関係を不当に破壊するものとして違法性を帯び、地方公共団体の不法行為責任を生ぜしめる」と述べているが、工場誘致は行政指導として行われていたものであった。このように、非権力的行為である行政指導による損失についても損失補償が認められるのである。

ば，国家賠償による救済が可能である）。この場合には，損害賠償を裁判所に認めてもらうことは困難である。そこで救済策として考えられるのが，国に損失補償責任を負わせるという方法である。

　予防接種被害に対しては，いくつかの大規模な訴訟が提起されたが，地方裁判所段階では損失補償が認められた（東京地方裁判所 1984（昭和 59）年 5 月 18 日判決，大阪地方裁判所 1987（昭和 62）年 9 月 30 日判決，福岡地方裁判所 1989（平成元）年 4 月 18 日判決）。これに対し，それぞれの控訴審の判決は，予防接種行政の最終の責任者である厚生大臣（当時）の過失を認め，国に損害賠償を命じるとともに，損失補償の余地を否定した（裁判例については，398 頁(g)を参照）。

　損失補償否定説には合理性がないわけではない。それは次のような理由による。

①　損失補償に関する憲法の規定（29 条 3 項）や多くの法律の規定は，財産上の損失に関するものである。

②　人の生命・身体・健康（以下，生命等という）に対する補償を認めることは，生命等への適法な侵害を認めることにつながりかねない。

　しかし，損失補償肯定説では，次のように考えられる。

　国・公共団体の公務のために公務員が自己の生命等を犠牲にした場合には，補償が与えられる（公務災害補償）。この点を考慮すると，生命等の侵害に対しても損失補償が認められる余地がある。憲法や法律が財産上の損失について損失補償を定めることが多いとしても，そのことは，生命等への侵害に対する補償を否定することにならない。むしろ，財産上の損失について補償が認められる以上，法秩序のバランスからしても，生命等の損失についても補償が認められなければならない。生命等の侵害に対して損失補償を認めることは，逆に国・公共団体に国民の生命等を侵害する口実を与えることになるのではないかということを懸念する声もあるが，杞憂だろう[2]。これらの法益の侵害がある以上，まずは救済を図るべきである。

　後者の損失補償肯定説に立つと，損失の内容が生命等に関するものであって

---

[2]　国家賠償で賠償責任を認める場合，それによって救済が図られると同時に，加害行為の違法性が認定され，従って，裁判所の判断には，その種の行為を繰り返すべきではないというメッセージが含まれている。損失補償による救済を図る場合は，このメッセージがないことは確かである。

も，損失補償が認められる余地がある（損失補償が認められるためには一定の要件が必要であるが，この点については，Ⅲを参照）。

Ⅱ 損失補償の法的根拠

(1) 一般法の不存在

国・公共団体の損害賠償責任については，国家賠償法という一般法が存在する。これに対して，損失補償については一般法が存在しない。このため，個別の法律に補償についての規定があればそれによるが，それがない場合には補償はどうなるかという問題がある。

(2) 個別法律と憲法 29 条 3 項

損失補償について個別の法律に規定があれば，それが具体的な補償請求権の根拠規定である。損失補償について定める個別法律の代表例は，土地収用法 68 条以下の規定である。しかし，現行法上，損失補償が問題になる場合について，個別法律の規定が必ずおかれているというわけではない。

では，個別法律に規定がない場合，何を手がかりに損失補償が認められるかどうかを判断することになるのだろうか。手がかりになる規定は憲法 29 条 3 項である。

(3) 憲法 29 条 3 項の意味

> **憲法 29 条【財産権】**
> ③ 私有財産は，正当な補償の下に，これを公共のために用ひることができる。

この憲法 29 条 3 項の性質については，次の 3 つの考え方がある。

第 1 説は，同条 3 項は単なる立法の指針にすぎず，法律の規定がなければ具体的な補償請求権は生じないとする。

第 2 説は，同条 3 項からは具体的な補償請求権は生じず，私有財産を公共のために用いることを授権する法律の規定が補償規定を伴っていなければ，この規定は違憲無効であるとする。

第 3 説は，直接に同条 3 項に基づく補償請求を認める。つまり，同条 3 項が

損失補償の具体的請求権の根拠となることを認める説である。

このうちの第3説が裁判例および学説において広く認められている（最高裁判所大法廷1968（昭和43）年11月27日判決＝名取川河川附近地制限令事件など）。

第2説は、憲法上補償が必要であるにもかかわらず立法者が補償についての規定をおくことを怠ると財産権制限を定める法律の規定を無効にしてしまうもので、ラディカルな考え方である。これに対し、第3説は、立法者が補償についての規定をおくことを怠った場合でも法律の規定を無効にせず、同条3項自身によるバックアップを認める説である。

(4) 予防接種被害に対する損失補償請求権の法的根拠

設問 前記 429 頁 (c)の 設問 の予防接種被害について損失補償が認められるとすると、その法的根拠はどこに求められることになるか。

憲法29条3項は、財産権の侵害についての損失補償を定めたものであるから、予防接種被害のように、生命等が侵害された場合の損失補償の法的根拠については別に考える必要がある。この問題については、次の3つの考え方がある（前記のように、損失補償否定説もあるが、ここでは挙げない）。

第1説は、財産権の侵害について具体的補償請求権の根拠として認められている同条3項を予防接種被害についても類推適用して、具体的補償請求権を根拠づけようとするものである（裁判例として、東京地方裁判所1984（昭和59）年5月18日判決）。

第2説は、同条3項が財産権の侵害について具体的補償請求権を認めている以上、財産権よりも高次の価値を持つ生命等の侵害については、「もちろん」のこととして、補償が認められることになるという説である（裁判例として、大阪地方裁判所1987（昭和62）年9月30日判決、福岡地方裁判所1989（平成元）年4月18日判決）。

第3説は、予防接種被害に対する損失補償の根拠を、生存権の保障規定である憲法25条1項に求める説である（裁判例として、名古屋地方裁判所1985（昭和60）年10月31日判決）。

以上の3つの説のうちで論理的に見て説得力がありそうなのは、第3説の憲法25条1項の適用説である。この規定は、国民の生存権を保障するものであるが、生存権の保障は国民の生命等の保障を含むと言えるからである。し

かし他面において，憲法25条はプログラム規定などと言われ，この規定に基づいて，国民が「健康で文化的な最低限度の生活を営む」ことができるような措置を国に求めることはできないと解されている。同条1項は，国民に具体的な請求権を与えるものではないのである。そうするとこの規定からは，損失補償の請求権も出てこないことになる。ここに第3説の弱点がある。

これに対し，第1説や第2説は，憲法29条3項が財産権の侵害については具体的な損失補償請求権の法的根拠になることに着目し，この規定を手がかりに，生命等に関する損失についての補償請求権を根拠づけるものである。

この場合，財産権侵害についての補償を定める憲法29条3項の射程距離を生命等に関する損失にまで広げるために，第1説は，類推適用という手法をとり，第2説は，「もちろん解釈」という手法をとっている。いずれの説も，同条3項を援用する点で共通しており，大きな差異はないだろう。

III 損失補償が認められるための要件

以上のように，国・公共団体の活動により損失を受けた者は，法律に損失補償についての規定があればそれによるが，法律に損失補償についての規定がなければ，少なくとも財産上の損失については憲法29条3項により損失補償を請求することができる。そこで次の問題は，いかなる要件が揃えば損失補償が認められるかということになる。

財産権の規制，つまりその制限や剥奪の場合を念頭においてこの問題を考えてみよう。

(1) 「公共のために用ひる」ことと「特別の犠牲」

憲法29条3項は，「私有財産は，正当な補償の下に，これを公共のために用ひることができる。」と定めているから，同条3項の解釈としては，私有財産を「公共のために用ひる」場合に損失補償が認められることになる。しかし，「公共のために用ひる」という文言は抽象的である。そこでこの文言を狭く解する見解もかつてはあったが，現在は，この文言を広く解し，そのことによって一般に損失補償が認められる範囲を広く認めた上で，個別のケースにおいて損失補償の有無を判断する基準は別に立てる，という操作が行われている。そ

して，この個別判断の基準として用いられているのが「特別の犠牲」という基準である。もっとも，この基準も明確な意味を持ったものではない。そこで，いかなる場合に「特別の犠牲」があると認められるかということが問題になる。

(2) 「特別の犠牲」の有無の判断基準

「特別の犠牲」の有無の判断基準，言い換えると，損失補償が認められるための要件の問題は，法律に手がかりとなる規定がなく，従ってきわめて困難な問題である。以下では，損失補償が認められるかどうかの判断をする際の手がかりとなる視点を挙げておこう。

① 財産権の規制が一般的であるか個別的であるか。規制が国民の多数に及ぶ一般的なものであれば補償の必要性は小さいが，少数特定の者に対する規制については補償の必要性が大きい。

② 財産権の規制が重大なものであるかどうか。財産権の剥奪のように，規制が重大なものであれば，補償が認められやすい。

③ 偶然的に財産権に課せられる規制であるかどうか。これに当たれば補償の必要性が大きいが，公共の安全と秩序を維持するという目的（警察目的）のための規制のように，財産権の社会的制約，内在的制約の表れというべきものについては補償が認められにくい。

④ 財産権の規制が既得の利益を制限するものであるかどうか。これに当たれば補償の必要性は強いが，現在の財産権の利用を固定するにとどまるものであればそうは言えない。例えば，人が住んでいない地域を自然保護区域とし，中高層建築物の建築を禁止するような措置が後者に当たる。

(3) 裁判例における具体的判断

道路建設などのための土地の収用のような財産権の剥奪については，もちろん補償が必要である。問題になるのは，それに至らない財産権の制限に対する補償の要否である。以下では，これについて説明する。

(a) 警察目的のための財産権制限

【設問】 A県が，条例により，県内に多数存在するため池の堤の上の私有地での耕作を禁止した。その目的は，豪雨の際の堤の決壊による災害を防止するためであった。このような耕作禁止には損失補償が必要か。

III 損失補償が認められるための要件

　この設問は，有名な奈良県ため池条例事件を模範にしたものであるが，この事件において，最高裁判所は，財産権の規制が災害防止目的のものである場合，それは当該財産権を有する者が受忍しなければならない責務として，損失補償は必要ではないとしている（最高裁判所大法廷1963（昭和38）年6月26日判決）。前記の③の視点に着目し，災害防止目的のための規制（一種の警察規制）を財産権の内在的制約と見て損失補償を否定するものである。

　また，国が国道に地下横断歩道（以下，地下道という）を設置したため，給油所経営者が，これとの間に一定の距離（離隔距離）を保つ必要上，ガソリンの地下貯蔵タンク（以下，地下タンクという）を移転し，国にその費用の補償を請求した事件で，最高裁判所は次のように判示している。

> **最高裁判所 1983（昭和 58）年 2 月 18 日判決**
> 「警察法規〔消防法およびその下位の政省令による規制〕が一定の危険物〔本件ではガソリン等〕の保管場所等〔本件では地下タンク〕につき保安物件〔本件では地下道〕との間に一定の離隔距離を保持すべきことなどを内容とする技術上の基準を定めている場合において，道路工事の施行の結果，警察違反の状態を生じ，危険物保有者が右技術上の基準に適合するように工作物の移転等を余儀なくされ，これによって損失を被つたとしても，それ〔地下タンクの移転工事による損失〕は道路工事の施行によって警察規制に基づく損失がたまたま現実化するに至ったものにすぎず，このような損失は，道路法70条1項の定める補償の対象には属しないものというべきである。」

　この判決は，結論としては道路法70条1項の損失補償（みぞかき補償[3]と言われるもの）を否定しているのであるが，規制が警察規制であることをその理由にしているので，憲法29条3項に基づく補償をも認めない趣旨だろう。そうすると，この判決も，警察規制による損失を財産権の内在的制約と見て，損失補償を否定するものである。

　裁判例では，規制が権利の内在的制約に当たるものであることを理由に補償

---

[3] 例えばAさんは，土地は収用されなかったが隣地が収用され道路になった場合，新たに道路に面することになった部分に溝や垣根を作る必要性が生じる。みぞかき補償とは，この費用を補塡するものである。道路法70条1項の他，土地収用法93条1項もこれを認めている。みぞかき補償は，直接に財産権規制を受ける者以外の第三者（Aさんがそれに当たる）に対する補償，つまり第三者補償の1つである。これらの規定は，第三者補償を認める数少ない規定の例である。

が否認されることが少なくないが，警察目的（公共の安全と秩序を維持するという目的）のための規制は，財産権の内在的制約の一例である。この警察目的のための規制は，国・公共団体が何らかの積極的な目的のためではなく，国民による財産権行使に伴う社会的害悪（マイナス効果）を防止または除去するためにそれに制限を加えるものであるから（それ故「消極目的のための規制」とも呼ばれる），それによる損失について補償が認められないという原則（警察制限無補償原則）は理解できるところである。

建築基準法による建築物の規制のうち居住者や周辺住民の安全や健康の確保を目的とするもの（同法20条の構造耐力の規制など）も警察制限に当たり，それによる損失については補償は要らないことになる[4]。

(b) 積極目的のための財産権制限

警察目的（消極目的）のための財産権制限とは異なり，街づくりや道路建設のように特定の公益上必要な事業を積極的に実現するという目的（積極目的）のための財産権制限（公用制限と呼ばれる）については，補償が要る場合と要らない場合がある。ここでは，補償が認められない場合について説明すると，そのような事例の1つは，自然公園法による土地利用制限である。

自然公園法では，国立公園のうち特別地域に指定されたところでは，採石や建築物の建築などについて環境大臣の許可が必要であり，許可が与えられない場合には，国は，「通常生ずべき損失」を補償することになっている（20条3項・64条1項）。ところが，裁判所は，この補償が問題となった事件において，この土地利用の制限が土地所有権ないし財産権の内在的制約であることを理由に，損失補償を否定している（東京高等裁判所1988（昭和63）年4月20日判決，東京地方裁判所1990（平成2）年9月18日判決）。

これらの裁判例に従うと，環境保全目的のための規制は，財産権の内在的制約の1つに数えることができる。確かに，自然環境の保全のための土地利用の規制は土地所有権の内在的制約であり，それについては補償は不要であると考

---

[4] 確かに，地下タンクの設置時に既に地下道があり，離隔距離を確保するため余分の費用がかかるというケースでは，警察制限無補償原則が当てはまる。これに対し，本文で紹介した事件では，従来は離隔距離を確保していなくても問題はなかったが，たまたま近くに新たに地下道が設置されたため離隔距離を確保する必要が生じ，そのために地下タンクを移設しなければならなくなったという事情がある。最高裁判決は，このケースにも警察責任無補償原則を適用しているのであるが，これには異論があり得るだろう。

III 損失補償が認められるための要件

えることが可能である。

　もう1つ，裁判例はなかったが実務上のみならず学説上も補償を要しないと考えられてきたのは，都市計画法上の土地利用制限である。同法は，様々な形で土地利用を制限しているが（総称して都市計画制限と呼ばれる），まず市街化区域・市街化調整区域の制度（区域区分制度）や用途地域制による土地利用の規制は財産権の社会的拘束の表れであり，それによる損失について補償は必要ではないと一般に考えられている。用途地域制について言えば，それによる土地利用の制限は，用途の混在による都市機能の低下や生活環境の悪化を阻止しようとするものであり，ひいては当該土地を含む都市全体の利益となるものであるから（遠藤博也『都市計画法50講』（改訂版，1980）177頁），無補償であることも納得できるところである。

　また都市計画法は，道路建設などの個々の事業に関する都市計画との関係でも土地利用を制限しているが，これについても補償は必要ではないと考えられてきた。そしてこの法理は，最高裁判所 2005（平成17）年11月1日判決において認められるに至った。

　もっとも，この種の土地利用制限については原則は補償は不要であるとしても，それが長期にわたった場合には補償が必要になるのではないかという問題が残っている。上記の最高裁判所判決は，土地利用制限が60年に及んだ事件につき，「一般的に当然に受忍すべきものとされる制限の範囲を超えて特別の犠牲を課せられたものということがいまだ困難である」として損失補償を認めなかった[5]。

---

5) 本文で挙げた最高裁判所判決では，「一般的に当然に受忍すべきものとされる制限の範囲を超えて特別の犠牲を課せられたもの」については損失補償の余地を認めている（これと同じフレーズは，432頁で取り上げた最高裁判所大法廷1968（昭和43）年11月27日判決＝名取川河川附近地制限令事件でも用いられている）。「受忍の範囲」という表現は，損害賠償について用いられる受忍限度の基準を思い出させ，またそれと内在的制約という基準の関係はどうなのかという疑問を生じさせるが，その意味するところは，一定類型の財産権制限（例えば警察制限）につき内在的制約として補償を不要とした上で，受忍すべき限度を（例えば明らかに）超えている場合に例外的に「特別の犠牲」があるとして補償が認められる余地があるということだろう。

Ⅳ 損失補償の額

(1) 「正当な補償」

憲法 29 条 3 項は，私有財産を公共のために用いる場合に「正当な補償」をなすべきことを定めている。そこで「特別の犠牲」に対して与えられるべき補償の内容として何が「正当な補償」に当たるかが問題となる。この問題については，相当補償説と完全補償説とが対立している。相当補償説とは，時の社会通念に照らして客観的に公正妥当な補償で足りるとする説である。完全補償説とは，損失の完全な塡補が必要であるとする説である。

(2) 相当補償説

最高裁判所は，農地改革の際の農地買収の対価について，相当補償説を採用した。

> **最高裁判所大法廷 1953（昭和 28）年 12 月 23 日判決**
> 「憲法 29 条 3 項にいうところの財産権を公共の用に供する場合の正当な補償とは，その当時の経済状態において成立することを考えられる価格に基き，合理的に算出された相当な額をいうのであつて，必しも常にかかる価格と完全に一致することを要するものでないと解するを相当とする。けだし財産権の内容は，公共の福祉に適合するように法律で定められるのを本質とするから（憲法 29 条 2 項），公共の福祉を増進し又は維持するため必要ある場合は，財産権の使用収益又は処分の権利にある制限を受けることがあり，また財産権の価格についても特定の制限を受けることがあつて，その自由な取引による価格の成立を認められないこともあるからである。」

確かに，農地改革のように，一定の財産権の社会的偏在を是正するための措置においては，補償は相当なもので足りるであろう（もし地主に対して，土地の市場価格に従い「完全な補償」をすると，地主がその金で土地を購入し，この結果，農地改革の目的を十分に達成することができないことになる可能性がある）[6]。

---

[6] 完全補償説は個人の権利救済を重視するものであるが，相当補償説は，国・公共団体が補償義務を負う場合には，補償が税金によって賄われるものであり，また補償の支払により財政の負担が大きくなることがあることにも配慮しているのだろう。

(3) 完全補償説

しかし，農地改革のように社会全体の仕組みの変革を図る場合は別として，特定の公益上必要な事業（例，道路の敷設）のための個別的な財産権の規制については，「完全な補償」が必要だろう。最高裁判所も，土地収用の際の補償は「完全な補償」でなければならないと判示している。

> **最高裁判所 1973（昭和 48）年 10 月 18 日判決**
> 「おもうに，土地収用法における損失の補償は，特定の公益上必要な事業のために土地が収用される場合，その収用によって当該土地の所有者等が被る特別な犠牲の回復をはかることを目的とするものであるから，完全な補償，すなわち，収用の前後を通じて被収用者の財産価値を等しくならしめるような補償をなすべきであり，金銭をもって補償する場合には，被収用者が近傍において被収用地と同等の代替地等を取得することをうるに足りる金額の補償を要するものというべく，……」

(4) 土地収用における損失補償

土地収用は，道路の建設などの特定の公益上必要な事業のために私有地を強制的に収用するものであり，収用される土地所有者から見れば偶然的なもので土地所有権の内在的な制約の表れではない。また，それは土地所有権を剥奪する重大なものである。従って，「完全な補償」が必要である。

この土地収用の際の補償，つまり収用補償については，土地収用法に詳細な規定がある。この規定は，損失補償のモデル規定とも言えるものなので，少し詳しく見ておくことにする。

(a) 被収用地の補償

収用補償の中心をなすのは，被収用地そのもの（つまり土地所有権そのもの）についての補償である（権利本体の補償。「権利補償」とも呼ばれる）。この被収用地の補償は，前記の 1973 年判決によると，「完全な補償」でなければならない。

土地収用法では，「近傍類地の取引価格等を考慮して算定した事業の認定の告示の時における相当な価格に，権利取得裁決の時までの物価の変動に応ずる修正率を乗じて得た額」としている（71 条）。少し分かりにくい規定であるが，土地収用の事業認定が行われたときの地価を基礎におき，その後に行われる権利取得裁決の時までの物価の変動に応ずる修正率を乗じた額を被収用地につい

第27講　損失補償

ての補償額としているのである[7]。

　この規定は，事業認定があると，公共事業を期待して土地投機が行われ，権利取得裁決までの間に地価が高騰してしまうことなどを考慮して設けられたものである。

　しかし，この土地収用法の算定方法による補償額では，被収用者は，権利取得裁決時には，高騰してしまっている周辺の土地をもはや購入できないという問題がある。このため，この補償額は憲法29条3項の「正当な補償」とは言えず，その算定方法を定める土地収用法71条は違憲ではないか，という批判がある。

　また土地収用法の定める算定方法は，①地価も物価も上昇すること，および②事業認定があると，物価上昇率をしのぐ割合で地価が高騰するということを前提にしているが，これらのことは，今日では必ずしも当てはまらないだろう。

　このように，土地収用法の定める算定方法は必ずしも合理的なものではないが，個々の土地の価格は個別の事情によって左右されるものであるから，一般的にこの算定方法が違憲であるかどうかを考えることは適切ではない。むしろ，個々の事例で実際に算定される補償額が「正当な補償」と言えるかどうかを判断すべきだろう。

　この問題について，最高裁判所2002（平成14）年6月11日判決は，前記の最高裁判所大法廷1953（昭和28）年12月23日判決に依拠して「相当補償説」に立ち，「事業の影響により生ずる収用地そのものの価値の変動は，起業者に帰属し，又は起業者が負担すべきものである」こと，土地所有者等は，事業認定の告示があると，起業者に対し補償金の支払を請求することができるので，この制度を利用することにより，被収用地と見合う代替地を取得することは可能であることなどを理由に，この土地収用法71条の規定が憲法29条3項に違反するものではないとしている。

---

7) 土地収用法の定める事業認定は，土地を必要とする事業が収用をするに値することを認定する行為である。事業により国土交通大臣または都道府県知事が行う（16条以下）。もう1つの権利取得裁決は事業認定をうけて収用委員会が行うものであり，収用委員会は被収用地の区域，損失補償，起業者による権利取得の時期などを定める（48条）。権利取得の法効果は法律によって生じる（101条1項を参照）。なお，収用委員会は，権利取得裁決とあわせてまたはその後に，土地の引渡しの時期などについて明渡裁決を行う（47条の2・49条）。

Ⅳ 損失補償の額

(b) 公用制限をうけている土地の収用と補償

設問 道路に関する都市計画決定により，その区域内にあるAさんの土地は建築制限（都市計画制限の1つである）を受けていたが，その後都市計画事業の認可が行われ，収用されることになった（都市計画法53条・54条・59条以下・69条以下を参照）。Aさんの土地は都市計画決定により建築制限を受けているので，その地価は低落している。Aさんは，この低落した現在の地価分の補償しかもらえないのか，それとも現在の地価分に加え地価の低落分についても補償を得ることができるだろうか（上記の認可があると，さらに強い土地利用規制（都市計画事業制限と呼ばれる。同法65条）がかかるが，この点は度外視する）。

この問題については，最高裁判所1973（昭和48）年10月18日判決は「被収用者が近傍において被収用地と同等の代替地等を取得することをうるに足りる金額の補償を要する」と述べている（この判決は439頁でもう少し詳しく紹介した）。つまり，この判決によると，地価の低落分（近傍の同等地の地価との差額）も補償してもらうことができる。

(c) 付随的損失の補償

土地収用法は，被収用者に対する補償をより完全なものにするために，上記の権利本体の補償のほか，被収用地に存在する物件の移転料の補償，営業上の損失の補償などのいわゆる付随的損失（付帯的損失）の補償についても定めている（77条・88条）。

土地を収用された者は，必然的に他所に移転しなければならずその費用が必要であるし，またこの移転に伴い営業が中断することによっても損失が生じる。こうした費用は，私人間の売買では売主が負担するものであるが，収用は土地所有者の意思に反して行われるものであり，かつそれに伴い必然的に生ずるものであるから，補償の対象とされている（営業上の損失の補償については，(d)でも触れる）。

(d) 営業上の損失および精神的苦痛に対する損失補償

設問 国道の拡幅のため自己の土地を収用されることになったA氏は，自宅兼店舗を移転しなければならないが，この移転に伴い，顧客の大半を失うことを予想し，その損失について補償を要求したい。また，家族は慣れ親しんだ土地を離れ，子供は転校を余儀なくされるので，それに伴う精神的苦痛についても，補償（損害賠償における慰謝料に対応）を要求したい。この要求は認められるだろうか。

まず，営業上の損失については，上記のように土地収用法88条で補償され

ることになっており,「通常受ける損失」の範囲で補償される。また,その細目については,「土地収用法第88条の2の細目等を定める政令」が制定されており,20条～22条において営業の廃止・休止等・規模縮小に伴う損失補償が定められている。

これに対し,精神的苦痛に対する損失補償については,土地収用法に明文の補償規定はない。そして,精神的苦痛については補償をしないという方針が従前から実務上明確にされてきている(例えば,「公共用地の取得に伴う損失補償基準要綱の施行について」(昭和37年6月29日の閣議了解))。確かに,収用による住居の移転がうまくいき,新しい居住環境や新しい学校が以前のものよりも快適であれば,精神的苦痛の問題は生じないし,転居・転校を苦にしない「強い精神の持主」には,やはり精神的苦痛の問題は生じないだろう。

しかし,「普通の人」を想定すると,長年住み慣れた土地を奪われるときにはかなりの精神的苦痛を感じることもあるだろう。精神的苦痛には個人差を含め事案により差があることは否定できないが,これについて補償を認めない従来の行政実務の方針は多少緩和することも検討に値する。

(5) 財産権制限に対する損失補償

(4)では,土地収用に即し財産権の剝奪における損失補償の額について説明したが,財産権(の行使)が制限される場合の損失補償の額はどうなるのだろうか。補償額が問題になるのは,公用制限である。

自然公園法上の国立公園の特別地域での採石・建築などの土地利用の制限については,下級審裁判例は風致・景観の保全の見地から内在的制約を理由に補償を認めていないが(436頁(b)を参照),公用制限について一切補償が否定されるわけではない。補償が認められる場合の額については,実損説(公用制限による積極的な実損だけが補償されるとする),相当因果関係説(公用制限と相当因果関係にある損失は逸失利益も含め補償されるとする),地価低落説(公用制限により生じた地価の低落分について補償されるとする),地役権設定説(制限を公用地役権の設定と見て,その設定費用が補償されるとする説)などがある。

実損説は,裁判例に見られるように利用上の損失につき補償が否定される場合において,積極的損害(土地測量費など既に支出していた費用)については補償を認めるという説である。他の3説は,公用制限による土地利用上の損失の補

償の算定方法に関するものであると考えられる。つまりその算定方法について諸説が対立している。

　自然公園法による土地利用制限もそうであるが，公用制限は広範囲にかつ相当長期にわたり存在すると考えられるものが多い。つまりそれによる利用上の損失は，その理解次第では莫大なものになる。この可能性のある損失とそれに対する補償をいかにして算定し，またいつの時点でその補償を行うのか。これは，誠に困難な問題である[8]。

V　損失補償の義務者と補償額に関する訴訟の方法

　損失補償についての以上の説明においては，財産権を規制する国・公共団体が同時に補償をする義務を負うかのような説明をしてきた。このような説明が当てはまり，国・公共団体が補償義務を負うことも少なくない。

　しかし，土地収用の場合には，土地所有権を奪う権限を行使するのは国土交通大臣または都道府県知事と収用委員会であるが，損失補償の義務を負うのは，収用により土地所有権を取得することになるいわゆる起業者である（土地収用法68条）。土地所有権を奪われる土地所有者との関係では国または都道府県が補償の義務を負い，起業者は国・都道府県に対して補償額相当の金員を支払う義務を負うという仕組みを作ることも考えられるが，現行法は，直接に起業者に土地所有者に対する補償義務を課している。

　補償額に争いがある場合の訴訟も，起業者と土地所有者との間で行われる。土地収用においては，補償額の決定は収用委員会の裁決によって行われるが，この裁決は行政処分であるから，本来は補償額に不服があればこの裁決を争うべきである。しかし土地収用法は，補償額に関する訴訟は，起業者と土地所有者との間で行われることとしている（133条3項）。これは，形式的当事者訴訟（286頁(b)を参照）の代表例である。

---

[8]　公用制限に対する補償のあり方については，具体的な取扱いの原則を積み重ねていくのが早道ではないかと思う。例えば，公用制限の開始前から土地を所有しその開始後も従前の土地利用を続けることができ，その意味で公用制限により利用上の損失を被らなかった者や，公用制限のある地域で新たに土地を購入し移り住んだ者については補償を要しないのではないかと思われる。

第 27 講　損失補償

　補償については，土地収用の場合に限らず，大臣の裁定や収用委員会の裁決のような行政処分によりその額が決められる場合も，形式的当事者訴訟の形をとることとされていることが多い。

事項索引

あ 行

相手方の同一性（取消判決の拘束力）……341
明渡裁決……………………………………440
芦別国家賠償請求事件…………………392, 405
荒川民商事件………………………………196
安全性（審査）………………73, 81, 83, 314, 330, 335
安保教授団事件…………………………398, 399
家永教科書検定国賠訴訟…………………400
伊方原発訴訟………………………78, 81, 334
異議申立て…………………………………265
意見公募手続………………90, 217, 218, 223, 227, 233
意見書（の）提出………………………178, 215
意見陳述権…………………………………230
意見陳述手続…………………………227, 228
意見の提出…………………………………43
意思形成過程情報…………………………246
慰謝料………………………………………441
委託契約………………………………182, 185
溢水型水害…………………………………423
一斉検問………………………………56, 194
逸脱行為………………………………388, 407
一定の処分・裁決……………354, 355, 356, 358
一般行政法規違反…………………………369
一般競争入札………………………………186
一般処分………………………………99, 118
一般調査……………………………………193
一般的受容方式（条約）……………………8
一般的抽象的規範…………………………84
一般的法律…………………………………6
一般の意見……………………………90, 234
委　任　→　権限の委任
委任条例…………………………………84, 92
委任命令………………………86, 88, 92, 94
伊場遺跡訴訟………………………………318
違法確認……………………………………323
違法確認判決………………………………346
違法行為抑止機能　→　適法性統制機能

違法侵害利益………………………………311
違法性………………………57, 293, 328, 389, 399
　──の承継…………………………331, 337
違法性一元説（国賠違法）………………394
違法性相対説（国賠違法）………………394
違法宣言……………………………………346
違法の付款…………………………………106
違法判断の基準時（取消訴訟）……332, 356
今田校長事件………………………………70
医療事故……………………………………385
インカメラ審理………………………250, 259
写し等の交付…………………………271, 274
訴えの変更……………………………360, 410
訴えの利益……148, 293, 307, 321, 322, 347, 375
上乗せ条例…………………………………94
運転ミス……………………………………415
営業許可……………………………………100
営業上の損失………………………………441
営造物…………………………………411, 413
　──の設置・管理…………………………411
　──の設置・管理者………………………425
　──の設置・管理の瑕疵…………………414
　──の利用者………………………………415
営造物瑕疵説………………………………414
営造物管理責任……………………………411
営造物責任　→　営造物管理責任
ADR　→　裁判外紛争解決手続
エネルギー基本計画………………………177
エネルギー政策基本法……………………177
愛媛玉串料判決………………………367, 369
エホバの証人剣道実技拒否事件…………80
応　援………………………………………44
応　答…………………………………202, 351
応答義務………………………………102, 103
大阪阿倍野市街地再開発事件……………302
大阪O-157食中毒事件……………………385
大阪空港訴訟…………………365, 415, 418
大阪城外濠転落事件………………………417

445

事項索引

大田区ゴミ焼却場事件……………296, 364
公の営造物 → 営造物
怠る事実…………………………368
小田急訴訟……………………313, 315
女川原発訴訟……………………366
鬼ヶ城転落事件…………………426
オンブズマン……………………209, 211

■ か ■

外観上一見明白説………………116
外形主義…………………………388
外国人行政………………………220
外在的優越的公益………………129
開示義務…………………………245
開示(拒否)決定…………………248
開示請求権……………………240, 257
解釈基準………………………222, 223
蓋然性…………………………358, 359
回避可能性……………396, 403, 412, 418, 421, 424
回復の困難な損害………………374
外部評価…………………………208
加害公務員………………………397
各省大臣………………38, 39, 48, 86
確　認……………………………100
確認訴訟…………15, 179, 298, 362
加算税……………………………153
瑕疵(国賠法2条1項)……………411
過　失……………………………395
　　――の客観化………………396
過失責任(主義)…………………395, 412
河川管理上の諸制約………421, 422, 424
課徴金……………………………153
学校事故………………………385, 399
学校施設の確保に関する政令…137
カネミ油症事件…………………197
下　命……………………………100
火薬類取締法……………………138
仮差押え…………………………370
仮処分の禁止(制限)………370, 372, 379
仮の義務付け………………376, 378
仮の救済…………………………370
仮の差止め………………………378
過　料……………………………265

川崎市がけ崩れ事件……………315
川崎民商事件……………………195
換　価……………………………144
環境基準…………………………10
勧　告…………………………161, 162
監　査……………………………206
関西水俣病訴訟………………164, 402, 404
監査機関…………………………32
監　察 → 行政評価
慣習法……………………………9, 45
間接強制を伴う調査…………193, 195
完全全部留保説 → 公行政留保説
完全補償説………………………439
ガントレット事件………………115
官　報……………………………9
管理関係…………………………14

■ き ■

議会による統制・監視…………209
議会の議決………………………187
機関訴訟…………18, 281, 287, 367
　　――の禁止の法理……………18
菊田医師医業停止事件…………70
菊田医師指定撤回事件…………128
議決権……………………………209
危険(営造物の設置・管理の瑕疵)…417
　　――への接近の理論………418
期限(行政処分の付款)…………105
技術的制約………………………421
規制行政………………………26, 172
　　――のための契約…………182
規制権限不行使責任……………400
規制的行政指導…………………162
規　則……………………………9
羈束裁量(行為)………………69, 100
期待可能性………………………419
機能的瑕疵………………………415
既判力…………………………336, 346
義務違反…………………………412
義務違反的構成…………………392
義務付け訴訟………143, 249, 284, 288, 352
　　申請型――……………………285
　　非申請型――………285, 324, 352, 401

446

事項索引

義務付けの裁決 …………………… 275
義務賦課行為 …………………… 100
却下判決 …………………… 336
客観訴訟 …………………… 281, 289, 367
客観的明白説 …………………… 116
救済法 …………………… 11
求償権 …………………… 405
給水拒否 …………………… 154
給付義務 …………………… 139
給付行政 …………………… 26
　　──のための契約 …………………… 182
給付訴訟 …………………… 362
協議会 …………………… 43
強行法規性 …………………… 49
教示(制度) …………………… 269, 290
強　制 …………………… 134
行　政 …………………… 1
　　──の一般的法原則 …………………… 47
　　──の形式的定義 …………………… 2
　　──の行為形式 …………………… 22, 24
　　──の実質的定義 …………………… 2
行政委員会 …………………… 31, 34
行政過程 …………………… 25
行政監察 → 行政評価
行政機関 …………………… 31
　　──の長 …………………… 40, 240, 245
行政機関が行う政策の評価に関する法律 … 206
行政規則 …………………… 91
行政規範 …………………… 84
行政救済 …………………… 279
行政計画 …………………… 23, 172, 300, 363
　　──の提案制度 …………………… 179
　　──の変更 …………………… 177
行政計画手続 …………………… 215
行政契約 …………………… 22, 181
行政契約手続 …………………… 215
行政権の主体 …………………… 148, 188
行政行為 → 行政処分
行政サービスの提供 …………………… 153
　　──の拒否 …………………… 153, 154
行政財産 …………………… 129
行政裁量 …………………… 63
　　──の行使の適正化 …………………… 66

広義の── …………………… 65
行政事件訴訟法改正 …………………… 308, 310, 361
行政執行法人 …………………… 207
行政指導 …………………… 23, 55, 157, 305, 363, 428
　　──の形式的規制 …………………… 168
　　──の限界 …………………… 166
　　──の中止等の求め …………………… 169
　　──の求め …………………… 170, 233
　　許認可等の権限に関連する── …………………… 167
　　申請に関連する── …………………… 166
行政指導指針 …………………… 90, 168
行政指導手続 …………………… 215
行政事務 …………………… 30
行政主体 → 行政体
行政上の強制執行 …………………… 22, 134, 185, 375
行政上の強制執行手続 …………………… 215
行政上の強制徴収 → 滞納処分
行政上の計画 → 行政計画
行政上の制裁 …………………… 151, 161
行政上の即時強制 …………………… 23, 148
行政上の代執行 …………………… 21, 23, 325
行政上の秩序罰 …………………… 152
行政上の直接強制 …………………… 137, 146
行政情報 …………………… 240
　　──の管理 …………………… 239
行政処分 …………………… 22, 97, 98, 99, 108, 295
　　──の拘束力 …………………… 110
　　──の公定力 …………………… 110
　　──の職権取消し …………………… 119
　　──の成立 …………………… 108
　　──の撤回 …………………… 126
　　──の当然無効 …………………… 114
　　──の付款 …………………… 105
行政処分手続 …………………… 214
行政相談委員 …………………… 210
行政組織 …………………… 30
行政訴訟 …………………… 211, 280
行政訴訟検討会 …………………… 361
行政体 …………………… 27
　　──間での契約 …………………… 182
行政代執行(法) …………………… 137
行政庁 …………………… 31
強制調査 …………………… 193, 195

447

事項索引

行政調査 …………………………… 24, 190, 239
行政的措置 ……………………………………… 147
行政手続 …………………………… 74, 211, 214
行政手続オンライン化法 …………………… 109
行政統制 ……………………………… 205, 280
行政内部規範 ………… 48, 68, 81, 95, 223, 391
行政評価 ……………………………………… 206
行政不服審査 ……………… 150, 211, 262, 280
行政不服審査会 ………………………… 273, 277
行政不服申立て → 行政不服審査
行政文書 ……………………………………… 260
行政文書ファイル …………………………… 261
行政法 …………………………………………… 5
　　――の存在形式 …………………………… 7
行政法的拘束 ………………………………… 17
行政立法 ………………… 22, 84, 99, 299, 363
行政立法手続 → 意見公募手続
協働(行為) ………………………………… 2, 4, 39
供用関連瑕疵 → 機能的瑕疵
供　覧 ………………………………………… 242
協　力 …………………………………… 39, 42
許　可 ………………………………………… 100
許可制 ………………………………………… 201
許可代替的届出 ……………………………… 201
許認可等の権限に関連する行政指導 …… 167
拒否処分 ………………………………… 223, 376
距離制限規定 ………………………………… 316
禁　止 ………………………………………… 100
筋ジストロフィー症患者入学不許可事件 … 376
近鉄特急料金訴訟 …………………………… 340

■ く・け ■

苦　情
　　――処理 ………………………………… 209
　　――のあっせん ………………………… 210
　　――の解決 ……………………………… 210
　　――の申出 ……………………………… 210
具体性 …………………………………………… 99
国 ………………………………………………… 27
国立駅前歩道橋事件 ………………………… 306
国又は公共団体 ………………………………… 27
桑名城跡レジャーボート事件 ……………… 344
群馬中央バス事件 ……………………… 72, 236

訓　令 …………………………… 18, 35, 95
計　画 → 行政計画
計画内容の規制 ……………………………… 175
計画目標の指示 ……………………………… 177
警　告 ………………………………………… 161
警察官不当逮捕偽証工作事件 ……………… 407
警察規制 ……………………………………… 435
警察許可 ………………………………… 100, 334
警察目的 ………………………………… 100, 434
形式上の要件
　　――(申請) ……………………………… 102
　　――(届出) ……………………………… 203
形式審査(申請) ……………………………… 103
形式説 → 要件裁量説
形式的意味での行政 → 行政の形式的定義
形式的行政処分(論) ………………………… 297
形式的当事者訴訟 ………………… 286, 360, 444
刑事告発制度 ………………………………… 206
刑事訴訟 ……………………………………… 113
形成力 …………………………………… 338, 342
刑　罰 …………………………………… 146, 151
結果違法説(国賠違法法) …………………… 390
結果回避義務 ………………………………… 396
欠格事由(授益処分) ………………………… 334
決　裁 …………………………………… 242, 243
決済・供覧の基準 …………………………… 242
決算認定権 …………………………………… 209
決定(再調査の請求) ………………………… 266
決定裁量 ………………………………………… 66
圏央道あきるのIC代執行事件 ……………… 374
権限争議の決定 ………………………………… 35
権限なき行政 …………………………… 77, 159
権限の委任 ……………………………………… 36
　　個別的(な)―― ………………………… 86
　　包括的(な)―― ………………………… 86
権限の代理 ……………………………………… 37
権限分配の原則 …………………………… 34, 36
原告適格 ………………………………… 293, 306
現在の法律関係に関する訴え ……………… 350
原状回復(義務) ………………………… 325, 344
原処分主義 …………………………………… 277
原子力規制委員会 ……………………………… 34
原子炉設置許可 ………………………………… 82

448

減　反……………………………160, 162, 165
建築協定………………………………………189
憲　法……………………………………………7
権利取得裁決………………………………440
権利説（原告適格）………………………308
権利尊重原則…………………………45, 59
権利保護手続………………215, 218, 240
権利補償……………………………………439
権力作用留保説…………………52, 160, 162
権力性………………………………………98
権力的行政……………………………………52
権力的事実行為……………………………145
権力的法行為………………………21, 145, 428

■こ■

故　意………………………………………395
故意重過失領域……………………………406
行為違法説（国賠違法）………………389
行為瑕疵説…………………………………414
行為裁量　→　効果裁量（説）
公益(性)…………12, 21, 279, 309, 329, 367, 374
公益通報者制度……………………………206
公益と個別的利益の区別…………………309
高円寺土地区画整理事業計画事件……301
効　果　→　要件と効果
公開の(不)利益……………………245, 247
公害防止協定………………………………183
効果裁量（説）………………………65, 69, 100
合議制行政機関……………………………32
公共組合……………………………………29
公共工事………………………24, 172, 305
公共施設……………………………………413
公行政………………………………16, 53
公行政留保説………………………52, 162
公共の福祉…………………346, 373, 378
公共の利益　→　公益
公共用地の取得に伴う損失補償基準要項…184
公権力(性)………………………12, 21, 279
公権力行使責任……………………382, 401
公権力的事実行為…………………267, 297
公権力の行使………288, 381, 382, 384, 416
　　──（狭義説）……………………386
　　──（広義説）……………………386

公権力無責任原則………………382, 383
公　告………………………………………10
抗告訴訟………………………97, 288, 296
工作物………………………………………414
工作物責任…………………………………411
公　示…………………………………10, 109
公　社………………………………………27
控除説（行政の定義）………………………3
公正化・透明化手続………………………216
公正手続……………………………………216
拘束的計画……………………………174, 300
拘束力
　　義務付け判決の──……………357
　　行政処分の──…………………110
　　差止判決の──…………………360
　　審査請求の裁決の──…………277
　　取消判決の──………338, 341, 376
　　──の消極的効果………………341
　　──の積極的効果………………341
公　団………………………………………27
公聴会…………………178, 215, 226, 234
高知落石事件…………………412, 416, 419
交通反則金制度……………………………152
公定力………110, 114, 120, 148, 282, 284, 380
公的規制……………………………………404
口頭意見陳述………………………271, 274
公　表………10, 153, 155, 161, 223, 227, 385
　　実効性確保目的の──…………156
　　情報提供としての──…………155
　　制裁としての──………………155
公　物………………………………………413
公物管理（法）………………………………24
公文書の管理………………………………260
公　報…………………………………………9
公　法
　　──上の契約……………………181
　　──上の法律関係に関する訴訟
　　　　　　　　　…14, 289, 360
　　──と私法…………………………13
公法性………………………………………361
公　務………………………………………387
公務員………………………………………387
　　──個人の賠償責任……………405

事項索引

公務災害補償……430
公用制限……441, 442
合理性……194
衡量の瑕疵……59
考慮事項（利益）……177, 311
告　示……9, 109
国税犯則事件……198
国道43号線訴訟……394, 415, 419
国賠違法……393
国賠訴訟……113, 337
国立研究開発法人……207
国立公文書館……207, 261
国立大学法人……28
個々人の個別的利益……309
個人情報……191, 246, 247, 254, 259
個人情報保護……212, 239, 254
個人タクシー事件……72
国家賠償（責任）……150, 280, 382
国家賠償訴訟 → 国賠訴訟
国家無責任の原則 → 公権力無責任原則
国庫行政……16
個別調査……192
個別的（な）委任……86
個別（的）法律……6, 431

■ さ ■

在外日本人選挙権事件……363
裁　決……265, 275
裁決主義……278, 291
財産権の主体……148, 188
財産上の損失……429
最上級行政庁……267
再審査請求……266
財政的制約……421, 424, 425
財政法……209
在宅投票制度廃止違憲訴訟……392
再調査の請求……265
裁判管轄……294
裁判官の令状 → 令状主義
財務会計行為……368
裁　量……106
　　——の範囲逸脱・濫用
　　……75, 328, 355, 360, 389

時機の——……100
裁量基準……65, 67, 81, 222, 223
作為義務……139
　　代替的——……138
作成・取得の基準……242
佐々木惣一……69
差押え……144
差止違法……394
差止訴訟……285, 288, 357
サテライト大阪事件……316
砂防法……137
作用法……11
猿払事件……88
参加資格……317
参加手続……90, 215, 216, 218, 240
参　酌……231, 312
参与機関……34

■ し ■

私　益……374
私益保護性……313, 316
時間的制約……421
指揮監督権……18, 34
時機の裁量……66, 100
指揮命令……18
事業実施計画……301
私行政……16, 53, 382, 386
　　——分野での契約……182
私経済行政……16
施行規則……8, 85
施行令……8, 85
自己責任説……384, 399, 406
事後の事情……127
事後手続……214, 264
自己統制……264
自己評価……208
事実行為……21, 304, 397
　　公権力的——……145, 267, 297
　　非権力的——……157, 172
事実誤認……59, 75, 77
事実上の計画……173
事実認定……73, 100, 216
自主条例……84, 92

事項索引

事情裁決……………………………………276
事情判決………………276, 293, 336, 345, 347
私人間での契約……………………………189
事前(の)通知…………109, 195, 229, 232, 237
事前手続……………………………………214
自治事務………………………………30, 93
市町村………………………………………27
執行停止(制度)……………272, 371, 372, 380
執行罰………………………………………137
執行不停止原則……………………………371
執行命令…………………………………57, 86
執行力 → 自力執行力
実質説 → 効果裁量説
実質的意味での行政 → 行政の実質的定義
実質的当事者訴訟…………………………285, 360
実損説(損失補償)…………………………442
実体影響説(手続の違法)…………………236
実体上の要件………………………………204
実体(的)審査……………………………79, 103
実体的違法…………………………122, 235, 343
実体的行政処分……………………………296
質　問
　　──(行政調査)……………………192, 274
　　──(行政不服審査)…………………271
質問権(行政手続)…………………………230
質問検査(行政調査)………………………195
指定管理者制度……………………………42
指　導………………………………………161
児童養護施設入所児童暴行事件………387, 409
品川マンション事件………………………166
司法裁判所…………………………………382
私法上の契約………………………………181
私法上の請求権……………………………366
司法審査
　　──の方法……………………………78
　　──の密度……………………………74, 78
司法的強制………………………134, 136, 147, 189
事務の委託…………………………………41
事務の代替執行……………………………44
指名競争入札………………………………186
指名権………………………………………209
諮問機関……………………………32, 34, 250
　　──方式………………………………250

社会公共情報………………………………191, 259
社会通念……………………………………45, 78
社会的営造物瑕疵 → 機能的瑕疵
社会的正当性………………………………391
社会的制約 → 内在的制約
社会的相当性………………………………419
社会保険審査官・社会保険審査会………266
釈明処分による資料等の提出…………292, 334
重過失………………………………………406
終局判決……………………………………335, 356
終局目的概念………………………………69
自由裁量(行為)……………………………69, 100
修正裁決……………………………………278
自由選択主義………………………………269, 294
重大かつ明白な違法性…………115, 283, 348
重大説(手続の違法)………………………236
重大な損害………………………354, 359, 373
重大明白説…………………………………115
周辺住民……………………………………125
住民監査請求………………………………367
住民訴訟……………………………188, 287, 367
重要事項留保説……………………………53
授益行為……………………………………25
授益処分……………………99, 101, 108, 120, 121, 288
授益的行政指導……………………………162
主観訴訟……………………………………281, 289
需給調整規定………………………………100
授権規範……………………………………53, 57
手段総合性…………………………………173
出訴期間……………114, 210, 282, 290, 294, 348
受忍義務……………………………………139
主任の大臣…………………………………33, 267
受忍の範囲…………………………………437
主婦連ジュース不当表示事件…………309, 317
受　理………………………………102, 203, 204
受理書(証)…………………………………204
純粋結果不法説(国賠違法)………………390
準法律………………………………………53, 91
消極要件……………………………………373
条件(行政処分の付款)……………………105
証拠提出権…………………………………230
証拠提出責任………………………………333
常時監視……………………………………193

事項索引

承認権	209
消費者	317
消費者行政	318
情　報	241
——の開示	224
——の目的外利用	197
情報管理行政	239
情報公開	212, 239
情報公開・個人情報保護審査会	249, 259
情報提供	252
証明責任	333, 419
——の転換	335
条　約	8
将来の消費者	317
条理（法）	9, 45
条　例	9, 53, 91, 299
食品衛生法違反通知事件	305
職務行為基準説	392
職務上の監督	206
職務命令	20
助　言	161
所掌事務 → 任務又は所掌事務	
助成的行政指導	162
職権行使の独立性	34
職権証拠調べ	292, 361
職権探知主義	333
職権取消し	119
——肯定説	121
——否認説	121
職権による処分	101
職権濫用行為	406
処　分	296
——の求め	171, 232
処分基準	68, 90, 227
——の適用関係	225
処分原因事実	225, 230, 231, 237
処分根拠規定	225, 230, 231
処分時説（違法判断の基準時）	332
処分性	293, 295
処分性拡張説	297
処分性限定説	297
処分庁	265
処分等の求め	232

書類等の閲覧	271
自力救済禁止の原則	134
自力執行力	114
資料等の閲覧	274
知る権利	241
侵害行為	25
侵害処分	99, 101, 108, 120, 123, 288
侵害留保原理	54
侵害留保説	51, 162
審議会（制度）	34, 179
信義誠実の原則	14
審査・応答義務	102, 217
審査基準	65, 68, 90, 221
審査義務	102
審査請求	249, 265
審査密度 → 司法審査の密度	
申請型義務付け訴訟	285
申請権	103
申請に関連する行政指導	166
申請に対する処分	101, 221
申請不応答	352
申請負担軽減対策	104
信頼保護	60
審理員	271
審理員意見書	271, 273, 277
審理手続の計画的進行	272
審理手続の計画的遂行	272

■ す・せ・そ ■

随意契約	186
水　害	420
スモン訴訟	164, 400
生活環境への被害	315
税関検査	304
請求棄却判決	336
請求認容判決	336
整合性の原則	176
制　裁	129
——としての撤回	128
行政上の——	151
政策評価	206
正式聴聞	228
性質説 → 効果裁量説	

政省令 ……………………… 8, 22, 299	ソフトな行政 …………………… 160
精神的苦痛 ……………………… 441	疎明責任 ………………………… 373
正当な補償 ……………………… 438	損失補償 …………………… 280, 427
正当な(の)理由	
——(行政サービスの提供の拒否)…… 154	■ た・ち ■
——(取消訴訟の出訴期間)…… 291	代位責任説 ………… 384, 395, 399, 406
——(不服申立期間)………… 268	第一次情報 ………………… 242, 253
生命・身体・健康	対外性 …………………………… 98
……………… 247, 402, 404, 429, 432	対外的行為 ……………………… 17
積極的損害(損失補償) ………… 442	代 決 ………………………… 38
積極要件 ………………………… 373	第三者(利害関係人)
設置・管理者 …………………… 425	……………… 122, 123, 124, 225, 307, 338
設置・管理の瑕疵 ……………… 414	第三者効 ………… 300, 338, 349, 357, 360
説明責任 ………………………… 242	第三者訴訟 …… 72, 282, 288, 307, 330, 335
せり売り ………………………… 186	第三者調査 ………………… 192, 193
選挙に関する訴訟 ……………… 287	第三者評価 ……………………… 208
専 決 ………………………… 38	第三者補償 ……………………… 435
専決処分 ………………………… 39	代執行 → 行政上の代執行
洗剤パニック事件 ……………… 385	対司法裁量 …………………… 68, 73
全税関神戸事件 ………………… 70	対世効 → 第三者効
選択裁量 ………………………… 66	代替的作為義務 ………………… 138
前置手続 ………………………… 264	大東水害訴訟 …………………… 421
選任・監督者 …………………… 408	滞納処分 ………………… 23, 138, 144
相関関係説(国賠違法) ………… 390	代表者出訴資格 ………………… 318
早期の権利保護 ………………… 216	対法律裁量 ……………… 64, 68, 73, 222
操作ミス ………………………… 415	タイミングの裁量 → 時機の裁量
争訟取消し ……………………… 120	代 理 → 権限の代理
相対的効力説(取消判決の第三者効)…… 339	宝塚市パチンコ店事件 ……… 147, 188
争点訴訟 ………………………… 115	多義的規定 ……………… 64, 69, 71, 223
相当因果関係説(損失補償) …… 442	諾否の応答 ……………………… 103
相当の期間 ………………… 284, 351	立入検査 …………………… 185, 192
相当補償説 ……………………… 438	他の適当な方法(非申請型義務付け訴訟)…354
遡及効 ……………………… 124, 127	多摩川水害(訴訟) ………… 423, 424
即時強制 → 行政上の即時強制	団体情報 …………… 191, 246, 247, 259
組織過失 ………………………… 397	団体訴訟 ………………………… 317
組織共用(文書) ………………… 242	地役権設定説(損失補償) ……… 442
——の基準 ………………… 242, 243	地下低落説(損失補償) ………… 442
組織共用性 ……………………… 260	筑豊じん肺訴訟 ………………… 402
組織契約 ………………………… 182	秩序罰 → 行政上の秩序罰
組織の利用文書 → 組織共用(文書)	知的財産高等裁判所 …………… 294
組織法 …………………………… 10	地方公共団体 …………………… 27
訴訟参加 ………………………… 339	注意義務(違反) …………… 393, 396
訴訟要件 …………………… 290, 293, 336	中間判決 ………………………… 335

453

事項索引

中間目的概念 …………………………… 69
中期目標 ………………………………… 207
中期目標管理法人 ……………………… 207
懲戒(処分) …………………… 36, 63, 64, 153
調査義務説 ……………………………… 116
調整的行政指導 ………………………… 162
聴　聞 ……………………………… 227, 230
　　　狭義の―― …………………… 228
　　　広義の―― …………………… 228
聴聞主宰者 ……………………………… 230
直接型義務付け訴訟
　　　→ 非申請型義務付け訴訟
直接強制 → 行政上の直接強制
千代田区小学校廃校事件 ……………… 299

■ つ・て・と ■

通告処分 ………………………………… 152
通常受ける損失 ………………………… 442
通常裁判所 ……………………………… 382
通常生ずべき損失 ……………………… 436
通常有すべき安全性 …………………… 417
通　達 ………………… 7, 18, 35, 48, 84, 95, 363
通　知 ……………………………… 109, 229
償うことのできない損害 ……………… 378
津地鎮祭訴訟 …………………………… 369
提供(個人情報の) ……………………… 256
提出意見 ………………………………… 90
訂正請求権(個人情報保護) …………… 258
適格消費者団体 ………………………… 318
適法性回復説(行訴法9条1項) ……… 308
適法性統制機能 ………………………… 390
適用除外 ………………………………… 219
適用法規 …………………………………… 14
撤　回 ……………………………… 119, 126
撤回権の留保 …………………………… 105
撤回自由の原則 ………………………… 131
手続(的)違法 ……………………… 122, 235, 343
手続的審査 ……………………………… 79
撤廃・変更の裁決 ……………………… 275
テニスコート審判台転倒事件 ………… 420
伝習館高校事件 …………………………… 10
同意権 …………………………………… 209
東海第二原発訴訟 ……………………… 330

東京大気汚染第1次訴訟 ……………… 420
当事者訴訟 …… 14, 113, 115, 285, 298, 350, 360
　　　――(の)活用論(説) …………… 362
　　　――としての確認訴訟 …… 362, 363
　　　形式的―― ……………… 286, 360, 444
　　　実質的―― ………………… 285, 360
当事者適格 ……………………………… 307
当然無効 ……………………… 115, 283, 348
東大病院梅毒輸血事件 ………………… 385
到達主義 ………………………………… 109
統治団体 ………………………………… 30
透明性 …………………………………… 219
時の裁量 → 時機の裁量
徳島市公安条例事件 …………………… 94
徳島市・小学校遊動円木事件 ………… 383
特定管轄裁判所 ………………………… 295
特定個人情報 …………………………… 256
特定不利益処分 ………………………… 229
特定歴史公文書 ………………………… 260
独任制行政機関 ………………………… 32
特別区 …………………………………… 28
特別地方公共団体 ……………………… 28
特別の犠牲 ……………………………… 434
独立行政法人 ………………… 28, 207, 385
独立行政法人評価 ……………………… 206
独立行政法人評価制度委員会 ………… 208
都市計画事業制限 ……………………… 441
特　許 …………………………………… 100
都道府県 ………………………………… 27
届　出 …………………………………… 200
　　　許可代替的―― …………… 201
　　　法効果を持つ―― ………… 201
届出確認書 ……………………………… 200
豊田商事事件 …………………………… 402
取消違法 ………………………………… 393
取消請求権 ……………………………… 293
取消訴訟 ……………… 150, 282, 288, 290
　　　――における訴えの利益 … 321
　　　――における仮の救済 …… 371
　　　――の原告適格 …………… 306
　　　――の訴訟要件 …………… 293
　　　――の対象(処分性) ……… 295
　　　――の排他性

……112, 113, 282, 286, 348, 366, 379
──のパターン
……………………72, 282, 330, 333, 334, 344
──の判決の効力……………………336
取消訴訟中心主義……………………289
取消し・変更の裁決……………………275
取消判決……………………336
努力義務……………………49, 226, 227
──を課する付款……………………105

■ な 行 ■

内　閣……………………8, 31, 33
内閣総理大臣……………31, 33, 38, 48, 261, 267
──の異議……………………377
内在する危険……………………388
内在的制約……………………130, 434, 435
内部的行為……………………18
内部の責任……………………405
内部評価……………………208
長良川水害訴訟……………………421, 423, 424
名取川河川附近地制限令事件……………………432
奈良県ため池条例事件……………………435
奈良民商事件……………………393
成田国際空港の安全確保に関する緊急措置法
……………………137
成田新幹線訴訟……………………19
二重効果的行政処分……………………26, 125
日光太郎杉事件……………………71, 73, 81
入札手続……………………184, 186
認　可……………………35, 100
任務又は所掌事務……………11, 55, 158, 164
ノンリケット……………………333

■ は 行 ■

配　当……………………144
派生的効果……………………326
罰　則……………………95
破堤型水害……………………423
判決時説(違法判断の基準時)……………………332
反射的利益(論)……………………60, 403
犯則事件……………………193
犯則取締り……………………199
犯則取締情報……………………198

反面調査……………………192
PFI方式……………………41
非権力的公行政……………17, 52, 383, 385, 386
非権力的事実行為……………………157, 172
非権力的法行為……………………21, 181
非拘束的計画……………………174
被告適格……………………293, 307
非申請型義務付け訴訟……169, 285, 324, 352, 401
飛騨川バス転落事件……………………419
必要性の原則……………………194
必要的条例制定事項……………………94
評　価……………………206
標準審理期間……………………272
平等原則……………………75
平等原則違反……………………96
費用負担者……………………408, 425
非利用者……………………415
比例原則……………………75, 76, 106
不開示情報……………………246
不確定(法)概念……………………63, 69, 72
不可抗力……………………412
不可争力……………………114
付加的制約……………………403
不可変更力……………………114
付　款……………………105
福岡県志免町給水拒否訴訟……………………155
不作為(の)違法確認訴訟……………284, 288, 351
不作為義務……………………139
不作為庁……………………265
不受理……………………102
付随的効果……………………302, 326
付随的損失……………………441
不整合処分……………………345
負担(行政処分の付款)……………………105
普通財産……………………413
普通地方公共団体……………………27
不当(性)……………………120, 270
不服従に対する強制の禁止……………………165
不服申立期間……………………268
不服申立資格……………………268
不服申立前置義務……………269, 290, 294
部分開示(決定)……………………248
不文の法……………………9, 45, 47

事項索引

不利益処分……………………99, 224, 226
　　広義の――……………………224
不利益取扱いの禁止………………165
不利益変更の禁止…………………277
文化学院非課税通知事件……………61
分限(処分)………………………63, 64
文書(情報公開)……………………241
文書閲覧(制度)…………227, 231, 240
　　――の権利……………………230
文書管理　→　公文書の管理
文書提出命令………………………292
紛争調停者…………………………212
紛争の成熟性………………………364
併合提起…………………352, 355, 371, 376
弁明手続………………………228, 232
弁論主義……………………………333
包括的(な)委任………………………86, 88
法　規…………………51, 84, 85, 91
法規違反説(国賠違法)………………389
法規範…………………………………7
法規命令………………………………91
法　源……………………7, 47, 58, 85
法行為…………………………21, 397
　　権力的――………………21, 145, 428
　　非権力的――………………21, 181
法人情報　→　団体情報
法人文書……………………………260
放置違反金……………………152, 185
法治主義(法による行政)
　　…………45, 120, 121, 131, 389
法定外(無名)抗告訴訟………………288
法定計画……………………………173
法定抗告訴訟………………………288
法定受託事務………………………20, 93
法定条例　→　委任条例
法的拘束力………7, 68, 95, 223, 251, 274
法的な保護に値する利益説…………308
冒頭説明……………………………230
法の一般原則………………………14, 47
法の解釈………………………………72
法　律…………………………………8
　　――による行政の原理……………49
　　――の委任………………………85

　　――の根拠……………………160
　　――の授権……118, 135, 162, 174, 183, 193
　　――の法規創造力の原則……51, 85, 91
　　――の優先………………………49
　　――の留保の原則…………50, 51, 160
法律執行条例　→　委任条例
法律上の指針………………………74
法律上の争訟……………………4, 188
法律上の利益………307, 322, 330, 354
法律上保護された利益説……………308
法律要件分類説……………………333
法　令…………………………93, 312
法令遵守義務………………………205
法令に基づく申請……………284, 351
補助機関………………………32, 397
補助金…………………………………54
保有個人情報………………………256
保有の基準……………………243, 244
保有の制限…………………………255
ポルノグラフィー税関長通知事件……304
本案勝訴要件(取消訴訟)………293, 336
本案審理……………………………290
本案理由……………………………375
本案理由要件(仮の救済)……………378
本質性理論　→　重要事項留保説
本人開示請求………………………246
本人情報……………………………246
本来的公法関係………………………14
本来の用法…………………………420

■ま　行■

マイナンバー法……………………256
マクリーン事件……………………70, 81
未成年者飲酒禁止法…………………149
未成年者喫煙禁止法…………………149
みぞかき補償………………………435
水俣病京都訴訟……………………164
水俣病東京訴訟……………………164
水俣湾水銀ヘドロ埋立事件…………381
美濃部達吉……………………………69
民営化………………………………409
民間委託………………………40, 409
民事差止訴訟……………362, 366, 394

民事訴訟	113, 115, 350, 364
民衆訴訟	281, 286, 367
民主的正当性	216
無過失責任	411
無 効 → 当然無効	
無効確認訴訟	115, 283, 288, 348, 379, 113
無効等確認の訴え	283, 288, 348
武蔵野市教育施設負担金事件	385
無償収去	192
無名抗告訴訟 → 法定外抗告訴訟	
明確性原則	168
明白性補充要件説	117
名誉・信用(の利益)	327
命 令	8, 100
命令・勧告を留保した届出制	201
命令等	90, 220
命令等制定機関	90
命令等制定手続 → 意見公募手続	
目的外使用許可	129
目的外利用(個人情報の)	256
目的規定	218
目的拘束の法理	76, 106
目標設定性	173
もちろん解釈説(予防接種被害)	432
盛岡用途地域指定事件	303
文言説(行政裁量)	69
もんじゅ訴訟	116, 314, 350

■ や 行 ■

山形県余目町個室付浴場事件	76
要件裁量(説)	65, 70
要件事実	129
要件的規制	175
要件と効果	103
用途地域指定	303
予見可能性	396, 403, 412, 418, 421, 423
予告の付款	106
横出し条例	94
横浜市保育所廃止条例事件	299
予算議決権	209
予算の制約	419, 424
予測可能性	46
予防接種被害	398, 429, 432

■ ら 行 ■

ライバル業者	125
利益相反第三者	340
利害関係人 → 第三者(利害関係人)	
立 法	51
理由開示	195
理由(の)提示(理由付記)	109, 215, 224, 228
理由の差替え	237
理由の追完	237
利用者	125
利用上の損失	442
利用停止請求権	259
利用目的の明示	255
緑地協定	189
類推適用説(予防接種被害)	432
令 状	195
令状主義	194, 195
歴史公文書	260
連携協約	44
ロッキード事件丸紅ルート判決	55, 163

■ 判 例 索 引 ■

《判例集略称》
民集＝最高裁判所民事判例集　　　　判時＝判例時報
刑集＝最高裁判所刑事判例集　　　　判タ＝判例タイムズ
裁判集民＝最高裁判所裁判集民事　　判自＝判例地方自治
訟月＝訟務月報

《【　】内略称》
百選Ⅰ：宇賀克也＝交告尚史＝山本隆司編『行政判例百選Ⅰ』（第6版，有斐閣・2012）判例No.
百選Ⅱ：宇賀克也＝交告尚史＝山本隆司編『行政判例百選Ⅱ』（第6版，有斐閣・2012）判例No.
入門：芝池義一編『判例行政法入門』（第5版，有斐閣・2010）判例No.
CB：高木光＝稲葉馨編『ケースブック行政法』（第5版，弘文堂・2014）判例No.

■ 大審院・最高裁判所 ■

大審院 1916(大正 5)年 6 月 1 日判決・民録 22 輯 1088 頁 ……………………………… 383
最高裁大法廷 1953(昭和 28)年 2 月 18 日判決・民集 7 巻 2 号 157 頁【百選Ⅰ-9】……………… 15
最高裁大法廷 1953(昭和 28)年 12 月 23 日判決・民集 7 巻 13 号 1523 頁【百選Ⅱ-256】……… 438, 440
最高裁大法廷 1953(昭和 28)年 12 月 23 日判決・民集 7 巻 13 号 1561 頁【百選Ⅰ-68】………… 322
最高裁 1956(昭和 31)年 4 月 24 日判決・民集 10 巻 4 号 417 頁【入門 1-1】………………… 15
最高裁大法廷 1956(昭和 31)年 7 月 18 日判決・民集 10 巻 7 号 890 頁 ……………………… 115
最高裁 1956(昭和 31)年 11 月 30 日判決・民集 10 巻 11 号 1502 頁
　　　【百選Ⅱ-236, 入門 22-3, CB18-1】……………………………………………… 388, 407
最高裁 1961(昭和 36)年 2 月 16 日判決・民集 15 巻 2 号 244 頁 …………………………… 385
最高裁 1961(昭和 36)年 3 月 7 日判決・民集 15 巻 3 号 381 頁【CB2-2】…………………… 116
最高裁 1962(昭和 37)年 1 月 19 日判決・民集 16 巻 1 号 57 頁【百選Ⅰ-19】……………… 404
最高裁 1962(昭和 37)年 7 月 5 日判決・民集 16 巻 7 号 1437 頁 …………………………… 116
最高裁 1963(昭和 38)年 5 月 31 日判決・民集 17 巻 4 号 617 頁【百選Ⅰ-127】………… 224, 226
最高裁大法廷 1963(昭和 38)年 6 月 26 日判決・刑集 17 巻 5 号 521 頁【百選Ⅱ-259, 入門 25-3】… 435
最高裁 1964(昭和 39)年 10 月 29 日判決・民集 18 巻 8 号 1809 頁【百選Ⅱ-156, CB11-3】… 99, 296, 364
最高裁大法廷 1966(昭和 41)年 2 月 23 日判決・民集 20 巻 2 号 271 頁【CB11-3】…………… 301
最高裁 1967(昭和 42)年 3 月 14 日判決・民集 21 巻 2 号 312 頁【百選Ⅱ-212, CB14-2】……… 338
最高裁大法廷 1968(昭和 43)年 11 月 27 日判決・刑集 22 巻 12 号 1402 頁
　　　【百選Ⅱ-260, 入門 25-1, CB20-1】……………………………………………… 432, 437
最高裁 1970(昭和 45)年 8 月 20 日判決・民集 24 巻 9 号 1268 頁
　　　【百選Ⅱ-243, CB19-1】……………………………………………… 412, 416, 419, 424
最高裁大法廷 1971(昭和 46)年 1 月 20 日判決・民集 25 巻 1 号 1 頁【百選Ⅰ-51】…………… 89
最高裁 1971(昭和 46)年 10 月 28 日判決・民集 25 巻 7 号 1037 頁

　　　　【百選Ⅰ-125, 入門 13-2, CB3-1】 ‥‥‥‥‥‥‥‥‥‥‥‥‥‥‥‥‥‥‥‥‥‥72
最高裁大法廷 1972(昭和 47)年 11 月 22 日判決・刑集 26 巻 9 号 554 頁【百選Ⅰ-109, CB6-1】‥‥‥195
最高裁 1972(昭和 47)年 12 月 5 日判決・民集 26 巻 10 号 1795 頁【百選Ⅰ-89, CB3-2】‥‥‥‥‥237
最高裁 1973(昭和 48)年 3 月 6 日判決・裁判集民 108 号 387 頁‥‥‥‥‥‥‥‥‥‥‥‥‥‥‥325
最高裁 1973(昭和 48)年 4 月 26 日判決・民集 27 巻 3 号 629 頁
　　　　【百選Ⅰ-86, 入門 7-9, CB2-3】 ‥‥‥‥‥‥‥‥‥‥‥‥‥‥‥‥‥‥‥‥‥‥‥115, 116
最高裁 1973(昭和 48)年 7 月 10 日決定・刑集 27 巻 7 号 1205 頁【百選Ⅰ-110, 入門 12-1, CB6-2】‥‥195
最高裁 1973(昭和 48)年 9 月 14 日判決・民集 27 巻 8 号 925 頁 ‥‥‥‥‥‥‥‥‥‥‥‥‥70, 71
最高裁 1973(昭和 48)年 10 月 18 日判決・民集 27 巻 9 号 1210 頁
　　　　【百選Ⅱ-258, 入門 25-6, CB20-2】 ‥‥‥‥‥‥‥‥‥‥‥‥‥‥‥‥‥‥‥‥‥‥439, 441
最高裁 1974(昭和 49)年 2 月 5 日判決・民集 28 巻 1 号 1 頁【百選Ⅰ-94, 入門 25-5, CB20-3】‥‥‥133
最高裁大法廷 1974(昭和 49)年 11 月 6 日判決・刑集 28 巻 9 号 393 頁‥‥‥‥‥‥‥‥‥‥‥‥88
最高裁 1975(昭和 50)年 5 月 29 日判決・民集 29 巻 5 号 662 頁
　　　　【百選Ⅰ-126, 入門 13-3, CB3-3】 ‥‥‥‥‥‥‥‥‥‥‥‥‥‥‥‥‥‥‥‥‥‥72, 236
最高裁大法廷 1975(昭和 50)年 9 月 10 日判決・刑集 29 巻 8 号 489 頁【CB1-2】‥‥‥‥‥‥‥‥94
最高裁 1975(昭和 50)年 11 月 28 日判決・民集 29 巻 10 号 1754 頁【百選Ⅱ-250, 入門 24-1】‥‥‥426
最高裁大法廷 1977(昭和 52)年 7 月 13 日判決・民集 31 巻 4 号 533 頁 ‥‥‥‥‥‥‥‥‥‥‥369
最高裁 1977(昭和 52)年 12 月 20 日判決・民集 31 巻 7 号 1101 頁【百選Ⅰ-83, CB4-2】‥‥‥‥‥70
最高裁 1978(昭和 53)年 3 月 14 日判決・民集 32 巻 2 号 211 頁
　　　　【百選Ⅱ-141, 入門 17-1/17-7, CB12-1】 ‥‥‥‥‥‥‥‥‥‥‥‥‥‥268, 308, 309, 317
最高裁 1978(昭和 53)年 3 月 30 日判決・民集 32 巻 2 号 485 頁【百選Ⅱ-222】‥‥‥‥‥‥367, 368
最高裁 1978(昭和 53)年 6 月 16 日判決・刑集 32 巻 4 号 605 頁【百選Ⅰ-72, 入門 4-5, CB4-3】‥‥‥76
最高裁大法廷 1978(昭和 53)年 10 月 4 日判決・民集 32 巻 7 号 1223 頁
　　　　【百選Ⅰ-80, 入門 4-1/4-10, CB4-4】 ‥‥‥‥‥‥‥‥‥‥‥‥‥‥‥‥‥‥‥‥70, 77, 81
最高裁 1978(昭和 53)年 10 月 20 日判決・民集 32 巻 7 号 1367 頁【百選Ⅱ-235, CB18-2】‥‥‥392, 405
最高裁 1978(昭和 53)年 12 月 8 日判決・民集 32 巻 9 号 1617 頁【百選Ⅰ-2, 入門 5-1, CB11-4】 ‥19
最高裁 1978(昭和 53)年 12 月 22 日判決・判時 916 号 24 頁‥‥‥‥‥‥‥‥‥‥‥‥‥‥‥‥417
最高裁 1979(昭和 54)年 7 月 10 日判決・民集 33 巻 5 号 481 頁【百選Ⅱ-238】‥‥‥‥‥‥‥‥385
最高裁 1979(昭和 54)年 12 月 25 日判決・民集 33 巻 7 号 753 頁【入門 16-7, CB11-5】‥‥‥‥‥304
最高裁 1980(昭和 55)年 9 月 22 日決定・刑集 34 巻 5 号 272 頁【百選Ⅰ-113, 入門 2-1, CB9-2】‥56
最高裁 1980(昭和 55)年 11 月 25 日判決・民集 34 巻 6 号 781 頁
　　　　【百選Ⅱ-181, 入門 17-11, CB13-2】 ‥‥‥‥‥‥‥‥‥‥‥‥‥‥‥‥‥‥‥‥‥‥‥326
最高裁 1981(昭和 56)年 1 月 27 日判決・民集 35 巻 1 号 35 頁【百選Ⅰ-29, 入門 3-2, CB9-3】‥61, 429
最高裁 1981(昭和 56)年 4 月 14 日判決・民集 35 巻 3 号 620 頁【百選Ⅰ-48】‥‥‥‥‥‥‥‥385
最高裁 1981(昭和 56)年 7 月 14 日判決・民集 35 巻 5 号 901 頁【百選Ⅱ-196, CB3-5】‥‥‥‥‥237
最高裁 1981(昭和 56)年 7 月 16 日判決・判時 1016 号 59 頁【入門 23-10】‥‥‥‥‥‥‥‥‥‥418
最高裁大法廷 1981(昭和 56)年 12 月 16 日判決・民集 35 巻 10 号 1369 頁
　　　　【百選Ⅱ-157/Ⅱ-249, 入門 20-3, CB16-1】 ‥‥‥‥‥‥‥‥‥‥‥‥‥‥‥‥365, 415, 418
最高裁 1982(昭和 57)年 4 月 1 日判決・民集 36 巻 4 号 519 頁【百選Ⅱ-237, 入門 22-2, CB18-4】‥399
最高裁 1982(昭和 57)年 4 月 22 日判決・民集 36 巻 4 号 705 頁
　　　　【百選Ⅱ-160, 入門 16-6, CB11-6】 ‥‥‥‥‥‥‥‥‥‥‥‥‥‥‥‥‥‥‥‥‥‥100, 303
最高裁 1982(昭和 57)年 9 月 9 日判決・民集 36 巻 9 号 1679 頁【百選Ⅱ-182】‥‥‥‥‥‥‥‥317
最高裁 1983(昭和 58)年 2 月 18 日判決・民集 37 巻 1 号 59 頁【百選Ⅱ-255, CB20-4】‥‥‥‥‥435

最高裁 1983(昭和 58)年 10 月 18 日判決・判時 1099 号 48 頁【入門 23-8】⋯⋯⋯⋯⋯⋯⋯⋯ 417
最高裁 1984(昭和 59)年 1 月 26 日判決・民集 38 巻 2 号 53 頁
　　　　【百選Ⅱ-245, 入門 23-11, CB19-5】⋯⋯⋯⋯⋯⋯⋯⋯⋯⋯⋯⋯⋯⋯⋯⋯⋯⋯⋯ 421, 422, 425
最高裁 1984(昭和 59)年 10 月 26 日判決・民集 38 巻 10 号 1169 頁
　　　　【百選Ⅱ-183, 入門 17-9, CB13-4】⋯⋯⋯⋯⋯⋯⋯⋯⋯⋯⋯⋯⋯⋯⋯⋯⋯⋯⋯⋯⋯⋯ 323
最高裁 1985(昭和 60)年 1 月 22 日判決・民集 39 巻 1 号 1 頁【百選Ⅰ-129, 入門 13-5, CB3-6】⋯225
最高裁 1985(昭和 60)年 7 月 16 日判決・民集 39 巻 5 号 989 頁【百選Ⅰ-132, 入門 11-2, CB5-2】⋯166
最高裁 1985(昭和 60)年 11 月 21 日判決・民集 39 巻 7 号 1512 頁【百選Ⅱ-233】⋯⋯⋯⋯⋯⋯ 392
最高裁 1986(昭和 61)年 2 月 27 日判決・民集 40 巻 1 号 124 頁【百選Ⅱ-224, CB18-5】⋯⋯⋯⋯391
最高裁 1986(昭和 61)年 10 月 23 日判決・判時 1219 号 127 頁⋯⋯⋯⋯⋯⋯⋯⋯⋯⋯⋯⋯⋯⋯⋯ 307
最高裁 1987(昭和 62)年 2 月 6 日判決・判時 1232 号 100 頁【百選Ⅱ-223】⋯⋯⋯⋯⋯ 385, 414
最高裁 1987(昭和 62)年 3 月 20 日判決・民集 41 巻 2 号 189 頁【入門 10-2】⋯⋯⋯⋯⋯⋯⋯ 187
最高裁 1987(昭和 62)年 4 月 21 日判決・民集 41 巻 3 号 309 頁
　　　　【百選Ⅱ-146, 入門 21-3, CB13-5】⋯⋯⋯⋯⋯⋯⋯⋯⋯⋯⋯⋯⋯⋯⋯⋯⋯⋯⋯⋯⋯⋯ 278
最高裁 1987(昭和 62)年 5 月 19 日判決・民集 41 巻 4 号 687 頁【入門 10-3】⋯⋯⋯⋯⋯⋯⋯ 186
最高裁 1988(昭和 63)年 3 月 31 日判決・判時 1276 号 39 頁【入門 12-4, CB6-4】⋯⋯⋯⋯⋯ 198
最高裁 1988(昭和 63)年 6 月 17 日判決・判時 1289 号 39 頁【百選Ⅰ-93, 入門 7-5, CB2-4】⋯⋯ 128
最高裁 1988(昭和 63)年 7 月 1 日判決・判タ 723 号 201 頁⋯⋯⋯⋯⋯⋯⋯⋯⋯⋯⋯⋯⋯⋯⋯⋯⋯70
最高裁 1988(昭和 63)年 7 月 14 日判決・判時 1297 号 29 頁⋯⋯⋯⋯⋯⋯⋯⋯⋯⋯⋯⋯⋯⋯⋯⋯⋯71
最高裁 1989(平成元)年 2 月 17 日判決・民集 43 巻 2 号 56 頁
　　　　【百選Ⅱ-170, 入門 17-2, CB12-2】⋯⋯⋯⋯⋯⋯⋯⋯⋯⋯⋯⋯⋯⋯⋯⋯⋯⋯⋯⋯⋯⋯ 330
最高裁 1989(平成元)年 4 月 13 日判決・判時 1313 号 121 頁【百選Ⅱ-172, CB12-3】⋯⋯⋯⋯ 340
最高裁 1989(平成元)年 6 月 20 日判決・判時 1334 号 201 頁【百選Ⅱ-173, 入門 17-8, CB12-4】⋯319
最高裁 1989(平成元)年 10 月 26 日判決・民集 43 巻 9 号 999 頁⋯⋯⋯⋯⋯⋯⋯⋯⋯⋯⋯⋯⋯ 426
最高裁 1990(平成 2)年 1 月 18 日判決・民集 44 巻 1 号 1 頁【百選Ⅰ-54, CB1-3】⋯⋯⋯⋯⋯⋯ 10
最高裁 1990(平成 2)年 2 月 1 日判決・民集 44 巻 2 号 369 頁【入門 6-1, CB1-4】⋯⋯⋯⋯⋯⋯89
最高裁 1990(平成 2)年 2 月 20 日判決・判時 1380 号 94 頁⋯⋯⋯⋯⋯⋯⋯⋯⋯⋯⋯⋯⋯⋯⋯⋯ 404
最高裁 1990(平成 2)年 12 月 13 日判決・民集 44 巻 9 号 1186 頁
　　　　【百選Ⅱ-246, 入門 23-12, CB19-7】⋯⋯⋯⋯⋯⋯⋯⋯⋯⋯⋯⋯⋯⋯⋯⋯⋯⋯⋯⋯⋯ 424
最高裁 1991(平成 3)年 7 月 9 日判決・民集 45 巻 6 号 1049 頁【百選Ⅰ-52, 入門 6-2/22-4, CB1-5】⋯89
最高裁 1992(平成 4)年 1 月 24 日判決・民集 46 巻 1 号 54 頁【百選Ⅱ-184, 入門 18-4, CB13-6】⋯347
最高裁 1992(平成 4)年 9 月 22 日判決・民集 46 巻 6 号 571 頁
　　　　【百選Ⅱ-171, 入門 17-4, CB12-5】⋯⋯⋯⋯⋯⋯⋯⋯⋯⋯⋯⋯⋯⋯⋯⋯⋯⋯⋯ 309, 314
最高裁 1992(平成 4)年 9 月 22 日判決・民集 46 巻 6 号 1090 頁【百選Ⅱ-187, 入門 15-1, CB15-3】⋯351
最高裁 1992(平成 4)年 10 月 29 日判決・民集 46 巻 7 号 1174 頁
　　　　【百選Ⅰ-81, 入門 4-3/4-9, CB4-5】⋯⋯⋯⋯⋯⋯⋯⋯⋯⋯⋯⋯⋯⋯⋯⋯⋯ 78, 81, 334
最高裁 1992(平成 4)年 11 月 26 日判決・民集 46 巻 8 号 2658 頁【CB11-8】⋯⋯⋯⋯⋯⋯⋯ 302
最高裁 1993(平成 5)年 2 月 18 日判決・民集 47 巻 2 号 574 頁【百選Ⅰ-103, 入門 11-5, CB5-4】⋯385
最高裁 1993(平成 5)年 3 月 11 日判決・民集 47 巻 4 号 2863 頁
　　　　【百選Ⅱ-227, 入門 22-5, CB18-9】⋯⋯⋯⋯⋯⋯⋯⋯⋯⋯⋯⋯⋯⋯⋯⋯⋯⋯⋯ 393, 394
最高裁 1993(平成 5)年 3 月 30 日判決・民集 47 巻 4 号 3226 頁【百選Ⅱ-248, CB19-8】⋯⋯⋯ 420
最高裁 1994(平成 6)年 9 月 27 日判決・判時 1518 号 10 頁【CB12-6】⋯⋯⋯⋯⋯⋯⋯⋯⋯⋯ 316
最高裁 1994(平成 6)年 10 月 27 日判決・判時 1514 号 28 頁⋯⋯⋯⋯⋯⋯⋯⋯⋯⋯⋯⋯⋯⋯⋯ 424

最高裁大法廷 1995(平成 7)年 2 月 22 日判決・刑集 49 巻 2 号 1 頁【百選Ⅰ-23, 入門 11-1】 …55, 163
最高裁 1995(平成 7)年 7 月 7 日判決・民集 49 巻 7 号 1870 頁【入門 23-6, CB19-10】 ……… 415, 419
最高裁 1995(平成 7)年 7 月 7 日判決・民集 49 巻 7 号 2599 頁 …………………………………… 60, 394
最高裁 1996(平成 8)年 3 月 8 日判決・民集 50 巻 3 号 469 頁【百選Ⅰ-84, 入門 4-8, CB4-6】 … 78, 80
最高裁 1997(平成 9)年 1 月 28 日判決・民集 51 巻 1 号 250 頁【CB12-7】………………………… 315
最高裁大法廷 1997(平成 9)年 4 月 2 日判決・民集 51 巻 4 号 1673 頁 …………………………… 367, 369
最高裁 1997(平成 9)年 8 月 29 日判決・民集 51 巻 7 号 2921 頁【百選Ⅰ-82 ②/ Ⅰ-102】 ……… 400
最高裁 1997(平成 9)年 10 月 28 日判決・訟月 44 巻 9 号 1578 頁 ………………………………… 337
最高裁 1999(平成 11)年 1 月 21 日判決・民集 53 巻 1 号 13 頁【CB7-3】………………………… 155
最高裁 1999(平成 11)年 11 月 19 日判決・民集 53 巻 8 号 1862 頁【百選Ⅱ-197, CB10-1】……… 238
最高裁 2001(平成 13)年 12 月 18 日判決・民集 55 巻 7 号 1603 頁【百選Ⅰ-44, CB10-4】……… 246
最高裁 2002(平成 14)年 1 月 22 日判決・民集 56 巻 1 号 46 頁【百選Ⅱ-176, CB12-10】……… 315
最高裁 2002(平成 14)年 4 月 25 日判決・判自 229 号 52 頁 ……………………………………… 299
最高裁 2002(平成 14)年 6 月 11 日判決・民集 56 巻 5 号 958 頁【CB20-7】……………………… 440
最高裁 2002(平成 14)年 7 月 9 日判決・民集 56 巻 6 号 1134 頁
　　　【百選Ⅰ-115, 入門 8-4, CB7-4】……………………………………………………………… 147, 188
最高裁 2004(平成 16)年 1 月 20 日決定・刑集 58 巻 1 号 26 頁【百選Ⅰ-111, 入門 12-3, CB6-5】… 199
最高裁 2004(平成 16)年 4 月 26 日判決・民集 58 巻 4 号 989 頁【入門 16-8, CB11-12】……… 305
最高裁 2004(平成 16)年 4 月 27 日判決・民集 58 巻 4 号 1032 頁【百選Ⅱ-231】……………… 402
最高裁 2004(平成 16)年 10 月 15 日判決・民集 58 巻 7 号 1802 頁
　　　【百選Ⅱ-232, 入門 22-11, CB18-12】……………………………………………………… 164, 402
最高裁 2004(平成 16)年 11 月 18 日判決・判時 1880 号 60 頁 …………………………………… 244
最高裁 2005(平成 17)年 5 月 30 日判決・民集 59 巻 4 号 671 頁 ………………………………… 116
最高裁 2005(平成 17)年 6 月 14 日判決・判時 1905 号 60 頁 …………………………………… 241
最高裁 2005(平成 17)年 6 月 24 日決定・判時 1904 号 69 頁【百選Ⅰ-6, 入門 24-2, CB18-13】… 410
最高裁 2005(平成 17)年 7 月 15 日判決・民集 59 巻 6 号 1661 頁
　　　【百選Ⅱ-167, 入門 16-9, CB11-14】……………………………………………………… 305
最高裁大法廷 2005(平成 17)年 9 月 14 日判決・民集 59 巻 7 号 2087 頁
　　　【百選Ⅱ-215, 入門 15-6/22-6, CB16-5】…………………………………………………… 363
最高裁 2005(平成 17)年 10 月 25 日判決・判時 1920 号 32 頁 …………………………………… 305
最高裁 2005(平成 17)年 11 月 1 日判決・判時 1928 号 25 頁【百選Ⅱ-261, CB20-8】………… 437
最高裁 2005(平成 17)年 11 月 21 日判決・民集 59 巻 9 号 2611 頁 ……………………………… 365
最高裁大法廷 2005(平成 17)年 12 月 7 日判決・民集 59 巻 10 号 2645 頁
　　　【百選Ⅱ-177, 入門 17-3, CB12-11】……………………………………………………… 312, 315
最高裁 2006(平成 18)年 2 月 7 日判決・民集 60 巻 2 号 401 頁【百選Ⅰ-77, CB4-8】…………… 70
最高裁 2006(平成 18)年 3 月 10 日判決・判時 1932 号 71 頁【百選Ⅰ-46, 入門 14-7, CB10-6】… 258
最高裁 2006(平成 18)年 11 月 2 日判決・民集 60 巻 9 号 3249 頁【百選Ⅰ-79】………………… 77
最高裁 2007(平成 19)年 1 月 25 日判決・民集 61 巻 1 号 1 頁
　　　【百選Ⅱ-239, 入門 22-1, CB18-14】……………………………………………………… 387, 409
最高裁 2007(平成 19)年 11 月 1 日判決・民集 61 巻 8 号 2733 頁【百選Ⅱ-228】……………… 393
最高裁 2007(平成 19)年 12 月 7 日判決・民集 61 巻 9 号 3290 頁 ………………………………… 70
最高裁 2008(平成 20)年 2 月 19 日判決・民集 62 巻 2 号 445 頁 ………………………………… 394
最高裁大法廷 2008(平成 20)年 9 月 10 日判決・民集 62 巻 8 号 2029 頁

【百選Ⅱ-159, 入門 16-5, CB11-15】 302
最高裁 2009(平成 21)年 1 月 15 日決定・民集 63 巻 1 号 46 頁【百選Ⅰ-45】 252
最高裁 2009(平成 21)年 2 月 27 日判決・民集 63 巻 2 号 299 頁【CB13-9】 307
最高裁 2009(平成 21)年 7 月 10 日判決・判時 2058 号 53 頁【百選Ⅰ-98, 入門 10-6, CB9-8】 188
最高裁 2009(平成 21)年 10 月 15 日判決・民集 63 巻 8 号 1711 頁【百選Ⅱ-178】 316
最高裁 2009(平成 21)年 10 月 23 日判決・民集 63 巻 8 号 1849 頁【百選Ⅱ-251, CB18-15】 408
最高裁 2009(平成 21)年 11 月 26 日判決・民集 63 巻 9 号 2124 頁
　　　【百選Ⅱ-211, 入門 16-4, CB11-16】 299
最高裁 2009(平成 21)年 12 月 17 日判決・民集 63 巻 10 号 2566 頁【CB2-9】 332
最高裁 2010(平成 22)年 3 月 2 日判決・判時 2076 号 44 頁【CB19-11】 425
最高裁 2010(平成 22)年 6 月 3 日判決・民集 64 巻 4 号 1010 頁【百選Ⅱ-241, CB2-10】 113
最高裁 2011(平成 23)年 1 月 14 日判決・判時 2106 号 33 頁 71
最高裁 2011(平成 23)年 6 月 7 日判決・民集 65 巻 4 号 2081 頁【百選Ⅰ-128】 225
最高裁 2012(平成 24)年 2 月 9 日判決・民集 66 巻 2 号 183 頁【百選Ⅱ-214, CB15-6】 358, 359
最高裁 2013(平成 25)年 1 月 11 日判決・民集 67 巻 1 号 1 頁【CB1-10】 364
最高裁 2014(平成 26)年 7 月 29 日判決・民集 68 巻 6 号 620 頁 321

■ **高等裁判所** ■

大阪高裁 1965(昭和 40)年 10 月 5 日決定・判時 428 号 53 頁【入門 8-1, CB7-1】 141
東京高裁 1966(昭和 41)年 6 月 6 日判決・判時 461 号 31 頁 61
東京高裁 1973(昭和 48)年 7 月 13 日判決・判時 710 号 23 頁【入門 4-7, CB4-1】 71, 73, 81
名古屋高裁 1974(昭和 49)年 11 月 20 日判決・判時 761 号 18 頁【入門 23-2, CB19-2】 419
大阪高裁 1977(昭和 52)年 12 月 20 日判決・判時 876 号 16 頁 421
福岡高裁 1983(昭和 58)年 12 月 24 日判決・判時 1101 号 3 頁【入門 6-5】 10
福岡高裁 1984(昭和 59)年 3 月 16 日判決・判時 1109 号 44 頁 197
福岡高裁 1986(昭和 61)年 5 月 15 日判決・判時 1191 号 28 頁 197
東京高裁 1986(昭和 61)年 8 月 6 日判決・判時 1200 号 42 頁 407
東京高裁 1987(昭和 62)年 8 月 31 日判決・判時 1247 号 3 頁 423
東京高裁 1988(昭和 63)年 4 月 20 日判決・判時 1279 号 12 頁 436
大阪高裁 1991(平成 3)年 11 月 15 日決定・判タ 780 号 164 頁【CB17-5】 376
東京高裁 1992(平成 4)年 12 月 18 日判決・判時 1445 号 3 頁【入門 22-9, CB18-8】 385, 398
東京高裁 1993(平成 5)年 2 月 24 日判決・判時 1454 号 97 頁 413
福岡高裁 1993(平成 5)年 8 月 10 日判決・判時 1471 号 31 頁 398
大阪高裁 1994(平成 6)年 3 月 16 日判決・判時 1500 号 15 頁 398
名古屋高裁 1996(平成 8)年 7 月 18 日判決・判時 1595 号 58 頁【入門 17-10, CB14-6】 344
大阪高裁 1998(平成 10)年 6 月 30 日判決・判時 1672 号 51 頁【CB14-8】 343
東京高裁 2000(平成 12)年 10 月 18 日判決・判時 1760 号 76 頁 325
東京高裁 2001(平成 13)年 7 月 4 日判決・判時 1754 号 35 頁 330
名古屋高裁金沢支部 2003(平成 15)年 1 月 27 日判決・判時 1818 号 3 頁【CB2-7】 116
東京高裁 2003(平成 15)年 5 月 21 日判決・判時 1835 号 77 頁【入門 14-5, CB7-6】 385
東京高裁 2012(平成 24)年 4 月 26 日判決・判タ 1381 号 105 頁 364
大阪高裁 2012(平成 24)年 10 月 11 日判決・裁判所ウェブサイト 316

■ 地方裁判所 ■

東京地裁 1955(昭和 30)年 10 月 14 日判決・行集 6 巻 10 号 2370 頁 …………………………………404
盛岡地裁 1956(昭和 31)年 10 月 15 日判決・判時 97 号 9 頁 …………………………………………299
東京地裁 1964(昭和 39)年 6 月 19 日判決・判時 375 号 6 頁……………………………………………398
東京地裁 1965(昭和 40)年 4 月 22 日決定・判時 406 号 26 頁【入門 16-1/18-1, CB14-1】…………339
東京地裁 1965(昭和 40)年 5 月 26 日判決・判時 411 号 29 頁【入門 3-1, CB9-1】…………………61
東京地裁 1970(昭和 45)年 10 月 14 日決定・判時 607 号 16 頁…………………………………………306
東京地裁 1970(昭和 45)年 12 月 24 日決定・判時 618 号 19 頁…………………………………………376
神戸地裁尼崎支部 1973(昭和 48)年 5 月 11 日決定・判時 702 号 18 頁【入門 20-2, CB17-3】……381
大阪地裁 1974(昭和 49)年 4 月 19 日判決・判時 740 号 3 頁【入門 8-2】……………………………143
那覇地裁 1975(昭和 50)年 10 月 4 日判決・判時 791 号 17 頁…………………………………………347
福岡地裁 1978(昭和 53)年 11 月 14 日判決・判時 910 号 33 頁【入門 7-6】…………………………164
東京地裁 1979(昭和 54)年 3 月 12 日判決・判時 919 号 23 頁…………………………………………385
大阪地裁 1980(昭和 55)年 3 月 19 日判決・判時 969 号 24 頁【CB3-4】……………………………237
熊本地裁 1980(昭和 55)年 4 月 16 日判決・判時 965 号 28 頁【入門 20-1, CB17-4】………………381
岐阜地裁 1982(昭和 57)年 12 月 10 日判決・判時 1063 号 30 頁………………………………………421
福岡地裁小倉支部 1984(昭和 59)年 1 月 17 日判決・判時 1122 号 142 頁……………………………398
東京地裁 1984(昭和 59)年 5 月 18 日判決・判時 1118 号 28 頁……………………………………430, 432
岐阜地裁 1984(昭和 59)年 5 月 29 日判決・判時 1117 号 13 頁………………………………………423
名古屋地裁 1985(昭和 60)年 10 月 31 日判決・判時 1175 号 3 頁……………………………………432
大阪地裁 1987(昭和 62)年 9 月 30 日判決・判時 1255 号 45 頁【入門 25-2, CB20-5】…………430, 432
東京地裁 1989(平成元)年 3 月 29 日判決・判時 1315 号 42 頁…………………………………………392
福岡地裁 1989(平成元)年 4 月 18 日判決・判時 1313 号 17 頁……………………………………430, 432
大阪地裁 1990(平成 2)年 4 月 11 日判決・判時 1366 号 28 頁…………………………………………196
大阪地裁 1990(平成 2)年 8 月 29 日決定・判時 1371 号 122 頁【入門 9-2】…………………………155
東京地裁 1990(平成 2)年 9 月 18 日判決・判時 1372 号 75 頁【CB20-6】……………………………436
東京地裁 1992(平成 4)年 2 月 7 日判決・判時臨時増刊平成 4 年 4 月 25 日号 3 頁…………………164
大阪地裁 1993(平成 5)年 10 月 6 日判決・判時 1512 号 44 頁…………………………………………402
京都地裁 1993(平成 5)年 11 月 26 日判決・判時 1476 号 3 頁【入門 11-3】…………………………164
仙台地裁 1994(平成 6)年 1 月 31 日判決・判時 1482 号 3 頁…………………………………………366
浦和地裁 1996(平成 8)年 6 月 24 日判決・判時 1600 号 122 頁………………………………………405
東京地裁 1997(平成 9)年 4 月 23 日判決・判時 1651 号 39 頁…………………………………………130
東京地裁 2002(平成 14)年 10 月 29 日判決・判時 1885 号 23 頁………………………………………420
岡山地裁 2003(平成 15)年 9 月 16 日判決・判自 253 号 26 頁…………………………………………244
東京地裁 2003(平成 15)年 10 月 3 日決定・判時 1835 号 34 頁………………………………………374
横浜地裁 2004(平成 16)年 7 月 8 日判決・判時 1865 号 106 頁………………………………………386
広島地裁 2009(平成 21)年 10 月 1 日判決・判時 2060 号 3 頁…………………………………………316
東京地裁 2010(平成 22)年 4 月 16 日判決・判時 2079 号 25 頁………………………………………319
東京地裁 2013(平成 25)年 3 月 26 日判決・判時 2209 号 79 頁………………………………………320
大阪地裁 2014(平成 26)年 9 月 16 日決定・裁判所ウェブサイト………………………………………379

著者紹介

芝 池 義 一（しばいけ・よしかず）

- 1945年　和歌山県日高郡生まれ
- 1969年　京都大学法学部卒業
  京都大学大学院法学研究科教授，
  関西大学大学院法務研究科教授を経て
  現　在　京都大学名誉教授，関西大学名誉教授

主要編著書

行政法総論講義（第4版補訂版，有斐閣・2006）
行政救済法講義（第3版，有斐閣・2006）
市民生活と行政法（補訂版，放送大学教育振興会・2005）
判例行政法入門（編，第5版，有斐閣・2010）

行政法読本〔第4版〕
Administrative Law, 4th ed.

平成21年3月10日	初　版第1刷発行
平成22年12月20日	第2版第1刷発行
平成25年3月31日	第3版第1刷発行
平成28年4月1日	第4版第1刷発行
令和2年7月15日	第4版第4刷発行

著　者　　芝　池　義　一
発行者　　江　草　貞　治
発行所　　株式会社　有　斐　閣
　　　　　郵便番号 101-0051
　　　　　東京都千代田区神田神保町2-17
　　　　　電話 (03)3264-1314〔編集〕
　　　　　　　 (03)3265-6811〔営業〕
　　　　　http://www.yuhikaku.co.jp/

印刷・株式会社理想社／製本・大口製本印刷株式会社
Ⓒ2016, 芝池義一. Printed in Japan
落丁・乱丁本はお取替えいたします。

★定価はカバーに表示してあります。
ISBN 978-4-641-13194-1

[JCOPY] 本書の無断複写（コピー）は，著作権法上での例外を除き，禁じられています。複写される場合は，そのつど事前に（一社）出版者著作権管理機構（電話03-5244-5088, FAX03-5244-5089, e-mail:info@jcopy.or.jp）の許諾を得てください。